„Bei dem Erinnern an die Schreckenstaten des Nationalsozialismus geht es nicht nur darum, jeder Tendenz zu einem Wiederaufleben schon in ihren Anfängen auf das entschiedenste entgegenzutreten. Ebenso wichtig ist, aus dem Erinnern an den nationalsozialistischen Unrechtsstaat die Strukturen solcher Ausgrenzungs-, Unterdrückungs- und Vernichtungsstrategien zu erkennen, um ihnen auch dann entgegenwirken zu können, wenn sie sich in anderem Gewand und gegen andere Gruppen formieren. Deshalb geht es beim Erinnern an die nationalsozialistische Vergangenheit immer auch darum, Möglichkeiten zur Selbsterkenntnis wie zu politisch-moralischer Bewußtseinsbildung zu nutzen und Kriterien für verantwortliches Handeln zu gewinnen. Hierin liegt die spezifische Chance unseres Erinnerns an das schwierige Thema ›Nationalsozialismus‹ – eine Chance, die neben vielen anderen Lebensbereichen und -situationen eben auch in allen ihren Varianten in dem Bereich genutzt werden sollte, den wir als ›politischen Alltag‹ bezeichnen."

Rita Süssmuth

Dachauer Hefte
Studien und Dokumente zur Geschichte der nationalsozialistischen Konzentrationslager

Im Auftrag des Comité International de Dachau, Brüssel,
herausgegeben von Wolfgang Benz und Barbara Distel

Dachauer Hefte

Heft 6
Erinnern oder Verweigern
Das schwierige Thema Nationalsozialismus

Deutscher
Taschenbuch
Verlag

dtv

Von den Dachauer Heften sind im Deutschen Taschenbuch Verlag bisher erschienen:

Heft 1: Die Befreiung (4606)
Heft 2: Sklavenarbeit im KZ (4607)
Heft 3: Frauen. Verfolgung und Widerstand (4608)
Heft 4: Medizin im NS-Staat. Täter, Opfer, Handlanger (4609)
Heft 5: Die vergessenen Lager (4634)
Heft 6: Erinnern oder Verweigern. Das schwierige Thema Nationalsozialismus (4635)

Oktober 1994
Deutscher Taschenbuch Verlag GmbH & Co. KG,
München

Umschlaggestaltung: Dieter Brumshagen
Umschlagfoto: Christian Cull
Satz: Appl, Wemding
Druck und Bindung: C. H. Beck'sche Buchdruckerei,
Nördlingen
Printed in Germany · ISBN 3-423-04635-X

Editorial

Dem Zusammenbruch des NS-Staats folgte eine Phase intellektuell-öffentlicher Erinnerung, die publizistisch Niederschlag fand in Erlebnisberichten aus Verfolgung und Widerstand sowie in einer umfangreichen Besinnungsliteratur von Romano Guardini bis Alfred Weber. Orte dieser Erinnerung waren: Broschüren, Bücher, Traktate, kulturelle, politische, literarische Zeitschriften. Gleichzeitig wurde die öffentliche Verurteilung des Nationalsozialismus vielfach artikuliert. Konterkariert wurden solche Anstrengungen durch den Erziehungsdruck der Besatzungsmächte. Das Entsetzen der Alliierten über die vorgefundenen Zustände in den Konzentrationslagern stieß bei den Deutschen zwangsläufig auf Scham und Abwehr: Wenn die Amerikaner die deutsche Zivilbevölkerung zwecks Augenschein mit den KZ-Greueln konfrontierten, war die Reaktion Ohnmacht und Verweigerung. Die Skala der Abwehr reicht immer noch von der Beteuerung, man habe von allem nichts gewußt, bis zur Behauptung, die Amerikaner hätten die Krematorien und Gaskammern errichtet, um die Deutschen zu demütigen und bußfertig zu machen.

Die Demokratisierung machte im Westen rasche Fortschritte und wurde zum Erfolg: der Formenkanon der parlamentarischen Demokratie wurde in den Westzonen freudig übernommen, das Instrumentarium zügig eingeübt. Inhaltlich aber betrieben die Deutschen Abwehrprophylaxe, wo es um Erinnerungs- und Trauerarbeit ging. Die Zurückweisung der „Kollektivschuldthese“ (die von alliierter Seite gar nicht postuliert wurde), die Beschwörung des legendären Morgenthauplans, der niemals Gegenstand amerikanischer Politik war, die Wut über die „Umerziehung“ bilden bis zum heutigen Tag gängige Topoi der Abwehr. Die Erinnerung an deutsche Leiden und Verluste (Flucht und Vertreibung, Verlust der Ostgebiete, deutsche Teilung) dient der Kompensation von Schuldgefühlen; die Wiederaufbauleistungen ab 1945 werden als Wiedergutmachungsanstrengungen mißverstanden. Man suchte Trost in deutscher Tüchtigkeit, arbeitete damit Schuld- und Minderwertigkeitskomplexe ab. Dieser Befund gilt für die Bundesrepublik. In der DDR erfolgte die Verdrängung auf andere Art. Ein selbstgefälliger Antifaschismus, von Staats wegen verordnet und stolz zur Schau getragen, ersetzte über die Jahrzehnte die Erinnerungs- und Trauerarbeit.

Die Erinnerung der Erfahrung des Nationalsozialismus wurde schließlich – in beiden deutschen Nachkriegsstaaten – ritualisiert. An Gedenktafeln und Gedenkstätten herrscht kein Mangel, aber die Erinnerung wurde reduziert und institutionalisiert. Als zuständig erklärt waren Historiker, Politologen, Pädagogen, Moralisten und in gewissem Maße – bei gegebenem Anlaß – Politiker. Diese Ritualisierung und Institutionalisierung ermöglichte das kollektive Schweigen der Mehrheit, dem schließlich das Bedürfnis eines Teils der Nachgeborenen folgte, nicht mehr behelligt zu werden durch Erinnerungen an den Nationalsozialismus.

Das Schweigen und Verdrängen fordert aber engagierte Antifaschisten zu um so größerer Anstrengung heraus, oftmals mit dem traurigen Erfolg verstärkter Abwehr in ihrer Umgebung. Die Beispiele, die aufzuzählen wären, spielen nicht nur in der bayerischen Provinz. Das Problem ist ganz ernst: Es wächst auch die Zahl der verbitterten Einzelkämpfer, die sich mit den Opfern des Holocaust identifizieren und deren Eifer gegenüber dem Verdrängen und Vergessen oft ins Kontraproduktive umschlägt.

Auch Autoren und Herausgeber der Dachauer Hefte sind gelegentlich mit dem Problem konfrontiert, in letzter Zeit waren wir Ziel erstaunlicher Vorwürfe. In allen Fällen ging es um die Kompensation von Enttäuschungen und Bitterkeit, die an anderer Stelle entstanden sind.

Die allgemeine Hilflosigkeit im Umgang mit der Erfahrung des Nationalsozialismus nimmt zu. Die Inszenierungen des Gedenkens sind oft martialisch, oder sie sind von spröder Feierlichkeit und Verlegenheit getragen, wie sie Honoratioren an den Tag legen, wenn sie unangenehme Pflichten in unbehaglicher Umgebung absolvieren, im aufgezwungenen Rollenspiel agieren müssen.

Zu befürchten ist, daß das Unbehagen im öffentlichen Umgang mit der Erfahrung des Nationalsozialismus im Verweigern mündet. Die Vereinigung der beiden deutschen Staaten, die als Folge des Nationalsozialismus entstanden sind, könnte mit ihren neuen Problemen den willkommenen Anlaß dazu bieten. Das hieße aber, die historische Erfahrung des Nationalsozialismus wäre Episode geblieben. Dies zu verhindern soll - gerade im Jahr der deutschen Vereinigung - das sechste der Dachauer Hefte einen Beitrag leisten. Es geht nicht um die Beschwörung der Vergangenheit als Selbstzweck, sondern um die Nutzanwendung der Erinnerung für eine demokratische und humane Gesellschaft.

Wolfgang Benz　　　　Barbara Distel

Inhalt

Rita Süssmuth

Erinnern im politischen Alltag

Der Nationalsozialismus - nach wie vor ein schwieriges Thema

Auch über fünf Jahrzehnte nach der Machtergreifung Hitlers bleibt der Nationalsozialismus für die Deutschen, aber nicht nur für sie, ein schwieriges Thema. Es wäre allerdings auch ein höchst bedenkliches Symptom, wenn die nationalsozialistischen Schreckenstaten 50 Jahre später zu einem unproblematischen Gesprächsgegenstand, zu einem Thema unter vielen geworden wären. Daß dies jedoch keineswegs der Fall ist, belegen die vielen Situationen im politischen Alltag, in denen immer wieder unterschwellig oder offenkundig das Thema 'Nationalsozialismus' anklingt. Solchen Situationen können wir Deutschen auch 50 Jahre nach Auschwitz und Dachau, Buchenwald und Treblinka nicht ausweichen, diese spezifische Bürde unserer jüngeren Vergangenheit kann uns von niemandem abgenommen werden.
Nicht allen, insbesondere in der jüngeren Generation, ist allerdings dieser Tatbestand in seiner vollen Tragweite bewußt. Schon von daher ergibt sich die Notwendigkeit, über ihn aufzuklären und immer wieder an ihn zu erinnern. Aus meiner Sicht wäre es unverantwortlich, diese spezifisch deutsche Bürde zu verdrängen, zu verleugnen oder gar zu versuchen, sie abzuwerfen. Insofern gibt es keine Alternative zur ständigen selbstkritischen Auseinandersetzung der Deutschen mit dem Thema 'Nationalsozialismus'. Jeder Versuch, die Erinnerung an das Geschehene zu vermeiden, wäre jene „Zerstörung von Erinnerungen“, deren Intention Adorno wie folgt beschrieben hat: *„Die Ermordeten sollen noch um das einzige betrogen werden, was unsere Ohnmacht ihnen schenken kann: das Gedächtnis“*[1]. Solchen Tendenzen gilt es vielmehr, wie Adorno anfügt, durch Erinnerungsarbeit entschieden entgegenzuwirken: *„... Die Aufklärung über das Geschehene muß dem Vergessen entgegenarbeiten“*[2].
Von wenigen ewig Gestrigen abgesehen, dürfte die prinzipielle Notwendigkeit des Erinnerns an das schwierige Thema 'Nationalsozialismus' heute wohl unstrittig sein. Zu diskutieren ist dagegen die Frage, auf welche Weise diese Erinnerung in den einzelnen Lebensbereichen erfolgen soll. Ich möchte in meinem Beitrag der Frage nachgehen, wie das „Erinnern“ an die im Nationalsozialismus geschehenen Schreckenstaten sinnvoll gelingen kann in jenem Bereich, der mit einer gängigen Formel als „politischer Alltag“ bezeichnet wird.

---

1 Theodor W. Adorno, Was bedeutet: Aufarbeitung der Vergangenheit? in: Erziehung zur Mündigkeit, Frankfurt am Main 1982, S. 12.

2 Ebenda, S. 24.

Was heißt 'Erinnern' im 'politischen Alltag'?

Versucht man, den vielgenannten Begriff des „politischen Alltags" näher zu bestimmen, so wird zunächst ein Kontrast deutlich. Das politische Alltagsgeschäft steht im Gegensatz zu jenen offiziellen, oft hochpolitischen Anlässen und Veranstaltungen, bei denen z. B. zu Jahrestagen oder Gedächtnisanlässen der Staat und seine Politiker - bildlich gesprochen - die Alltagskleidung ablegen und sich im politischen Festtagsgewand präsentieren. Die zu solchen Anlässen gehaltenen Reden und abgegebenen Erklärungen gehören zweifellos nicht zum politischen Alltag. Vielmehr stellen solche Festtagsreden und Feiertagserklärungen ganz bewußt das Besondere des jeweiligen Anlasses heraus. Sie sind deshalb in aller Regel das Ergebnis sorgfältiger Auseinandersetzung mit dem anstehenden Thema, das von allen seinen Seiten und unter Berücksichtigung aller relevanten Perspektiven analysiert und diskutiert wird. Von Ausnahmen abgesehen, liegt bei dieser Art von Erinnerung an Geschehenes gewöhnlich den Äußerungen jene sorgfältige Reflexion zugrunde, die im politischen Alltagsbetrieb häufig genug fehlt.
Hierin sehe ich das besondere Interesse einer Betrachtung unseres Umgangs mit der nationalsozialistischen Vergangenheit im politischen Alltag. Dieser läßt in aller Regel keine Zeit für langes Abwägen und sorgfältiges Durchformulieren von Meinungsäußerungen, zumal das sensible Thema 'Nationalsozialismus' häufig ganz unerwartet zur Sprache kommt. In der tagtäglichen politischen Arbeit kann es jederzeit relevant werden, ohne daß man als Politiker wie bei Gedächtnisanlässen sorgfältig darauf vorbereitet wäre. Ob es sich um eine Ausschußsitzung oder eine Ausstellungseröffnung handelt, um eine Diskussion über landespolitische Fragen im Wahlkreis oder ein Interview in einem Lokalblatt - jeder im politischen Bereich Erfahrene weiß nur zu gut, daß fast unvermittelt, oft schon durch ein einziges Wort, das schwierige Thema 'Nationalsozialismus' plötzlich im Raum stehen kann. Dies gilt nach meinen Erfahrungen eben nicht nur beim Treffen einer israelischen Frauendelegation mit deutschen Frauenpolitikerinnen, sondern kann auch beim Besuch einer Gruppe holländischer Jugendlicher im Deutschen Bundestag der Fall sein, beim informellen Gespräch mit amerikanischen Stipendiaten eines Austauschprogramms, beim Empfang einer polnischen Handelsdelegation oder auch bei einer Diskussion mit deutschen Abiturienten. Wie soll in diesen und einer Vielzahl ähnlicher Situationen an das Geschehene erinnert werden? Was ist eigentlich unter „erinnern" zu verstehen?
Wie die Etymologie des Wortes zeigt, liegt die Grundbedeutung des Wortes „erinnern" in der Aussage: „machen, daß jemand einer Sache inne wird" bzw. „sich etwas ins Gedächtnis zurückrufen". „Erinnern" bedeutet zugleich, „auf etwas aufmerksam machen" wie „mahnen"[3]. Der schrecklichen Untaten

---

3 Vgl. das Stichwort „erinnern" in: Duden Herkunftswörterbuch, bearbeitet von Günter Drosdowski, Mannheim, Wien, Zürich 1989, S. 161.

von Dachau, Auschwitz und anderen Konzentrationslagern „innezuwerden", ist zweifellos ein höchst schmerzlicher Prozeß. Insofern ist beim Thema 'Nationalsozialismus' jedes Erinnern sowohl für die Erinnernden als auch die Erinnerten potentiell gleichermaßen heikel. Gerade im politischen Alltag, wenn wieder einmal völlig unvermutet die nationalsozialistische Vergangenheit in die Diskussion kommt, zeigt sich, wie problematisch für manche Beteiligte diese Erinnerung an das Geschehene sein kann, wird deutlich, wie unbeholfen und unsicher häufig mit diesem sensiblen Thema umgegangen wird.

Der Versuch, auch in der alltäglichen Politik das Erinnern nicht in Vergessenheit geraten zu lassen, ist also keineswegs unproblematisch und will sorgfältig bedacht sein: Wer soll hier erinnern und wer soll erinnert werden? Wer muß sich erinnern lassen und wie ist gegenüber jenen zu verfahren, die sich dieser Erinnerung am liebsten verweigern würden? Wann soll erinnert werden und in welchen Situationen gilt es, gerade aus der Erinnerung an das Geschehene heraus explizites Erinnern zu unterlassen? Was soll eigentlich das Ziel des Erinnerns gerade im politischen Alltag sein? Da eine umfassende Auseinandersetzung mit den hier angedeuteten Problemperspektiven über den Rahmen meines Beitrags hinausgeht, möchte ich mich im folgenden exemplarisch auf einen Aspekt konzentrieren, an dem unser Umgang mit der Erinnerung an die nationalsozialistische Vergangenheit besonders prägnant deutlich wird.

Der Sprachgebrauch im politischen Alltag – sensibelster Seismograph für die Schwierigkeit wie die Notwendigkeit des Erinnerns

Nach meinen Erfahrungen zeigt sich die Schwierigkeit wie die Notwendigkeit des Erinnerns im politischen Alltag immer wieder besonders auffällig am Sprachgebrauch von Personen und Institutionen, an der Verwendung des geschriebenen und gesprochenen Wortes bzw. an den Reaktionen von Lesern und Hörern. Unser Umgang mit der Sprache, die Art und Weise, wie gerade auch in der alltäglichen politischen Arbeit gesprochen und geschrieben, geschwiegen und umschrieben wird, stellt für mich den sensibelsten Seismographen unseres Verhältnisses zur nationalsozialistischen Vergangenheit wie des Standes unserer Erinnerung an das Geschehene dar.

Gerade bei der Betrachtung des Sprachgebrauches gilt es allerdings besonders sorgfältig zu unterscheiden zwischen den bereits genannten Staatsanlässen und dem politischen Alltag. So muß man bei Gedächtnisanlässen in aller Regel von einer sehr viel höheren Sensibilität auch für den Sprachgebrauch ausgehen, als dies im politischen Alltag der Fall ist. Dies zeigte sich z. B. sehr deutlich, als bereits im Vorfeld der 50. Wiederkehr des 9. November 1938 von Vertretern aller Parteien dezidierte Kritik an dem jahrzehntelang gängigen Terminus „Reichskristallnacht" geübt wurde. Zutreffend wurde von vielen

Seiten die verharmlosende und untertreibende Tendenz dieses Wortes kritisiert und eine angemessenere Bezeichnung gefordert. Inzwischen hat sich weitgehend durchgesetzt, statt von der „Reichskristallnacht“ von der „Reichspogromnacht“ zu sprechen. Wenngleich es zweifellos nicht sehr glücklich ist, daß hier durch das Fremdwort „Pogrom“ der Wortinhalt nicht für jedermann unmittelbar verständlich sein wird, halte ich es doch für wichtig, daß in solchen Fällen über den Sprachgebrauch aktives Erinnern betrieben wird: im Kontrast zur „Reichskristallnacht“ macht das Wort „Reichspogromnacht“ nachdrücklich deutlich, daß es am 9. November 1938 eben nicht nur um zerstörte Glasscheiben in jüdischen Geschäften ging, sondern daß hier durch staatlich organisierte „Hetze und Ausschreitungen“[4] eine bestimmte Gruppe von Bürgern auf grausamste Weise terrorisiert und viele von ihnen in Konzentrationslager abtransportiert worden sind.

Doch ist solche Erinnerungsarbeit nicht nur hinsichtlich bestimmter Gedächtnistage notwendig, sondern gleichermaßen für den politischen Alltag zu fordern. Hier habe ich eine Reihe von aufschlußreichen Beobachtungen machen können, die die Bedeutung des Sprachgebrauchs für das Erinnern im alltäglichen Politikgeschehen verdeutlichen können. Zwei Erlebnisse sind mir dabei in besonderer Erinnerung geblieben: Immer noch wird in politischen Diskussionen zum Thema ‘Nationalsozialismus’ von den „jüdischen Mitbürgern“ gesprochen - in aller Regel wohl ohne die Absicht, die damit gemeinten Juden deutscher Staatsangehörigkeit in irgendeiner Weise diskriminieren zu wollen. Eher dürfte bei vielen Sprechern im Gegenteil eine besondere Solidaritätsbezeugung mit dieser Gruppe deutscher Bürger und Bürgerinnen beabsichtigt sein. Ich habe jedoch schon mehrfach erlebt, daß dieser Bezeichnung mit dem Hinweis widersprochen wurde, es sei nicht zu akzeptieren, wenn durch den Ausdruck „jüdische Mitbürger“ die Juden in Deutschland wiederum den Status einer Sondergruppe zugewiesen bekämen. So hat sich insbesondere Heinz Galinski, der Vorsitzende des Zentralrates der Juden in Deutschland, in Fernsehdiskussionen mehrmals gegen diese Bezeichnung ausgesprochen und nachdrücklich darauf hingewiesen, daß die sogenannten „jüdischen Mitbürger“ nicht mehr und nicht weniger als alle anderen Deutschen als „Bürger“ zu bezeichnen seien.

In diesem sprachkritischen Hinweis sehe ich für die Frage des Erinnerns im politischen Alltag einen wichtigen Ansatz. Selbst wenn feststeht, daß bei denjenigen, die von „jüdischen Mitbürgern“ sprechen, keine Ausgrenzung beabsichtigt ist, ist doch aus dem Wissen um das Geschehene und in Erinnerung an die schrecklichen Erlebnisse der Juden im Nationalsozialismus angebracht, solche Sensibilität der Betroffenen im Sprachgebrauch zu berücksichtigen. Dies aber gilt eben nicht nur für Fernsehdiskussionen und Interviews, sondern gleichermaßen bei der Beantwortung von Bürgerpost und vielen

---

[4] Vgl. das Stichwort „Grimm“ bzw. „Pogrom“ in: Duden Herkunftswörterbuch ebenda, S. 255.

anderen alltagspolitischen Situationen. Hinsichtlich des schwierigen Themas 'Nationalsozialismus' sind Fortschritte ohnehin nur in kleinen Schritten zu erreichen. Ich hielte es jedoch für einen nicht unwichtigen Fortschritt, wenn zukünftig auch im politischen Alltag verstärkt darauf geachtet würde, statt von den „jüdischen Mitbürgern" von den „jüdischen Bürgern" zu sprechen.

Noch deutlicher wurde mir persönlich die Notwendigkeit erhöhter Sensibilität gegenüber dem eigenen Sprachgebrauch bei einem Besuch in Israel während meiner Zeit als Bundesministerin für Jugend, Familie, Frauen und Gesundheit. In einer Rede wies ich damals darauf hin, daß gerade von der jungen Generation der Deutschen vielfältige Initiativen zur Versöhnung unternommen werden. Nach der Rede war ich zunächst überrascht, als ich von israelischer Seite darauf aufmerksam gemacht wurde, daß das Wort „Versöhnung" in diesem Zusammenhang unangemessen sei und man mich darum bitte, es zukünftig in diesem Sinne nicht mehr zu verwenden. Als Erklärung wurde mir genannt, daß „Versöhnung" ein Angebot bzw. eine Handlung sei, die ausschließlich vom Opfer ausgehen könne, keinesfalls jedoch von der anderen Seite. Ich habe nach dieser nachvollziehbaren Begründung bei meinen weiteren Reden bewußt auf diesen Ausdruck verzichtet bzw. ihn nur noch in dem genannten Sinne gebraucht.

Natürlich handelte es sich bei meinem Besuch in Israel nicht um den politischen Alltag, sondern vielmehr um eine jener besonderen Situationen, in denen dem Sprachgebrauch von allen Beteiligten besondere Aufmerksamkeit geschenkt wird. Für das Erinnern im politischen Alltag ergibt sich hieraus für mich jedoch die Forderung, aus solchen Erfahrungen praktische Konsequenzen zu ziehen und das bei besonderen Anlässen Erkannte auch auf die alltägliche Sprachverwendung zu übertragen. Deshalb halte ich es für notwendig, als Deutsche aus der Erinnerung an das Geschehene heraus zukünftig auch im alltäglichen politischen Sprachgebrauch mit dem Wort „Versöhnung" sehr behutsam umzugehen und seinen Gebrauch eben nicht nur bei Staatsbesuchen in Israel sorgfältig abzuwägen. Vielmehr sollte es gleichermaßen auch gegenüber polnischen, sowjetischen, amerikanischen oder holländischen Bürgerinnen und Bürgern nicht unbedacht gebraucht werden. Aus meiner Sicht ist dies selbst dann angebracht, wenn von den genannten Seiten ein solcher Begriff bisher nicht beanstandet worden ist.

Keine Instrumentalisierung des Erinnerns zulassen

Umgekehrt ist allerdings auch nachdrücklich davor zu warnen, dem Sprachgebrauch prinzipiell einen Symptomcharakter zu unterstellen. Leider zeigt sich jedoch gerade im politischen Alltag immer wieder die Tendenz, den sprachlichen Fehlgriff eines politischen Gegners mit der offen ausgesprochenen oder auch nur angedeuteten Verdächtigung zu kommentieren, hier zeige sich wieder einmal, wie wirklich gedacht werde - nicht selten in der Absicht, daraus politisches Kapital zu schlagen. Solche Instrumentalisierungsversuche des Erinnerns sind höchst bedenklich. Gegenüber dieser Versuchung ist es aus meiner Sicht dringend notwendig, verstärkt bewußt zu machen, daß gerade in Erinnerung an die hemmungslosen demagogischen Methoden der Nationalsozialisten wohl kein Aspekt sich weniger zur Instrumentalisierung in der politischen Alltagsauseinandersetzung eignet als das Thema 'Nationalsozialismus'. Mit dieser Auffassung plädiere ich natürlich bezüglich des Sprachgebrauchs im politischen Alltag keinesfalls für eine Haltung des laisser faire. Vielmehr ist nachdrücklich zu betonen, daß es jedem am Sprachgebrauch oder anderen Verhaltensweisen deutlich werdenden neuen Antisemitismus mit aller Entschiedenheit entgegenzuwirken gilt. Wenn es sichere Anhaltspunkte für das Vorliegen einer solchen Geisteshaltung gibt, ist es aus meiner Sicht die erste Pflicht aller Demokraten, schon den Anfängen energisch entgegenzutreten. Hierüber herrscht allerdings bei allen derzeit im Bundestag vertretenen Parteien grundsätzlich Übereinstimmung. Schon deshalb sollte sorgfältig unterschieden werden zwischen den wenigen ewig Gestrigen in unserem Staat, die in der Tat immer noch nichts hinzu gelernt haben, und den vielen Situationen des politischen Alltags, in denen ein Wort oder ein Satz unbeabsichtigt oder wegen mangelnder Sensibilität wieder einmal die Erinnerung an die Schreckensjahre des Nationalsozialismus wachruft. Gerade im Hinblick auf die alltägliche politische Auseinandersetzung wäre es sehr zu begrüßen, wenn sich alle Beteiligten diesen grundlegenden Unterschied verstärkt ins Bewußtsein rufen würden.

Aus der Verwendung eines vorbelasteten Ausdrucks darf also keineswegs direkt auf latente antisemitische Gesinnungen geschlossen werden. Eine solche Schlußfolgerung wäre unvertretbar, denn hier muß dem Sprecher immer die Möglichkeit zugestanden werden, nach entsprechender Kritik richtigzustellen, daß sein Sprachgebrauch eine solche Implikation nicht beabsichtigte. Ich hielte es allerdings ebenfalls für nicht akzeptabel, nach erfolgtem Hinweis über die besondere Brisanz eines bestimmten Ausdrucks diesen dennoch weiterhin undifferenziert zu verwenden. Hier ist gerade von uns Deutschen eine besondere Sensibilität gegenüber den betroffenen Sprechergruppen gefordert. Sprachwissenschaftlich ist in diesem Zusammenhang zu Recht auf die Funktion der Sprache als „soziales Gedächtnis" einerseits und auf das spezifische „semantische Gedächtnis der Opfer" andererseits hingewiesen worden[5]. Angesichts der schrecklichen Erfahrungen der Juden in der Zeit des Nationalsozialismus ist nur zu verständlich, daß für sie bestimmte Worte und Aussagen Erinnerungen und Assoziationen wachrufen, die für nichtbetroffene Deutsche, insbesondere für Angehörige der jungen Generation ohne

---

[5] Vgl. Georg Stötzel, Nazi-Verbrechen und öffentliche Sprachsensibilität in: Festschrift L. E. Schmitt, hrsg. von Horst Haider Munske, Peter von Polenz und Oskar Reichmann, Berlin und New York 1988, S. 417-442.

entsprechendes Wissen nicht erkennbar sind. Insofern ist auch nicht entscheidend, ob man selbst der Kritik der Betroffenen an der Verwendung bestimmter Worte zustimmt. Es geht vielmehr darum, in Erinnerung an die nationalsozialistische Vergangenheit und im Bewußtsein der potentiellen Wirkung auf die Betroffenen entsprechende Ausdrücke zu vermeiden. Neben entsprechenden historischen Kenntnissen ist also auch eine erhöhte Sprachsensibilität gefordert, wenn man als Deutscher mit deutschen Juden oder Juden anderer Staatangehörigkeiten spricht. Dies verlangt zum Beispiel, in solchen Gesprächen bestimmte vorbelastete Worte nicht zu verwenden, die wir im alltäglichen Gespräch zwischen nichtbetroffenen Deutschen als unproblematisch empfinden. Dolf Sternberger hat dies in der Einleitung zum „Wörterbuch des Unmenschen" treffend an dem Beispiel verdeutlicht: *„Das Wort Lager, so harmlos es einmal war und wieder werden mag, können wir doch auf Lebenszeit nicht mehr hören, ohne an Auschwitz zu denken"*[6].
Um als Deutsche solche Begriffe nicht unbedacht zu verwenden, ist Erinnerung, ist historisches Wissen, ist Aufklärung über das Geschehene unverzichtbar; eine umfassende Aufklärung, von der Adorno gefordert hat, daß sie *„ein geistiges, kulturelles und gesellschaftliches Klima schafft, das eine Wiederholung (von Auschwitz) nicht zuläßt"*[7]. Aus meinen Erfahrungen im politischen Alltag möchte ich hinzufügen, daß hier auch ein sprachliches Klima geschaffen werden muß, das die unbedachte Verwendung von vorbelasteten Begriffen gegenüber jüdischen Bürgern oder anderen potentiell Betroffenen nicht zuläßt. Insofern gehört ein fundiertes Wissen um Sprache, Sprachfunktionen, Worte und Wortbedeutungen sowie der sorgfältige Umgang mit dem eigenen Sprachgebrauch zweifellos mit zu jener besonderen Verantwortung, der wir Deutsche uns nicht entziehen dürfen. In der Förderung einer erhöhten Sprachsensibilität sehe ich deshalb neben dem schulischen Bereich eine besonders wichtige Aufgabe für die politische Bildung.

Die Chance des Erinnerns nutzen

Walter Jens, ein bekannt kritischer Beobachter des politischen Klimas in der Bundesrepublik Deutschland, hat seit dem Beginn der 80er Jahre wiederholt die These vertreten, daß wir in einer „erinnerungsfeindlichen Zeit" leben, in der das Gedächtnis nicht gefragt und die Erinnerung an die vergangenen Schrecken höchst unerwünscht sei[8]. Jens selbst hat in seinen Publikationen wiederholt auf solche Verdrängungsversuche hingewiesen, die belegen, daß

---

[6] Dolf Sternberger, Vorbemerkung in: Dolf Sternberger, Gerhard Storz, Wilhelm Emanuel Süskind, Aus dem Wörterbuch des Unmenschen, Hamburg und Düsseldorf 1968.
[7] Theodor W. Adorno, Erziehung nach Auschwitz in: Erziehung zur Mündigkeit, S. 91.
[8] Vgl. Walter Jens,Ort der Handlung ist Deutschland. Reden in erinnerungsfeindlicher Zeit, München 1981, Vorwort.

es in der Tat nach wie vor ewig Gestrige in unserem Staat gibt, die mit der Erinnerung an das Geschehene nicht einverstanden sind und alle Einsicht in die Lehren der Geschichte vermissen lassen. Dennoch kann ich der von Jens vertretenen Pauschalthese von einer aktuellen Tendenz der Erinnerungsfeindlichkeit in der Bundesrepublik Deutschland keinesfalls zustimmen. Nach meinen Erfahrungen zeigt sich vielmehr gerade in den letzten Jahren ein sehr begrüßenswertes Interesse insbesondere der jüngeren Generation an der Auseinandersetzung mit der Vergangenheit, erweist sich in einer Vielzahl von Initiativen und Projekten sehr nachdrücklich der Wunsch der Jugendlichen, mehr zu erfahren über die Zeit des Nationalsozialismus wie unseren Umgang mit unserer Vergangenheit. So erhalte ich immer wieder Zuschriften von Jugendlichen, die z. B. in der Schule oder im Rahmen ihres Studiums untersuchen wollen, was in ihrer Heimatregion, ihrer Heimatstadt oder auch ihrer Schule während der Zeit des Nationalsozialismus geschehen ist. Ähnlich sind z. B. auch im universitären Bereich verstärkte Initiativen zu registrieren, die nationalsozialistische Vergangenheit ihrer Fachdisziplin und gerade auch mancher ihrer renommierten Vertreter kritisch zu hinterfragen[9]. Weitere Beispiele aus anderen Bereichen ließen sich ergänzen.

Ein solches Erinnern an das Vergangene mag manchen unangenehm sein und ist doch unbedingt zu fördern. Wenn wir 'erinnern' wirklich im wörtlichen Sinn verstehen wollen als „machen, daß jemand einer Sache inne wird", sind solche Initiativen unverzichtbar, um insbesondere auch die spezifische Chance des Erinnerns zu nutzen. Das Erinnern an das Geschehene bietet aus meiner Sicht nicht nur im politischen Alltag, sondern in sämtlichen Lebensbereichen und -situationen die große Chance, ein moralisch-politisches Bewußtsein zu schaffen, das die Verantwortung und politische Mündigkeit von Individuen und Gruppen zu stärken vermag. Insofern geht es keineswegs um ein rein rückwärtsgewandtes, historisierendes Erinnern; entscheidend ist vielmehr der Transfer, die Übertragung des an der Vergangenheit Erkannten auf gegenwärtiges und zukünftiges Handeln - auch über den angeschnittenen Problemkreis hinaus.

Bei dem Erinnern an die Schreckenstaten des Nationalsozialismus geht es also nicht nur darum, jeder Tendenz zu einem Wiederaufleben schon in ihren Anfängen auf das entschiedenste entgegenzutreten. Ebenso wichtig ist, aus dem Erinnern an den nationalsozialistischen Unrechtsstaat die Strukturen solcher Ausgrenzungs-, Unterdrückungs- und Vernichtungsstrategien zu erkennen, um ihnen auch dann entgegenwirken zu können, wenn sie sich in anderem Gewand und gegen andere Gruppen formieren. Deshalb geht es beim Erinnern an die nationalsozialistische Vergangenheit immer auch darum, Möglichkeiten zur Selbsterkenntnis wie zu politisch-moralischer Bewußtseinsbildung zu nutzen und Kriterien für verantwortliches Handeln

[9] Vgl. z. B. Wolfgang Fritz Haug (Hrsg.), Deutsche Philosophen 1933, Berlin und Hamburg 1989.

zu gewinnen. Hierin liegt aus meiner Sicht die spezifische Chance unseres Erinnerns an das schwierige Thema 'Nationalsozialismus' - eine Chance, die neben vielen anderen Lebensbereichen und -situationen eben auch in allen ihren Varianten in dem Bereich genutzt werden sollte, den wir als „politischen Alltag" bezeichnen. Auch hier und gerade hier ist „Erinnern" notwendig, sind wir in unserem Sprachverhalten wie in einer Vielzahl anderer Aspekte der alltäglichen politischen Arbeit immer wieder aufgerufen, mit dem Wissen um die nationalsozialistische Vergangenheit verantwortungsbewußt umzugehen, um im Hinblick auf gegenwärtiges und zukünftiges politisches Wirken die spezifische Chance des Erinnerns nicht zu verspielen.

Wolfgang Benz

Nachkriegsgesellschaft und Nationalsozialismus

Erinnerung, Amnesie, Abwehr

„Die Nazi-Partei mag verschwunden sein – das Nazi-Denken, die Nazi-Erziehung, die Nazi-Gaunerei bleiben. Die deutsche Gier nach Eroberung ist nicht erloschen, sie hält sich nur versteckt. Irgendwo in diesem Deutschland: die SS-Garden, die Schutzstaffel, die Gestapo-Gangster – jetzt ohne Uniform. Du kannst sie nicht erkennen – aber sie erkennen Dich! Irgendwo in diesem Deutschland sind die SA-Männer, 500000, unsichtbar, aber immer noch auf der Szene, sie beobachten und hassen Dich. Irgendwo in Deutschland sind zwei Millionen ehemalige Nazi-Funktionäre ohne Macht, aber noch sind sie da und bereiten sich vor auf das nächste Mal. Bedenke, daß erst gestern jedes Geschäft, jeder Berufszweig ein Teil des Hitler-Systems war. Die Ärzte, Techniker, Uhrmacher, Briefträger, Bauern, Hausbesorger, Spielzeugmacher, Friseure, Köche, Hafenarbeiter, praktisch jeder Deutsche war ein Teil des Nazi-Netzes. Sei besonders vor einer Gruppe auf der Hut, der gefährlichsten, nämlich der deutschen Jugend. Sie waren Kinder, als die NSDAP an die Macht kam, und jetzt kennen sie kein anderes System als das, das ihre Gehirne vergiftet hat, sie sind durchtränkt davon. Sie sind erzogen zum Erfolg durch Betrug, erzogen, den Schwachen zu treten ... Sie sind das Ergebnis des schlimmsten Verbrechens auf dem Gebiet der Erziehung in der ganzen Weltgeschichte. So ziemlich alles, an das Du glaubst, haben sie gelernt, zu hassen und zu zerstören. Sie glauben, sie seien zu Herren geboren, wir dagegen zu Minderwertigen mit der Bestimmung, ihre Sklaven zu sein."

Dieser Text stammt aus einem Schulungsfilm der US-Army aus dem Jahr 1945 „Your job in Germany", dessen Zweck es war, die amerikanischen Soldaten auf ihre Rolle als Besatzer im besiegten Deutschland vorzubereiten. Die Essenz des Films lautete „trau keinem Deutschen", und es war angeordnet, daß sich die Besatzungstruppe korrekt aber unnahbar und streng gegen die Deutschen zu verhalten habe, bis irgendwann, nach der Heilung von Größenwahn, Rassenideologie und Weltbeherrschungsanspruch, die Deutschen wieder eingeladen seien, am Familientisch der gesitteten Nationen Platz zu nehmen.

Daß dem ein langer, für die Alliierten mühevoller und für die Deutschen schmerzhafter Prozeß der Entbarbarisierung und Re-Zivilisierung vorangehen würde, galt im Jahre 1945 als selbstverständlich. Ebenso war es erwiesen, daß die Deutschen aus eigener Kraft den Weg nicht finden würden, denn sie waren sich wohl über das Ausmaß der militärischen Katastrophe im klaren, aber schon weniger über die politische und noch viel weniger über die moralische Katastrophe des nationalsozialistischen Regimes, an der sie alle ihren Anteil hatten.

Dem Zusammenbruch der NS-Herrschaft folgte eine Phase öffentlicher Erinnerung und mentaler Aufarbeitung des Geschehenen. Literarisch fand dies Niederschlag in zahlreichen ab 1945 publizierten Erlebnisberichten aus Verfolgung und Widerstand[1] sowie in einer ausgedehnten Besinnungsliteratur mit Autoren von Romano Guardini bis Alfred Weber[2]. Vor allem die (bis 1948) zahlreichen kulturellen und politischen Zeitschriften widmeten sich auch dem Problem der geistigen Überwindung des Nationalsozialismus[3]. Dem wirkten freilich - ganz ohne Absicht - die Anstrengungen der Besatzungsmächte, insbesondere der Amerikaner, entgegen, durch erzieherische Maßnahmen die Deutschen mit den von ihnen verursachten Greueln zu konfrontieren, etwa durch den Befehl zum Besuch der Konzentrationslager und ganz allgemein durch die Mechanik der Entnazifizierung. Das starke Engagement der Militärregierung und die alltäglich erlebte Ohnmacht deutscher Stellen führten zur Amnesie, zur Abwendung vom Geschehenen, die durch Wiederaufbauleistungen kompensiert werden konnte. Der große und frühzeitige Erfolg des Wiederaufbaus verstärkte sich aber zur Abwehr, weil tradierte Strukturen wie Antisemitismus, Antikommunismus und das Gefühl, wieder auf die Verliererseite gedrängt zu sein (Verlust der Selbstbestimmungsmöglichkeit und der Einheit der Nation), sich mit aktuellen Schuld- und traditionellen Inferioritätskomplexen verbanden.

In großen Teilen der deutschen Nachkriegsgesellschaft wurde die Bereitschaft zur Erinnerungsarbeit dann verschüttet durch die Abwehrmechanismen, die mit Schlagworten wie „Kollektivschuldthese“, „Umerziehung“, mit Deck-Erinnerungen (Dresden, alliierte Kriegsverbrechen, Vertreibung der Deutschen aus Ostmitteleuropa) oder mit politischen Formeln der Angst (sowjetischer Imperialismus, amerikanische Wirtschaftspenetration) in Gang gehalten wurden.

In mehrfacher Hinsicht signifikant für individuelle wie kollektive Bewußt-

---

1 Wichtige Beispiele: Eugen Kogon, Der SS-Staat, München 1946; Wolfgang Langhoff, Die Moorsoldaten, München 1946; Nico Rost, Goethe in Dachau, München 1949; Ernst Wiechert, Der Totenwald, München 1946; Günther Weisenborn, Memorial, Berlin 1948; Fabian von Schlabrendorff, Offiziere gegen Hitler, Zürich 1946.

2 Romano Guardini, Die Waage des Daseins, Tübingen 1946; Friedrich Meinecke, Die deutsche Katastrophe, Wiesbaden 1946; Max Picard, Hitler in uns selbst, Erlenbach-Zürich 1946; Alfred Weber, Abschied von der bisherigen Geschichte, Hamburg 1946.

3 Um nur einige Beispiele zu nennen: Frankfurter Hefte; Deutsche Rundschau; Die Gegenwart; Das Goldene Tor; Der Ruf; Ost und West; Die Wandlung. Zusammenfassend Thomas Koebner, Die Schuldfrage. Vergangenheitsverweigerung und Lebenslügen in der Diskussion 1945-1949, in: Th. Koebner/G. Sautermeister/S. Schneider (Hrsg.), Deutschland nach Hitler, Opladen 1987, S. 301-329.

seins- und Erinnerungsstrukturen der westdeutschen Nachkriegsgesellschaft war der Fall Harlan, der in mehreren Stationen die Öffentlichkeit in den Gründerjahren der Bundesrepublik beschäftigte. Veit Harlan, der Star-Regisseur des nationalsozialistischen Films, zog sich wie so viele andere Nutznießer des Regimes - etwa Helmut Käutner, Gustaf Gründgens, Wilhelm Furtwängler, Herbert von Karajan, Wolfgang Liebeneiner, Heinz Rühmann - auf die Position des unpolitischen und vollkommen naiven, wenngleich patriotischen Künstlers zurück. Wie die anderen Karrieristen beriefen sie sich darauf, ihre Karrieren hätten nur mit Bildhauerei, Dirigieren, Malerei, Schauspielen oder anderem Dienst an der Kunst und nichts, aber auch gar nichts mit der sozialen und politischen Realität zu tun gehabt. Und in aller Regel setzten sich die Karrieren mit einer kurzen Atempause fort, denn man glaubte ihnen gern, und die meisten wurden bald wieder gebraucht. Man „entnazifizierte" sie rasch. Veit Harlan hatte es schwerer als andere; er war zwar nie der Nazi-Partei beigetreten, aber er war der Regisseur des berüchtigten Films „Jud Süß", und dieser Film ist der Prototyp antisemitischer Propaganda[4].

Formal wurde Harlans Entnazifizierungsverfahren nicht abgeschlossen, de facto wurde er im Dezember 1947 in die Kategorie der „Unbelasteten" eingestuft, was in der Presse und der Öffentlichkeit zu einiger Empörung führte. Zwei Verbände von Opfern des NS-Regimes stellten bei der Hamburger Staatsanwaltschaft den Antrag, Harlan wegen „Verbrechens gegen die Menschlichkeit" aufgrund des Kontrollratsgesetzes Nummer 10 anzuklagen. Die Anklage wurde Mitte 1948 erhoben und im Frühjahr 1949 verhandelt. Nach 51 Gerichtstagen mit einem beträchtlichen Aufgebot von Zeugen aus der Filmszene des Dritten Reiches wurde Harlan vom Schwurgericht in erster Instanz freigesprochen. Man war sich zwar einig, daß der Film „Jud Süß" den Tatbestand des „Verbrechens gegen die Menschlichkeit" erfüllte, aber seinen Regisseur im strafrechtlichen Sinn zur Verantwortung zu ziehen reichten die juristischen Mittel nicht aus. Harlan machte geltend, er sei vom Regime mißbraucht, von Goebbels massiv unter Druck gesetzt worden, habe den Filmauftrag zu verweigern versucht und schließlich, als dies nicht gelungen sei, den antisemitischen Auftrag künstlerisch sublimiert, außerdem habe Goebbels selbst aufs stärkste ins Drehbuch und in die ganze Filmarbeit eingegriffen, der Film sei also maßgeblich gar nicht von ihm gestaltet gewesen. Überdies behauptete Harlan, sein Verhältnis zum allmächtigen Propagandaminister Goebbels sei äußerst gespannt gewesen. Goebbels habe ihn anläßlich der Freigabe-Vorführung des Films im Propagandaministerium mit existentieller Vernichtung bedroht und vor etwa 100 Zeugen angebrüllt, er könne ihn „zerquetschen", und zwar aus Wut über den Film, der von Harlan

---

[4] „Jud Süß" wurde 1940 fertiggestellt. Die literarischen Vorlagen von Wilhelm Hauff und Lion Feuchtwanger ins grob Antisemitische wendend und mit Stars besetzt, hatte der Film die Aufgabe, Pogromstimmung zu wecken.

gegen die Intentionen Goebbels' zu wenig wirkungsvoll im antisemitischen Sinne gestaltet sei.

Diese Version verbreitete Harlan auch später in seiner Autobiographie, in der er sich zum Philosemiten und Märtyrer stilisierte. „Wer einmal in Goebbels' Augen gesehen hat", erklärte Harlan vor Gericht, „der wußte, daß dieser Mann zu allem fähig war." Ausführlich schilderte er die maßlose Empörung Goebbels' nach der Besichtigung der Musterkopie von „Jud Süß": „Er betonte von vorneherein, daß ich ‚ein gewisses Pardon' genösse, weil ich unfähig sei, ‚politisch zu denken'. Daß ich aber übersehen haben sollte, daß ich dieses Thema in einer ganz anderen Weise dargestellt hätte, als er es mir befohlen habe, glaube er mir einfach nicht. Er übertrieb maßlos und behauptete, ich hätte aus dem ‚Scheusal' Süß einen ‚Romeo' gemacht." Harlan erinnerte sich weiter: „Wahrscheinlich hatten Leute den Film mit angesehen, die Hitler Bericht über die Vorführung erstatten würden. Goebbels hatte die Auswirkung der Umarbeitung des allerersten Drehbuches nicht richtig berechnet. Das mußte er anläßlich der Vorführung erschreckt feststellen. Er gebrauchte daher die gröbsten, ja allergröbsten Worte gegen mich, um vor den über hundert Zuschauern ganz klar zu machen, daß ich allein schuld sei an der ‚Verwässerung des Themas' "[5].

Der erzürnte Propagandaminister scheint sich, was Harlan wohl entgangen ist, sehr rasch beruhigt zu haben, denn in seinem Tagebuch kommentierte er die Vorführung des Films mit folgenden Worten: „Harlan-Film ‚Jud Süß'. Ein ganz großer, genialer Wurf. Ein antisemitischer Film, wie wir ihn uns nur wünschen können. Ich freue mich darüber." Das war am 18. August 1940, aber auch schon Monate früher, am 26. April, als er laut Harlan zum ersten mal so unzufrieden war, liest man im Tagebuch „Muster der neuen Judenfilme geprüft. ‚Rothschild' gut, ‚Jud Süß' hervorragend"[6].

Aber es geht nicht um das Erinnerungsvermögen Veit Harlans oder ähnlich dubioser Prominenz. Den jeweils individuellen Fall kann man abtun mit Theodor W. Adornos Beschreibung des Typs: „Der autoritätsgebundene, der spezifisch antisemitische Charakter ist wirklich der Untertan, wie Heinrich Mann ihn darstellte, oder, wie man es schlicht auf gut deutsch sagt, die Radfahrernatur - charakterisiert durch eine gewisse Art des pseudorebellischen ‚da-muß-doch-endlich-was-geschehen, da-muß-doch-endlich-mal-Ordnung-geschaffen-werden'; aber dann ständig bereit, vor den Trägern der wirklichen Macht, der ökonomischen oder welcher auch immer, sich zu ducken und es mit ihr zu halten"[7].

Das Hamburger Schwurgericht mußte sich im Jahre 1950 in zweiter Instanz

---

[5] Veit Harlan, Im Schatten meiner Filme. Selbstbiographie, herausgegeben und mit einem Nachwort versehen von H. C. Opfermann, Gütersloh 1966, S. 122f.

[6] Die Tagebücher von Joseph Goebbels. Sämtliche Fragmente, herausgegeben von Elke Fröhlich, Teil I, Band 4, München 1987, S. 130 und S. 286.

[7] Theodor W. Adorno, Zur Bekämpfung des Antisemitismus heute, in: Das Argument 6 (1964), S. 88-104, zit. S. 97.

noch einmal mit der Frage beschäftigen, „ob Harlan Nationalsozialist oder Antisemit war oder ob er, wie er vorgetragen hatte, dem nationalsozialistischen Regime und seiner Willkürherrschaft ablehnend gegenübergestanden hat und seiner ganzen Lebenshaltung nach eher philosemitisch war“[8]. Harlan wurde wieder freigesprochen; das löste unter den Zuschauern des Prozesses Tumulte aus, und zwar Freudenkundgebungen. Harlan wurde auf den Schultern seiner Anhänger davongetragen und genoß seinen Triumph und seine Rolle als Märtyrer der Entnazifizierung. Es war im Gerichtssaal auch gegenüber einer Zeugin - sie gehörte zu den wenigen, die Harlan nicht entlasten halfen - zu groben antisemitischen Beschimpfungen gekommen, und fast zeitgleich war in Frankfurt der jüdische Friedhof das Objekt handgreiflicher Demonstration. Grabsteine waren in der Nacht zum 15. April 1950 umgestoßen, Gräber verwüstet worden. Bundeskanzler Adenauer ließ in der Presse verbreiten, er habe „mit Entrüstung von den Friedhofsschändungen in Frankfurt und von den Vorfällen aus Anlaß des Harlan-Prozesses gehört“, und er beschwor die Pflicht der Deutschen und Christen, „das Unrecht, das an den Juden begangen worden ist, nach Kräften wieder gutzumachen und allen solchen Ausschreitungen mit Schärfe entgegenzutreten“[9].
Ganz ähnlich äußerte sich Bundesinnenminister Heinemann[10]. Es war klar, daß die Komparserie des Veit Harlan eine Minderheit bildete, Demonstrationen in der ganzen Bundesrepublik zeigten es deutlich. Bemerkenswert war aber auch der Versuch des Hamburger Bürgermeisters Brauer, dessen Integrität über jeden Zweifel erhaben war, die antisemitischen Tumulte im Gerichtssaal als provokative kommunistische Inszenierung zu interpretieren[11].
Die gleiche Hilflosigkeit gegenüber dem Antisemitismus in der Bundesrepublik zeigte auch Kanzler Adenauer Jahre später, als er die Schändung der Kölner Synagoge durch Hakenkreuzschmierer Weihnachten 1959 und die unzähligen Anschlußtaten mit der Erklärung zu rationalisieren suchte, die neonazistischen und antisemitischen Akte seien von der DDR aus gesteuert, um den inneren Frieden in der Bundesrepublik zu stören. Die Mentalität des Kalten Kriegs und antikommunistischer Konsens wurden zu einem Erklärungsmuster gebraucht, bei dem man ohne den Bezug auf die Vergangenheit auskam. Genau dies war und ist aber der Kern des Problems[12].
Die instrumentelle Bedeutung des Antikommunismus zunächst außer acht

---

[8] Urteilschrift 1950, zitiert nach Siegfried Zielinski, Veit Harlan. Analysen und Materialien zur Auseinandersetzung mit einem Filmregisseur des deutschen Faschismus, Frankfurt 1981, S. 55.

[9] Presse- und Informationsamt der Bundesregierung, Mitteilung an die Presse 408/50 vom 15. 4. 1950, Archiv Institut für Zeitgeschichte.

[10] Rundfunkerklärung Heinemanns am 16. 4. 1950 als Bundesinnenminister und Präses der Ev. Kirche Deutschlands, Deutsches Rundfunkarchiv Frankfurt.

[11] Erklärung Brauers „Ein Kommunistisches Machwerk“, in: Sozialdemokrat, Hamburg, 20. 4. 1950.

[12] Die antisemitischen und nazistischen Vorfälle. Weißbuch und Erklärung der Bundesregierung, Bonn 1960.

lassend, ist zu fragen: wie antisemitisch waren die Deutschen in den Jahren nach dem Zusammenbruch des Hitler-Regimes? Von hier und da heimlich und trotzig angemalten Hakenkreuzen und judenfeindlichen Parolen abgesehen, trat Antisemitismus in der unmittelbaren Nachhitlerzeit begreiflicherweise nicht öffentlich in Erscheinung. Aber schon im Sommer 1947 berichtete die amerikanische Militärregierung nach Washington, es gebe viele Anzeichen dafür, daß der Antisemitismus in den Westzonen wieder im Ansteigen sei: „Anti-Semitism, largely latent, is not encountered on the surface among the mass of people as frequently as other types of hostility. However, overtly expressed anti-Semitic attitudes and behaviour have increased in the two years of the occupation."
In folgender Form äußerte sich nach den Beobachtungen der Information Control Division der amerikanischen Militärregierung in der US-Zone Antisemitismus: „isolated incidents of violence against Jews, administrative sabotage in alloting to persecuted Jews, the privileges to which they are entitled, desecration of Jewish cemeteries, threats, anonymous letters vilifying Jews sent to newspapers and individuals".
Die Amerikaner vermuteten die Gründe für das Wiederaufleben des Antisemitismus u. a. „im allgemeinen Niedergang der deutschen Moral, begleitet von wachsendem Nationalismus und allgemeiner Fremdenfeindlichkeit", ferner scheine es, „daß die Vergünstigungen, die Opfern des Faschismus gewährt wurden, übertrieben seien", dazu komme das Auftreten einzelner jüdischer DPs, insbesondere ihre Aktivität auf dem Schwarzen Markt. Ein schlichter psychologischer Trugschluß war außerdem weitverbreitet: „Einige Leute neigen zu dem Schluß, daß die Juden, *weil* sie so brutal von den Nazis behandelt worden sind, auch sehr feindselig und gefährlich gegen Deutschland gewesen sind"[13].
Im Herbst 1949 veranstaltete das Allensbacher Institut für Demoskopie eine große Untersuchung „Ist Deutschland antisemitisch?"[14]. Die Ergebnisse waren erstaunlich. Aus der sehr detaillierten Befragung ergab sich nicht nur ein erschreckendes Maß an Unwissen über das jüdische Schicksal; so gaben rund 60 Prozent aller Befragten an, daß sie „keine Ahnung" hätten, wie viele von den einst 500000 deutschen Juden überlebt hätten. Aber noch viel schlimmer war das Ergebnis der Erhebung „Wie ist überhaupt Ihre Einstellung gegenüber den Juden?" Die Antworten waren eingeteilt in folgende Kategorien: 1. „Demonstrativ antisemitisch", 2. „Gefühlsmäßig ablehnend", 3. „Reserviert", 4. „Tolerant", 5. „Demonstrativ freundlich" und 6. „Gleichgültig". Zehn Prozent bekannten sich zur ersten Kategorie als entschiedene

[13] Report on Survival of Anti-Semitism, ICD OMGUS, 24. 7. 1947, National Archives Washington, RG 260, 266-1/5, f. 29.

[14] Institut für Demoskopie Allensbach. Ist Deutschland antisemitisch? Ein diagnostischer Beitrag zur Innenpolitik, Herbst 1949, Tabellen/Kommentare, Allensbach 1949. Alle folgenden Zitate nach dieser Studie.

Antisemiten und manche begründeten das mit Erfahrungen, die sie nach 1945 gemacht hatten. Eigentlich sei er erst nach dem Zusammenbruch Antisemit geworden, sagte ein Maurer in mittleren Jahren, er habe das Gefühl, als ob auch das Ausland die Juden in größeren Mengen ablehne, also müsse doch wohl etwas an der Nazi-Lehre gestimmt haben. Die meisten gaben natürlich traditionelle Klischees zu Protokoll, ebenso wie die 13 Prozent Respondenten, die „gefühlsmäßig" die Juden ablehnten. (Eine Hausfrau aus Bayern, die viel nachgedacht hatte über „das Judenproblem" und den Staat Israel befürwortete, sagte, der Rundfunk habe „eine Ansagerin mit einer ausgesprochen schnottrigen Zunge, vermutlich eine Jüdin. Wenn sie ansagt, schalte ich ab.")

15 Prozent zeigten sich den Juden gegenüber reserviert und begründeten das mit den „komischen dreckigen Gestalten auf dem Schwarzen Markt", mit der „abstoßenden jüdischen Religion", sie wollten keine Juden im öffentlichen Dienst und eine Beschränkung in akademischen Berufen, wollten keinen jüdischen Chef haben und sahen im Juden „etwas Artfremdes".

Zur Toleranz bekannte sich mit 41 Prozent die größte Gruppe der Befragten, aber auch hier finden sich Antworten wie „Der Jude ist mir ebenso lieb wie der Christ, vorausgesetzt, daß es keine polnischen Juden sind" oder „Wenn sie sich anständig benehmen, soll man sie genau so wie andere Staatsbürger behandeln. Aber man soll ihnen in geschäftlicher Hinsicht stark auf die Finger sehen."

Kommen wir zur nächsten Gruppe, den demonstrativen Philosemiten, so finden wir neben egalitären Bekenntnissen doch auch noch antisemitische Zwischentöne. Ein junger Rundfunkmechaniker meinte, auch sein Vater sei schon judenfreundlich gewesen, vor 1933 wie nachher, „und zwar deshalb, weil er mit ihnen nie Geschäfte getätigt hat". Und eine Landwirtstocher gab an, die Juden seien „auch Menschen, sie wollen auch leben. Christen sind manchmal auch gemein."

Nach diesen Proben überrascht es kaum, daß auch in der Gruppe der Gleichgültigen (15 Prozent) starke Vorurteile artikuliert wurden: „Dem kultivierten, besonders den in Deutschland geborenen Juden spreche ich die Gleichberechtigung mit nichtjüdischen Deutschen nicht ab. Dagegen bin ich absolut gegen die ostjüdische Einwanderung, da sich hiermit vornehmlich Schieber und Schwarzhändler rekrutieren." Dieser Feststellung einer Frau in mittleren Jahren aus Bayern kann man die Äußerung des älteren Lagerarbeiters aus Hamburg zur Seite stellen, der meinte, vor dem tüchtigen Juden habe er Achtung, „den schmierigen Juden hasse ich".

Gewiß, das sind willkürlich herausgegriffene Antworten, aber sie sind repräsentativ, weil aus ihnen hervorgeht, daß die mühselige Klassifizierung mit der Skala von Antisemiten bis Philosemiten wenig tauglich ist, weil alle mit den alten Vorurteilen hantieren. Das geht noch deutlicher aus den Antworten hervor, die auf die Frage nach den Ursachen des Antisemitismus gegeben wurden. 53 Prozent der Befragten gaben ganz naiv den „Eigenheiten jüdischer

Volksgruppen" die Schuld und nannten „Profitgier, Verschlagenheit, Schmuddeligkeit" ebenso wie „das fremdrassige Wesen", den „bewußt demoralisierenden Einfluß", die „Überhöflichkeit" oder gar „die jiddische Sprache", die „betrügerischen Geschäfte", das „Herausfordernde in ihrem Benehmen".

Auch die 12 Prozent, die den Antisemitismus auf die jüdische Religion zurückführten, benutzten zum Teil das Vokabular des Stürmers („weil sie die Christen nur als ihr Werkzeug betrachten" oder weil die jüdische Religion es erlaube, Nichtjuden zu betrügen, „ohne daß es ihnen als Sünde ausgelegt wird"). Auch das knappe Drittel (30 Prozent), das die antijüdische Propaganda als Ursache der Judenfeindschaft benannte, argumentierte mit den bekannten Klischees und erst recht die restlichen 8 Prozent, die „sonstige Gründe" ins Treffen führten. Hier wurde „der ungebührliche Einfluß der Juden vor 1933" genannt, aber auch, und zwar von einem Arzt, „der unproduktive analysierende Geist der Juden" und, natürlich, ihre kaufmännische Tüchtigkeit.

Man wird den Befund der Antisemitismus-Umfrage aus dem Herbst 1949 dahin zusammenfassen dürfen, daß die meisten Deutschen die alten Vorurteile kultivierten, daß hinter gelegentlichen Beteuerungen des Bedauerns über das Geschehene und Bekenntnissen zur Wiedergutmachung wenig Verständnis oder Einsicht zu finden war, daß Abwehr und Reserve dominierten. Auf dem Weg zur demokratischen Gesellschaft hatten die Deutschen, wenn man den Ergebnissen der Demoskopie Glauben schenkt, wenig investiert, um Wissen und Erkenntnis zu gewinnen über die Wirkung eines der wesentlichsten Programmpunkte des Nationalsozialismus, über die Folgen des in Politik und Vernichtung umgesetzten Antisemitismus.

Um so stärker wurde eine andere ideologische Traditionslinie weiterverfolgt, die im Gegensatz zum Antisemitismus auch offen - und mit Gewinn - herzeigbar war: der Antikommunismus. Die strikte Ablehnung des Kommunismus gehörte ja ganz wesentlich zum Gründungskonsens der Bundesrepublik und war der vielleicht wichtigste Bestandteil der westdeutschen Staatsdoktrin. Daß Antisemitismus und Antibolschewismus zwei gleichartige und einander überschneidende Komponenten der Nazi-Ideologie waren, wurde nach 1945 rasch vergessen. Der antisemitische Bestandteil wurde abgespalten und verdrängt, der antikommunistische Affekt konnte um so besser agiert werden. Sicherlich gab es Scham- und Schuldgefühle in großem Maß bei vielen Deutschen, aber sie wurden auf traditionelle Weise abgearbeitet. Die eigenen Leiden - Flüchtlingsströme, Besatzungsalltag, Obdachlosigkeit, Hunger, Wohnungsnot - standen im Vordergrund und lenkten ab.

Die „Displaced Persons", die in Lagern hausten, fremdartig waren, zum großen Teil wirklich jiddisch sprachen, wie es die deutschen Juden nie getan hatten, anfangs aufgrund ihrer Leiden von den Alliierten natürlich besser behandelt wurden als die Deutschen, waren als Opfer der NS-Herrschaft den Durchschnittsdeutschen ebenso unsympathisch wie die aus den Konzentrationslagern befreiten Antifaschisten[15], denn ihnen gegenüber hatte man ein schlechtes Gewissen. Trost suchte man im Wiederaufbau des materiell Zerstörten, und rasch gewöhnten sich die meisten daran, dies auch als eine Art Wiedergutmachungsleistung zu verstehen, und weit war es dann nicht mehr zum wieder aufblühenden Stolz auf die deutsche Tüchtigkeit und Überlegenheit.

Aber nicht nur in der Euphorie des Wiederaufbaus fand man Trost. Die Annahme, Krieg und Beteiligung daran seien notwendige Mittel, um nationale Bestrebungen zum Erfolg zu führen, erleichterte es nach 1945 vielen, die grauenhaften und schmachvollen Taten des nationalsozialistischen Regimes abzutun und zu entschuldigen. Die Formel „es war halt Krieg" half (und hilft) vielen, auch die Tatsachen der Judenverfolgung, der Vernichtungslager, der völkerrechtswidrigen Ermordung sowjetischer Kriegsgefangener und anderer *genuiner und historisch einmaliger* nationalsozialistischer Greueltaten zu verdrängen oder wenigstens zu verharmlosen. Solches Argumentieren beruht aber nicht nur auf der fatalen Vermutung, Krieg an sich sei notwendig oder unvermeidbar, sondern auch auf der Illusion, daß dieser Krieg ein zwar überdimensionaler, aber doch ein sozusagen gewöhnlicher und zwangsläufiger Krieg war. Das war der Zweite Weltkrieg nicht, denn es ging nicht nur um Erobern oder Verteidigen, um die Ausdehnung des deutschen Machtbereichs und den Gewinn von Ressourcen; beabsichtigt war vom nationalsozialistischen Regime die Vernichtung, Ausrottung, Versklavung ganzer Völker, beabsichtigt war die Durchsetzung einer inhumanen Weltanschauung mit allen Mitteln. Die Beweise dafür muß man hier nicht ausbreiten. Stichworte: Die Einsatzgruppen der SS, die zu hunderttausenden Unschuldige und wehrlose Zivilisten ermordeten, weil sie Juden waren oder als „politische Kommissare" der Roten Armee galten, der planmäßig herbeigeführte Tod von über drei Millionen sowjetischer Kriegsgefangener, die Vernichtungskampagne gegen die polnische Intelligenz, die Germanisierungspolitik im Osten. Der Zweite Weltkrieg war die eigentliche und endgültige Inkarnation nationalsozialistischer Politik.

Diesen Krieg konnte man aber gleichzeitig auch ganz naiv begreifen als die Verteidigung des Vaterlands gegen äußere Feinde. Und in dieser Eigenschaft erhielt er bei vielen eine besondere Funktion bei der Abwehr der Vergangenheit: Die Erinnerung an den Krieg diente als Mantel für die Verbrechen des Regimes und den jeweils eigenen - unbewußt oder durch Wissen bei der Mehrheit, durch Taten bei einer Minderheit - verschuldeten Anteil. Der Zweite Weltkrieg bekam die Funktion, das NS-Regime in der Erinnerung zu normalisieren, gleichzeitig aber half diese Erinnerung auch, das Regime vom Volk der Deutschen abzuspalten, denn man konnte dadurch nachträglich

---

15 Vgl. die Schilderungen aus der Umgebung von Bergen-Belsen, in: Rainer Schulze (Hrsg.), Unruhige Zeiten - Erlebnisberichte aus dem Landkreis Celle 1945-1949, München 1990.

unterscheiden zwischen den braven Soldaten an der Front und ihren Helfern in der Heimat, die ihre Pflicht taten und deutsche Erde, deutsche Kultur, sich und ihre Familien verteidigten - das waren die auf der guten Seite - und den Funktionären des Nationalsozialismus, den Partei-Bonzen, der SS - das waren die Verbrecher[16].

Daß die Grenzlinie zwischen gut und böse nicht so leicht zu ziehen war, ist im Rückblick deutlicher erkennbar, als es den Betroffenen damals bewußt wurde. Denn alle, die Hitlers außenpolitische und militärische Erfolge begrüßt hatten, weil sie sich damit als Patrioten bestätigt sahen, ohne deshalb Nazis zu sein, konnten subjektiv das Gefühl und den Status der Unschuld in Anspruch nehmen. Das galt für die Innenpolitik nicht minder. Die meisten hatten nicht gemordet, hatten kein fremdes Eigentum an sich gerissen, hatten nicht Menschen um ihrer Religion, Abstammung oder politischen Überzeugung willen gefangengehalten, gequält, deportiert, vernichtet. Freilich hatten die meisten von den Untaten des Regimes gewußt, aber das war zum einen juristisch nicht strafbar, zum anderen fühlten sich viele schon durch dieses Wissen moralisch verletzt und bestraft, daher die lang anhaltenden kollektiven Beteuerungen, man habe nichts gewußt.

Am Normalisierungsprozeß des NS-Regimes forderten schließlich fast alle, auch die Funktionäre, ihren Anteil. Unter dem Stichwort „Entnazifizierung" ist darauf noch einmal zurückzukommen. Betrachten wir zuvor noch eine besonders signifikante Gruppe, nämlich die Angehörigen der Waffen-SS, so wird der Mechanismus ganz deutlich, bei dem der Krieg die von Schuld und Scham entlastende Funktion spielt. Die Männer der Waffen-SS haben ab 1945 so ziemlich alle in Anspruch genommen, Soldaten einer militärischen Eliteformation gewesen zu sein und nichts weiter[17]. Als sie sich, wenige Jahre nach dem Zweiten Weltkrieg, in einem Traditionsverband, der Hilfsgemeinschaft der Angehörigen der Waffen-SS (HIAG) organisierten, eiferten sie bald dem Vorbild der Wehrmachtsoffiziere nach, die ausdrücklich auf einer Ehrenerklärung vor aller Welt bestanden.

Das war im Herbst 1950, als im Eifelkloster Himmerod ehemalige deutsche Generale im Auftrag der Regierung Adenauer die Form des Wehrbeitrags der Bundesrepublik zur westeuropäisch-amerikanischen Verteidigungsgemeinschaft konzipierten und überlegten, welche Modalitäten bei der in Aussicht genommenen deutschen Wiederbewaffnung beachtet werden müßten. Die „Wehrkraft" zur Ausfüllung einer Lücke im westeuropäischen Verteidigungsbündnis sei im deutschen Volk wohl vorhanden, konstatierten die ehemaligen

---

[16] Vgl. die Ergebnisse des von Lutz Niethammer initiierten Projekts „Lebensgeschichte und Sozialkultur im Ruhrgebiet 1930-1960", die in drei Bänden publiziert sind: „Die Jahre weiß man nicht, wo man die heute hinsetzen soll", Berlin 1983: „Hinterher merkt man, daß es richtig war, daß es schiefgegangen ist, Berlin 1983; „Wir kriegen jetzt andere Zeiten", Berlin 1985.

[17] Vgl. Hermann Weiß, Alte Kameraden von der Waffen-SS, in: Wolfgang Benz (Hrsg.), Rechtsextremismus in der Bundesrepublik, Frankfurt a. M. 1989.

Wehrmachtsgenerale, doch fehle „in weiten Kreisen noch der Wehrwille". Denn: „Durch die Diffamierung der letzten fünf Jahre auf vielen Gebieten menschlichen und staatlichen Seins ist der Behauptungswille und damit auch der Gedanke der Landesverteidigung systematisch untergraben worden"[18]. Die Denkschrift war freilich der überzeugendste Beweis, daß der „Behauptungswille" der Deutschen durchaus lebendig war und allen vermuteten Untergrabungsversuchen widerstanden hatte. Nur aus intaktem Behauptungswillen - man darf wohl auch sagen: aus der Abwehrbereitschaft gegenüber unangenehmer Realität - konnte die Sprödigkeit und Verweigerung resultieren, die von den militärischen Beratern Adenauers artikuliert wurde, als sie die politischen, militärischen und psychologischen Voraussetzungen einer deutschen Wiederbewaffnung aufzählten. Militärisch und politisch waren vor allem Gleichberechtigung und Souveränität verlangt, das verstand sich beinahe von selbst, denn die Alliierten wollten ja etwas von den Deutschen, und das Streben nach einer solchen sichtbaren Rehabilitierung war der Regierung und der Opposition gemeinsames höchstes Anliegen. In unserem Zusammenhang interessieren aber die psychologischen Voraussetzungen am stärksten, wie sie 1950 von den deutschen Wehrmachtsveteranen formuliert waren, nämlich:

„Rehabilitierung des deutschen Soldaten durch eine Erklärung von Regierungsvertretern der Westmächte (Aufhebung der seinerzeitigen Diffamierung durch Kontrollrats- u. a. Gesetze).

Freilassung der als ‚Kriegsverbrecher' verurteilten Deutschen, soweit sie nur auf Befehl gehandelt und sich keiner nach alten deutschen Gesetzen strafbaren Handlung schuldig gemacht haben. Einstellung schwebender Verfahren. Dieses Ziel wird nur schrittweise zu erreichen sein; es muß aber vor Beginn der Aufstellung ein sichtbarer Anfang gemacht werden. Auch die Frage der Verurteilten in Spandau (insbesondere der beiden Soldaten) ist aufzugreifen.

Einstellung jeder Diffamierung des deutschen Soldaten (einschließlich der im Rahmen der Wehrmacht seinerzeit eingesetzten Waffen-SS) und Maßnahmen zur Umstellung der öffentlichen Meinung im In- und Ausland."

Die Waffen-SS war weniger erfolgreich als die Wehrmacht beim Versuch, sich vom Odium der Weltanschauungstruppe zu reinigen. Bis zum heutigen Tag bedienen sich die Leute von der Waffen-SS des Arguments, sie hätten als erste und vor allem mit der größten Energie den Kommunismus bekämpft. So bekennt sich eine mittlere Charge aus der SS-Division „Das Reich" unter rühmender Erwähnung der einmaligen und bedingungslosen Kameradschaft,

---

[18] Denkschrift des mitärischen Expertenausschusses über die Aufstellung eines deutschen Kontingents im Rahmen einer übernationalen Streitmacht zur Verteidigung Westeuropas vom 9. 10. 1950, in: Klaus von Schubert (Hrsg.), Sicherheitspolitik der Bundesrepublik Deutschland. Dokumentation 1945-1977. Teil II, Bonn 1978, S. 91-98.

die dort geherrscht habe, vor der Filmkamera des Marcel Ophuls[19] zu seiner Zugehörigkeit und zu seinen Auszeichnungen, weil ohne die Waffen-SS „die Russen heute am Ärmelkanal stünden". Es sei also das bleibende Verdienst der SS-Divisionen, den sowjetischen Expansionsdrang eingedämmt, das Abendland gegen den Bolschewismus verteidigt zu haben. Daß die SS eine europäische Elitetruppe gewesen sei, war schon von den HIAG-Gründern Anfang der 50er Jahre behauptet worden. Damit wurde auch den aus dem Gebot der Not rekrutierten „fremdvölkischen" Divisionen, den aus Kroaten und Albanern, Wallonen und Flamen und sonstigen zu Hilfsvölkern gemachten Einheiten, die nachträgliche Kameradschaft angeboten. Gleichzeitig waren sie zur „europäischen Elitetruppe" erhoben und durften am Nim' us teilhaben. Daß alle Voraussetzungen dieser Ideologisierung der Waffen-SS unsinnig waren, braucht hier nicht dargelegt und bewiesen zu werden. Wichtig ist in unserem Zusammenhang vielmehr die bedeutende Rolle, die der Antikommunismus als konsensstiftende Gemeinsamkeit in den Gründerjahren der Bundesrepublik spielte.

Mit der Aufspaltung der NS-Ideologie in gute und böse Bestandteile blieb, ohne daß man das je aussprechen mußte, ein Rest von Nationalsozialismus salonfähig. Die Vorstellung, die westlichen Alliierten hätten im Frühjahr 1945 mit den Deutschen zusammen gleich weiter nach Osten marschieren sollen, um die kommunistische Sowjetunion zu vernichten, wurde zur Lebenslüge für viele, die meinten, es sei damals versäumt worden, Hitlers Kreuzzug gegen die Sowjetunion zu Ende zu bringen. Diese Idee dient aber zugleich der Selbstrechtfertigung und Beschwichtigung, denn die Mehrzahl der Deutschen hatte ja - Thomas Mann hielt ihnen dies bereits Ende 1941 vor - in schwer faßbarer Verblendung „die Nationalsozialisten für die Bringer von Ordnung, Schönheit und nationaler Würde"[20] gehalten.

Bewältigt werden mußte aber auch der Makel, daß sich die Deutschen nicht selbst vom Nationalsozialismus befreien konnten, und zwar in doppeltem Sinne. Es war ihnen nicht gelungen, Hitler zu stürzen, auch nicht in letzter Sekunde, um dadurch der Welt ein Zeichen zu geben, und deshalb mußte die „Entnazifizierung" als Reinigungsprozedur von den Siegern angeordnet und überwacht werden. Das stimulierte bei den Betroffenen eher Reaktionen von Wehleidigkeit und Trotz als von Reue und Einsicht. Auf jeden Fall förderte der Vorgang die latente Abwehr der Vergangenheit. Die Entnazifizierung selbst verkam, gemessen an ihrem moralischen Anspruch, zu einer Veranstaltung, bei der in großem Stile Nazis zu Mitläufern und Entlasteten gewaschen wurden[21], sie erfüllte aber auch nicht die politische Notwendigkeit, die Mit-

---

[19] Interview mit Wolfgang Gustmann, ehem. SS-Offizier, in: „Hotel Terminus. Leben und Zeit des Klaus Barbie", ein Film von Marcel Ophuls, USA 1988.

[20] Radioansprache „Deutsche Hörer!", November 1941, in: Thomas Mann, An die gesittete Welt. Politische Schriften und Reden im Exil, Frankfurt 1986, S. 510.

[21] Lutz Niethammer, Die Mitläuferfabrik. Die Entnazifizierung am Beispiel Bayerns, Berlin, Bonn 1982.

glieder und Funktionäre der Hitlerpartei auf jeweils angemessene Weise zu rehabilitieren. Denn eine demokratische Nachkriegsgesellschaft in Deutschland aufzubauen war ja nicht möglich, wenn Millionen von ehemaligen Nazis dauerhaft als Parias gebrandmarkt bleiben sollten[22].

Das Dilemma zwischen moralischem Anspruch, politischer Notwendigkeit und sozialer Realität blieb ungelöst. Die Entnazifizierung wurde für die meisten mit Erleichterung als Endpunkt verstanden, von dem an der Nationalsozialismus eine Generation lang mit kollektivem Schweigen, in weitverbreiteter Amnesie, behandelt wurde[23]. Erst die Enkel versuchten dies Schweigen zu brechen, ihr Dialog mit der nationalsozialistischen Vergangenheit hat spät, erst Ende der 60er Jahre begonnen.

---

[22] Zu diesem Problem der Entnazifizierung vgl. neuerdings Hans Woller, Gesellschaft und Politik in der amerikanischen Besatzungszone, München 1986, S. 116f.; Helga H. Welsh, Revolutionärer Wandel auf Befehl? München 1989; Clemens Vollnhals, Evangelische Kirche und Entnazifizierung, München 1989.

[23] Individuell-lebensgeschichtliche Aspekte des Problems aus psychoanalytischer Sicht sind dargestellt bei Barbara Heimannsberg/Christoph H. Schmidt (Hrsg.), Das kollektive Schweigen. Nazivergangenheit und gebrochene Identität in der Psychotherapie, Heidelberg 1988.

Frank Stern

Im Anfang war Auschwitz

Besatzer, Deutsche und Juden in der Nachkriegszeit

Im April 1945 befreiten amerikanische Truppen etwa 700 Überlebende des Konzentrations- und Arbeitslagers Dora-Nordhausen. 2000 Nordhausener Bürger wurden auf Befehl der Amerikaner bei der Bestattung der Toten eingesetzt. Ein jüdischer Offizier traf im Lager auf 120 Juden, die versucht hatten, den Evakuierungszug für die Überlebenden zu besteigen. Von antisemitischen Mithäftlingen waren sie wieder hinuntergeworfen worden. Einer der überlebenden Juden führte den Offizier durch das Lager. In seinen Erinnerungen schrieb er, wie er in benommenem Schweigen vor dem Krematorium gestanden habe. Plötzlich sei der Überlebende auf einen Berg weißer Asche gestiegen und habe ihn sachlich, nüchtern gefragt: „Wissen Sie, worauf ich stehe? Ich stehe auf den Körpern von . . ." Der Offizier schrie ihn an, er solle herunterkommen. Aber der Ex-Häftling sah ihn eher erstaunt an, stumm fragend: „Welche Art von Moral soll das denn sein?" In diesem Augenblick wurde dem Offizier bewußt, daß weder er den Überlebenden noch dieser ihn verstand: „Es gab eine große Barriere zwischen uns[1]."

In Nürnberg hatte eine junge Frau die rassistische Verfolgung überlebt. Sie erinnert sich an die Befreiung im April 1945: „Wie waren wir glücklich! 20 Jahre jung. Überlebt! Wie war die Welt schön! Die Braunen zum Teufel gejagt! Hitler kaputt! Schwierig, diese Stimmung zu schildern. Die Nürnberger Bevölkerung, heimgesucht von Angst und Trauer, kroch gesenkten Blikkes die Wände entlang . . . Freude herrschte wirklich nur bei den aus den verschiedenen Konzentrationslagern und Ausländerlagern Befreiten und den bis dahin illegal und versteckt Lebenden[2]."

Anfang Mai, Tage nachdem amerikanische Panzer durch den Ort gerasselt waren, notierte Ernst Jünger in sein Tagebuch: „Am Morgen kamen sechs Juden auf den Hof, die man aus Belsen befreit hatte. Der jüngste war elf Jahre alt. Mit dem Erstaunen, dem Heißhunger eines Kindes, das nie dergleichen gesehen hat, schaute er sich Bilderbücher an. Auch unsere Katze rief

---

[1] Robert H. Abzug: Inside the Vicious Heart. Americans and the Liberation of Nazi Concentration Camps. New York, Oxford, 1985, S. 41 f.; vgl. auch: Margaret Bourke-White: ‚Dear Fatherland Rest Quietly.' A Report on the Collapse of Hitler's ‚Thousand Years'. New York 1946, S. 74.

[2] Inge Protzner-Kaufmann: Nicht mehr ‚Mischling 1. Grades'. In: Peter Altmann (Hrsg.): Hauptsache Frieden. Kriegsende, Befreiung, Neubeginn 1945–1949. Vom antifaschistischen Konsens zum Grundgesetz. Frankfurt 1985, S. 34 f.

seine höchste Verwunderung hervor, als ob ein mächtiges Traumbild sich ihm näherte[3]."

Diese Wahrnehmungen reflektieren zentrale, widersprüchliche Elemente der unmittelbaren deutschen Nachkriegs-Realität. Sie deuten hin auf die vielschichtigen Beziehungen zwischen alliierten Soldaten, besiegten Deutschen und befreiten Juden. Nicht zuletzt führten sie zu unterschiedlichen, langfristig wirksamen Erinnerungen und Einstellungen in einer gesellschaftlichen, politischen und psychologischen Situation, die nicht ausschließlich durch die Konfrontation von Deutschen mit den Besatzungsmächten bestimmt war. Diese Konfrontation ist es jedoch, die üblicherweise in der Zeitgeschichtsschreibung eine Rolle spielt, wenn es um die Besatzungszeit, das Erbe der Nazi-Vergangenheit in dieser Periode oder um die Grundlegung einer demokratischen Entwicklung geht. Detailliert werden Bereiche und Probleme der deutschen Nachkriegsgesellschaft in einer wachsenden Zahl von Studien behandelt. Abgesehen von wenigen Ausnahmen wird dabei jedoch das jüdische Kapitel als ein integraler Bestandteil der Geschichte dieser Periode weitestgehend ausgeblendet. Dies ist natürlich eine Herausforderung an die zeitgeschichtliche Interpretation des deutsch-jüdischen Verhältnisses, der man sich zumindest seit dem 9. November 1989 stellen muß. Es geht - und nicht erst aufgrund der vergangenen und künftigen Bedeutung dieses Datums - von vornherein um die Rolle des jüdischen Aspekts in der Entwickung der „deutschen Frage" seit 1945[4].

Der politische und gesellschaftliche Rahmen: „Vielleicht sollten doch nicht zu viele zurückkommen."

Julius Posner, ein jüdischer Offizier in der britischen Armee, zitierte diese Feststellung einer jungen Deutschen in seinem Bericht über die Veränderungen in den Haltungen Deutscher gegenüber Juden während der Jahre 1945/46[5]. Eine Analyse der amerikanischen Militärregierung (OMGUS) vom November 1945 befaßte sich ebenfalls mit dem Stand des gesellschaftlichen Bewußtseins und dessen Bedingungen in einem neuen Deutschland. Faßt man die Aussagen über Juden, Verfolgung der Juden und deren Konsequenzen zusammen, ergibt sich folgendes Bild: „Wenige verteidigen die Art und Weise, wie die Juden behandelt wurden, aber die meisten meinen, daß es gut war, deren Macht zu brechen." Es wurde gesagt, daß man nichts über den Massenmord gewußt habe, und daß die amerikanischen Berichte übertrieben seien. Außerdem wurde betont, daß Juden „wirtschaftlich zu einflußreich" waren. Im Ergebnis der Angriffe alliierter Bomber und der von der deutschen

---

[3] Ernst Jünger: Jahre der Okkupation. April 1945 - Dezember 1948. Stuttgart 1958, S. 20.
[4] Vgl.: Anson Rabinbach, The Jewish Question in the German Question. In: New German Critique 44 (1988), S. 159f.
[5] Julius Posner: In Deutschland 1945-1946. Jerusalem 1947, S. 112.

Zivilbevölkerung erlittenen Verluste war ein Gleichgewicht hergestellt worden: Opfer wurden gegen Opfer aufgerechnet. Die Sklavenarbeiter aus den KZ, so wurde behauptet, seien gut behandelt worden, und wo sie gelitten hätten, sei dies durch ihre Plünderungen und Gewaltakte nach der deutschen Niederlage längst vergolten. Gleichermaßen wurde die Praxis kritisiert, zurückkehrende Emigranten in offiziellen Positionen einzusetzen; „denn diese Emigranten haben den Kontakt mit dem Volk verloren, sie haben die Härten des Kriegs und des antinazistischen Widerstandes nicht ertragen müssen, sondern komfortabel und sicher in neutralen oder alliierten Ländern gelebt. Sie sind ihrem Volk entfremdet und haben dessen Vertrauen verloren[6]."

Die Ergebnisse der ersten Schritte in der Umerziehung des deutschen Volkes erwiesen sich nach wenigen Monaten offensichtlich eher als eine Anpassung an den deutschen Alltag, was die Wiederaufnahme bewährter antijüdischer Vorurteile mit einschloß. Die Zeiten hatten sich erneut geändert. „Im Sommer 1945", so notierte Posner, „gehörte es zum guten Ton zu meinen, daß für die Juden etwas zu geschehen habe[7]." Im Herbst jedoch begann die deutsche Volksmeinung ihre dunkleren und traditionelleren Seiten zu offenbaren.

Wo immer Deutsche im Frühling und Sommer 1945 Juden begegneten, waren sie nicht minder als die siegreichen Soldaten überrascht, daß einige Juden in der Tat noch am Leben waren. Ungefähr 15000 deutsche Juden hatten innerhalb des Dritten Reiches überlebt. Manche hatten sich versteckt, manche hatten mit gefälschten Papieren der Bürokratie widerstanden, einige wenige hatten einen privilegierten Status oder überlebten dank der Widersprüche in der NS-Hierarchie. Dazu kamen jene, denen es gelungen war, ihren Anteil an der „Nächstenliebe" zu kaufen, was auch immer der materielle oder moralische Preis gewesen sein mag. Annähernd 50000 Juden aus zahlreichen Ländern waren darüberhinaus zwischen März und Mai 1945 in Sklavenlagern oder auf Todesmärschen befreit worden.

Bereits vor dem Zeitpunkt der Befreiung implizierte dies individuelle und kollektive Begegnungen von Deutschen und Juden. Jetzt, im Mai/Juni 1945, versuchten die überlebenden Juden mit den Härten der Nachkriegskrise zurechtzukommen, sei es in etwa 500 deutschen Städten und Gemeinden, sei es in den Lagern für Displaced Persons. Bei weitem die größte Zahl überlebender Juden befand sich in der amerikanischen Besatzungszone, und ihre Zahl stieg aufgrund des Zustroms aus Osteuropa ständig an. Diese Entwicklung, auf die die alliierten Nachkriegsplaner völlig unvorbereitet waren, stellte eine hochproblematische Herausforderung dar für die Besatzungsmächte, für die entstehenden deutschen Verwaltungen und insbesondere für die Juden. Zwar dauerte es einige Zeit, aber schließlich entwickelte sich unter

---

6 OMGUS: Report USFET, The German View (19. 11. 1945). National Archives (Na.), Washington, Register (Rg.) 260.

7 Posner (wie 5), S. 109.

den gegebenen Bedingungen ein Rahmen für die unvorhergesehenen Wechselbeziehungen von Besatzungsmächten, Deutschen und Juden. Diesen Rahmen und die darin sich herausbildenden Wechselbeziehungen kann man auf der politischen, institutionellen, gesellschaftlichen, kulturellen und sozialpsychologischen Ebene als *historisches Dreieck* bezeichnen.

Betrachten wir kurz die Situation der Juden in Deutschland als einem Element dieser Wechselbeziehung. Kurz nach der Befreiung fanden sich in einigen Städten Überlebende zusammen und konstituierten erneut Jüdische Gemeinden. In Köln, zum Beispiel, genehmigte am 6. März, einige Tage nach der Besetzung, der amerikanische Education and Religion Officer überlebenden Juden die Abhaltung von Gottesdiensten. Die Jüdische Gemeinde, zu der etwa 80 Mitglieder gehörten, konstituierte sich erneut am 28. April. In München beantragte ein jüdischer Rechtsanwalt, der als Arbeiter in einer Munitionsfabrik in der Stadt die Befreiung erlebt hatte, bei den Besatzungsmächten die Wiedergründung der Gemeinde[8]. Mit diesen Beispielen soll lediglich betont werden, daß die Wiederzulassung Jüdischer Gemeinden, ihre Re-Etablierung in der deutschen Gesellschaft durch die Besatzungsorgane auf jüdische Bitte hin erfolgte. Innerhalb der DP camps begannen die jüdischen Insassen ebenfalls, sich selbst zu organisieren, wobei ihnen zumeist jüdische Besatzungsoffiziere oder Militärrabbiner zur Seite standen. In den ersten Tagen und Wochen waren die überlebenden Juden, auch da wo sie zu ersten gemeinsamen Schritten in einer bislang feindlichen Umwelt zusammenfanden, weitestgehend auf sich selbst gestellt[9].

Sowohl die meisten jüdischen DPs als auch die überwiegende Zahl jüngerer deutscher Juden und überlebender Kinder warteten jetzt meist auf eine Gelegenheit, nach Palästina oder nach den USA zu emigrieren. Es war mehr als zweifelhaft zu dieser Zeit, ob es irgendwelche Zukunftsaussichten für jüdisches Leben in Deutschland geben würde. Skepsis war angebracht, und das Gefühl: ‚Nur raus aus diesem Land!‘ am meisten verbreitet. Derartige Haltungen bestimmten nicht allein die sich entwickelnde Nachkriegsidentität überlebender Juden, sondern auch deren Einstellung gegenüber Deutschen und ihr Vertrauen in amerikanische Hilfe. Daß das Verhältnis zu den Briten sich schnell in eine andere Richtung entwickelte, hing nicht zuletzt mit deren Palästina-Politik zusammen.

Noch heute ist es schwierig, die psychologischen Probleme und gesellschaft-

---

[8] Vgl. Juliane Wetzel: Jüdisches Leben in München 1945–1951. Durchgangsstadium oder Wiederaufbau. München 1987.

[9] Vgl. Monika Richarz: Jews in Today's Germanies. In: Year Book Leo Baeck Institute 30 (1985), S. 265 f.; Michael Y. Bodemann: Staat und Ethnizität: Der Aufbau der jüdischen Gemeinden im Kalten Krieg. In: Michael Brumlik, Doron Kiesel, Cilly Kugelmann, Julius H. Schoeps (Hrsg.): Jüdisches Leben in Deutschland seit 1945. Frankfurt 1986, S. 49 ff.; Juliane Wetzel (wie 8); Cilly Kugelmann: ‚Tell Them in America We're Still Alive!‘: The Jewish Community in the Federal Republic. In: New German Critique 46 (Winter 1989), S. 129 f.

lichen Schwierigkeiten richtig einzuschätzen, mit denen Juden konfrontiert waren, die sich der deutschen Nachkriegssituation anpassen mußten[10]. Ehemalige KZ-Insassen, die in ihre Heimatstädte zurückkehrten, machten oft eine erschreckende Erfahrung: „Man überließ die deutschen Juden nach der Befreiung ihrem Schicksal ... Die deutschen Juden mußten ihren Weg nach Hause allein antreten. Die einzige Hilfe, die ihnen geboten wurde, das war die Hilfe, die diejenigen Juden brachten, die sich in den letzten Jahren des nationalsozialistischen Regimes versteckt halten konnten[11]."

Im Gegensatz zur Mehrheit der deutschen „Heimkehrer" hatten die Juden weder Familien noch Freunde, weder Wohnungen noch Kleider oder persönlichen Besitz. Ihre einstigen Wohnungen oder Häuser, ihre Geschäfte, Büros und Arbeitsplätze waren nach wie vor von anderen besetzt. Das Ende des Nazi-Terrors hatte ja keineswegs bedeutet, daß nun jede anti-jüdische Maßnahme null und nichtig war. Wenn anti-jüdische Maßnahmen in Übereinstimmung mit den bestehenden Gesetzen erfolgt waren, was im Hinblick auf die sogenannten „Arisierungen" der Fall gewesen war, dann konnten die überlebenden Juden allenfalls von außen durch die Fenster ihrer Wohnungen blicken.

Julius Posner besuchte im Juni 1945 Rückkehrer in Solingen, Wuppertal und Remscheid. „Sie fühlten sich von Gott und der Welt verlassen und besonders von den Juden. ‚Sie sind der erste Besuch, den wir bekommen ... Wir haben im Osten auf keine Hilfe gerechnet; aber damals dachten wir, wenn wir erst wieder im Rheinland wären, da würden wir uns vor anglo-amerikanischen Schlichim (Repräsentanten) nicht retten können ...'[12]" (Noch, so muß man hinzufügen, fanden ausreichend Sendboten des jüdischen Palästina zu ihnen.)

In dieser ersten Periode nach der Befreiung erhielten ehemalige deutsch-jüdische KZ-Häftlinge nicht die gleiche Fürsorge wie andere von den Nazis Verfolgte. Sie wurden von den alliierten Soldaten in der Regel als Deutsche und damit als Angehörige der Feind-Nation behandelt[13]. Das veränderte sich erst im Hochsommer. Im Ergebnis einer Direktive von General Eisenhower, die teilweise auf jüdischen Druck in Washington zurückging, fanden deutsche Juden und jüdische DPs nun vorzugsweise Zuwendung. Jüdische DP camps wurden eingerichtet, und das State Department in Washington bestand auf Veränderungen in der amerikanischen Besatzungszone zu Gunsten der über-

---

[10] Vgl. Harry Maòr: Über den Wiederaufbau der Jüdischen Gemeinden in Deutschland seit 1945. Mainz 1961; Ralph Giordano (Hrsg.): Narben, Spuren, Zeugen. 15 Jahre Allgemeine Wochenzeitung der Juden in Deutschland. Düsseldorf 1961.

[11] Zit. n. Giordano (wie 10), S. 15.

[12] Vgl. Posner (wie 5), S. 115f.

[13] Vgl. Ursula Büttner: Not nach der Befreiung. Die Situation der deutschen Juden in der britischen Besatzungszone 1945–1948. In: idem (Hrsg.): Das Unrechtsregime. Internationale Forschungen über den Nationalsozialismus. Band 2. Hamburg 1986, S. 388.

lebenden Juden. Die Dritte Armee unter General Patton hatte allerdings beträchtliche Probleme, wenn es um den eigenen hausgemachten Antisemitismus und verbreitete pro-deutsche Haltungen ging. Das änderte sich erst, als Patton aus zwei Gründen abgelöst wurde: seine fehlende Bereitschaft, die Denazifizierung in die Tat umzusetzen, und seine offensichtliche Nachlässigkeit, ja Zurückhaltung, wenn es um die Bedürfnisse der jüdischen Displaced Persons ging.

Vor dem Hintergrund internationaler Berichte über den deutschen Antisemitismus in den Jahren 1945/46[14] und der skizzierten Situation ist es mehr als offensichtlich, warum zahlreiche jüdische Persönlichkeiten im Ausland eine kritische oder ablehnende Haltung gegenüber der Neugründung jüdischer Institutionen in Deutschland einnahmen. Die wiedererstehenden Jüdischen Gemeinden reflektierten dieses Dilemma. Ihr Selbstverständnis schwankte zwischen „Transit-Gemeinde", „Liquidationsgemeinde" und einem „jüdischen Neubeginn".

Aus diesem Grunde war die Zusammenarbeit mit den Militärregierungen und den deutschen Verwaltungen in der Anfangsphase der Aktivitäten der Jüdischen Gemeinden voller Widersprüche und Schwierigkeiten. Es ergaben sich in den Kontakten mit Deutschen zahllose Anlässe, durch die diese traditionelle anti-jüdische Meinungen über Juden mit aktuellen Vorurteilen verbanden. Insbesondere die materielle Hilfe, die Juden in der Einbildung vieler Deutscher oder tatsächlich von den Besatzungsorganen erhielten, sowie die Auseinandersetzungen über die Rückgabe von Eigentum und ‚arisiertem' Vermögen verbanden sich mit traditionellen ökonomischen anti-jüdischen Stereotypen. Das wurde noch verstärkt durch eine gesellschaftliche Atmosphäre allgemeiner Ablehnung der Denazifizierung. Wenn noch dazu die Wohnungen ehemaliger Nazis konfisziert und jüdischen DPs übergeben wurden, war es nicht weit, um in *dem* Juden erneut den Schuldigen für alles Übel zu sehen. In München hatten jüdische Kinder, die in solchen Wohnungen lebten, nicht selten regelrechte Prügeleien mit ihren ‚umerzogenen' Mitschülern, die in den Straßen wiederholten, was sie zuhause über die neuen jüdischen Nachbarn gehört hatten.

Vor diesem Hintergrund wird Posners Wertung der Veränderungen zwischen Frühjahr und Herbst 1945 verständlich: Der ‚gute Ton' im Verhalten gegenüber Juden war nach einer kurzen Periode nicht mehr von öffentlichem

---

[14] Die ersten OMGUS-Analysen zum Antisemitismus ergaben: „Results of an October 1945 survey made in the American Zone showed that a fifth of the people went along with Hitler on his treatment of the Jews. They were presented with three alternative statements for agreement or disagreement: 1) Hitler was right in his treatment of the Jews; 2) he went too far in his treatment of the Jews, but ‚something had to be done to keep them within bounds'; and 3) the actions against the Jews were in no way justified. A majority agreed with the third statement. However, 19% chose the second alternative and thus ranged themselves on the side of anti-semitism." (OMGUS: Opinion Survey Section, Report No. 5 (1. 4. 1946), NA.RG.260.

Interesse. Offizielle, gesellschaftspolitisch wohlmeinende Reaktionen, die jüdische Rückkehrer betrafen, flauten merklich ab. Posner beschreibt diesen Wechsel in der öffentlichen Meinung in sarkastischen Worten: „Während also die große Redeflut über die Unbill, die man den Juden angetan hatte, weiterschäumte, während auch der einzelne Deutsche nicht müde wurde, zu beteuern, wie er über diese Dinge fühlte, brachte die Frage ihn stets in Verlegenheit, was er und seine Freunde, was seine Stadt denn eigentlich getan habe, um das Los der Wenigen, die sich wieder in ihrer Mitte aufhielten, angenehm zu gestalten. ‚Ja geht es ihnen denn nicht gut?' wurde dann gefragt[15]."
Viele Leitartikel und Kommentare in der neu entstehenden deutschen Presse waren geradezu entlarvend, wenn es um jüdische Themen ging. Unter dem Titel „Juden in Deutschland. Auswanderung oder Assimilation" befaßte sich der Berliner „Tagesspiegel" mit dem Mord an Berliner Juden und der Situation derjenigen, die überlebt hatten: „So darf man hoffen, daß die millionenfachen Opfer der Juden nicht umsonst gebracht worden sind, sondern daß es nach jahrhundertelangen Bemühungen heute möglich sein wird, das jüdische Problem in *seiner Gesamtheit zu lösen*, und zwar einerseits durch *Auswanderung* der heimatlosen Juden und andererseits durch vollständige *Assimilation* der Juden, die in Europa zu verbleiben wünschen ... Das deutsche Volk ist berufen, hierzu einen wesentlichen Beitrag zu leisten ...[16]" Zunächst beeindruckt an diesem Artikel die unbenommene Naivität, mit der dem deutschen Volk erneut die Aufgabe zugewiesen wird, „das jüdische Problem ... zu lösen". Immer noch oder schon wieder ist es ein Problem der Juden, das heißt, nicht von den Problemen der nichtjüdischen Mehrheit wird ausgegangen, von Antisemitismus, Rassenhaß und Massenmord, sondern von einem störenden, das Dritte Reich übergreifenden „jüdischen Problem". Die Millionen ermordeten Juden werden nun auch noch mit einem ‚höheren Sinn' versehen, der die Lösung „in seiner Gesamtheit" durch Auswanderung oder Assimilation ergeben soll. Das, allerdings, waren Rezepte, wie sie bereits in der Weimarer Republik vertreten wurden und deren Propagierung nach 1945 wohl kaum vom Bewußtsein deutscher Verantwortung getragen war.

Staatliche Bürokratie und Überlebende: „Soweit es die Stadtverwaltung betrifft, können sie auf dem Boden schlafen."

Unterstützung fanden Überlebende von Verfolgung und Massenvernichtung oftmals bei einzelnen Persönlichkeiten des öffentlichen Lebens, bei Politikern. Genauso oft wurde diese Hilfe allerdings durch das Verhalten in den Räumen deutscher Behörden konterkariert. Vorhandenes Archivmaterial und

15 Posner (wie 5), S. 111.
16 Der Tagesspiegel (5. 12. 1945).

persönliche Erinnerungen belegen „zahllose Fälle von Behördenschlampereien und -willkür“ gegenüber Juden in dieser Zeit[17]. Ein extremes aber nicht seltenes Beispiel ist die Ausstellung von Lebensmittelkarten in Celle, in der britischen Zone, im Mai 1945. Gemäß den Anweisungen der britischen Organe gaben deutsche Behörden an deutsche Juden, die in Belsen befreit worden waren, solche Karten aus. In guter Nazi-Tradition versahen sie die Karten jedoch mit dem Aufdruck ‚Jude‘[18].
In der französischen Zone hatten die Militärbehörden vergessen, Polizei und Meldeämter darauf hinzuweisen, daß offizielle Dokumente wie Ausweise oder standesamtliche Eintragungen für überlebende Juden nicht den Vornamen Israel oder Sara enthalten dürfen. Da es bis zum Januar 1946 keinen dies verhindernden ‚Behördenvorgang‘ gab, wurden die alten Anordnungen aus der Zeit des Dritten Reiches pflichtbewußt befolgt - zum Entsetzen älterer aus Frankreich zurückkehrender Juden. Die deutsche Verwaltung wurde im Juli 1946 erneut angewiesen, derartige zusätzliche Vornamen zu streichen und in den standesamtlichen Eintragungen nicht zu vermerken, daß die Namen verändert oder gestrichen worden waren. Schließlich - denn auch das schien nicht selbstverständlich - wurde angeordnet, die Namen in der Adrema-(Adressier)-Maschine zu korrigieren[19]. In der amerikanischen Zone wurden 1946 Beamte vor Gericht gestellt, die Dokumente mit diesen Vornamen ausgestellt und in der Rubrik Nationalität ‚Jude‘ anstatt ‚Deutsch‘ eingetragen hatten.
Endlose Beispiele für Hemmnisse bei Wohnungssuche und Rückgabe von geraubtem Eigentum ließen sich anführen. Judah Nadich, Eisenhowers Berater für jüdische Angelegenheiten, besuchte im Herbst 1945 Bamberg, wo er 600 Juden antraf. Sie beschwerten sich bei ihm, daß auf ihre Bitte um zusätzlichen Wohnraum von dem Vertreter der deutschen Stadtverwaltung entgegnet worden sei, dieser schere sich keinen Deut darum, wo sie schliefen. Was ihn beträfe, könnten sie auf dem Fußboden schlafen[20].
Die kritische Situation der entrechteten jüdischen Minderheit in allem, was ihr persönliches und materielles Wohlergehen, ihre gesellschaftlichen Beziehungen, ihre Gesundheit betraf, bewirkte, daß die deutschen Verwaltungen und die Büros der Militärverwaltungen zum zentralen Bezugspunkt wurden, wo immer es um die Herstellung einer ‚normalen‘ jüdischen Nachkriegsexistenz ging. Die Wiederherstellung der bürgerlichen Rechte mußte erkämpft

---

17 Günther Bernd Ginzel: Phasen der Etablierung einer Jüdischen Gemeinde in der Kölner Trümmerlandschaft 1945-1949. In: J. Bohnke-Kollwitz/W. P. Eckert u. a. (Hrsg.): Köln und das rheinische Judentum. Festschrift Germania Judaica. Köln 1984, S. 456f.

18 Vgl. Wolfgang Jacobmeyer: Vom Zwangsarbeiter zum heimatlosen Ausländer. Die Displaced Persons in Westdeutschland 1945-1951. Göttingen 1985, S. 44.

19 Commissariat pour le Land Bade. Délégation Provinciale Pour le Bade-Sud, 2-636. Affaires Politiques. Section politique - Culte Israelite, Archives de l'Occupation Française en Allemagne et en Autriche, Colmar.

20 Judah Nadich: Eisenhower and the Jews. New York 1953, S. 147.

werden. Schlechtes Gewissen allein reichte dafür auf deutscher Seite nicht aus. Die deutschen Behörden ihrerseits begannen ebenfalls auf das Wiedererstehen eines institutionalisierten jüdischen Lebens zu reagieren. Mitte Mai 1946, ein Jahr nach der Befreiung, wandte sich die Interessenvertretung der Jüdischen Gemeinden und Kultusvereinigungen an die Regierungen der Länder in den Besatzungszonen und mahnte, daß die Rückkehrer aus den Konzentrationslagern „noch nicht ihre beim Abtransport geraubten Grundstücke und ihr bewegliches Vermögen erhalten" hätten. Unmittelbar nach diesem Offenen Brief veröffentlichte das „Jüdische Gemeindeblatt" zwei Meldungen. In einer wird berichtet, daß im Etat der Provinz Westfalen eine Million Reichsmark für Hinterbliebene der SS vorgesehen war. Daran anschließend wird der Besuch eines Vollziehungsbeamten der Städtischen Steuerkasse Düsseldorf in der Synagogengemeinde beschrieben. Dieser war erschienen, um mit einem Pfändungsbefehl über 3348,446 Reichsmark rückständige Grundbesitzabgaben für das Synagogengelände von 1938 bis 1945 zu pfänden. - 1938 war die Synagoge von den Nazis angesteckt worden und in Flammen aufgegangen. Der Vorsitzende des Landesverbandes reagierte mit einem empörten Brief, in dem er darauf hinwies, „daß die deutschen Finanzämter sich als Henkersknechte bei der Ausbeutung der Juden in hervorragender Weise beteiligten"[21]. Die Steuerbehörde antwortete mit einer kargen, rein formalen Entschuldigung. Die hier genannten und aus Gleichgültigkeit, Frechheit und Bürokratismus gespeisten Beispiele aus dem deutschen Behördenalltag mögen exemplarisch die auf einzelne Juden und jüdische Institutionen zielende Dimension verdeutlichen. Darüberhinaus zeigt sich hier, daß die Re-Emanzipation der Juden nicht einfach durch alliierte Order bewirkt werden konnte. Es handelte sich eher um einen komplizierten Prozeß, in dem die jüdische Seite mit alliierter Unterstützung außerordentliche Aktivitäten, zum Teil auch innerhalb der staatlichen Bürokratien, entfalten mußte.

Das weist aus der heutigen Perspektive auch auf zahlreiche Kontinuitäten in einem staatlichen Apparat hin, der im Grundlegenden unverändert geblieben und mit dem Erbe vorhergehender Jahrzehnte belastet war: „vordemokratische Autoritätsmuster und illiberale Traditionen wurden auf diese Weise weitergereicht, allerdings auch Kompetenz und Leistungsfähigkeit der Verwaltung . . .[22]" Dieser Kompetenz und Effizienz kam angesichts des unübersehbaren Chaos auch in den Augen der amerikanischen Besatzungsmacht einige Bedeutung zu. Sie gab der arbeitenden Beamtenschaft eine Form von Selbstbewußtsein, die das jüdische Opfer bisheriger deutscher Gründlichkeit als außerordentlich unangenehm, ja feindlich empfinden mußte. Zwar war der

---

[21] Jüdisches Gemeindeblatt für die Nord-Rheinprovinz und Westfalen (7. 6. 1946).

[22] Jürgen Kocka: 1945: Neubeginn oder Restauration? In: Carola Stern/Heinrich August Winkler (Hrsg.): Wendepunkte deutscher Geschichte 1848-1945. Frankfurt 1979, S. 154ff.

Antisemitismus nicht mehr verordnete Staatsideologie, die deutsche Beamtenschaft damit auch nicht mehr qua amtlicher Loyalität und Berufsethos wichtiger sozialer Träger und staatliche Exekutive des Antisemitismus. Zugleich erwies es sich aber als einigermaßen schwierig, auf nicht-antisemitische Effizienz umzuschalten, da es ja nicht allein um den Wechsel sozial bindender Normen ging, sondern ebenfalls um tiefverwurzelte antijüdische Vorurteile. Man muß daher darauf achten, den deutschen Nachkriegsantisemitismus nicht allein auf die rassistischen Traditionen zurückzuführen.

Zahlreiche Berichte der Amerikanischen Militärregierung belegen den notwendigen Druck, der von seiten der Besatzer und der von ihnen ernannten Staatskommissare auf die deutsche Bürokratie ausgeübt werden mußte, wann immer es um die Probleme und Bedürfnisse der Verfolgten und Opfer der NS-Herrschaft ging. Dies führte erneut, obwohl unter veränderten Bedingungen, zur Entstehung und Intensivierung einer unmittelbaren Verbindung zwischen deutschen Amtsträgern, den entstehenden neuen Ländern, deutscher Staatlichkeit und der „Judenfrage".

Das sich herausbildende Nachkriegsverhältnis Deutscher zu Juden und jüdischen Themen war damit aus dem Bereich der Meinungen und Einstellungen, der individuellen Beziehungen sehr schnell in den institutionellen Bereich verlängert worden. Es gehört somit zu den Entwicklungsaspekten, die untrennbar mit dem Weg der Herausbildung eines neuen deutschen Staates verbunden sind. Die frühe Verbindung von öffentlicher Verwaltung, staatlichen Organen und jüdischem Neubeginn prägte die Haltung gegenüber Juden genauso wie die Reaktionen der jüdischen Minderheit. Es handelt sich hier um ein strukturelles Merkmal dieser Beziehung, die bei allen Beteiligten vorhandene Einstellungen bestätigte, aktualisierte oder auch neue schuf. Der rassistische Antisemitismus war in einem bestimmten Ausmaß tabuisiert worden, zugleich drängten wieder - und dies findet seine Fortsetzung in der ganzen bisherigen Geschichte Nachkriegsdeutschlands - traditionelle und neu definierte antijüdische Stereotype an die Oberfläche. Es war - und ist immer noch - an erster Stelle kultureller und politischer Antisemitismus. Allerdings findet sich in der Mehrzahl der Veröffentlichungen zur Entstehung und zur geschichtlichen Entwicklung der Bundesrepublik keine relevante Auseinandersetzung mit diesem Problem.

Traditionelle, konzeptionelle antisemitische Klischees paßten sich an die veränderte gesellschaftliche Realität an, in der zeitweise über 200000 jüdische DPs im besetzten Deutschland lebten. Philipp Auerbach, Bayerischer Staatskommissar für die Opfer des Faschismus, der selbst Jahre in deutschen Konzentrationslagern zugebracht hatte, kam im November 1946 nicht umhin, die bayerische Öffentlichkeit im Hinblick auf in der Bürokratie und in der Bevölkerung verbreitete antijüdische Reaktionen anzusprechen: „Es breitet sich wieder diejenige antisemitische Stimmung aus, die wir glaubten, überwunden zu haben. Man arbeitet mit derselben Methode, indem man Unterschiede konstruieren will zwischen den wenigen überlebenden deutschen Juden und den ausländischen[23]." Kurz, die jüdischen DPs, die osteuropäischen Juden, waren die Hauptzielgruppe des frühen deutschen Nachkriegsantisemitismus geworden.

Juden als Prüfstein der Demokratie: „Die Macht der Juden soll man nicht unterschätzen."

Die Situation der jüdischen Überlebenden gehörte zu den zentralen Anliegen der Amerikanischen Militärregierung und - nach 1949 - des U. S. Hochkommissars in Deutschland, ganz abgesehen von verschiedenen amerikanischen und internationalen jüdischen Organisationen einschließlich der Repräsentanten des Staates Israel[24]. Betrachten wir kurz die amerikanische Seite. Es ist bereits darauf verwiesen worden, daß zahlreiche OMGUS-Materialien seit 1945 das widerspruchsvolle Verhalten vieler Militärangehöriger, wenn es um DP-Angelegenheiten ging, behandelten. Befehle waren nicht immer klar, noch war der amerikanische Durchschnitts-GI normalerweise in der Lage, die psychologisch hochgradig komplexe Situation überlebender Juden in Deutschland erfolgreich zu bewältigen. Ganz abgesehen davon, daß hierzu auch eigene Vorurteile überwunden werden mußten. Symptomatisch für diesen Kontext ist eines der wichtigsten Dokumente über die Situation der Juden 1945, der Harrison-Bericht.

Im Juli 1945 besuchte Earl G. Harrison im Auftrag von US-Präsident Truman, der u. a. durch amerikanische Repräsentanten jüdischer Organisationen und Henry Morgenthau, Secretary of the Treasury, auf den desolaten Zustand der DPs hingewiesen worden war, jüdische camps in Deutschland und Österreich[25]. Der Bericht gibt eine detaillierte Beschreibung der Situation. Harrison betonte erstens die Notwendigkeit, daß der wirkliche Status der jüdischen DPs anerkannt werden müßte - ihr Status als Juden und nicht einfach als Angehörige der Nation des jeweiligen Herkunftslandes, wie es die Briten praktizierten. Zweitens sah er es als eine entscheidende Aufgabe an, die Auswanderung all derer zu ermöglichen, die es wünschten. Palästina galt

---

[23] Die Biographie von Philipp Auerbach ist bisher noch nicht geschrieben worden, was allerdings ebenso auf die meisten jüdischen Persönlichkeiten der deutschen Nachkriegszeit zutrifft. Vgl. das ausgezeichnete Kapitel über Auerbach in: Christian Pross: Wiedergutmachung. Der Kleinkrieg gegen die Opfer. Frankfurt 1988, S. 73ff.; siehe auch Constantin Goschler: Der Fall Philipp Auerbach. Wiedergutmachung in Bayern. In: Ludolf Herbst/Constantin Goschler (Hrsg.): Wiedergutmachung in der Bundesrepublik Deutschland. München 1989, S. 77ff.

[24] Yehuda Bauer: Out of the Ashes. The Impact of American Jews on Post-Holocaust European Jewry. Oxford, New York 1989; Yeshayahu Jelinek, Like an Oasis in the Desert: the Israeli Consulate in Munich, 1948-1953. In: Studies in Zionism IX (1988), S. 81ff.

[25] See Leonard Dinnerstein: America and the Survivors of the Holocaust. New York 1982, S. 9f.; Bauer (wie 24), S. 46f.

hier als das Hauptziel[26]. Dieser Bericht sorgte für einigen Wirbel im War Department und im State Department in Washington, da auf einen Schlag - und nur wenige Wochen nach der bedingungslosen Niederlage Deutschlands - ein Zivilist die moralischen Prioritäten der Besatzung zumindest zeitweise neu arrangiert hatte. Im Spätsommer 1945, zumindest, war es in diesem Zusammenhang unmißverständlich, wie das Dreieck Besatzer-Deutsche-Juden zu gestalten sei. Truman ordnete eingreifende Veränderungen an, Eisenhower reagierte sofort. Die Briten jedoch fanden Harrisons Forderung, 100000 Juden nach Palästina einwandern zu lassen, eher unpassend.
Eisenhower erließ eine Direktive, die ehemaligen KZ-Häftlingen Priorität gegenüber der deutschen Bevölkerung einräumte[27]. Zumindest auf der Ebene der politischen Entschlußfindung waren die Ungewißheiten der ersten Nachkriegswochen überwunden, obwohl dies natürlich nicht die unmittelbare Umsetzung solcher Entscheidungen bedeuten mußte. Dies zeigte sich unter anderem auch daran, daß nicht wenige Deutsche in diesen Sommerwochen in ihrer antisemitischen Sozialisation durch das Verhalten mancher GIs bestätigt wurden - und dies trotz beginnender Umerziehung. In einem Brief in die USA drückte ein GI verbreitete Haltungen aus: „... der durchschnittliche Soldat unserer Armee ... kann nicht verstehen, daß diese netten und sauberen Leute mit ihren ordentlichen Häusern, ihrem Sinn für Gesetz und Ordnung gefährlich sein könnten oder gar eines Verbrechens schuldig. Die Erwachsenen beeindrucken die meisten Amerikaner in Germany. Sie sind anständig, angenehm, ziemlich freundliche Leute, die ihre Eltern achten, Kinder lieben und gegenüber ihren Hunden große Zuneigung zeigen. Sie sind bewundernswert sauber und ordentlich und haben all jene soliden Eigenschaften, die Benjamin Franklin so bevorzugte[28]."
Die deutsche Wirklichkeit, besonders in ländlichen Gebieten, sah eben anders aus, als so mancher Propagandafilm aus Hollywood suggeriert hatte. Gegen diese amerikanisch-deutschen Begegnungen vermochte auch das undurchführbare Fraternisierungsverbot nichts auszurichten. Judah Nadich berichtete aus Bayern, daß insbesondere niedere militärische Ränge von Deutschen beeinflußt worden waren: Sie „alle beschuldigten die jüdischen Displaced Persons aller Verbrechen, die in Deutschland begangen wurden[29]." Dabei ging es nicht in erster Linie um jene traditionellen, Sündenböcke suchenden antisemitischen Meinungen, sondern um ein vielschichtiges Paket von Einstellungen, Mutmaßungen und sich neu entwickelndem Selbstbewußtsein. Viele Deutsche suchten in Begegnungen mit den Siegern nach

---

[26] Earl G. Harrison: The Plight of the Displaced Jews in Europe. Report to President Truman. Washington D. C. 1945.
[27] Nadich (wie 20), S. 43 f.
[28] Leonard Dinnerstein: German Attitudes towards the Jewish Displaced Persons. 1945-1950. In: Hans L. Trefousse (Hrsg.): Germany and America. Essays on Problems of International Relations and Immigrations. New York 1980, S. 243.
[29] Nadich (wie 20), S. 70.

einer Gemeinsamkeit, die gegenwartsbezogen war, nachdem das Dritte Reich der Vergangenheit anzugehören begann. Hierbei war es natürlich für das eigene Selbstbewußtsein naheliegend, jeden Ansatz von Philo-Germanismus, Neigungen zu spießig-bürgerlich heiler Welt, antisemitische Andeutungen und antikommunistische Gefühle erleichtert in das eigene Weltbild einzubauen.

OMGUS-Analysen befaßten sich in diesen Jahren wiederholt mit den Widersprüchen von camps und fester Niederlassung, von Emigration und Integration, von Antisemitismus und Demokratie. Es wurde dabei immer wieder darauf verwiesen, daß die Möglichkeiten der US-Regierung begrenzt waren und daß es keine Gewißheit gab, daß alle Juden - oder zumindest der größte Teil der in Deutschland lebenden jüdischen Bevölkerung - nach Palästina, in die USA oder in andere Gebiete gebracht werden könnten. Hinzuzufügen ist, daß die britische Politik einer Verhinderung massiver Einwanderung nach Palästina die amerikanische Administration zwang, den in der amerikanischen Zone lebenden Juden Aktivitäten nahezulegen, die in letzter Konsequenz auf eine ökonomische und soziale Integration für einen Teil von ihnen in ihre deutsche Umwelt hinauslaufen mußte.

Es ist daher nicht präzise, die Frage, ob jüdische DPs in Deutschland blieben oder emigrierten, einzig und allein mit der Palästina-Frage zu verbinden. Und dies ganz abgesehen von der kleinen Anzahl deutscher Juden, die im Lande bleiben wollten oder hierher zurückkehrten. Anders gesagt, der Zionismus war nicht die einzige Antwort, die Amerikaner, Deutsche und überlebende Juden auf jene moralischen, politischen und gesellschaftlichen Herausforderungen gaben, mit denen Juden im Nachkriegsdeutschland konfrontiert waren. Ein vertraulicher Bericht über die Situation der jüdischen DPs in Bayern belegt, welche unsinnigen Ausmaße die Unsicherheit über ihre Zukunft zugleich annehmen konnte. Der Bericht analysiert Gerüchte und stellt fest, daß in DP camps „die Überzeugung existiert, daß - wenn Palästina nicht erreicht werden kann - ein jüdischer Staat in Bayern gegründet werden wird“[30].

Die deutsche Nachkriegskrise und die widerspruchsvollen Erfahrungen mit der Politik der Besatzer verstärkten in der Bevölkerung Meinungen, die sich nicht nur auf ebenso unsinnige Gerüchte über einen möglichen Vormarsch der Russen bis zum Rhein beschränkten, sondern auch anti-jüdische Äußerungen und ablehnend bis feindliche Reaktionen auf jüdische Aktivitäten zur Folge hatten. Die nahezu schockartige antisemitische Amnesie, die nach der militärischen Niederlage und den ersten drakonischen antinazistischen Maßnahmen der Alliierten das Bild bestimmt hatte, wich langsam unter dem Druck wandelnder politischer Prioritäten. Im Ergebnis wurde es für die amerikanischen Beobachter und Analytiker sehr schnell deutlich, daß zwischen

---

[30] OMGUS: Office of the Political Advisor, Munich, Confidential Report (2. 2. 1946), NA.Rg.84.

dem sich entwickelnden Antisemitismus und dem schwachen formalen Charakter der sich neu herausbildenden politischen Kultur ein untrennbares Band bestand. Der Antisemitismus, so wurde befürchtet, würde in indirektem Verhältnis zur Entwicklung der deutschen Demokratie wachsen und durch erstarkenden Nationalismus noch zunehmen[31].

Die Reaktionen der neuen deutschen Parteien und ihrer Führungen erwiesen sich in diesem Zusammenhang als völlig ungenügend. Die meisten Parteipolitiker hielten sich bedeckt, wenn es um jüdische Themen oder gar den notwendigen Kampf gegen den Antisemitismus ging. Der Grund war einfach, man wollte keine potentiellen Wähler verlieren. Jüdische Themen waren eben einfach nicht populär. Das war keine Frage mehr des unmittelbaren Nachkriegsschocks oder eines Schuldkomplexes, keine gradlinige Folge von schlechtem Gewissen oder Anpassung an das Besatzungsregime. Worum es hierbei ging, war eine Anpassung der politisch sich formierenden Kräfte an das vorhandene nationalistische Potential. Die üblicherweise gerühmte Fähigkeit der Nachkriegsparteien, die Nachkriegsdeutschen in das neue Deutschland zu integrieren, widerspach - zumindest im Verständnis der OMGUS-Orientierungen - dem notwendigen neuen Verständnis deutsch-jüdischer Beziehungen. Die Beziehungen zu Juden wurden hingegen mehr als eine Frage der Nützlichkeit und weniger als eine Frage der Moral betrachtet. Dies zeigte sich unter anderem in der Instrumentalisierung eines neuartigen Philosemitismus. Das wird in einem Bericht über eine interne Sitzung der CSU vom August 1946 deutlich, die der Vorsitzende mit folgenden Worten vorzeitig verließ: „Ich muß leider gleich wieder weg, ich habe nämlich eine wichtige Besprechung mit dem Rabbiner von München. Ich kann Ihnen heute sagen, daß sich schon seit einigen Wochen eine herzliche Freundschaft zwischen dem Rabbiner und mir und damit mit der Union angebahnt hat. Wir sind uns einig geworden, daß für einen anständigen Juden in der Union ebenso gut Platz ist wie für einen Katholiken und Protestanten. Sie können sich denken, daß sich das nach einer gewissen Seite hin für die Union sehr gut auswirken wird[32]."

Mit dem Beginn des Kalten Krieges strebten die Hoffnungen, die die jüdischen Überlebenden zum Zeitpunkt der Befreiung gehegt hatten, und die politischen Realitäten des deutschen Nachkriegs rapide auseinander. Jene Juden in der amerikanischen Verwaltung und in den Medien, die linke Neigungen besaßen oder einfach an den ursprünglichen Absichten einer demokratischen Umerziehung festhielten, fanden sich 1947/48 an den Rändern einer politischen Kultur, die mehr restauriert als erneuert wurde. Viele gaben ihre Arbeit auf, gingen in die USA zurück, einige nach Ostdeutschland, die

---

[31] OMGUS: Weekly Report (2. 11.-9. 11. 1946), NA.Rg.260.

[32] Zit. n. Klaus-Dietmar Henke/Hans Woller (Hrsg.): Lehrjahre der CDU. Eine Nachkriegspartei im Spiegel vertraulicher Berichte an die amerikanische Militärregierung. Stuttgart 1984, S. 92.

meisten ins Privatleben. Der Traum eines fundamentalen kulturellen Wandels, von der Reform einer Mentalität zerplatzte wie eine Seifenblase mit dem Vorrücken der Politik der Zurückdrängung des Kommunismus. Major Gehlen, der zuverlässige Spionage-Chef, war jetzt nützlicher für die Rekonstruktion Westdeutschlands als Franz Neumann, Stefan Heym oder selbst Hans Habe.

Die beunruhigenden Meldungen über zunehmende negative Reaktionen und Haltungen Deutscher gegenüber Juden, Veröffentlichungen in den USA über den deutschen Nachkriegsantisemitismus und die unverminderten Bemühungen einiger OMGUS-Abteilungen führten in der amerikanischen Militäradministration zu Plänen und Beschlüssen, den Antisemitismus zu bekämpfen[33]. Es wurde immer deutlicher, daß grundlegende demokratische Elemente und Werte auf einer institutionellen Ebene in die politische Kultur eingeführt werden mußten, wenn die Verwirklichung demokratischer Vorstellungen nicht auf formale Wahlmechanismen reduziert werden sollte. Die Militärregierung empfahl sofortige Änderungen. Das Dilemma dieser Empfehlungen war am Zeitpunkt ihrer Verbreitung ablesbar - 1947. Völlig unabhängig davon, was zuvor realisierbar gewesen oder auch jetzt noch pragmatisch möglich war, kam der Bericht über „Das Überleben des Antisemitismus" zwei Jahre zu spät. Außerdem erschien es nahezu unmöglich, das diffizile Problem zu lösen, wie man denn die Erzieher erziehen sollte. Selbst wenn man die chaotischen Nachkriegsbedingungen nicht in Betracht zieht, ist es offensichtlich, daß wirtschaftlicher, politischer und kultureller Wandel nur selten innerhalb weniger Jahre Mentalitäten verändert[34]. La longue durée ist üblicherweise eine Sache der später über Dokumenten gebeugten Historiker, nur selten ist sie eine Angelegenheit politischer Entscheidungen[35].

Im Sommer 1947 organisierten die Repräsentanten der Jüdischen Gemeinden und der Organisationen der jüdischen DPs überregionale Treffen, auf denen die Entwicklung des deutschen politischen Lebens kritisiert wurde. Das Zentralkomitee der Befreiten Juden übermittelte General Clay ein Memorandum, in dem es die Inkraftsetzung eines „Gesetzes zum Kampf gegen Judenhaß"[36] empfahl. General Clay antwortete zwei Monate später, beklagte den Antisemitismus, nahm aber von einer Unterstützung dieses Gesetzentwurfes Abstand, da „ein derartiges Gesetz in den USA zweifellos als nicht verfassungskonform betrachtet werden würde, weil es zur Unterdrückung von Rede- und Pressefreiheit führen könnte. Und dies wäre in völ-

---

[33] Vgl.: Frank Stern, Deutsch-Jüdisches Neubeginnen nach 1945? Ein Rückblick auf die Gründungen der Gesellschaften für Christlich-jüdische Zusammenarbeit. In: Journal Geschichte 6 (1989), S. 18f.

[34] Vgl. Franz Neumann: Reeducating the Germans. The Dilemma of Reconstruction. In: Commentary 6/3 (June 1947), S. 517f.

[35] Vgl. Peter Baldwin: Postwar Germany in the Longue Durée. In: German Politics and Culture 16 (Spring 1989), S. 1f.

[36] OMGUS: Letter to General Clay (12. 8. 1947), NA.Rg.260.

ligem Widerspruch zur amerikanischen Auffassung, daß dem öffentlichen Wohl langfristig am besten gedient ist mit der freien Bekundung von Meinungen, unter welchem Deckmantel und welch zweifelhaftem Inhalt sie auch immer zutage treten mögen ...[37]" Die Bezugnahme auf amerikanische Realitäten war damals gängige Praxis. Wie in vielen anderen Bereichen der Besatzungspolitik korrespondierte die formale Übertragung elementarer Bausteine der amerikanischen politischen Kultur in die sich entwickelnde politische Kultur Westdeutschlands jedoch nicht mit deutschen Traditionen und den gesellschaftlichen Realitäten so kurze Zeit nach dem Zusammenbruch des NS-Systems. Die Tatsache, daß halbherzige Maßnahmen die Regel waren, wenn es um die Verfolgung antisemitischer Aktivitäten ging, führte gerade zu deren Verstärkung und zu einem sich vertiefenden Riß zwischen jüdischen Überlebenden und dem „neuen Deutschland".

John McCloy, der Nachfolger von Lucius D. Clay als Chef der amerikanischen Verwaltung in Deutschland, kam denn auch nicht umhin, bei verschiedenen Anlässen die Notwendigkeit einer Veränderung in den deutsch-jüdischen Beziehungen zu betonen. Im Sommer 1949, wenige Wochen vor der Gründung der Bundesrepublik, sprach McCloy vor den Vertretern Jüdischer Gemeinden in Deutschland und sagte unter anderem, daß das Verhalten der Deutschen gegenüber den wenigen Juden in ihrer Mitte „einer der wirklichen Prüfsteine und das Kriterium von Deutschlands Fortschritt sein wird[38]". Wenige Tage später fand eine Demonstration von ungefähr tausend Juden in München statt, auf der gegen die Veröffentlichung eines antisemitischen Briefes in der „Süddeutschen Zeitung" protestiert wurde. Der Brief war eine der vielen Reaktionen auf die Publizität, die McCloys Rede erhalten hatte. Der Protest endete mit einer gewalttätigen Auseinandersetzung zwischen Polizei und Demonstranten. Die amerikanischen Behörden zögerten mit öffentlichen Reaktionen. Man hielt sich zumindest in dieser Frage eher zurück. Den Kampf gegen den Antisemitismus wollte man lieber den Deutschen überlassen, die dabei waren, zur Republik zu werden. Hinsichtlich des künftigen deutschen Bündnispartners gab es dringendere Probleme, schließlich fanden einige Tage später die Wahlen zum ersten Bundestag statt.

Das hier skizzierte Dreieck Besatzer-Deutsche-Juden verlor zunehmend an Relevanz. Erst 1951/52, als die Frage der Westintegration und als eine ihrer Voraussetzungen die Frage der „Wiedergutmachung" auf der Tagesordnung stand, wurde dieses Dreieck für kurze Zeit reaktiviert. Konrad Adenauer gab 1966 rückblickend ein Interview, in dem er bemerkte: „Wir hatten den Juden ... soviel ... Unrecht getan, daß sie irgendwie gesühnt oder wiedergutge-

---

[37] OMGUS: Letter to the Central Committee of Liberated Jews (6. 10. 1947), NA.Rg.260.

[38] John MyCloy: Remarks at the Heidelberg Conference, 1949. Truman Library, Papers of H. N. Rosenfield, Box 16. Y. Jelinek, Beer Sheva, sei hier dafür gedankt, daß er dem Autor den Text der Rede zugängig machte. Siehe auch: Neue Zeitung (1. 8. 1949); Allgemeine Wochenzeitung der Juden in Deutschland (5. 8. 1949).

macht werden mußten, wenn wir wieder Ansehen unter den Völkern der Erde gewinnen wollten. Und weiter: *Die Macht der Juden,* auch heute noch, *insbesondere in Amerika soll man nicht unterschätzen*[39]." Die Metapher von den Juden als Prüfstein der Demokratie entpuppte sich nach der Gründung der Bundesrepublik in Wirklichkeit als ein Prüfstein der Außenpolitik, genauer gesagt als ein Prüfstein der Westintegration und des wirtschaftlichen Wiederaufbaus.

Der vergehende Zusammenhalt des historischen Dreiecks

Mitte der 50er Jahre waren die wenigen Juden deutscher oder osteuropäischer Herkunft, die im „Altreich" überlebt hatten oder in die Westzonen emigriert und hier hängengeblieben waren, zu einem Teil der neuen deutschen Gegenwart geworden. Bis zu einem gewissen Grad wurden auch sie in die deutsche Nachkriegsgesellschaft integriert und waren letztlich ebenfalls Teil der „Erfolgsgeschichte" des deutschen Nachkriegs.

Aber in dem Ausmaß, wie diese Überlebenden des Shoah sich entschieden, in Deutschland zu bleiben, hatten sie größtenteils auch eine unüberwindliche und dauernde Entfremdung zu ertragen. Sie waren ihren deutschen „Mitbürgern" entfremdet. Sie waren der jüdischen Vergangenheit in Deutschland entfremdet durch die schwere und unauslöschbare Last der Toten. Sie lebten jetzt, wie Hans Mayer es nannte, „in einer deutschen Fremde".

Das wurde noch durch eine zusätzliche Tatsache verstärkt. Es existierte offensichtlich in der jungen Republik von Seiten der Regierung und des Parlaments kein Bedürfnis, die um den Erdball vertriebenen Überlebenden des deutschen Judentums offiziell und öffentlich um ihre Rückkehr zu bitten. Die Auswirkungen der Ost-West-Machtpolitik verbunden mit der erfolgreichen Rekonstruktion der westdeutschen Gesellschaft - und die nicht weniger erfolgreiche Restauration einer konservativen politischen Kultur - ließen keinen Raum für eine jüdische Neudefinition des deutsch-jüdischen Verhältnisses. Noch schien der deutschen Seite die Wiederherstellung einer Symbiose erforderlich, die ja doch nur als wünschenswerte Illusion existiert hatte.

Die spezifische Art und Weise der politischen Westintegration setzte der moralischen, humanistischen und historischen Bedeutung des beschriebenen Dreiecks ein Ende. Die unvollständige demokratische und humanistische Rekonstruktion Westdeutschlands resultierte Anfang der 50er Jahre in einem schnell wachsenden Abstand zwischen der halbherzig angegangenen Rehabilitation der Juden einerseits und ihrer formalen Re-Emanzipation andererseits. Die frühe Verpflichtung auf eine neue geistige, moralische und kulturelle Haltung gegenüber den Juden, die auf den Wertvorstellungen der Emanzipation und der Gleichheit aufbauen sollte, wurde mit materiellen

[39] Deutschland Berichte 1/2 (Januar 1966).

Werten, den Zahlungen im Gefolge des Luxemburg-Abkommens von 1952, abgegolten. Der moralische Appell, innerhalb Deutschlands die deutsch-jüdischen Beziehungen völlig zu verändern, konnte nun durch Außenpolitik ersetzt werden. Dies stärkte die deutsch-amerikanische Seite des Dreiecks und schwächte entscheidend die deutsch-jüdische Seite.

Eine alle Bereiche des gesellschaftlichen Lebens umfassende Rehabilitation der Juden wurde nie mehr verwirklicht. Jene Seite des Dreiecks, die die Interessen der Juden in Deutschland mit denen der Besatzungsmächte verband - zumindest mit einigen ihrer Aktivitäten - schwand dahin, geriet in Vergessenheit. Die deutsch-jüdische Seite zum andern wurde eine eher pragmatische Angelegenheit. Juden hatten sich entweder der Realität der Beziehungen Westdeutschlands mit seinen Alliierten anzupassen, oder das Land zu verlassen. Ihre übliche Reaktion bestand in der gleichen wirtschaftlichen Geschäftigkeit wie die anderer Bürger, im Rückzug ins intellektuelle Leben in einem der zwei Deutschländer oder im Leben auf „gepackten Koffern". Fast zwei Jahrzehnte lang reduzierten sich in der Folge die deutsch-jüdischen Beziehungen ihrem Inhalt nach weitestgehend auf den deutschen Kontext der „Wiedergutmachung". Der Krieg gegen die Juden hatte so gesehen bedrükkende Nachwirkungen in Deutschland, vergleicht man diese mit dem ungeheuren historischen Bruch, den die Politik des Antisemitismus über das deutsche Judentum gebracht hatte. Die Juden, die es in Westdeutschland ausgehalten hatten, wurden zu moralischen Geiseln der Westintegration. Es gehört zu den Problemen dieser Periode, daß ihnen in der Regel noch nicht einmal bewußt war, wie und warum sie erneut instrumentalisiert wurden für Zielsetzungen außerhalb ihrer eigenen Belange.

Vor diesem historischen Hintergrund hatte in den folgenden Jahren aber noch die privateste Begegnung zwischen Deutschen und Juden eine politische und psychologische Dimension. Das Ausmaß und die Einzigartigkeit des Massenmordens, des Shoah, prägten die deutsche Gesellschaft. Es blieb ein andauerndes Merkmal der zeitgenössischen Identität von Deutschen und Juden in Deutschland - und zwar völlig unabhängig vom subjektiven Verständnis der Zeitgeschichte. Betrachtet man aus heutiger Perspektive das skizzierte Dreieck und die Geschichte des deutschen Nachkriegs, so ist es offensichtlich, daß die Politik des Antisemitismus im Europa der Nazizeit nicht allein ein Endpunkt in einer langen Ereigniskette war, sondern gleichermaßen der historische Ausgangspunkt für die deutsche Nachkriegs-Ära. Anders gesagt: Im Anfang war Auschwitz - nicht Adenauer und ganz gewiß nicht die Teilung Deutschlands.

(Dieser Beitrag fußt auf einem Vortrag, der auf dem Internationalen Symposium „Deutschland nach 1945: Politik, Gesellschaft, Kultur" des Instituts für Deutsche Geschichte an der Wiener Bibliothek, Universität Tel Aviv, im November 1989 gehalten wurde. Eine umfangreichere Darstellung des Themas erscheint im Tel Aviver Jahrbuch für deutsche Geschichte XIX, 1990.)

Ralph Giordano

Angst vor der Geschichte?

Erinnerungsarbeit in Dachau und anderswo

„Ob er nach Dachau gekommen ist?" Der das fragte, wispernd, war ein gleichaltriger Mitschüler, 1936, auf dem Johanneum, einem Gymnasium in Hamburg Winterhude, ich war damals Quartaner, 13 Jahre alt. Und vorausgegangen war dieses: unser Klassenlehrer seit der Sexta, Studienrat Ernst Fritz, war verhaftet worden. Diesem unerschrockenen Nazigegner habe ich meine politische Urerziehung zu verdanken. Bis zum Zeitpunkt seiner Verhaftung hatte er über drei Jahre lang die Sonne seines beißenden oder versteckten Spottes über die braunen Machthaber ausgestrahlt, aber auch oft genug seine Wut über sie nicht verbergen können. Über drei Jahre, seit April 1933, hatte er den neuen Morgengruß kaum verhüllt verunglimpft, indem er „Heul Hitler!" rief, statt, wie befohlen „Heil Hitler!" 36 Monate und noch ein wenig mehr war ich seiner wunderbaren Indiktrination gegen den Nationalsozialismus ausgesetzt gewesen, und auch wenn dieser sich mir, einem Menschen jüdischer Abstammung, nicht bereits längst als alles überschattender Feind vorgestellt hätte - ich wäre es durch diesen Studienrat geworden. Nun war er abgeholt worden: über viele Monate hin hatten Schüler meiner Klasse die Bekenntnisse des aufrechten Lehrers über ihre Eltern an die Geheime Staatspolizei Hamburg weitergegeben.

Die flüsternde Frage „Ob er nach Dachau gekommen ist?" wurde gestellt an dem Tag, da wir von seiner Verhaftung erfuhren. Mein Mitschüler wußte mehr als ich. „Dachau?" fragte ich zurück. Ernst Fritz kam nicht nach Dachau. Er wurde verurteilt, und überlebte das Dritte Reich, aber sein Dasein war dennoch vernichtet, wie das so manchen überlebenden Opfers.

Von den Tätern kann das nicht gesagt werden. In einer gewissen Weise, wenn auch nicht militärisch, haben sie dennoch gesiegt.

Nach einem mehr als 40jährigen Erfahrungsraum seit dem Jahre 1945 kann festgestellt werden: dem größten geschichtsbekannten Verbrechen mit Millionen und aber Millionen Opfern, die umgebracht worden sind wie Insekten, folgte auf dem Territorium der Bundesrepublik Deutschland das größte Wiedereingliederungswerk für Täter, das es je gegeben hat! Von wenigen Ausnahmen abgesehen, die überdies auf das Konto der Alliierten gehen, sind die NS-Täter nicht nur letztlich straffrei davongekommen, sie konnten vielmehr

---

Leicht gekürzter Text eines Vortrages, den Ralph Giordano am 3. 3. 1988 als Gast des „Forum Republik" in Dachau hielt.

ihre Karrieren entweder nahtlos oder nach kurzer Unterbrechung unbeschadet fortsetzen. Wir stehen vor einem wahren Leichengebirge, einem konkreten Leichen-Himalaya, für den Täter angeblich nicht haftbar gemacht werden konnten, oder doch nicht mehr als ein Maulwurfshügel voll.
Das ist eine gefährliche Wahrheit, denn sie könnte die Täter von morgen ermutigen. Aber es ist auch eine unerträgliche Wahrheit, weil sie unumkehrbar ist: die Täter sind davongekommen. Umkehrbar dagegen ist das Schweigen, das bei uns ganz offiziell über die große Resozialisation gebreitet wird, umkehrbar durch Aufklärung: dazu wollte und will ich beitragen mit meinem Buch „Die zweite Schuld oder Von der Last Deutscher zu sein". Denn als historisches Faktum der bundesdeutschen Geschichte, als der Geburtsfehler dieser zweiten deutschen Demokratie, nach der von 1918 bis 1933, existiert das Wiedereingliederungswerk für die NS-Täter überhaupt nicht, gibt es gar nicht das, was ich die „zweite Schuld" nenne, nämlich die Verdrängung und Verleugnung der ersten unter Hitler - nach 1945. Und die nicht als eine bloß rhetorische oder moralische Kategorie, nicht um einen Ablauf im stillen Kämmerlein. Die zweite Schuld hat sich vielmehr tief institutionalisiert und materialisiert in den Gesellschaftskörper der Bundesrepublik und ihre politische Kultur bis auf den heutigen Tag wesentlich mitgeprägt. Kern ist das, was ich den „Großen Frieden mit den Tätern" nenne, ihre kalte Amnestierung, ihre methodische und organisierte Ent-Strafung durch vier täterbegünstigende Hauptelemente vor allem in den ersten zehn, fünfzehn Jahren der neuen Staatsgeschichte: durch die Entnazifizierung, durch den kalten Krieg und seine Folgen, durch das 131er Gesetz und durch den fehlgeschlagenen Versuch einer strafrechtlichen Sühne.
Die Entnazifizierung war der bisher einmalige Versuch, nahezu ein ganzes Volk seiner politischen Haltung wegen einer nationalen Säuberung zu unterziehen - und wurde ein völliges Fiasko. Die Erwachsenen eines Volkes, die sich mehrheitlich schuldig fühlten, ohne die Kraft des Bekenntnisses dazu zu haben, sollten sich selbst bestrafen - das mußte mißlingen. Was sich bestätigte, war, daß es für einen siegreichen Widerstand, für die ausgebliebene Revolution von innen gegen den staatlich institutionalisierten Nationalsozialismus keinen Ersatz gab. Von alliierten in deutsche Hände übergeben, zeigte sich bald, daß die schwerfällige Säuberungsmaschinerie dank eines offenbar geheimnisvollen Mechanismus, dem niemand auf die Spur kommen konnte, gerade das Gegenteil von dem produzierte, was mit ihrer Hilfe entstehen sollte: nämlich Rehabilitierung statt Haftbarmachung politischer Verantwortlichkeit! Binnen kurzem gab es in manchen Zweigen des Öffentlichen Dienstes bereits mehr Mitglieder der ehemaligen Nazipartei als im Dritten Reich selbst. In Bayern erreichte die Rate der als „Mitläufer" und „Entlastete" Eingestuften übrigens mit 94% den höchsten Stand. Innenpolitisch hatte die Entnazifizierungsperiode von 1946 bis 1952 einen Generalzustand geoffenbart: die nahezu kollektive Abneigung der damaligen Nation, sich mit ihrer eigenen Biographie in den NS-Jahren auseinanderzusetzen. Für die neugegrün-

deten Parteien, nach den Regeln der von außen geschenkten Demokratie auf die Wählermassen angewiesen, bedeutete das grelles Rotlicht: Personell war das bundesdeutsche Wahlvolk bis Ende der fünfziger, Anfang der sechziger Jahre identisch mit der Nation unter Hitler. Heute gibt es keinen Zweifel mehr, daß die Bundesrepublik Deutschland sich vor einer gründlichen Korrektur des nationalen Geschichtsbewußtseins konstituiert hat. Die Wahlergebnisse der ersten drei, vier Legislaturperioden lassen keinen anderen Schluß zu, als daß sich diese politische Unbeweglichkeit eher von der rechten, der konservativen Seite als von der linken angesprochen fühlte, daß der parteipolitisch organisierte Konservatismus jenem Immobilismus weit entgegengekommen ist, ihn für seine Zwecke weidlich ausgenutzt hat - und daß er das noch heute tut, wenngleich die Gegenkraft, auf die er stößt, kräftiger und offensiver geworden ist. Wahr ist jedoch, daß alle Parteien, der Unpopularität jeder anderen Haltung eingedenk, mit großzügiger Ent-Schuldung des verschockten Kollektivs ehemaliger Hitleranhänger um Wahlstimmen gebuhlt haben, und dabei nur zu bereit waren, die Verantwortung für die Geschehnisse zwischen 1933 und 1945 methodisch auf eine kleine Führungselite zu beschränken.

Neben der nationalen Triebkraft, die die politische Säuberung in eine Farce, in eine Re- statt eine Ent-Nazifizierung verwandelt hatte, war inzwischen eine internationale Situation entstanden, die die Deutschen nicht gerade dazu anstacheln konnte, sich über ihre Vergangenheit herzumachen: nämlich der Zerfall der Anti-Hitler-Koalition des Zweiten Weltkrieges in die rivalisierenden Weltblöcke der beiden Supermächte USA und Sowjetunion. Innerhalb kürzester Frist hatte sich im Westen das Feindbild vom geschlagenen Nationalsozialismus auf die sehr lebendige und mächtig erstarkte Sowjetunion verlagert: der „Kalte Krieg" war ausgebrochen! Er verwandelte die Verbündeten, die Alliierten von gestern in Gegner, und den Gegner von einst in einen Verbündeten von heute. In kürzester Frist galt nicht mehr Antifaschismus, sondern Antikommunismus. Und er konnte sich nun bei uns in seiner nichthumanen und nichtdemokratischen, im Fegefeuer der antibolschewistischen NS-Propaganda gehärteten Motivation voll entfalten - „in jenem Punkt also," so hieß es bezeichnenderweise, „habe Hitler also recht gehabt." Ihr jungen Leute von heute: laßt Euch nie etwas anderes erzählen, als daß dieser nichtdemokratisch und nichthuman motivierte Antikommunismus je etwas anderes war, ist oder sein wird als der feindliche Bruder seines angeblichen Extremgegners, auch und erst recht, wenn sich dieser Antikommunismus als Bannerträger der Demokratie anpreist - er wird es nie sein.

Soviele Gründe nach dem Zerfall der Anti-Hitlerkoalition und nach Ausbruch des kalten Krieges auch für die Einbeziehung der Bundesrepublik in das Atlantische, das NATO-Bündnis angeführt werden können - für die Selbstbesinnung, die Selbstsäuberung, die Rehumanisierung einer Bevölkerung, die unter dem Hakenkreuz einen entsetzlichen Verlust an humaner Orientierung erlitten hatte, ergaben sich aus dieser raschen Bündnisfähigkeit verheerende Folgen. Damals entstand, im Zusammenwirken mit dem bald ausbrechenden „Wirtschaftswunder" jene „Wir-sind-wieder-Wer"-Mentalität, deren Profiteure die Täter sein werden, die direkten und die indirekten, die moralischen und die strafrechtlichen. Der „kalte Krieg" stellte die entscheidende Weiche: er sorgt dafür, daß die „Fachleute" der Zerstörung auch die Fachleute des Wiederaufbaues sein werden, und daß die Elite des industriell-bürokratischen Blocks nach 1945 personell bis in die 60er Jahre hinein die gleiche sein wird wie die vor 1945.

Eines der wesentlichen Instrumente dafür war das sogenannte 131er Gesetz, das dritte Hauptelement dessen, was ich den „Großen Frieden mit den Tätern" nenne - es führte zur Übernahme fast des gesamten nationalsozialistischen Beamtenapparates in den Staatsdienst der Bundesrepublik Deutschland. Wie geschah das?

Der Name rührt her vom Artikel 131 des Grundgesetzes, der den Staatsdienern Hitlerdeutschlands eine Fürsorgeregelung in Aussicht stellte - als Verfassungsauftrag: ihnen und keiner anderen Gruppe. Die Verfolgten und Opfer des Naziregimes werden in der Charta der zweiten deutschen Demokratie in diesem Zusammenhang nicht erwähnt.

Nun ging es den „Ehemaligen" aber nicht um Fürsorge, sondern um Wiedereinstellung. Sie gingen vor Gericht und - hatten Erfolg. Während das erste Urteil des Karlsruher Verfassungsgerichtes die Klage noch abwies - die „Treue zum Führer" könne nicht die Quelle fortwirkender Ansprüche sein -, pflichtet das zweite Urteil der Klage bei. Am 20. Mai 1954 erklärte der Große Senat des Bundesgerichtshofes unter seinem Präsident Hermann Weinkauff, während der Nazizeit Mitglied des Leipziger Reichsgerichts, die Verpflichtung auch des demokratischen Staates gegenüber den Staatsdienern Hitlers zu lebenslanger Treue und lebenslanger Gewährung ausreichenden Unterhalts. Dies, indem das Urteil die NS-Beamtenschaft in Verfolgte und Opfer umlog und so den Hitlerbeamten endgültig Tür und Tor für ihre Wiedereinstellung in den Staats- und Verwaltungsapparat des Bundesrepublik öffnete, darunter auch für Angehörige der Gestapo, des Reichssicherheitshauptamtes und der Sicherheitspolizei, das heißt für Angehörige des NS-Vernichtungsapparates.

Das vierte Hauptelement des „Großen Friedens mit den Tätern" ist der strafrechtliche Versuch einer Sühne für die beispiellosesten Verbrechen in der Menschheitsgeschichte - er schlug vollkommen fehl, durch das, was man die „NS-Prozesse erste und zweite Welle" nennen kann.

Die Strafverfahren begannen mit dem weltgeschichtlichen Paukenschlag des Internationalen Militärtribunals von Nürnberg gegen 23 Hauptangeklagte. Es fällte am 30. September und am 1. Oktober 1946 zwölf Todesurteile, verhängte sieben Freiheitsstrafen und sprach drei Angeklagte frei. Diesem Hauptprozeß folgten andere Mammutverfahren, die ausschließlich von Amerikanern durchgeführt wurden, von US-Juristen, die bereits am ersten Tribunal teilgenommen hatten - die sogenannten Nürnberger Nachfolgeprozesse, zwölf an der Zahl. Sie leiteten etwas Unerhörtes, in der internationalen Justizgeschichte nie Dagewesenes ein: nämlich die Anklage gegen die Funktionselite des Dritten Reiches, gegen jene, die neben den Inhabern der Staatsgewalt die eigentlichen, wenngleich in der Öffentlichkeit so gut wie unbekannten Täter waren – und die niemand dafür hielt: die großen Rüstungsindustriellen, die Krupp, Flick und IG-Farben-Manager; dazu die Juristen, die Diplomaten, die hohe Generalität, die diensteifrigen Ärzte, die sich jedem Tötungsprogramm willfährig zur Verfügung gestellt hatten, und die Mörder der "Einsatzgruppen" genannten mobilen Mordkommandos.

Gründlich vorbereitet, straff durchgeführt und von juristischer Souveränität ohne Beispiel, wurden zwei Drittel der Urteile dieser NS-Prozesse der ersten, der alliierten Welle nicht vollstreckt. Verantwortlich dafür war jene verhängnisvolle Entwicklung der internationalen Politik in die Blockspaltung der beiden Supermächte, deren Riß durch Deutschland schnitt und die schon den Ausgang der Entnazifizierung und den Artikel 131 entscheidend mitbestimmt hatte. Die Deutschen, die Feinde von gestern, wurden nun als Bündnispartner gebraucht, in West und Ost. Diese neue Bündnisfähigkeit forderte deutscherseits sofort und unverblümt ihren Preis: Straffreiheit oder Strafreduzierung für die Kriegsverbrecher! Und so geschah es, von wenigen Ausnahmen abgesehen. Bis 1956 waren die letzten verurteilten Massenmörder freigesprochen oder entlassen, ebenso jener Teil der NS-Funktionselite, der überhaupt verurteilt worden war. Am größten war die personelle Übereinstimmung zwischen Dienstträgern für Hitler und nun für die Bundesrepublik: im diplomatischen Dienst, in der Führung der inzwischen aufgebauten Bundeswehr und bei den älteren Jahrgängen der Beamtenschaft. In den demokratischen Staats- und Verwaltungsapparat war jetzt wieder jener Berufsstand integriert, der die entscheidende Rolle bei der Verwirklichung der Unterdrückungs-, Gewalt- und Tötungsmaßnahmen auf allen Ebenen gespielt hatte. Voraussetzung dafür war das reibungslose Funktionieren des ganz gewöhnlichen, des mausgrauen Staatsapparates gewesen. Mit seiner Hilfe war es ja auch – um nur ein Beispiel zu nennen – einer Reichsbehörde wie der Reichsbahn gelungen, mitten im Kriege, bei höchster Anspannung des Transportwesens, die Todestransporte der jüdischen Sternträger aus allen Teilen des deutschbesetzten Europa zu den Vernichtungslagern im Osten rollen zu lassen, ohne daß es je zu nennenswerten Stockungen gekommen wäre.

Und so taucht denn ein ununterdrückbarer Verdacht im Rückblick auf jene Jahre auf, nämlich als sei die Adenauer-Ära bis hinein in die sechziger Jahre so etwas gewesen wie ein gigantisches Bestechungsangebot der konservativen Herrschaft an ein mehrheitlich auseinandersetzungsunwilliges Wahlvolk, eine Art Stillhalteangebot, das sich teils wortlos aus der allgemein konspirativen Atmosphäre, teils aber auch kräftig organisiert – siehe das 131er Gesetz – ergab. Diese Offerte lautete: für die kollektiven Wiedereinstellungen selbst schwerbelasteter Berufsgruppen, für die Kontinuität der Machteliten des industriell-bürokratischen und zum Teil auch des militärischen Blocks aus der Nazizeit, für großzügige Pensions- und Sozialregelungen auf dem während der NS-Zeit erreichten Standard, für die Ent-Strafung auch von Tätern, an deren Händen das Blut von Hunderttausenden unschuldiger Menschen klebte, und für die große Ent-Schuldungsagitation, die die Verantwortlichkeit auf ein winziges Häuflein Hauptbeteiligter minimalisierte - für all das - demokratisches Wohlverhalten!

Dieses Angebot ist von der bundesdeutschen Nachkriegsgesellschaft enthusiastisch akzeptiert worden, und das erklärt, warum trotz eines noch lange ideologisch unbekehrbaren Kollektivs ehemaliger Hitleranhänger die Demokratie bei uns nie wirklich in Gefahr war! Ich habe das den "großen Frieden mit den Tätern" genannt. Er ist das historische Fundament, auf dem die Bundesrepublik Deutschland steht, und das wird in keinem Geschichtsbuch für Schüler und Studenten erwähnt.

Darin eingeschlossen sind die NS-Prozesse der zweiten, der bundesdeutschen Welle. Diese gigantische Kraftanstrengung begann 1958 und setzt sich bis in unsere Tage fort, wenngleich auslaufend. Ich habe über mehr als ein Dutzend Jahre vielen dieser Verfahren beigewohnt - als Beobachter des „Zentralrates der Juden in Deutschland" und als Berichterstatter der „Allgemeinen jüdischen Wochenzeitung". Und als genauer Kenner der Prozesse antworte ich auf die Frage, wer denn da seit 30 Jahren auf die Anklagebank gesetzt wird: vor den Schranken der deutschen, der NS-Prozesse der zweiten Welle, standen und stehen die untersten Glieder in der Kette des industriellen Serien-, Massen- und Völkermords; die „kleinen Angestellten" des Verwaltungsmassakers, die untersten Chargen des Staatsverbrechens. Vor Gericht zitiert wurden und werden die „Tötungsarbeiter" selbst, nicht jene, die ihnen vom Schreibtisch befohlen, die ihnen das „Menschenmehl" für die „Todesmühlen" zugeliefert hatten. Angeklagt wurde und wird die Gruppe von Tätern, die nicht mehr sagen konnte und kann, daß sie „von nichts gewußt" habe, da sie doch mit ihren eigenen Händen, mit ihren Nagelstiefeln, ihren Knüppeln, ihren Schußwaffen gemordet hatte. Sie standen und stehen völlig zu Recht vor den Schranken der Schwurgerichte, diese „Kleinen". Aber da sie die Hauptmasse der Angeklagten seit drei Jahrzehnten sind, stellte sich früh immer dringlicher die Frage: „Wo sind eigentlich die Großen, die Planer, die Schreibtischstrategen, die Köpfe der Mordzentrale Reichssicherheitshauptamt? Sie haben doch nicht alle Selbstmord gemacht! Wo die Wehrwirtschaftsführer, die SS-Größen, die hohen und pflichtschuldigen Militärs, ohne die nichts gegangen wäre und von denen nicht wenige Hitlers Krieg erfolgreicher führen wollten als er nach ihrer Meinung selbst? Es waren doch nur sehr wenige von ihnen vor die Tribunale der britischen, amerikanischen und französischen Militärtribunale gekommen! Die Antwort ist bereits gegeben worden: der „Große Frieden mit den Tätern" hatte sie längst freigepaukt! Von den NS-Blutrichtern aber, die nach vorsichtigen Schätzungen über 32000 Menschenleben auslöschten, von ihnen ist kein einziger von bundesdeutschen Gerichten je rechtskräftig abgeurteilt worden - eine nie gesäuberte

Justiz hat sich vielmehr selbst amnestiert. Ein justitielles Enthauptungswesen, das von 1942 an durchschnittlich 720 Personen im Monat wegen Lappalien zum Tode verurteilt hat, ist nicht nur straffrei davongekommen, sondern in der bundesdeutschen Justiz auch weiterbeschäftigt worden und allemal mit Pensionen versehen, die meist weit über den Renten liegen, für die die NS-Opfer oft jahre- oder gar jahrzehntelang kämpfen mußten. Ganz abgesehen davon, daß bis heute große Gruppen dieser Opfer völlig entschädigungslos geblieben sind. Was nützt es da, daß der Bundestag im Januar 1985 den sogenannten „Volksgerichtshof" zutreffend zu einem Terrorinstrument erklärte, dessen Entscheidungen keinerlei Rechtswirkungen gehabt hätten ... Diese Entschließung des 10. Deutschen Bundestages hatte ebenfalls keine, denn sie kam dreieinhalb Jahrzehnte zu spät. Für diese Terroristen hat es nie ein „Berufsverbot" gegeben. Wann hat der Deutsche Bundestag je die Verbrechen der Wehrmacht-, der Stand-, der Sonder- und Kriegsrichter verurteilt, die ⁵⁄₆ der über 32000 Justizmorde zu verantworten hatten? So war diese Entschließung gegen den „Volksgerichtshof" nicht mehr als ein Alibi, ein Lippenbekenntnis, eine Floskel, vor denen sich der „Große Frieden mit den Tätern" nur noch einmal in aller Deutlichkeit abzeichnete.

Bevor ich fortfahre, ein differenzierendes Wort nach der Darstellung eines unumkehrbaren Geschichtsfaktums: daß die Täter davongekommen sind. Neben den Unbelehrbaren unter uns hat es immer auch die Belehrbaren gegeben. Millionen ehemaliger Nationalsozialisten haben natürlich etwas dazugelernt und unter ihrer Verführbarkeit, ihrem Verlust an humaner Orientierung und den daraus hervorgegangenen Handlungen gelitten. Es gibt Selbstbefreiung durch Ehrlichkeit, das konfliktbeladene Selbstgeständnis und seine Ausweitung auf die eigenen Kinder; es gibt die Demontage einer auf Vergangenheitsabwehr errichteten Autoritätsposition, deren Frucht eine ganz neue Identität ist. Es gibt den Weg zur eigenen Erlösung. Ich war mehrfach Zeuge, wie eine jahrzehntelange Schuldqual sich eruptiv Bahn brach. Das Ungespielte, die stoßatmige Entkrampfung, die fassungslose Überraschung vor sich selbst, und die Dankbarkeit für Verständnis - all das hat zu wechselseitiger Bereicherung geführt. Es gibt nach meiner Befreiung wenig in meinem Leben, was mich mehr erschüttert und mir mehr bedeutet hätte als diese Bekentnisse von ehemaligen Nationalsozialisten, deren Grundproblem ihr Schuldgefühl war. Heißt das doch, daß der Verlust der humanen Orientierung korrigierbar ist, auch wenn er eine mächtige Tradition hat.

Ich trete hier vor Sie nicht auf als jüdischer Racheengel oder als verlängerter Arm des Strafenden Jehova. Ich komme Ihnen als Betroffener, der sich sein ganzes Leben herumgeschlagen und -geplagt hat mit dieser Last, Deutscher zu sein, Deutscher jüdischer Abstammung oder Jude deutscher, und der sie nicht abwerfen kann und nicht abwerfen will - versöhnungsbereit gegenüber jedem, der sich müht, auch gegenüber jedem ehemaligen Nazi, der das tut, aber absolut unversöhnlich gegenüber jeder Art von Unbelehrbarkeit und Unbetroffenheit. Das ist meine Position.

Mit Betrübnis habe ich Einblick genommen in den Streit um die Internationale Jugendbegegnungsstätte in Dachau, wie er sich in der Presse widerspiegelt, in diesen Schlagabtausch zwischen den Gegnern und den Befürwortern der Begegnungsstätte. Auf eine Äußerung möchte ich eingehen, weil sie mir in ihrer unwahrhaftigen Gewundenheit besonders aufgefallen ist. Es ist die des 2. Bürgermeisters der Stadt Dachau: „Das moralische Recht auf Widerstand gegen eine Vergangenheitsbewältigungsstätte leiten wir ab von dem Widerstandsrecht unserer Eltern, die Häftlingen geholfen haben."

Welche Logik soll die Unvereinbarkeit der einzelnen Teile dieses Kernsatzes zusammenhalten? Wo steht einer, der von „Vergangenheitsbewältigungsstätte" spricht? Hat es je eine hohlere Berufung auf den Widerstand unter Hitler gegeben? An diesem Satz stimmt nichts, kein Wort, kein Buchstabe! Es soll gar nicht geprüft werden, ob die Vorfahren dieses Mannes tatsächlich Dachau-Häftlingen geholfen haben - und wenn ja, ob sie noch leben, um sie zu fragen, was sie dazu sagen, wenn nun ihre Tat zur Rechtfertigung der Ablehnung dieser „Vergangenheitsbewältigungsstätte" herhalten muß.

Nein, das soll nicht geprüft werden. Aber ich wüßte nur zu gern, wo ein solcher Mensch heutzutage die Grenze des Rechts auf Widerstand zöge, wenn es sich nicht, wie bei ihm, gegen eine Jugendbegegnungsstätte richtete, sondern etwa gegen die radioaktive Massenbedrohung durch die Kernkraftwerke mitten unter uns, und gegen die von keiner Erfahrung mit der Technik zu rechtfertigende Hoffnung der Atomkraftbefürworter, daß Technik jemals unfallfrei sein könne - ich würde gern wissen, wie dieser Mann zu einem Recht auf Widerstand stünde, deren Motive nicht in sein Weltbild paßten ...

Ich habe all die Argumente der Ablehner gelesen, und ich habe mich dabei gefragt, ob sie ihre tiefsten, eigentlichen, auch wirklich geoffenbart haben ... Ich glaube, daß jene Befürworter der Jugendbegegnungsstätte, die den Ablehnern „Angst vor der Geschichte" vorwerfen, recht haben könnten. Ich will keine zusätzliche Schärfe in den Disput zwischen den beiden Gruppen bringen, aber auch nicht verschweigen, daß ich bei den Ablehnern auf Spuren von Befangenheit gegenüber unserer geschichtlichen Vergangenheit gestoßen bin, einer verkrampften Ausgangs- und Beurteilungsposition, die mir nahe an der der „Schlußstrichler" gelegen zu sein scheint. Wäre Dachau denn, würde diese Begegnungsstätte Realität werden, wirklich so gefährdet, wie sie es sich und uns so verschreckt-aggressiv ausmalen? Was steckt denn hinter dieser wortreich verkleideten Ängstlichkeit?

Daß das ganz klar gesagt sei: dafür, daß die nationalsozialistische Reichsführung Dachau zum Platz des ersten großen KZ-Stammlagers machte, sind die damaligen Bewohner von Dachau nicht verantwortlich gewesen. Es wäre töricht, ihnen die geographische Nähe der Schreckensstätte anzulasten. Von der Gesamtverantwortlichkeit für das Dritte Reich und Hitlerdeutschland trifft nicht mehr und nicht weniger auf das Haupt der Dachauer als auf alle anderen damaligen Deutschen auch. Heute jedoch ist eines sicher - und das

sei denen ins Stammbuch geschrieben, die sich gegen die Internationale Jugendbegegnungsstätte wehren: ihre Errichtung kann nur eine, eine einzige Folge haben: den Ruf der Stadt Dachau international und national zu fördern - und sonst gar nichts!
So lassen Sie uns denn mit unseren guten Argumenten für die Errichtung dieser Jugendstätte sprechen. Lassen Sie uns die kostbaren Möglichkeiten der Demokratie ausschöpfen, frei und verständlich für die bessere Sache zu streiten und es denen dabei schwer und schwerer zu machen, die ihre „Angst vor der Geschichte" in die hilflose Form ihrer Ablehnung einbringen. Ja hilflos! Wenn ich mir die respektable Liste der Mitgliederorganisationen des Fördervereins anschaue und die nicht minder eindrucksvolle der Mitglieder des Kuratoriums - wer könnte denn noch zur Legitimation der Jugendbegegnungsstätte genannt werden außer diesen? Honorigere Zeitgenossen fallen mir nicht ein, und jene unter ihnen, die inzwischen gestorben sind, sprechen für sich und für den Geist, in dem die Stätte errichtet werden soll: Heinrich Böll und Eugen Kogon, zwei deutsche Stimmen höchster Moralität und internationaler Anerkennung. Ich sehe ein zeitgenössisches Diadem des Geistes, des guten Willens und der Humanität, ein breites Spektrum von Berufen, Organisationen und Bünden vereint in der Befürwortung dieser Stätte.
Und was denn könnte eingewendet werden gegen den Plan, daß sich hier Jugend mit ehemaligen Häftlingen trifft? - solange letztere noch leben: ihr biologisches Ende ist inzwischen um über 40 Jahre nähergekommen. Und was wäre dagegen einzuwenden, sich mit der Gedenkstätte Dachau, ihrem Archiv, ihren Dokumentationen, ihrer Bibliothek zu befassen? Was dagegen, daß sich an dieser Stätte nationale, mentale und weltanschauliche Pluralität begegnen? Jene, die nicht müde werden, die „freiheitlich-demokratische Grundordnung" zu zitieren, bekennen sich doch auch sonst zu dieser Vielfalt.
Und schließlich - was könnte eingewendet werden dagegen, sich für die Gegenwart und die Historie Dachaus zu interessieren, für sein Umland und seine Bewohner? Wieviel Unfreiheit gegenüber Geschichte wird sichtbar, wenn bei den Ablehnern immer wieder die Rede ist von „Belastung" für Dachau, statt von jenem Aspekt, den die Suche nach Aufrichtigkeit, Ehrlichkeit und Wahrhaftigkeit im Umgang mit der NS-Vergangenheit uns vor allem schenken könnte: nämlich die erlösende Fähigkeit zu trauern?
Nein, ich will die Ablehner nicht dämonisieren, will sie nicht diskriminieren. Aber es fällt mir schwer, sie nicht in die Nähe der „Schlußstrichler" zu bringen, die uns ja gerade in jüngster Zeit ihre Auffassungen von Geschichte unmißverständlich klargemacht haben: von den Auslösern des „Historikerstreits", die der Welt weismachen wollen, daß es Auschwitz ohne das Stalinsche Vorbild des Archipel GULAG nicht gegeben hätte; über den Plan, in Bonn ein „Haus der Geschichte der Bundesrepublik Deutschland" zu errichten, dem vor dem Berliner Reichstagsgebäude ein „Deutsches Historisches Museum" folgen soll, bis zu jenem unbeschreiblichen Bonner Totentempel, der auf das Konto des Volksbundes Deutsche Kriegsgräberfürsorge geht.

Wenden wir uns jenem - wie es heißt - „zentralen Ehrenmal" zu, der „gemeinsamen Mahn- und Gedenkstätte für die Kriegstoten des deutschen Volkes", das „Opfer und Geopferte in einem versöhnenden Gedanken vereinen" soll. Angesichts ihrer ungeheuren Zahl sei es ein Gebot der Pietät und Humanität, den Kriegstoten ein ehrenvolles Gedenken zu bewahren, das sei ein Anliegen des ganzen Volkes über alle Trennungen politischer, religiöser und sonstiger Art hinweg.

Das wird die in Stein geronnene Verdrängung, das wird ein Mal wie tausendfach gehabt, in jedem deutschen Weiler, monoton beschriftet und gestaltet: „Den Helden", die gefallen seien „für Volk und Vaterland" - „Ehre ihrem Andenken". Oft sind Orte und Daten von Schlachten aufgeführt, aber immer heißt es „gefallen", nicht „geschlachtet". Auf welchem dieser Male wurde je beim Namen genannt, für wen und was gestorben und getötet worden ist? Kein Wort von nationaler Machtpolitik ist darauf zu finden, von Hegemonialstreben, nackten Besitzinteressen, Beutegier, Eroberungsgelüsten und Weltherrschaftsphantasien, für die Millionen von deutschen und fremden Soldaten umgekommen sind. Diese Motive werden ebenso wenig genannt wie die Namen derer, die in den beiden Weltkriegen aus dem Massensterben Profit geschlagen, Blut in Geld verwandelt und zu ihrem eigenen militärischen Ruhm gewissenlos ganze Armeen geopfert haben.

Und nun ein weiteres, nur gigantischeres dieser Male historischer Unbelehrbarkeit, gekrönt von der Absicht, auf dem 40000 Quadratmeter-Areal in der Nähe des Bonner Abgeordnetenhauses eine Dornenkrone anzubringen - „schwebend oder bodennah" - Yad Vashem „nachempfunden", der Gedenkstätte des Holocaust in Jerusalem - es schaudert einen bei soviel unumkehrbarer Begriffslosigkeit.

Und da nun *aller* Kriegstoten gedacht werden soll, sei doch die Frage gestattet: Wer soll da in einem ‚versöhnenden Gedanken' vereint werden? Wer soll da posthum nebeneinander, auch wenn ausschließlich Deutscher gedacht werden soll? - der aus Hamburg deportierte und in Polen ermordete Jude neben seinen SD-Henker? Der erschossene Häftling in Dachau neben den später gefallenen KZ-Pistolero? Wessen soll in dem Bonner Totentempel gedacht werden? - der Angehörigen jener Wehrmachtsformationen, die in Griechenland und Jugoslawien nichts als verbrannte Erde hinterließen, nachdem sie ganze Dörfer ausgerottet hatten? Der SS-Brandstifter von Lidice und Oradour-sur-Glane, von denen so mancher Hitlers Krieg nicht überlebte? Soll etwa auch Roland Freislers gedacht werden, Präsident des „Volksgerichtshofes" und Symbol des justitiellen Enthauptungswesens, Freislers, der doch auch zu den Kriegstoten zählt? Sollen wir Ehrfurcht und Andacht bezeugen vor jenem Massenmörder vom KZ Sachsenhausen-Oranienburg, der sich an der Tötung von 10000 sowjetischen Kriegsgefangenen beteiligte, ehe ihn irgendwo später selbst eine Kugel traf?

Welche mystifizierende Totenauffassung steht hier Pate und maßt sich dümmlich-greulich an, Täter und Opfer, Ermordete und Mörder unter dem

Glorienschein einer unstatthaften und von niemandem autorisierten „Versöhnung“ in ein gemeinsames Grab zu werfen? Diese Toten sind weder aus denselben Gründen umgekommen noch damals in denselben Gräbern bestattet worden - ganz abgesehen davon, daß Millionen Ermordete nie auf eine Weise bestattet wurden, die den Namen Grab verdient hätte, sondern buchstäblich in Rauch aufgingen oder in Massengruften vermodert sind.
Hier wird der gefährliche Bezug zwischen den gesellschaftlichen Kräften, die den Ungeist des Bonner Totentempel-Projektes repräsentieren, und der Bedrohung der Demokratie sichtbar. Hier wird deutlich, warum es bei uns so schwer ist, Denkmale für Heinrich Heine, für Carl von Ossietzky, für Kurt Tucholsky oder für die Geschwister Scholl durchzusetzen, um ein paar Namen stellvertretend zu nennen. Auf denkbar überzeugende Weise stellt sich dar, wie verwoben unbewältigte Vergangenheit stets mit unbewältigter Gegenwart verbunden ist.
Und das falsche „Deutsche Historische Museum“, das da, offenbar unaufhaltbar, in Westberlin vor dem Reichstagsgebäude entstehen soll? Dieser „Ort der Selbstbesinnung und der Selbsterkenntnis durch historische Erinnerung“, wie es nur zu verdächtig in der im April 1986 veröffentlichten „Konzeption“ hieß? Die Idee stammt von Helmut Kohl, und was sich da zusammenbraut, droht das Riesenpanorama eines Jahrtausends deutscher Geschichte von Karl dem Großen bis heute zu werden, das Monumentalfresko vom Entwicklungsschicksal der Deutschen unter dem Aspekt der Wiederbelebung alter deutscher Tugenden, wie Pflichtbewußtsein, Disziplin, Opferbereitschaft, mit einem Wort, viel „gute Geschichte“, innerhalb derer das winzige Dutzend Jahre Hitlerdeutschland kaum mehr sein dürfte als der häßliche Klecks eines historischen Betriebsunfalls auf der ansonsten glanz- und machtvollen Palette historischer Größe.
Dieses Projekt ist nicht angelegt auf mehrere konkurrierende Geschichtsbilder der pluralistischen Gesellschaft, sondern auf ein klar erkennbar konservatives Deutungsmonopol von Geschichte, das auf den „Schlußstrich“ abzielt, eingeschworen auf die Relativierung des Nationalsozialismus als eine von vielen Gewalt- und Unrechtsformen im „Zeitalter der Tyrannen“. Das heißt, sollte es zu diesem „Deutschen Historischen Museum“ zu Berlin kommen, so würde es nichts anderes reflektieren als die Verewigung eben jenes historischen Deutungsmonopols, das ein amtierender jedoch abwählbarer Bundeskanzler irreparabel durchgesetzt hätte.
Und das Bonner „Haus der Geschichte der Bundesrepublik Deutschland“? Ich bin ganz sicher: unter diesem Vergrößerungsglas der bundesdeutschen Geschichte wird sich nichts, aber auch gar nichts finden von dem, was ich in meinem Buch die „zweite Schuld“ nenne, nämlich die Verdrängung und Verleugnung der ersten als jenem Geburtshelfer der zweiten deutschen Demokratie, mit dem sie bis ins dritte Jahrtausend hinein hinken wird, nichts von dem großen Frieden mit den Tätern, nichts vom Verlust der humanen Orientierung.

Ja, an dieser Stelle nun endlich sei's gesagt: ja, der Schoß ist fruchtbar noch, aus dem das kroch . . .
Ich weiß, wovon ich spreche.
Es gibt nichts, was diese Bundesrepublik den überlebenden Opfern der nationalsozialistischen Verfolgung nicht angetan hätte - nichts. Wir gehen auf die 1000ste Schändung jüdischer Friedhöfe auf ihrem Territorium zu; ein ganzes rechtsextremistisches Druckimperium mit Stammsitz in Bayern kann seit über 35 Jahren seinen Judenhaß, seine Demokratiefeindschaft, seine notorische Unbelehrbarkeit im Namen der Presse- und Meinungsfreiheit ausspeien. Da gibt es Verherrlichungen des Dritten Reiches in Büchern, Filmen, Schallplatten; da ist ein Jude bereits durch einen regionsbekannten Neonazi und seine Umtriebe getötet worden; da beharren Stadträte auf Beibehaltung von Büsten ehemaliger NS-Größen in „Ehrengalerien"; da gehen Mitglieder der in Nürnberg zur verbrecherischen Organisation erklärten SS dazu über, „Helden"-Denkmäler aufzustellen, während gleichzeitig Gedenktafeln für die Opfer des Nazismus entfernt werden, jüdische Mitbürger sich aber bedroht und mißhandelt sehen, ohne daß die Staatsanwaltschaften dieser Schande nachzugehen bereit sind. Da tönt ein Bundestagsabgeordneter des konservativen Flügels davon, daß Juden immer zur Stelle seien, „wenn es in der Kasse klingele", während der CDU-Bürgermeister von Korschenbroich am Niederrhein sich nicht entblödete, während einer Beratung über den 70-Millionen-Etat der Stadt zu erklären, für dessen Ausgleich „müßten ein paar reiche Juden erschlagen werden." Darauf Blumen für diesen Bürgermeister, während der sich äußerlich in Entschuldigungsgestammel ergeht - der Schoß ist fruchtbar noch, aus dem das kroch . . . Öffentliche Allianz mit dem Täter, vor laufender Fernsehkamera, Vorwürfe an die Medien, daß sie es „nach draußen gebracht" hätten. Wir leben in einem Land, in dem ein nicht unbeträchtlicher Teil der Bevölkerung nicht an dem *Delikt* Anstoß nimmt, sondern stets nur an seiner *Aufdeckung*. Das kennen wir seit Jahrzehnten von den Verfechtern der These der „Nestbeschmutzung" - womit sie jene meinen, die es säubern wollen von der NS-Dreck- und Blutverkrustung. Auf den Gedanken, daß die Nazis das Nest „beschmutzt" haben, was ja eine ungeheure Verniedlichung wäre, kommen diese Leute gar nicht. Auch hier kommt es ihnen nur darauf an, das Delikt zuzudecken, sich aber gegen die Aufdekker zu empören.
Für ein überlebendes Opfer der NS-Verfolgung läßt es sich nicht leicht leben in diesem Land, wahrlich nicht.
Vor der Befreiung meiner Familie am 4. Mai 1945 war es ganz selbstverständlich für uns, daß wir Deutschland, nach allem Erlebten, verlassen würden - wenn wir die Befreiung erlebten. Auch für mich stand das fest. Es kam anders. Ich blieb. Es zeigte sich, daß die Bindung an dieses Land stärker war als die Schäden, die die zwölf Nazijahre angerichtet hatten, und es mußten starke Bindungen gewesen sein, denn die Schäden waren stark und sie dauern an, und werden es tun bis an mein Ende. Ich blieb, weil dieses Land

meine soziale, kulturelle und geographische Heimat ist. Hier bin ich geboren, aufgewachsen, hier lebe ich bis in mein nun 65. Jahr - alles, was mit mir zu tun hat, ist hier geschehen. Wo wäre meine Heimat außer dieser?

Ich blieb, weil die deutsche Sprache meine Heimat war, immer, ohne jede Dissonanz, auch in der Nazizeit - in einer anderen Sprache schreiben oder gar denken? Unmöglich!

Aber wahrlich - die „zweite Schuld", der „Große Frieden mit den Tätern", die ständigen Bestätigungen eines bleibenden Verlustes an humaner Orientierung - sie haben mir die mehr als vierzig Jahre nach der Befreiung redlich schwer gemacht, und sie werden es auch weiterhin tun. Schwäche, Resignation, Defensive als Folgen wären allerdings Fehleinschätzungen. Die Nazis haben mich kapitulationsunfähig gemacht. So lange dieser Gegner sich regt, so lange rege ich mich auch - unter allen und jeden Bedingungen und Umständen.

Peter Steinbach

Wem gehört der Widerstand gegen Hitler?

Offensichtlich gehört der Streit um den „Besitz" an der Geschichte zu den wichtigen Voraussetzungen jeder historisch-politischen Identitätsdiskussion. Seit Jahrzehnten wird so in Deutschland um „weiße und schwarze Stränge", um demokratische Traditionen, um „Tradition und Erbe", schließlich sogar um den Stellenwert von „Auschwitz" im historischen Gesamtzusammenhang deutscher Geschichte gestritten. Äußerungen zur deutschen Geschichte wurden dabei nicht selten zu einem ritualisierten Symbol der Politik - forderte der eine, man solle selbstbewußt aus dem Schatten von Auschwitz heraustreten, so polemisierte der andere gegen „Geschichtsbewältiger" und konnte ein Dritter fordern, sich gerade auf die deutsche Zeitgeschichte zu konzentrieren, um auf diese Weise „Verantwortung für die ganze deutsche Geschichte" zu dokumentieren.

Ein zeitgeschichtlicher Bereich war diesen Kontroversen um die deutsche Geschichte weitgehend enthoben: der Widerstand gegen den Nationalsozialismus. Selbst Rechtsradikale und Rechtsextremisten distanzieren sich heute nicht mehr von Stauffenberg, denn er gilt ihnen als der gläubige und glaubhafte Repräsentant[1] eines „heiligen Deutschland", als Vertreter einer erneuerten Nation und damit als eines Widerstands, dem sie sich, so überraschend es klingt, selbst verpflichtet fühlen wollen. Wohl kein Satz wird in den rechtsextremistischen Reflexionen über den Widerstand gegen den Nationalsozialismus so häufig zitiert wie Stauffenbergs unterschiedlich überlieferter Ausruf in der Stunde seiner Ermordung: „Es lebe das heilige Deutschland!" Dabei spielt es keine Rolle, daß Olbrichts Sekretärin Anni Lerche nur den Ruf: „Heiliges Deutschland!" vernommen hat, der unterschiedlich interpretierbar ist[2].

In der Tat hat sich in den mehr als vierzig Jahren öffentlichen Erinnerns an den Umsturzversuch des 20. Juli 1944 eine weitgehende Übereinstimmung herausgestellt. Die Regimegegner dieses Tages gelten als Persönlichkeiten, deren wesentliches und „entscheidendes Ziel" vor allem „die besondere Stellung der Grundrechte, des freiheitlichen Rechtsstaats, des Föderalismus und

---

[1] Wolfgang Venohr, Stauffenberg: Symbol der deutschen Einheit - Eine politische Biographie, Frankfurt/M. u. Berlin 1986, S. 366 überliefert: „Es lebe Deutschland"; Peter Hoffmann, Widerstand - Staatsstreich - Attentat, München 1970, S. 624 erwähnt: „Es lebe das heilige Deutschland!"

[2] Christian Müller, Oberst i. G. Stauffenberg: Eine Biographie, Düsseldorf 1970, S. 508.

der Idee des europäischen Zusammenschlusses"[3] gewesen sein soll. So gesehen ist es nicht überraschend, in einer Politikerrede zu hören: „Stauffenberg ist unser!", denn die erwähnten Ziele scheinen das Axiom bundesrepublikanischer Würdigung des Widerstands zu belegen, daß Widerstandskämpfer „unserer Verfassung, unserem Grundgesetz Pate gestanden" hätten[4]. Ebenso wie die Bundesrepublik Deutschland, die in den offiziellen Gedenkveranstaltungen durch Repräsentanten des Staates verkünden ließ, „Männer und Frauen" des 20. Juli 1944 hätten dafür „Sorge getragen, daß wir die Lektion der Geschichte in unserem Grundgesetz und beim Aufbau unseres freiheitlichen Staates an- und aufgenommen" hätten, beanspruchte auch die DDR-Führung, Vollstreckerin des Vermächtnisses antifaschistischer Widerstandskämpfer zu sein[5]. Beide deutschen Staaten stellten sich in eine Kontinuität des Widerstands, und dies lange Zeit, ohne ihre unterschiedlichen Traditionen zu überbrücken. Galt der DDR der Widerstand als entscheidend kommunistisch inspiriert und geführt, so vernachlässigten die Redner der Bundesrepublik lange Zeit den Widerstand aus der kommunistischen Arbeiterbewegung und betonten statt dessen den christlichen, vor allem aber den bürgerlichen oder militärischen Widerstand. Erst in den siebziger Jahren setzte eine langsame Überschneidung der bis dahin weitgehend säuberlich geschiedenen Widerstandsbereiche ein - die „Besitzfrage" schien sich in eine gesamtdeutsche Dimension zu weiten, welche die bis dahin geübte moralische Diskriminierung durch Differenzierung von Zielen, Aktivitäten und Entwicklungsphasen gerade im wissenschaftlichen Kontext obsolet werden ließ. Dabei wirkte sich vor allem die Einsicht aus, daß die verfassungs-, sozial- und außenpolitischen Ziele mancher besonders geehrten Widerstandskämpfer und -gruppen keineswegs in eine Kontinuität zu rücken waren, die den Widerstand im Umkreis des 20. Juli 1944 gleichsam zur Station der Vorgeschichte der Bundesrepublik und der Frühgeschichte des Grundgesetzes machen sollte. Heute ist unbestritten, daß Widerstand gegen den Nationalsozialismus angemessen nur als Produkt seiner Zeit zu deuten ist - dies bedeutet, auch obrigkeitsstaatliche Traditionen im Widerstand zu sehen und zu interpretieren.

Die Frage nach dem „Besitz" des Widerstands wurde, so schien es, durch den faktischen Willen zur Gesamtwürdigung entschieden. Zwar tat man sich schwer mit Kommunisten wie Fiete Schulze, mit Kriegsdienstverweigerern wie Hermann Stöhr, mit radikalen Pazifisten wie dem katholischen Priester Metzger, mit angeblichen Spionen wie Arvid Harnack, mit Deserteuren,

---

[3] Helmut Kohl, Justitia fundamentum regnorum, in: Gedenkstätte Deutscher Widerstand (Hrsg.), Der 20. Juli 1944: Reden zu einem Tag der deutschen Geschichte, Bd. 1, Berlin 1984, S. 213 ff.

[4] Ebenda, S. 219.

[5] Kurt Finker, Zum Widerstandskampf kleinbürgerlicher und bürgerlicher Nazigegner in Deutschland, in: Helmut Meier u. Walter Schmidt (Hrsg.), Erbe und Tradition in der DDR, Berlin (Ost) 1988, S. 103 ff.

Überläufern oder Kriegsgefangenen, die sich - sei es aus amerikanischer Kriegsgefangenschaft wie Alfred Andersch oder Hans Werner Richter, sei es aus sowjetischen Lagern wie Heinrich Graf von Einsiedel oder Jesco von Puttkamer, General Walther von Seydlitz-Kurzbach oder der katholische Priester Joseph Kayser - von außen für den Sturz Hitlers und die unverzügliche Beendigung des Krieges eingesetzt hatten. Dennoch war die Debatte der fünfziger Jahre über das Verhältnis von Hoch- und Landesverrat, über die verbrecherische Qualität des Dritten Reiches und die Verbrechen des Geisteskranken- und Völkermords, über das Problem von Eid und Gehorsam, von Befehl und Gewissen weitgehend in einem Konsens aufgehoben, der eigentlich nur durch die ritualisierte Form der Würdigung und Erinnerung Kritik hervorrief und eher eine bemerkenswerte Gleichgültigkeit dem Thema gegenüber als eine intensive politisch-ethische oder moralische Diskussion entstehen ließ.

Durch die selbstlegitimatorische Reklamation einzelner Widerstandskämpfer in den deutschen Nachkriegsgesellschaften verstärkte sich der Eindruck, Regimegegner hätten gleichsam aus dem schützenden Geflecht von Institutionen gehandelt und seien so nicht selten als Repräsentanten der Einrichtungen tätig geworden, die sie zur persönlichen Unterstützung für sich gewinnen wollten. Ausdruck einer derartigen Tendenz ist es beispielsweise, Verbindungen von Regimegegnern zu Vertretern der Kirche hervorzuheben, ohne anzugeben, welche Folgen die einzelnen Gespräche und Kontakte hatten - allein aus der Tatsache einer Begegnung wird vielmehr stillschweigend auf eine innere Übereinstimmung geschlossen. Auch Familienangehörige einzelner Widerstandskämpfer erwecken heute vielfach aus großer zeitlicher Distanz von den Ereignissen den Eindruck, sie seien in Überlegungen, Pläne, Diskussionen und Risiken der Attentäter tief eingebunden gewesen. In Wirklichkeit gingen viele Regimegegner aber außerordentlich vorsichtig vor, sie waren stets bestrebt, ihre Angehörigen nicht zu gefährden - und oftmals haben diese die Entscheidung ihres Vaters, Bruders und selbst Ehemannes weder verstanden noch gebilligt. Erst nach dem Krieg und vielfach erst nach den fünfziger Jahren, in denen Regimegegner und Emigranten vielfach noch als „Verräter" galten und es keineswegs eine selbstverständliche Ehrung der Widerstandskämpfer in der Öffentlichkeit gab[6], haben sie die Entscheidungen ihrer Angehörigen verstanden und gebilligt, sich schließlich auch dazu bekannt. Dies war weniger selbstverständlich, als es uns heute anmutet. Denn die deutsche Nachkriegsgesellschaft hegte, wie Umfrageergebnisse zeigen, erhebliche Vorbehalte gegenüber Emigranten und Widerstandskämpfern, Verfolgten und Häftlingen. Erst mit der Organisation regelmäßiger Gedenkveranstaltungen seit den späten fünfziger Jahren ergaben sich Veränderungen - sie wirkten sich nicht nur in der demoskopisch manifesten Stimmungslage der

---

6 Peter Steinbach, Widerstandsforschung im politischen Spannungsfeld, in: Aus Politik und Zeitgeschichte B 28/88, S. 3ff.

Nation, sondern auch im Selbstbewußtsein der betroffenen Angehörigen aus. Immer öfter folgte dabei dem Bekenntnis zum Widerstand der Appell, sich mit seiner Geschichte, seinem Denken und vor allem mit seinen Zielen zu beschäftigen. Damit schien neben den Wunsch, das Widerstandsphänomen historisch aufzuarbeiten und politisch-pädagogisch zu bewältigen, auch der Wille zu treten, sich mit den Widerstandskämpfern selbst zu identifizieren.

Zunächst hatte sich diese Tendenz einer intensiven und geradezu auf Identifikation zielenden Aneignung bei Jugendlichen bemerkbar gemacht, die einen eigenen Weg zur Wirklichkeit des Dritten Reiches in den fünfziger Jahren über das - schließlich auch dramatisierte und verfilmte - Tagebuch der Anne Frank und die Erinnerungen von Inge Aicher-Scholl an die „Weiße Rose“ fanden und seit den fünfziger Jahren im Zusammenhang mit den großen Verfahren gegen NS-Straftäter gleichsam durch die Auseinandersetzung mit der Realität des Völkermords nach einer Alternative zur nationalsozialistischen Ideologie und der durch sie bedingten Verhaltensweisen fragten. Widerstand erschien nun als Gegensatz seiner Zeit, als Ausdruck der Möglichkeit alternativen Handelns - das Bekenntnis zu ihm ergänzte einerseits die Verjährungsdebatten der sechziger Jahre, andererseits wurden durch ihn die Verbrechen des Völkermords, die Geschichte der Konzentrationslager und der im Krieg begangenen Verbrechen an Juden, Gefangenen und Geisteskranken im nationalgeschichtlichen Sinne überhaupt innerlich aushaltbar gemacht. Das seit den fünfziger Jahren durch Schlabrendorff überlieferte, durch alttestamentarische Bezüge an Intensität gewinnende Diktum, Deutschland werde ebenso wie Sodom nicht dem Untergang preisgegeben, wenn es zehn Gerechte in seinen Mauern berge, machte den Widerstand nun zum Teil der Erwartung, daß sich Deutschland durch einige seiner Angehörigen aus der Abgrundlosigkeit seines Verderbnisses befreit habe. Auch Churchills nirgends nachzuweisende, angeblich auf eine Parlamentsrede des Jahres 1946 zurückgehende Äußerung über den Widerstand als Beleg für eine erhoffte Stabilisierung der deutschen Demokratie tat in der Folgezeit ihre Wirkung und wurde immer wieder zitiert.

Allen hämischen Bemerkungen an Stammtischen und rechtsextremistischen Äußerungen zum Trotz hatte sich so im Hinblick auf den Widerstand ein breiter Konsens herausgebildet, der in den siebziger Jahren in einer problemlos erscheinenden Weise auf jene Bereiche des Widerstands ausgedehnt wurde, die in den fünfziger Jahren aus prinzipiellen, politischen oder juristischen Gründen noch aus dem vielbeschworenen nationalen Konsens ausgeschlossen waren. Diese Übereinstimmung drückte sich auch in einer Gedenkstätte zur Erinnerung an den 20. Juli 1944 aus, die in den frühen fünfziger Jahren als Denkmal im Innenhof des Bendlerblocks in Berlin, in den späten sechziger Jahren dann als ständige Ausstellung in den Arbeitsräumen von Claus Schenk Graf von Stauffenberg eingerichtet worden war.

Im Zuge der Arbeit an einer konzeptionell erweiterten Ausstellung, die Breite und Vielfalt des Widerstands spiegeln und das in beiden Teilen Deutschlands

vorherrschende Widerstandsbild reflektieren, vor allem aber wissenschaftliche Fortentwicklungen der Widerstandsforschung berücksichtigen sollte, entstand jedoch bald eine neue Debatte angesichts der Frage, welcher Widerstand erinnerungs- und damit auch darstellungswürdig sei. Die ursprüngliche Ausstellungskonzeption[7] legte großen Wert auf ein integrales Widerstandsverständnis: Es sollte darauf ankommen, die zeitliche und graduelle Steigerung des Widerstands in seinen unterschiedlichen Bereichen, als Kampf an der „inneren Front" und von außen, in seinen unterschiedlichen Traditionen und Trägern, Zielen und Diskussionen, in seinem Scheitern und seinen Leistungen deutlich zu machen. Dabei sollten einerseits die Besonderheit des historischen Ortes mit den Arbeitszimmern von Stauffenberg, Olbricht, Mertz von Quirnheim, der Sterbestelle von Ludwig Beck, dem Ort der Schießerei in der Nacht vom 20. auf den 21. Juli 1944 und der Hinrichtungsstelle der Attentäter berücksichtigt, andererseits aber auch der Widerstand aus Arbeiterbewegung und Kirchen, aus dem Exil, von Künstlern und einzelnen Wissenschaftlern, von Jugendlichen, Häftlingen und Juden, aus der Widerstandsgruppe Harnack/Schulze-Boysen und kommunistischen Widerstandsgruppen erschlossen werden.
Nach der ersten Teileröffnung entzündete sich erste Kritik an der Andeutung kirchlicher Anpassung, die unter dem Begriff „Im Sog der Zeit" den Hintergrund für die Darstellung des Widerstands aus christlichem Bekenntnis geben sollte. Dabei wurden die Konturen der Diskussionen über die Anpassung der Kirchen an Erwartungen und Forderungen des Regimes in seiner Konsolidierungsphase deutlich, die vor allem den Streit der fünfziger und sechziger Jahre über das Reichskonkordat vom Sommer 1933, die hingenommene Auflösung des politischen Katholizismus und die Lähmung des katholischen Vereins- und Verbandssystems geprägt hatten. Diese Diskussion kam nicht unerwartet. Überraschend war vielmehr, daß die Kritik mit einer Diffamierung des ebenfalls ausgestellten Widerstands aus der Arbeiterbewegung einherging und die Darstellung des kommunistischen, sozialdemokratischen, sozialistischen und gewerkschaftlichen Widerstands als Versuch interpretierte, ein sozialdemokratisch inspiriertes Widerstandsverständnis zum Ausgangspunkt der thematischen Arbeit zu machen.
Damit war eine Frontstellung bezeichnet, die sich in der Folgezeit nur auf andere Gegenstandsbereiche verlagerte[8], sich dabei unterschiedlicher Argumente bediente, auch in Argumentation und Methode radikalisierte, insgesamt aber deutlich machte, daß die Beschäftigung mit dem Widerstand geschichtspolitisch offensichtlich immer noch von hoher Brisanz ist und der

---

[7] Sie wurde im Sommer 1983 abgeschlossen, intensiv diskutiert und mehrfach in den einschlägigen Fachzeitschriften vorgestellt - unter Benennung auch der Inhalte, die später Anlaß für einen Protest aus besitzergreifenden Motiven gaben.

[8] Vgl. allg. Ursula Homann, Für Ausgrenzung linker NS-Gegner, in: Tribüne - Zeitschrift zum Verständnis des Judentums 27 (1988), H. 105, S. 138ff.

konstatierte Konsens einer Würdigung der gesamten Regimegegnerschaft nur so lange hielt, wie der „klassische Widerstandsbereich des 20. Juli 1944" nicht durch gleichgewichtige Erschließung anderer Themen relativiert oder einer Konkurrenz von Deutungen und Vergleichsmöglichkeiten ausgesetzt wurde. Es begann eine langwierige Auseinandersetzung um Bewertungen, Begriffe und Ausstellungsprinzipien, die von einzelnen, von Gruppen und Institutionen geführt wurde und das Ziel hatte, durch politische Interventionen eine Änderung herbeizuführen und Gedenkstätte wie Ausstellung wieder dem 20. Juli 1944 zu reservieren.

Im folgenden soll es nicht darauf ankommen, die Chronologie dieser Auseinandersetzung nachzuzeichnen - dies würde die grundsätzliche widerstandsgeschichtliche und geschichtspolitische Dimension der Kontroversen verzerren. Vielmehr sollen Argumente referiert und beleuchtet werden, um anzudeuten, unter welchen Prämissen die widerstandsgeschichtliche Erinnerungsarbeit stattfinden soll und mit welchen politischen Methoden dieser faktische Kampf um ein Widerstandsbild, das Ziel einer geschichtspolitischen Einflußnahme ist, geführt wird. Der Grundkonflikt entzündet sich deshalb an der Frage, ob eine historische Ausstellung ein pluralistisches Geschichtsbild reflektieren oder ermöglichen soll oder ob sie als Mittel zur Durchsetzung einer geschichtspolitischen Position von gesellschaftlichen Gruppen, Parteien oder auch der politischen Führung verstanden werden darf.

Die Kontroverse begann mit einer Auseinandersetzung um Bilder und Unterschriften im Bereich des katholischen Widerstands. Während kein Betrachter Anstoß an einem Bild nahm, das den württembergischen Landesbischof Theophil Wurm beim Verlassen seines Hauses nach der Aufhebung des Hausarrests im Kreis einer den Arm zum Hitlergruß hebenden Menge zeigt („Mit Hitler gegen die Deutschen Christen!", lautete in jenen Tagen des beginnenden Kirchenkampfs ein häufig kolportierter Spruch), rief ein Bild mit katholischen Geistlichen, die den Arm zum Hitlergruß erhoben hatten, heftige Proteste hervor. Der Kritiker wandte sich an die Berliner Schulsenatorin, die in den folgenden Jahren trotz ihrer Nichtzuständigkeit für die im Bereich des Regierenden Bürgermeisters angesiedelte Ausstellung immer wieder angesprochen wurde und ausnahmslos ablehnte, mit politischen Mitteln zu intervenieren oder gar Druck auf die Ausstellungsleitung auszuüben. Als die Senatorin die Eröffnung einer Ausstellung über den Widerstand der katholischen Kirche im Weltanschauungskampf gar benutzte, um energisch vor der Diffamierung des kommunistischen Widerstands zu warnen und für ein möglichst breites Spektrum der Widerstandsgeschichte zu plädieren, verlagerten sich die Anstrengungen einzelner Kritiker in andere politische Bereiche.

Nach der zweiten Teileröffnung - unter anderem der Einheiten über das Exil und die Widerstandsorganisation Harnack/Schulze-Boysen - wurde von der Tochter des aus dem politischen Katholizismus hervorgehenden Widerstandskämpfers Josef Wirmer, die mit dem Sohn des aus dem Widerstand kommenden Mitbegründers der Berliner CDU Andreas Hermes, Botschafter a. D. Peter Hermes, verheiratet ist, angeregt, eine neue Ausstellungseinheit als Gegengewicht zum Ausstellungsraum über den Widerstand aus der Arbeiterbewegung unter dem Titel „Christdemokraten im Widerstand" einzurichten. In einem Schreiben an ein Mitglied des Berliner Senats heißt es in diesem Zusammenhang:

„Die wenigen Männer und Frauen aus dem christlich-bürgerlich demokratischen Widerstand, die die Schreckensherrschaft überlebt haben, halfen durch ihr politisches Engagement nach dem Krieg die Grundlagen für den Aufbau der Bundesrepublik Deutschland zu legen. Sie konnten dies mit ungebrochener Autorität tun, weil sie sich mit unzähligen Gleichgesinnten verbunden wußten, die ihr Leben unter der Hitlerdiktatur lassen mußten und deren politisch-moralisches Vermächtnis sie verwalteten ...
Es erscheint mir doch ein grobes Mißverhältnis, daß einzelnen kommunistischen Widerstandskämpfern eine herausragende Dokumentation gewidmet ist, den christlich-demokratischen Teilnehmern des Widerstandes jedoch nicht"[9].

Der Einwand, es solle kein das aktuelle Parteienspektrum spiegelndes Bild des Widerstands gezeichnet, sondern ein sich am Selbstverständnis der Regimegegner orientierendes integrales Spektrum der Gesamtgegnerschaft präsentiert werden, vermochte nicht zu überzeugen. In ihrer Entgegnung wandte Maria Hermes ein, es käme darauf an, zum Nachdenken darüber anzuregen, „wer wogegen und wofür überhaupt Widerstand geleistet" habe:

„Was die Geschichte lehren kann, muß die Ausstellung in der Weise zeigen, daß die politische Ordnung, die der Widerstand erreichen wollte, auch heute noch unsere Zustimmung finden kann. Widerstand gegen den Nationalsozialismus, das ist die große, einigende Formel, aber Widerstand *wofür*, das ist doch letztlich eine noch wichtigere Frage."

Der Begriff des „integralen Verständnisses des Widerstands" bezeichne eine „ambivalente Formel":

„Was wollen Sie mit ‚integral' alles integrieren? Wollen Sie alle Widerstandsgruppen auf die gleiche Stufe stellen? Wer Hitler bekämpfte, um ihn durch einen deutschen Stalin ablösen zu lassen, wer ein totalitäres Regime durch ein anderes ersetzen wollte, gehört nicht in die Gruppe des demokratischen Widerstandes, der sich eine Wiederherstellung eines demokratischen Rechtsstaates zum Ziel gesetzt hatte."

Das Bewußtsein, Widerstand durch den Hinweis auf die „allein legitimierenden demokratisch-freiheitlichen Ziele" differenzieren und - ausstellungsrelevant und geschichtspolitisch folgenreich - gewichten zu können, gründete dabei nicht allein auf lebensgeschichtlichen Erfahrungen, sondern auf einer allgemeinen Prämisse, die Kardinal Ratzinger, der Briefschreiberin zufolge, auf den Begriff gebracht hatte, als er den Widerstand gegen Hitler als „Widerstand der Sachlichkeit gegen den Radikalismus falscher Absolutheit" bezeichnet hatte. Die Folgerung war die Feststellung, „daß vor allem der

---

[9] Ich zitiere hier aus den entsprechenden Briefen, die sich in meinem persönlichen Besitz befinden und sowohl der Gedenkstätte Deutscher Widerstand als auch dem Institut für Zeitgeschichte zur Verfügung gestellt werden.

kommunistische Widerstand eine radikale politische Ordnung falscher Absolutheit nach Hitler errichten wollte und, wie wir leider wissen, auch errichtet hat".

Die geschichtspolitische Konsequenz dieser Überlegung lautete:

„Wenn diese fundamentale Unterscheidung in der Ausstellung nicht klar und ausführlich zur Darstellung gelangt, würde die Ausstellung den demokratischen Widerstandskämpfern bitteres Unrecht tun ... Ohne eine klare Unterscheidung der Geister würde die Ausstellung nur Verwirrung stiften ... Wenn Sie unterscheiden, müssen Sie gewichten, und diese Gewichtungen liegen in der Zielsetzung des Widerstandes."

Über diese Argumente, die bereits die Scheidung des ‚demokratisch-antitotalitären' vom ‚kommunistisch-totalitären' Widerstand vorbereiten, hinausgehend, ist der Brief der Frau des damaligen deutschen Botschafters beim Heiligen Stuhl bemerkenswert, weil er bereits Pressionsmittel andeutet, die in der Folgezeit immer wieder angesprochen wurden: Neben die Drohung, eine Nichterwähnung von Wirmer als Repräsentant ‚demokratischen Widerstands' neben den Namen aus politisch-moralischen Gründen abgelehnter Regimegegner ins Auge zu fassen oder sogar die gesamte Ausstellung in Frage zu stellen, rückt das offene parteipolitische Argument als Interventionsdrohung. Die „Ansicht, ein christlich-demokratischer Widerstand läßt sich nicht besonders darstellen, da eine solche politische Gruppierung vor 1945 noch nicht existiert hat", könne sie nicht teilen, schrieb Frau Hermes und wandte weiterhin ein:

„Es genügt, den politischen Lebensweg der Überlebenden des Widerstandes zu verfolgen, um zu erkennen, wieviele von ihnen den Aufbau christlich-demokratischer Parteien zu ihrem politischen Ziel gemacht haben. Im übrigen fand auch die Mehrheit der Überlebenden des Kreisauer Kreises dort ihre politische Heimat. Die christlich-demokratischen Parteien sind ganz entscheidend im Widerstand vorbereitet worden. Diese politische Bewegung nur der Tradition des politischen Katholizismus zuschreiben zu wollen, ... geht fehl."

Diese Argumentation macht einen Grundzug der ‚besitzergreifenden Widerstandsdiskussionen' der Nachkriegszeit deutlich, denn der Anspruch auf die Erinnerung einer Dimension des Widerstands geht mit der Abqualifizierung einer anderen einher. Offenbar ist es bei der Begründung von Erinnerungsansprüchen nicht ausreichend, sich für eine Tradition, einen Kreis oder eine Persönlichkeit einzusetzen – Ansprüche scheinen nicht zuletzt durch eine politisch-moralische Begründung und Gewichtung durchgesetzt zu werden, die in ihrer unübersehbaren Gegenwartsfixierung davon absehen muß, daß sich Widerstand *im* NS-Regime gegen die nationalsozialistische Herrschaft zu entfalten hatte und deshalb schwer am Unterscheidungsmerkmal des unterstellten Verhältnisses zur freiheitlich-demokratischen Grundordnung gemessen werden darf.

Ein „integrales Widerstandsverständnis" will durch die Einbeziehung aus sich selbst verständlich gemachter Widerstandsmanifestationen eine mit der Diskreditierung und Abqualifizierung einhergehende Politisierung der Wür-

digung des historisch vielfältigen Widerstands überwinden. Es ist in dieser Perspektive nicht mehr entscheidend, fiktive Kontinuitätsstränge zwischen einzelnen Widerstandsaktivitäten und aktuellen politischen Parteien, Gruppen oder Interessen zu konstruieren - dies wäre ein widerstandsgeschichtlicher Präsentismus, der im eklatanten Widerspruch zum gerade in konservativeren Historikerkreisen erhobenen Historisierungspostulat steht -, sondern es kommt darauf an, die Verfolgung und Selbstbehauptungsbestrebungen von Regimegegnern auf die antipluralistische, antirechtsstaatliche, antiparlamentarische und antiliberale bzw. antimarxistische Herrschaftspraxis des Regimes zu beziehen. Alles andere würde bedeuten, das mit dem Selbstverständnis des Grundgesetzes zusammenhängende Konzept der streitbaren Demokratie in die NS-Zeit zurückzuverlängern und dabei zu übersehen, daß die wesentlichen individuellen Grund- und Menschenrechte selbstverständlich auch dem politischen Gegner zustehen. Wenn Widerstand vor dem Hintergrund weitgehender Anpassung und dadurch bedingter innerinstitutioneller Konflikte gesehen wird, bietet sich die Möglichkeit einer Annäherung an die Geschichte der Verarbeitung der NS-Zeit durch den Widerstand, an die komplizierte Geschichte des Lernens im Widerstand, das in seiner Breite die wichtigste Voraussetzung einer Überwindung überkommener politischer Ausgrenzungen war - die Argumentation von Maria Hermes zielt hingegen auf eine Fixierung von Konfliktlinien innerhalb der Regimegegnerschaft, die im Widerstand durch Diskussionen, Kontroversen und Konflikte - und dies keineswegs nur zwischen kommunistischen und nichtkommunistischen Widerstandskämpfern - überwunden werden mußten und konnten.
Die nächste Stufe der Auseinandersetzung markierte Ende November 1987 ein Artikel[10] von Peter Hermes; darin fanden sich einige der Argumente wieder, die bereits seine Frau in Schreiben an die Berliner Schulsenatorin und an den deutschen Bundeskanzler vorgetragen hatte. Peter Hermes kritisierte eingangs die „bis zur Ablehnung gehende Scheu", christliche Demokraten „als politische Gruppe überhaupt zur Kenntnis und Anschauung zu bringen".

„Die Begründung, eine 1933 noch nicht existierende Partei könne nicht eigens als politische Gruppierung vor 1945 herausgestellt werden, ist gerade in Berlin unverständlich, wo im Juni 1945 fast die Hälfte der CDU-Gründer aus dem Widerstand kam und die neue Partei zu Recht als politische Frucht des gemeinsamen Widerstandes von Christen verschiedener Konfessionen und Politikern, die vor 1933 verschiedenen Parteien angehört hatten, angesehen wird."

Der Verfasser betonte zunächst, die „christliche Demokratie" sei gerade im Widerstand „vorgedacht und vorbereitet" worden, und setzte dieses Demokratiekonzept weitestgehend mit der Parteigründung der CDU gleich.

„Nur deshalb konnte sie auch 1945 überall in Deutschland präsent sein ... Ist es zum Beispiel nicht die Herausstellung wert, daß die Mehrheit der Überlebenden des ‚Kreisauer Kreises' zu den CDU-Gründern gehört hat?"

---

[10] Rheinischer Merkur v. 27. 11. 1987.

Auch diese Argumentation spiegelt das typische Muster der Besetzung des Widerstandes. Von der Konstruktion einer strikten und angesichts des Schicksals vieler Widerstandskämpfer hypothetischen Kontinuitätsbehauptung führt der Weg zur konkreten politischen Entscheidung einiger überlebender Widerstandskämpfer, als sei mit der Entscheidung von Lukaschek, Gerstenmaier und Steltzer zugleich etwas über mögliche Parteibeitritte von Yorck, Moltke, Delp, von Einsiedel u. a. gesagt. Die Bemühung des Kreisauer Kreises um Vermittlung von Positionen und Integration von politischen Orientierungen wird durch eine Okkupation der Widerstandsgruppe um Moltke, Delp, Leber, Reichwein, Peters, Yorck u. a. gerade verstellt.

Der Einwand, daß die Entscheidung für ein integrales Widerstandsverständnis nur vor der Erkenntnis verständlich wird, daß sich Widerstand gegen ein verbrecherisches Regime richtete, soll durch die Frage nach unterschiedlich gewichteten Zielen entkräftet werden. Die Absicht, Widerstandsmanifestationen durch eine Differenzierung politischer Ziele zu gewichten und anschließend moralisch diskreditierend zu bewerten, wird deshalb auf die Forderung bezogen, nicht die „letztlich entscheidende Antwort auf die Frage schuldig zu bleiben“,

> „wofür und zu welchem politischen Zweck Widerstand geleistet worden ist. Die wichtigste Antwort, die jeder Besucher der Ausstellung erwartet, ist, welches die politischen Vorstellungen für die Neuordnung nach Hitler waren. Welche ethischen Grundsätze und religiösen Überzeugungen sollten in der deutschen Gesellschaft wirken? Wie sollte die Friedensordnung in Europa aussehen?“

Um Mißverständnisse auszuschließen: Selbstverständlich gehören die hier gestellten Fragen in den sinnvoll zu erörternden Bereich der modernen Widerstandsgeschichte, die gerade durch eine umfassende und sich von Vorgaben politischer Programmatik und Normativität lösende Diskussion der Neuordnungsvorstellungen des Widerstands geprägt wurde. Für Hermes bedeuten die aufgeführten Fragen aber nicht den Beginn einer Annäherung durch eine Auseinandersetzung mit unterschiedlichen und konkurrierenden Neuordnungsvorstellungen, sondern sie haben eine Ausgliederung des „nichtdemokratischen“ Widerstands einzuleiten. Nur der „demokratische Widerstand“ habe bis 1945 eine „verständliche, einleuchtende und überzeugende Antwort“ auf die so bündig formulierten Fragen geliefert, schreibt Hermes deshalb unter Berufung auf Rothfels, Stauffenberg, Goerdeler und Mitglieder des Kreisauer Kreises wie Alfred Delp.

> „Es gibt ... sehr wohl einen gemeinsamen politischen Nenner des demokratischen deutschen Widerstandes ... Würde man ihn nennen, müßte man klar zwischen einem demokratischen, dem wir nicht nur Achtung, sondern in mancher Hinsicht auch politische Vorbildlichkeit zusprechen können, und einem antifaschistisch-kommunistischen Widerstand, dem wir menschliche Achtung, aber wegen seiner politischen Ziele nach Hitler entschiedene Ablehnung entgegenbringen, unterscheiden.“

Damit klärt sich auch die Frage nach den „Besitzverhältnissen“ im Bereich der Widerstandsgeschichte. Menschliche Achtung sei den Verfolgten wegen ihres Schicksals im Dritten Reich zu zollen - dennoch seien sie wegen politischer Entwicklungen, die sich nicht selten lange Zeit nach ihrer Haft oder gar Ermordung ereignet haben, entschieden abzulehnen. Ihr Widerstand sei aus dem Willen erfolgt, für „eine andere falsche Absolutheit" einzutreten, wird unter Berufung auf Ratzinger argumentiert; deshalb sei der kommunistische Widerstand „nicht gut mit den wahrhaft demokratischen Widerstandskämpfern" auf eine gemeinsame Stufe zu stellen:

„Diejenigen Kräfte im Widerstand, die an die Stelle der einen totalitären Macht eine andere totalitäre setzen wollten, müßten ... als solche kenntlich gemacht werden. Leider ist die Nachkriegswirklichkeit in Deutschland jenseits der Elbe nicht arm an Beispielen dafür, daß aus politisch Verfolgten politische Verfolger wurden. Wer die Bekämpfung der Demokratie und des Rechtsstaates von vor 1933 auch nach 1945 fortgesetzt hat, kann ... nicht gleichwertig neben dem Vertreter des demokratischen Widerstands genannt werden."

Der Verzicht auf eine Unterscheidung müsse einer „Verwirrung der Geister Vorschub leisten". Und weil dies offenbar nicht das Ziel der Erinnerung sein könne, wird mit der Forderung nach der Unterscheidung der Wille verknüpft, unterscheidend zu gewichten: „Ohne das würde dem Vermächtnis des demokratischen Widerstands Unrecht getan und die historische Wahrheit verfälscht."

Die so begründeten Besitzansprüche werden nunmehr argumentativ immer offensiver ausgedehnt, indem die These erhoben wird, der kommunistische Widerstand habe lediglich die „revolutionäre Gewalt" rechtfertigen und den Rechtsstaat beseitigen wollen. Die Konsequenz eines „integralen Widerstandsverständnisses" sei die Umwandlung des deutschen Widerstands in ein „Gemischtwarenangebot zur Selbstbedienung". Nur der „rote Faden einer Unterscheidung zwischen demokratischem und nichtdemokratischem Widerstand" böte die Möglichkeit, „ein wichtiges Kapitel unserer jüngsten Geschichte den Zeitgenossen und vor allem der Jugend verständlich zu machen".

Eine pikante Note erhielt dieser Vorstoß, weil nahezu gleichzeitig mit der Veröffentlichung dieses Artikels, der in zentralen Passagen auf Anregungen von Maria Hermes zurückging, ein Briefwechsel zwischen Bundeskanzler Kohl und der Berliner Schulsenatorin bekannt wurde, dem als Anlage ein in der Sache unverändert, in politischer Hinsicht aber eindeutiger argumentierender Brief von Maria Hermes beigefügt war[11]. Auch ein anonymes Gutachten kursierte in den interessierten Kreisen, das über die bisher skizzierte Argumentation insofern nicht hinausging, als wiederum die angebliche Unterbelichtung eines christlich-demokratisch inspirierten Widerstands mit der Überpräsentation des „undemokratisch-totalitären" Widerstands bemüht wurde, um politische Interventionen zu provozieren. Diese Versuche scheiterten zwar nach der Drohung, die wissenschaftliche Leitung der Ausstellung

[11] Vgl. dazu wiederum Homann, Ausgrenzung (wie Anm. 8).

niederzulegen; dennoch blieb das Thema nicht nur brisant, sondern auch Ausgangspunkt neuer Versuche, sich des Widerstands exklusiv zu bemächtigen. Vor allem die Erwähnung der Widerstandsorganisation von Arvid Harnack und Harro Schulze-Boysen, die Präsentation von Walter Ulbricht und Wilhelm Pieck im Zusammenhang mit Versuchen, das NS-Regime von außen zu bekämpfen, schließlich die Erwähnung kommunistischer Widerstandsgruppen um Uhrig, Bästlein und Saefkow oder gar des ‚Nationalkomitees Freies Deutschland' und des ‚Bundes Deutscher Offiziere' riefen massiven Protest[12], schließlich auch manifeste Beeinflussungsversuche hervor, die sich geradezu als geschichtspolitische Kampagnen greifen lassen. Einzelne Politiker - unter ihnen Franz Josef Strauß, Dregger, Spranger, aber auch der Europaabgeordnete v. Stauffenberg - reagierten auf Zuschriften in eindeutiger Weise und erklärten wie der damalige bayerische Ministerpräsident, Mitglieder des ‚Nationalkomitees' verdienten eine würdigende Erwähnung in einer Gedenkstätte des deutschen Widerstands nicht[13].

Dabei veränderte sich die Strategie der Besitzergreifung: Wurde zunächst vor allem politisch argumentiert, indem der ‚freiheitlich-demokratische' vom ‚totalitären' Widerstand abgegrenzt wurde, so rückten nun die Funktion einer „*Gedenkstätte*" und der Widerstandsbegriff selbst in den Mittelpunkt der Kontroverse. Weil Widerstand nur der Kampf gegen eine politische Führung vom Gebiet der zu bekämpfenden Diktatur aus sein könne, wurde darauf gedrängt, alle Bestrebungen, dieses Regime von außen zu schwächen und zu bekämpfen oder aus dem Ausland zum Sturz Hitlers und seiner Gefolgsleute bzw. zur Niederlegung der Waffen aufzurufen, als *Nicht*widerstand bezeichnet - mit der dann nahezu unvermeidlichen Konsequenz, Exil, Kriegsgefangenenaktivitäten und Versuche von Emigranten, in fremden Armeen zu kämpfen, aus der Gedenkstätte *deutscher Widerstand* zu verbannen. Versuche, Hitlers Herrschaft von außen zu bekämpfen, erschienen geradezu als Parteinahme für die Interessen einer fremden Macht. Vor allem der Anspruch, Hitlers Diktatur nicht durch die Zusammenarbeit mit einer anderen - Stalins - Diktatur bekämpft zu haben, weil es „Verrat" gewesen sei, wurde dabei kräftig akzentuiert, unter der Assistenz von „Deutschland-Stiftung" und „Deutschland-Magazin", ‚Verband der Stalingradkämpfer' und der „Wehrwissenschaftlichen Rundschau", schließlich auch der rechtsextremistischen Wochenzeitungen. Die auf Besitzergreifung zielende Auseinandersetzung um Widerstandsbegriffe und Erscheinungsformen der Widerständigkeit - vor allem das „Risiko" des Kampfes innerhalb des NS-Reichs wurde hervorgehoben - zeigte aber rasch, daß es nicht um eine reflektierte

---

[12] Vgl. dazu die Diskussion „Gehört das ‚Nationalkomitee Freies Deutschland' in die Berliner ‚Gedenkstätte Deutscher Widerstand'?", Bonn 1989.

[13] Diese Briefe kursierten im Zusammenhang mit der Diskussion in einschlägig interessierten Kreisen. Der Strauß-Brief wird in der Diskussion (wie Anm. 12) des Verbands der Heimkehrer erwähnt. Das Schreiben von Stauffenberg wurde mehrfach veröffentlicht. Kopien der Briefe befinden sich in dem in Anm. 9 zitierten Bestand.

Klärung von diskussionswürdigen Grundproblemen des Verhältnisses zwischen Anpassung und Resistenz, von Selbstbehauptung und Protest, gar von Konspiration und Widerstandstat vor dem Hintergrund kollektiven Durchhaltewillens oder einer bis in die letzten Tage des Krieges hinein währenden Verstrickung in NS-Ziele, nationalsozialistische Politik und einen verbrecherischen Krieg ging, sondern um die nachträgliche Rechtfertigung persönlicher Positionen. Denn letztlich stellt sich mit der Frage nach dem Widerstand das Problem persönlichen Verhaltens im Dritten Reich.

Deshalb brach in den Kontroversen über die „ausstellungs*würdigen*" Bereiche des Widerstands ein Grundkonflikt der Nachkriegszeit erneut auf, der bis dahin unter dem Eindruck des in regelmäßigen Gedenkfeiern zur Erinnerung an den Widerstand ritualisierten Konsenses aus dem Bewußtsein geraten war. Widerstand gegen den Nationalsozialismus zielte nicht auf die hehre Feierlichkeit von Nachgeborenen, die ihre persönlichen politischen Ziele auf den Gegensatz zum Nationalsozialismus beziehen wollten, sondern stellte sich als Stachel im Fleisch der Zeitgenossen der NS-Zeit und der im historisch-politisch vermittelten Generationskonflikt sozialisierten Generationen dar. Deshalb brechen immer wieder in der Auseinandersetzung mit dem Widerstand scharfe geschichtspolitische Kontroversen auf, die nicht zuletzt auch ihre Schubkraft aus der Realität des Völkermords an den Juden, aus der massiven Verfolgung politischer Gegner und aus der mit allen Mitteln durchgesetzten Homogenisierung der deutschen Gesellschaft ziehen mußten. In den Verbrechen des Dritten Reiches wird Widerstand aber nicht nur historisch legitimiert, sondern stellt sich als die grundlegende Frage nach den Verhaltensgewohnheiten der Mitlebenden. Indem sich manche der Angepaßten und Gehorsamen von den moralisch krampfhaft diskreditierten Widerstandszielen, -formen und -gruppen distanzieren, rechtfertigen sie indirekt ihr eigenes Verhalten.

Hinweise auf angeblich totalitäre Ziele kommunistischer Regimegegner, auf das bewußt vermiedene „Risiko" eines Widerstands von außen oder auf das egoistische und deshalb menschlich verwerfliche angebliche Paktieren mit fremden „Gewahrsamsmächten" sollen die letzte Konsequenz des persönlichen Fehlverhaltens der nicht zum Widerstand entschlossenen und befähigten „Mitläufer" erklären – ihre Folgebereitschaft und Passivität wird zum Beispiel einer angeblich bewußten antistalinistischen politischen Entscheidung, die sich in der unterstellten politischen Weise niemals als realistische Perspektive entfalten konnte: angesichts des Völkermords, des Krieges mit der Taktik der verbrannten Erde, der ostimperialen Pläne und der Ausbeutungsbestrebungen – ganz abgesehen von der hochgradigen Gefährdung des Nationalstaates, der in den Attacken auf den kommunistischen Widerstand eine ganz zentrale Rolle spielt.

Die Versuche, sich des Widerstands zu bemächtigen und Widerstandsbereiche als politisch mißliebig auszugrenzen, knüpften dabei an die Kontroversen der unmittelbaren Nachkriegszeit und der fünfziger Jahre an. Dies läßt sich exemplarisch zeigen. Die folgenden Zitate aus der frühen Nachkriegszeit können die besondere Problematik des frühen Zugangs zum Widerstand verdeutlichen und belegen zugleich die grundsätzliche Ausgangslage gegenwärtiger Würdigung jedes Versuchs, zum Sturz des Regimes der Nationalsozialisten, wo auch immer, d.h. an der „äußeren" oder „inneren Front", beizutragen:

1.) In einem der frühesten Aufsätze über den Widerstand hatte unmittelbar nach Kriegsende Marion Gräfin Dönhoff geschrieben, „die Tatsache der Existenz einer Widerstandsbewegung beweist, daß eine Opposition jedenfalls möglich war, daß durch diese Tatsache zwar der Begriff der Kollektivschuld ad absurdum geführt wird, das Schuldmaß derjenigen aber, die nicht Widerstand geleistet haben, im Grunde wächst". – Dieser Satz kehrte gleichsam die Beweis- und damit auch die Entschuldigungslast um: Nicht mehr derjenige hatte sich zu rechtfertigen, der Gegner Hitlers war, sondern derjenige hatte sich zu erklären, der sich seinen Zielen willig, passiv, „treu", „eidergeben" und folgsam angeschlossen hatte. Das „Schuldmaß" derjenigen wachse, schrieb Gräfin Dönhoff, die „*nicht* Widerstand geleistet" hätten: Damit hatte sie indirekt zugleich die wohl am meisten verbreitete private Argumentationsstrategie der fünfziger und frühen sechziger Jahre angedeutet, die vor allem auf persönliche Selbsterklärungen und Selbstentlastungen zielte und sich deshalb gegen diejenigen wandte, die an der „inneren und äußeren Front", als „Widerstandskämpfer" und als „Emigranten", den Nationalsozialismus zu schwächen versucht hatten, dabei ersichtlich widerstehen mußten oder sich dem nationalsozialistischen Führungsanspruch aus politischen Gründen entziehen konnten.

2.) Während des Braunschweiger Remer-Prozesses, den Angehörige von Widerstandskämpfern des 20. Juli 1944 im Jahre 1952 gegen den damaligen SRP-Funktionär und ehemaligen hohen Wehrmachtsoffizier (später Generalmajor) Otto Ernst Remer angestrengt hatten, weil dieser Regimegegner so sehr verunglimpft hatte, daß sie sich bedroht fühlen mußten, hob der damalige Braunschweiger Generalstaatsanwalt Fritz Bauer in seinem Plädoyer hervor: „Am 20. Juli 1944 war das deutsche Volk total verraten von seiner Regierung, und ein total verratenes Volk kann nicht mehr Gegenstand eines Landesverrats sein[14]." – Diese Klarstellung sollte den weitverbreiteten Verratsvorwurf, der gerade in den frühen fünfziger Jahren immer wieder gegen den Widerstand erhoben worden war und auch demoskopisch manifest ist, proklamatorisch und prinzipiell, gleichsam im Keim, entkräften. Diejenigen, die sich gegen Hitler ausgesprochen und den Nationalsozialismus bekämpft hatten, sollten nicht mehr länger als „Verräter" bezeichnet werden können. Als eigentlicher Verräter galt Bauer hingegen Hitler, dessen Verbrechen von seinen Anhängern oder willigen Gefolgsleuten, die sich weiterhin als „eid- und führertreu" empfanden, nicht erkannt worden waren. Vor dem Hinter-

[14] Hans Royce (Bearb.), 20. Juli 1944, Bonn 1953, S. 147ff.

grund dieser Stimmungen sind auch die damaligen weithin beachteten Interventionen von Theodor Heuss und die Versuche staatlicher politischer Bildungseinrichtungen zu sehen, den Widerstand zu würdigen.

3.) Mitte der fünfziger Jahre schien sich ein Wandel in der Beurteilung des Widerstands zu ergeben, der zum einen außen- und verteidigungspolitische Veränderungen spiegelte, zum anderen aber auch die Diskussion zwischen einer nachwachsenden Generation und der Generation ihrer Eltern über das „Dritte Reich" reflektierte. Die Argumentationsstrategie der Selbsterklärung wurde dabei von den Zeitzeugen zwar nicht aufgegeben, häufig jedoch modifiziert: Der verbrecherische Charakter des Regimes wurde dabei von ihnen zwar nicht generell abgestritten, jedoch in der Regel von den eigenen persönlichen Lebenserfahrungen getrennt („Nichts gesehen, nichts gewußt!") oder mit den Nachkriegserfahrungen der Deutschen aufgerechnet: Flucht, Vertreibung, Vergehen sowjetischer Soldaten, Teilung Deutschlands und Kriegsgefangenschaft wurden jeweils abwehrend angeführt, wenn der verbrecherische Charakter des Regimes konstatiert und als politisch-moralische Herausforderung für die Zeitgenossen gedeutet wurde. Eine weitere Differenzierung ergab sich aus der Unterscheidung von Widerstandsmotivationen, Verfolgungserfahrungen und Oppositionszielen. Sie drückte sich besonders deutlich in den Generalklauseln des Bundesentschädigungsgesetzes von 1953 aus. Bereits in den frühen fünfziger Jahren waren Widerstandsgruppen und Widerstandshaltungen nicht selten öffentlich diffamiert worden, wie vor allem der Lüneburger Roeder-Prozeß gegen einen der gefürchtetsten Ankläger der NS-Zeit deutlich machte. Roeder wollte zu seiner eigenen Verteidigung die frühere Ermittlungspraxis der Verfolger des Widerstands vom Vorwurf der reinen Willkür befreien und so belegen, daß die Verfolgung der Regimegegner nicht von vornherein rechtswidrig war, um sich auf diese Weise selbst zu entlasten. Hauptopfer der Verteidigungsstrategie von Roeder waren die Mitglieder der Widerstandsorganisation Harnack/Schulze-Boysen („Rote Kapelle"), wobei sich für den Angeklagten sehr hilfreich auswirkte, daß diese Gruppe seit den fünfziger Jahren in der DDR zunehmend geehrt wurde und aus diesem Grunde bei manchem im Westen als Vorgängerin der „zweiten deutschen Diktatur" abqualifiziert werden konnte.

Heftige konträre Bewertungen unterschiedlicher Gruppen waren seitdem durchgängige Begleiterscheinung der Widerstandsdiskussionen. Deshalb konnte Golo Mann in der Besprechung der monumentalen Biographie über Carl Friedrich Goerdeler, die der konservativ gesinnte Historiker Gerhard Ritter verfaßt hatte, die Frage aufwerfen, weshalb sich die Deutschen immer noch so schwer täten, die ganz unterschiedlichen und doch in ihrer Gegnerschaft zum Regime einen Bezugspunkt ihrer Gemeinsamkeit findenden Widerstandsgruppen anzuerkennen. Golo Mann verwies damit auf eine zunehmend deutlicher werdende Tendenz der öffentlichen Diskussion, die Selbstentschuldigung und Selbsterklärung der „Mitläufer" und Angepaßten nicht zur Kritik des eigenen Fehlverhaltens zu steigern, sondern in der zunehmend aggressiveren Bestreitung von selbstlosen Widerstandsmotiven und Oppositionsleistungen die Voraussetzungen für eine politisch motivierte Diffamierung des Gesamtwiderstands zu schaffen. Aus der historischen Konstruktion unterschiedlicher Felder und Traditionen des Kampfes gegen das NS-Regime konnte so bald die politisch-moralisch motivierte Anklage einzelner Persönlichkeiten und Ziele des Widerstands werden, die von den Nachlebenden dann später in den rückverlängerten Kampf unterschiedlicher Systeme hineingestellt wurden. Kommunistische Widerstandskämpfer wurden so bald immer offener als „Parteigänger" Stalins oder als Vorgänger der DDR gedeutet und verurteilt. Diese Konstruktion von angeblichen Kontinuitäten belastet manche Diskussionen bis heute.

4.) Verstärkt wurde diese Distanzierung vom Gesamtwiderstand durch die Kritik an Emigranten, und zwar durch jene, die dem Nationalsozialismus und seiner Politik nach 1933 folgten oder ihm verfügbar blieben. Der Rechtfertigung des eigenen passiven Gehorsams standen dabei Hinweise auf nationale Gemeinsamkeiten, auf die angeblich von Hitler ausgehende Faszination, auf den „Eid" oder auch auf die innere Übereinstimmung vieler mit seinen Zielen, in der Regel allerdings mit Ausnahme der Ermordung der Juden, zur Verfügung. Wurde der Widerstand in diesem Zusammenhang von ehemaligen Angepaßten und „Mitläufern" noch kritisch-distanziert betrachtet, so lehnten viele Zeitgenossen das Exil offen und nicht selten vollständig ab. Neben Selbstmord und Desertion galt, wie die Studie von Dieter Ehlers verdeutlichte[15], die Emigration als einer der moralisch relativ tiefstehendsten und niedrigen Versuche, den Nationalsozialismus zu bekämpfen. Ehlers faßte die verbreitete Ansicht in den Worten zusammen: „Was konnte ein Emigrant praktisch tun? Er konnte Flugschriften und Broschüren verfassen, nach Deutschland einschmuggeln und damit Widerstandskämpfern im Lande fertiges Druckmaterial liefern." So betrachtet gefährdete der Emigrant nach Ehlers geradezu den Kämpfer an der „inneren Front", denn sein illegales Schrifttum hinterließ Spuren und gab so der Gestapo Hinweise, die zu Verhaftungswellen führten. Zusammenfassend stellte Ehlers deshalb fest: „Mit verbalen Waffen war der Koloß nicht zu stürzen". - Diese Feststellung zielte darauf ab, den Emigranten aus dem Kreis aktiver Regimegegner auszugrenzen, denn angebliche Wirkungslosigkeit auf der einen, schließlich die wiederholt apodiktisch konstatierte Gefährlichkeit des Exils für die Widerstandskämpfer auf der anderen Seite belasteten das Exil in vielfältiger Hinsicht.

Dieses Verdikt über den Kampf von außen mußte sich in besonderer Weise gegen die Beschäftigung mit Versuchen richten, aus der sowjetischen Kriegsgefangenschaft zum Sturz des Regimes aufzurufen. In Verbindung mit den zuvor aufgeführten Einflußfaktoren entwickelte sich eine zunehmend formelhafter werdende Verurteilung, in der Begriffe wie „Verrat", „Kameradenschinderei", „Spitzeltum", „Opportunismus" eine ebenso bedeutende Rolle

[15] Dieter Ehlers, Technik und Moral einer Verschwörung, Bonn 1964.

spielten wie die Unterstellung, die sich in der Sowjetunion gegen das NS-Regime stellenden Gefangenen hätten stets die Errichtung einer neuen totalitären, diesmal kommunistischen Diktatur im Auge gehabt. Vor allem spät- und spätestheimkehrende Kriegsgefangene trugen nach 1950 zur Verbreitung dieses Urteils bei, obwohl bekannt war, daß vielfach politische Konflikte in aller Schärfe in der Gefangenschaft ausgetragen worden waren[16]. Die Reaktionen der Öffentlichkeit auf die Entlastungsbestrebungen und Belastungsversuche ehemaliger Kriegsgefangener spiegelten zumindest noch eine gewisse Unsicherheit des historisch-politischen Urteils. In den sechziger Jahren wurden dann jedoch zunehmend vielfach die negativen Urteile durch massiven Verbands- und organisierten Protestdruck durchgesetzt, geradezu regelmäßig nach der Ausstrahlung von Fernsehsendungen, in denen auch die Motive der NKFD-Mitglieder dargestellt wurden.

Unbestreitbar ist, daß in der DDR seit 1957 regelmäßig der Gründung des Nationalkomitees gedacht wurde. Ebensowenig ist aber abzustreiten, daß einige führende Offiziere der Nationalen Volksarmee und der Volkspolizei im Nationalkomitee Freies Deutschland organisiert waren. Dies bedeutet aber nicht, die These übernehmen zu müssen, daß sich zwischen der Geschichte des Nationalkomitees, vor allem in den Jahren 1943/44, und der Geschichte der DDR eine bruchlose personale und politische Kontinuität ableiten ließe oder daß die Gründung des NKFD gar in der Absicht erfolgte, „Führungskader“ für die angeblich fest geplante DDR zu rekrutieren. Eine derartig unlineare Argumentation liefert sich den Deutungen aus, die in den fünfziger Jahren unter dem Eindruck des Systemkonflikts formuliert worden sein mochten, historisch betrachtet aber keinerlei Rückhalt in der tatsächlichen Überlieferung finden konnten.

Die Frage nach den „Besitzverhältnissen“ in der deutschen Widerstandsgeschichte läßt sich unter dem Eindruck der geschichtspolitischen Diskussionen der Nachkriegszeit wahrscheinlich nur knapp und nachgerade lapidar beantworten: zunächst und vor allem gehörte sich der Widerstand selbst. Er eignet sich nicht zur legitimatorischen Rechtfertigung von gegenwärtigen, d.h. nachgeborenen oder nachlebenden, politischen Gruppen und Interessen. Ich denke, im Widerstand verkörpert sich die Frage nach den Geltungsgründen und Zielen politischer Herrschaft, die Interaktionen von Menschen prägen und rechtfertigen können, aber auch kritisierbar machen. So betrachtet stellt sich in jedem Widerstandskämpfer eine Frage, die sich mit anderen zu einem Komplex bündelt, der Widerstandsgeschichte nur zu einem in der historisch-politischen Deutung zu bewältigenden Bereich der Sinndiskussion und -reflexion (also nicht Sinngebung oder gar -stiftung) machen kann, wenn wir die Pluralität des Widerstands selbst aushalten können und als Bereicherung empfinden.

---

[16] Peter Steinbach, Zur Sozialgeschichte der deutschen Kriegsgefangenschaft in der Sowjetunion, in: Zeitgeschichte 17 (1989), H. 1, S. 1ff.

Jochen August

„Auschwitz verändert den Menschen“

Die Internationale Jugendbegegnungsstätte in Oświęcim

Etwa 1200 Meter von dem Gelände des ehemaligen Konzentrationslagers Auschwitz I - bei dessen Einrichtung in der ersten Junihälfte 1940 neben jüdischen Zwangsarbeitern aus der Stadt Oświęcim auch polnische Häftlinge des Konzentrationslagers Dachau arbeiten mußten - und etwa zweieinhalb Kilometer Weges von dem ehemaligen Konzentrationslager Birkenau entfernt, steht seit Herbst 1986 - gebaut von der Aktion Sühnezeichen/Friedensdienste - die Internationale Jugendbegegnungsstätte Auschwitz.* Von der Altstadt und dem Burgberg der Piastenherzöge von Oświęcim, dem historischen Zentrum der Stadt, nur durch den Fluß Soła getrennt, nimmt sie mit Räumen für Gespräch, Seminare und Begegnung und zwei Übernachtungshäusern mit insgesamt 60 Plätzen seit Frühjahr 1987 Gruppen vor allem deutscher und polnischer junger Menschen, aus West- und Osteuropa, aus den USA und aus Israel und auch aus weiteren außereuropäischen Ländern auf.

„Auschwitz verändert den Menschen. Jeden Menschen“. Dies sagte Maurice Goldstein, ehemaliger Auschwitz-Häftling aus Brüssel und Präsident des Internationalen Auschwitz-Komitees, Jugendlichen aus Frankreich, Polen und der Bundesrepublik, die im Mai 1988 gemeinsam mit ehemaligen Häftlingen von Auschwitz-Birkenau und Ravensbrück in die Internationale Jugendbegegnungsstätte nach Oświęcim gekommen waren. Maurice Goldstein dachte dabei an seinen eigenen Lebensweg und an die Häftlinge und Deportierten von Auschwitz. Und er dachte an alle, die heute die Stätte des ehemaligen Lagers aufsuchen. Wer diesen Ort vor Augen hatte weiß: diese Begegnung hinterläßt bleibende Anregungen und Eindrücke. Sie fordert Reflexion, Antworten auf die hier entstehenden und verstärkten Fragen, Nachdenken, Gespräch. Dies gilt um so mehr und wird möglich, wenn Menschen für mehrere Tage an diesen Ort kommen, zum Beispiel in die Internationale Jugendbegegnungsstätte. Und es läßt eine spezifische Grundlage für die Begegnung von Menschen aus verschiedenen Ländern, Gesellschaften, Generationen, historischen Traditionen entstehen. Wohl Wenige lassen die

---

* Anschrift: Międzynarodowy Dom Spotkań Młodzieży w Oświęcimiu, ul. Manifestu Lipcowego 1, 32-600 Oświęcim, Telex: 35627 mdsm pl.

Eindrücke in der Gedenkstätte Auschwitz, die Konfrontation mit diesem Ort, ungerührt an sich vorübergehen. Das sind die besonderen Bedingungen, auf deren Grundlage die Internationale Jugendbegegnungsstätte Programme anbietet.

Die Internationale Jugendbegegnungsstätte lädt Jugendliche aus verschiedenen Ländern ein, für mehrere Tage nach Oświęcim zu kommen. Sie nimmt Gruppen auf, die ohne Zeitdruck erfahren wollen, was in Auschwitz geschehen ist; diese Programme werden in enger Zusammenarbeit mit der Gedenkstätte Auschwitz, dem Staatlichen Auschwitz-Museum, vorbereitet und durchgeführt. Und sie nimmt internationale Gruppen auf, die gerade in Oświęcim auf dem Hintergrund der Erinnerung an Auschwitz den drängenden Fragen unserer Gegenwart nachgehen wollen, bzw. ermöglicht Gruppen aus unterschiedlichen Ländern, in Auschwitz zusammenzukommen. Junge Menschen kommen nach Oświęcim, um etwas über das Schicksal der Menschen in Auschwitz zu erfahren und um auf diesem Hintergrund über die Probleme der Gegenwart, über das, was sie trennt und verbindet, zu sprechen.

Der mehrtägige Besuch in der Stadt Oświęcim (sie hat etwa 55000 Einwohner) und in der Region, zu der das Wirtschaftszentrum Katowice, der Gebirgszug der Beskiden im Süden von Oświęcim und die historische und kulturelle Metropole Krakau gehören, ist für Jugendliche aus anderen Ländern ebenso eine gute Möglichkeit, ihr Gastland Polen kennenzulernen - auf besondere Weise dann, wenn sie mit jungen Polinnen und Polen einige Tage zusammen in der Internationalen Jugendbegegnungsstätte leben.

Wer sich Jugendbegegnung in Oświęcim vorstellt, wird erst einmal an Zusammentreffen, an Begegnung im buchstäblichen Sinne denken. Begegnung - und dies weist auf die Chance der Internationalen Jugendbegegnungsstätte hin - hat jedoch verschiedene Dimensionen, wie:

- Begegnung mit Menschen aus einem anderen Land;
- Begegnung mit ehemaligen Häftlingen von Auschwitz-Birkenau;
- Begegnung, richtiger: Konfrontation mit den Steinen und Baracken von Auschwitz-Birkenau, also mit materiellen Zeugnissen menschlichen Leidens;
- Begegnung mit einer schwierigen Phase der Geschichte des eigenen Landes;
- Begegnung mit einer tragischen Dimension menschlichen Schicksals;
- Begegnung mit der Stadt Oświęcim, also der Gegenwart Polens;
- Begegnung von Menschen unterschiedlicher Berufsgruppen;
- Begegnung zwischen Menschen unterschiedlicher Generationen;
- Begegnung von Menschen, die ein gemeinsames Anliegen haben.

Vieles, was in der Internationalen Jugendbegegnungsstätte geschieht, ist internationalen Treffen an anderen Orten vergleichbar. Die Nähe des ehemaligen Konzentrationslagers Auschwitz-Birkenau, die durch die Begegnung mit diesem Ort unmittelbar zugängliche Erinnerung läßt jedoch eine besondere Situation entstehen: Auschwitz verändert den Menschen. Diese Begegnung mit der Geschichte verschließt nicht - wie viele meinen. Sie öffnet geradezu auf spezifische Weise zum Zusammentreffen mit anderen Menschen.

Die Idee, ein Haus für internationale Treffen junger Menschen zu errichten, entstand aus der Erfahrung der Arbeit der Aktion Sühnezeichen mit deutschen Jugendlichen in der Gedenkstätte Auschwitz. 1958 hatte Präses Lothar Kreyssig, der Gründer der Aktion Sühnezeichen, dazu aufgerufen, daß Gruppen junger Deutscher in den Ländern und unter den Völkern, die in den Jahren des Zweiten Weltkrieges durch Deutsche unmeßbares Leid erfahren haben, durch konkretes Tun Zeichen der Bitte um Vergebung und Frieden, um einen Neuanfang setzen[1]. In Polen konnten seit 1966/67 - ermöglicht wesentlich durch die Vermittlung des Internationalen Auschwitz-Komitees - Gruppen der Aktion Sühnezeichen aus beiden deutschen Staaten in der Gedenkstätte Auschwitz, seit 1972 auch in den Gedenkstätten Majdanek und Stutthof arbeiten (seit 1989 fahren Gruppen auch in die Gedenkstätte Groß-Rosen bei Wrocław). Ermöglicht haben dies in Polen gerade ehemalige Häftlinge von Auschwitz, wie Kazimierz Smoleń, von 1956 bis 1990 Direktor des Staatlichen Auschwitz-Museums, Barbara Sadowska, Direktorin des Sekretariats des Internationalen Auschwitz-Komitees in Warschau, Tadeusz Szymański, langjähriger Kustos der Gedenkstätte Auschwitz, oder Jerzy Hronowski, der Ende der sechziger Jahre die ersten Gruppen der Aktion Sühnezeichen/ Friedensdienste auf ihrer Fahrt durch Polen begleitete.

Die Gruppen der Aktion Sühnezeichen kamen nicht für einige wenige Stunden zu einer Besichtigung in das Auschwitz-Museum, sie kamen für etwa zehn Tage nach Auschwitz, lebten auf dem Gelände des ehemaligen Lagers bzw. in dessen unmittelbarer Nähe, wollten in intensiver Auseinandersetzung erfahren, was Deutsche Menschen aus fast allen Ländern Europas angetan haben, arbeiteten körperlich in der Gedenkstätte Auschwitz und trugen so durch konkretes Tun dazu bei, die Reste des ehemaligen Lagers für andere sichtbar bleiben zu lassen. Jeder Handgriff war eine Konfrontation mit der Geschichte, war Erinnerungsarbeit. Eine Konfrontation mit der Geschichte, zu der in den sechziger Jahren wenige Deutsche bereit waren. Viele junge Deutsche erfuhren nicht im eigenen Land, erfuhren erst in Polen, in der Gedenkstätte Auschwitz-Birkenau, was Deutsche den nach Auschwitz deportierten Menschen angetan haben.

Diesen Jugendlichen eröffnete sich durch konkrete Aufarbeitung der Geschichte von Auschwitz die Chance, sich der Ursachen und Folgen von Auschwitz bewußt zu werden und gleichzeitig der Gegenwart Polens zu nähern. So haben die Gruppen zum Beispiel Ruinen der Krematorien und Gaskammern von Auschwitz-Birkenau freigelegt und ganz direkt dazu beige-

[1] Vgl. Ansgar Skriver, Aktion Sühnezeichen. Brücken über Blut und Asche, Stuttgart 1962; Karl Klaus Rabe, Umkehr in die Zukunft, Bornheim-Merten 1983.

tragen, daß über Auschwitz kein Gras wächst. Nicht weniger wichtig als die konkrete Bedeutung dieser Arbeit für das Staatliche Auschwitz-Museum ist wohl, daß dieser fast körperliche Umgang mit den Steinen, mit materiellen Zeugnissen der Verbrechen, des Leidens von Menschen, mit der Leidensgeschichte von Auschwitz auf unvergleichliche Weise einen Zugang zu dem Schicksal der Häftlinge und Deportierten von Auschwitz ermöglicht. Gespräche mit ehemaligen Häftlingen und jungen und alten Bürgern des Polen der Gegenwart, das Lesen in Dokumenten und Erinnerungen im Archiv der Gedenkstätte, die Möglichkeit, den durch diese Begegnung mit Auschwitz ausgelösten oder verstärkten Fragen nachzugehen, fördern das Nachdenken über die Konsequenzen für Gegenwart und Zukunft. Die Verbindung von Vergangenheit und Gegenwart, das Wissen, daß Auschwitz nicht Vergangenheit ist, wird erfahrbar. Von Anfang an ging es gerade ehemaligen Häftlingen von Auschwitz auch darum, junge Deutsche und junge Polen zusammenzubringen. So hat Tadeusz Szymański, 1941 als junger Pfadfinder von der deutschen Besatzungsmacht wegen seiner Leitungsfunktion in der polnischen Scoutbewegung verhaftet und nach Auschwitz gebracht, seit 1969 Treffen zwischen deutschen Jugendlichen und Schülerinnen und Schülern des Lyzeums von Oświęcim organisiert. Heute finden diese Begegnungen häufig in der Internationalen Jugendbegegnungsstätte statt. Und das Lyzeum von Oświęcim hat einen regelmäßigen Schüleraustausch mit Gymnasien und Gesamtschulen in Mössingen, Dortmund und Berlin-Tempelhof.

Die Arbeit hörte nicht bei der historischen Aufarbeitung in der Gedenkstätte auf. Nach ihrer Rückkehr haben die Gruppen berichtet, was sie gesehen und gehört haben, über ihre Aufnahme und ihre Kontakte in Polen, über die Konsequenzen, die sie daraus folgern. Für viele war dies Anstoß, nach der Rückkehr in die eigene Gesellschaft weiter den historischen Fragen nachzugehen, die für sie in Auschwitz wichtig geworden waren, und sich für ein neues Verhältnis zwischen Deutschen und Polen einzusetzen. So sind die Gruppen eingetreten für die Anerkennung der Westgrenze Polens auch durch die Bundesrepublik Deutschland oder die Entschädigung und moralische Anerkennung ehemaliger Häftlinge der deutschen Konzentrationslager. Die Begegnung mit Auschwitz war ein Anstoß, selbst aktiv zu werden und einen Weg anzustreben, der auch im geringsten Vergleichbares in Zukunft ausschließt.

Der polnische Journalist Jerzy Piórkowski schrieb 1968 nach Gesprächen mit Freiwilligen der Aktion Sühnezeichen in Oświęcim-Auschwitz: „Den jungen Menschen von der Aktion Sühnezeichen hat Auschwitz den Mund geöffnet. Sie wissen, daß Geschichte und Gegenwart eins sind. Für diese jungen Christen ist Auschwitz weder ein Phantom noch ein Gespenst. Auschwitz ist für sie weder Schweigen noch Ende einer Fahrt. Auschwitz ist der Beginn eines Weges und die Stimme, die in die Zukunft führt."

Die Fahrten der Aktion Sühnezeichen nach Auschwitz waren von Anbeginn auch eine Begegnung mit der Gegenwart Polens. Sie bauten Barrieren ab, die zwischen Polen und Deutschen standen. Sie wurden so Anstoß zur Begegnung zwischen Deutschen und Polen. Dies gilt für das Verhältnis zwischen Deutschen und Polen, zwischen Deutschen und Juden, zwischen Christen und Juden; angesichts der Wege, die aus fast allen europäischen Ländern nach Auschwitz führten, geht dieses Nachdenken weit über das Verhältnis zwischen Deutschen und Polen hinaus.

Über Auschwitz zu sprechen fällt nicht leicht. Dieser Feststellung widerspricht nicht die hier dargestellte Erfahrung der Internationalen Jugendbegegnungsstätte, in deren Arbeit ja dem Gespräch zentrale Bedeutung zukommt. Erfahrung ist jedoch auch, daß gerade das Zusammensein mit Anderen, das Angebot, den entstehenden drängenden Fragen und Gedanken nachzugehen und sich mit ihnen auseinanderzusetzen, dabei hilft, wieder Sprache zu finden. Solange die Geschehnisse in Auschwitz unbewußt ihre Wirkung entfalten, brechen sie immer wieder an die Oberfläche. Angesichts dieser Erfahrungen sagte Volker von Törne, bis zu seinem frühen Tod im Dezember 1980 verantwortlich für die Arbeit der Aktion Sühnezeichen/Friedensdienste in Polen, im Februar 1971 auf dem Kongreß „Friede mit Polen" in der Paulskirche und in der Goethe-Universität in Frankfurt am Main, „daß eine nur touristische deutsch-polnische Jugendbegegnung, die sich - unter Vernachlässigung der historischen Schuldzusammenhänge in den deutsch-polnischen Beziehungen - nur auf die Diskussion gegenwärtiger Probleme beschränkte, wahrscheinlich nicht der Verständigung dienen, sondern zu neuen Mißverständnissen führen, Klischeevorstellungen konservieren und geschichtlich bereits ad absurdum geführte Fehlhaltungen erneut hervorbringen würde. Notwendig ist vielmehr eine besonders qualifizierte Begegnung mit dem heutigen Polen, die es unseren Jugendlichen ermöglicht, durch die Vermittlung konkreter Einsichten in die bis heute fortwirkenden Schuldzusammenhänge der deutsch-polnischen Geschichte die notwendigen Konsequenzen zu ziehen und offensiv in unserer Gesellschaft den Kampf gegen den Ungeist von gestern und damit für eine zukünftige dauerhafte Verständigung mit dem polnischen Volk zu führen[2]."

Auf diesem Hintergrund hat Aktion Sühnezeichen/Friedensdienste im Januar 1971, wenige Wochen nach der Unterzeichnung des Warschauer Vertrags über die Grundlagen der Normalisierung der Beziehungen zwischen der Bundesrepublik Deutschland und Polen, ihren polnischen Partnern vorgeschlagen, in unmittelbarer Nähe des ehemaligen Vernichtungslagers Auschwitz-Birkenau eine internationale Begegnungsstätte zu bauen, als Beitrag, den Vertrag von Warschau zum Nutzen der Völker mit politischem Leben zu erfüllen. Volker von Törne beschrieb als „Aufgabe dieser Jugendbegegnungsstätte . . ., junge Menschen aus aller Welt, die Auschwitz besuchen, aufzunehmen und ihnen die Gelegenheit zu geben, auf dem Hintergrund von

---

[2] Volker von Törne, Zwischen Geschichte und Zukunft. Aufsätze, Reden, Gedichte. Berlin 1981, S. 24.

Geschichte die brennenden Fragen nach Verständigung und Versöhnung zwischen den Völkern zu diskutieren. Denn ohne Geschichtsbewußtsein, das auch das Wissen um Auschwitz einschließt, ist Dienst am Frieden nicht möglich[3]."

Bei der Planung und dem Bau der Internationalen Jugendbegegnungsstätte hat Aktion Sühnezeichen/Friedensdienste in Polen insbesondere zusammengearbeitet mit dem polnischen Verband der Kämpfer für Demokratie und Freiheit (ZBoWiD) - dem Zusammenschluß auch vieler ehemaliger Häftlinge der deutschen Konzentrationslager -, der Gedenkstätte Auschwitz und der Stadt Oświęcim. Mitte der siebziger Jahre stellte die Stadt Oświęcim das Baugrundstück zur Verfügung, dessen Lage im Stadtgebiet deutlich zeigt, wie sehr die Verantwortlichen Aufgabe und Chance der Internationalen Jugendbegegnungsstätte verstanden hatten: zwischen Stadtzentrum und ehemaligem Lager, die beide durch einen Fußweg zu erreichen sind, zwischen Geschichte und Gegenwart. Die Mittel für den Bau der Internationalen Jugendbegegnungsstätte wurden seit Anfang der siebziger Jahre in der Bundesrepublik Deutschland gesammelt; die vielen Einzelspenden waren schließlich die Grundlage, daß die Jugendbegegnungsstätte gebaut werden konnte. Im September 1981 wurde der Grundstein gelegt. Entscheidend gefördert wurde der Bau dann durch Mittel der Stiftung Jugendmarke, des Bundesministeriums für Familie, Jugend, Frauen und Gesundheit und - von einer Ausnahme abgesehen - der Jugendministerien der Bundesländer. Geplant durch den Architekten Helmut Morlok aus Isny wurde die Internationale Jugendbegegnungsstätte 1986 errichtet und am 7. Dezember 1986, zum Jahrestag der Unterzeichnung des Warschauer Vertrages von 1970, der Stadt Oświęcim als unveräußerliches Geschenk übergeben. Die Geschäftsführung hat die Stadt Oświęcim dem polnischen Jugendreisebüro Juventur übertragen.

Gebaut von der Aktion Sühnezeichen/Friedensdienste mit Spenden und Zuschüssen aus der Bundesrepublik Deutschland, ist die Internationale Jugendbegegnungsstätte also ein polnisches Haus, eine Einrichtung der Stadt Oświęcim. Programme und Konzeption der Internationalen Jugendbegegnungsstätte werden von den beiden Studienleitern, zur Zeit je einer von polnischer und von westdeutscher Seite (der deutsche Studienleiter ist von Aktion Sühnezeichen entsandt), und dem Direktor des Hauses, unterstützt durch drei Freiwillige der Aktion Sühnezeichen/Friedensdienste, vorbereitet und entwickelt. Verantwortlich für die Arbeit sind ein Sekretariat, in das je ein Vertreter der Stadt Oświęcim, der polnischen ehemaligen KZ-Häftlinge, des Staatlichen Auschwitz-Museums, von Juventur und der Aktion Sühnezeichen/Friedensdienste berufen wurden, und ein Kuratorium, dem Persönlichkeiten des öffentlichen Lebens, aus der Jugendarbeit, der historischen Forschung, aus Polen auch ehemalige Häftlinge angehören. Die beiden Vorsitzenden des Kuratoriums sind der Pole Lucjan Motyka, Generalsekretär des

[3] Ebenda, S. 19.

Internationalen Auschwitz-Komitees, und der Deutsche Hans Koschnick, langjähriger Bürgermeister von Bremen.

Wie hat sich nun konkret die Arbeit in der Internationalen Jugendbegegnungsstätte entwickelt, seitdem im Frühjahr 1987 die ersten Gruppen eingezogen sind? Schon für das erste Jahr konnte nur ein Teil der Gruppen aus Westdeutschland aufgenommen werden, die kommen wollten - daß ein solches Haus gebraucht wurde, war also unübersehbar -, und es wurden erste Erfahrungen mit polnischen Gruppen und mit Gruppen aus weiteren Ländern gesammelt. Zur Zeit wohnen über das Jahr rund 130 Gruppen in der Internationalen Jugendbegegnungsstätte. Etwa fünfzig Prozent der Gruppen kommen aus der Bundesrepublik. Die andere Hälfte sind Gruppen aus Polen und anderen europäischen Ländern, aus den USA und Israel, vereinzelt auch aus anderen außereuropäischen Ländern, oder Teilnehmerinnen und Teilnehmer an bi- und multinationalen Programmen; der Anteil nichtdeutscher Gruppen nimmt allmählich zu. Ihrem Herkunftsland nach homogene Gruppen stellen gewöhnlich erst einmal die Auseinandersetzung mit Auschwitz in den Mittelpunkt; wenn gleichzeitig Gruppen aus mehreren Ländern in der Internationalen Jugendbegegnungsstätte wohnen - und es werden dort in einer Jahresplanung gezielt gemeinsame Programme vor allem deutscher und polnischer Jugendlicher koordiniert -, entsteht auf diese Weise ein internationales Jugendtreffen. Programme werden auch direkt zwischen Partnern aus zwei Ländern verabredet, so im Rahmen der festen Kontakte zwischen Jugendorganisationen oder Partnerstädten. Gemeinsam mit Partnern veranstaltet die Jugendbegegnungsstätte auch internationale Treffen, so zum Beispiel jährlich im Sommer eine zweiwöchige Begegnung von Jugendlichen aus Krakau und seinen Partnerstädten. Jugendgruppen prägen also ihren Alltag. Ihn ergänzen Programme für erwachsene Multiplikatoren, wie Seminare für Lehrerinnen und Lehrer oder Mitarbeiter von Gedenkstätten.

Am Anfang jedes Programms steht ein Rundgang durch das ehemalige Stammlager Auschwitz und durch das ehemalige Lager Birkenau. Mitarbeiter des Staatlichen Auschwitz- Museums gehen - in der Regel an zwei aufeinanderfolgenden Tagen - mit der Gruppe durch die historische Ausstellung und das Gelände. Historische Information und die unmittelbare Konfrontation mit den noch heute sichtbaren Teilen des ehemaligen Lagers ergänzen einander. Die Steine sprechen. Während des Gangs durch das ehemalige Lager kommt für die meisten früher oder später der Moment des Begreifens, der Moment, wo die sachlichen historischen Informationen - das, was man auch nachlesen könnte - im Zusammenwirken mit den materiellen Zeugnissen des Verbrechens ansprechen und anrühren. Ein Koffer mit einer Adresse in Prag, Hamburg, Berlin oder Wien, der einen Weg von einem konkreten Ort nach Auschwitz genommen hat, einen Weg, der wahrscheinlich für seinen Besitzer Endpunkt war; Kinderkleidung oder ein Kinderspielzeug aus der Habe der Ermordeten; 1945 in Auschwitz aufgefundene Schuhe - das sind Spuren menschlicher Einzelschicksale. Die Stufen der gesprengten Krematoriumsgebäude in Birkenau lassen die Frage entstehen, wie viele Menschen diesen Weg gegangen sind. Wer in Birkenau steht und bis zum Horizont die stehengebliebenen Schornsteine der Baracken, der Häftlingsblöcke, sieht, fängt an zu begreifen, wie grenzenlos die Pläne der Nazis waren.

Hier geschieht mehr - und noch etwas anderes - als die Aneignung kognitiven Wissens. Die Bezogenheit auf den Ort des früheren Lagers, das Zusammenwirken von sinnlicher Wahrnehmung und erkenntnisorientierter Arbeit bildet die besondere Situation pädagogisch-historischer Arbeit in der Internationalen Jugendbegegnungsstätte in Oświęcim und unterscheidet die hier mögliche Arbeit von der in Bildungsstätten an anderen Orten. Im Zusammenwirken von historischer Information und dem Ort, den Eindrücken des ehemaligen Lagers entsteht Empathie mit den Opfern und Wut auf die Täter, entsteht der Drang, nicht tatenlos dazustehen. Diese ersten Erfahrungen sind Grundlage für das, was dann in den darauffolgenden Tagen geschieht, für die Anregungen und Vorschläge der Studienleiter und der Freiwilligen der Aktion Sühnezeichen.

Eindrückliche Grundlage der Arbeit der Internationalen Jugendbegegnungsstätte sind die in der Gedenkstätte sichtbaren unmittelbaren Hinterlassenschaften des Lagers - materielle Zeugnisse des Verbrechens, des Leidens von Menschen; wichtige Arbeitsform ist das Gespräch - mit ehemaligen Häftlingen und mit anderen kompetenten Gesprächspartnern sowie untereinander.

Wer nicht schon mit konkreten Themen und Fragen nach Auschwitz gekommen ist, findet nach diesen ersten Berührungen sein Thema. Die Beschäftigung mit einem Fragment, mit einem Ausschnitt, der für das Ganze steht, ist ein Zugang zu dem Unbegreiflichen. Die große Zahl der in Auschwitz ermordeten Menschen ist unzugänglich. Der Lebensweg eines Menschen vielleicht aus der Heimatstadt, der in Auschwitz endete, ist ein Zugang.

Die Einzelnen oder kleine Gruppen haben Zeit, noch einmal die für sie wichtigen Orte aufzusuchen, sich mit Einzelschicksalen zu beschäftigen, im Archiv der Gedenkstätte Auschwitz Erinnerungen ehemaliger Häftlinge oder deutsche Originaldokumente zu lesen, über mehrere Tage den Fragen und Themen nachzugehen, die für sie wichtig geworden sind. Jeweils ein Studienleiter oder ein Freiwilliger der Aktion Sühnezeichen begleitet die Gruppe durch ihren Aufenthalt in Oświęcim, vermittelt Kontakte, bietet das Gespräch an. Die Teilnehmerinnen und Teilnehmer der Programme in der Internationalen Jugendbegegnungsstätte werden mit ihren Fragen und Problemen nicht allein gelassen. Begegnung hat auch diese Bedeutung. Unter Einbeziehung der jeweiligen Voraussetzungen beginnt ein Lernprozeß, in dem sich die durch diese Konfrontation und die Informationsangebote herausgebildeten Haltungen und Fragen festigen. Zusammenhänge werden erkennbar, Antworten auf die Fragen entstehen, wie Auschwitz möglich war, weil die Ursachen konkret waren und rekonstruierbar sind.

Ganz selbstverständlich kommt dabei auch die Frage nach der aktuellen

Politik. Ob Umweltfragen, die Lage in Polen heute oder Rechtsextremismus und Rassismus in Europa - immer wieder entwickeln sich aus der Beschäftigung mit der Geschichte die Fragen der Verantwortung an die Gegenwart, an die eigene Gesellschaft. Sogar wenn man tagespolitische Themen aus der Arbeit des Hauses heraushalten wollte - die jungen Leute in den Gruppen fangen von selbst an darüber zu sprechen. Und die Beschäftigung mit Auschwitz gibt ihnen dazu eine ernsthafte Grundlage. Gespräch über die Geschichte, Erkenntnis, Wissen sind dabei auch ein Angebot, mit den drängenden Fragen zurechtzukommen.

Wenn dies geschieht, öffnet sich geradezu der Weg, ist dies Grundlage zu vielfältigen Kontakten, die in der Internationalen Jugendbegegnungsstätte entstehen bzw. über sie vermittelt werden. So als zum Beispiel Künstlerinnen und Künstler aus Dachau im September 1989 in der Jugendbegegnungsstätte und im Kulturhaus von Oświęcim ihre Arbeiten zeigten. Bei der Eröffnung der Ausstellung „Künstler aus Dachau" am 20. September 1989 - genau fünfzig Jahre nach der Einlieferung des ersten Transports polnischer Häftlinge in das Konzentrationslager Dachau - trafen sich etwa einhundert Bürgerinnen und Bürger von Dachau und Oświęcim im Kulturhaus und in der Jugendbegegnungsstätte von Oświęcim[4]. Der Landrat des Landkreises Dachau, Hansjörg Christmann, sagte bei der Eröffnung, die Ausstellung sei „ein künstlerisches Ereignis . . ., das weit mehr als nur die Präsentation von zeitgenössischer Kunst ist"[5]. Auch fünfzig Jahre nach dem Beginn des Zweiten Weltkrieges bleibe die Vergangenheit gegenwärtig: „Es gilt die Erinnerung wachzuhalten an die Greueltaten des Nationalsozialismus. Das schulden wir den Opfern, auch dem polnischen Volk. Sowohl das KZ Auschwitz als auch das KZ Dachau sind uns eine ständige Warnung. Aus diesem Bewußtsein heraus wollen wir Verständigung zwischen dem deutschen und dem polnischen Volk, zwischen den Einwohnern von Oświęcim und Dachau. Diese beiden Städte soll aber nicht nur eine traurige, schreckensvolle Vergangenheit verbinden. Ich hoffe, unsere Dachauer Künstler können durch ihre Ausstellung dazu beitragen, Bande zu knüpfen zwischen unseren Ländern, die sich auch auf andere Bereiche des kulturellen und gesellschaftlichen und natürlich auch des wirtschaftlichen Lebens weiter ausdehnen. Voraussetzung dafür ist aber auch gegenseitiges Kennenlernen und Verstehen. Unsere Jugend ist aufgefordert, gegenseitig Kontakt zu suchen, sich zu begegnen, damit daraus Freundschaften erwachsen können, die das Fundament jeder echten Versöhnung sind."

---

[4] Kulturhaus von Oświęcim und Internationale Jugendbegegnungsstätte. Artyści z Dachau. Zeitgenössische Kunst Dachauer Künstler. o. O., o. J. (Dachau-Oświęcim 1989); vgl. Walter Gierlich, Konfrontation und Begegnung mit Kunst und Vergangenheit. Über eine Fahrt nach Auschwitz, über die Ausstellungseröffnung „Dachau in uns" und über Gespräche in der Jugendbegegnungsstätte. Süddeutsche Zeitung. Ausgabe Landkreis Dachau. Nr. 225, 30. 9./1. 10. 1989.

[5] Nach dem Redemanuskript.

Kontakte bestehen bereits seit mehreren Jahren zwischen Jugendgruppen in beiden Städten. So haben Gruppen des Kreisjugendrings Dachau Oświęcim besucht, und Jugendgruppen aus Oświęcim haben am jährlich in den Sommermonaten stattfindenden Jugendbegegnungszeltlager in Dachau teilgenommen. In der Jugendbegegnungsstätte in Oświęcim haben im September 1989 der Stadtpräsident von Oświęcim und der Landrat des Landkreises Dachau einen Austausch zwischen den Berufsschulen von Dachau und Oświęcim verabredet. Die erste Gruppe der Berufsschule Dachau hat im April 1990 Oświęcim besucht; im Oktober 1990 fährt eine Gruppe der Salesianer-Berufsschule in Oświęcim zum Gegenbesuch nach Dachau.

„Auschwitz verändert den Menschen", sagte Maurice Goldstein im Mai 1988 den in der Begegnungsstätte versammelten jungen Franzosen, Polen und Deutschen. Und er rief dazu auf, „neue Zeugen" zu schaffen, die die Erinnerung an das Schicksal der Häftlinge und Deportierten von Auschwitz weitergeben: Es gibt die Hoffnung, Wissen über Auschwitz würde eine Wiederholung verhindern. Wer als Nachgeborener erfahren hat, welches Schicksal Menschen in Auschwitz bereitet worden ist, wird dies an andere weitergeben - und so das Vermächtnis der ehemaligen Häftlinge von Auschwitz aufnehmen.

Begegnung ist auch notwendig, um die Menschen nicht alleingelassen der Konfrontation mit Auschwitz auszusetzen. Insbesondere im Verhältnis zwischen den Deutschen und ihren Nachbarvölkern gibt es, und dies wird auf absehbare Zeit so bleiben, nachwirkende Brüche, die Normalität - was immer damit gemeint sei - nicht aufkommen lassen. Die Konfrontation mit Auschwitz, verbunden mit Angeboten, durch sie hindurchzugehen, eröffnet dann Wege zu einer Begegnung. Antwortlose bohrende Fragen oder eine Verweigerungshaltung verschließen den Weg zueinander und miteinander.

In diesem Berühren, in diesem Ansprechen liegt die Chance von Orten wie Auschwitz. Wer heute durch die europäischen Städte geht - und wie viele von ihnen tauchen doch in den Dokumenten von Auschwitz wieder auf -, stößt kaum noch auf Spuren, die unmittelbar mit Krieg und Massenmord konfrontieren. An den Stätten der deutschen Konzentrationslager und Vernichtungslager ist handgreiflich, was in der Mitte des zwanzigsten Jahrhunderts in Deutschland und im deutsch beherrschten Europa geschehen ist. In diesen Orten liegt die Chance, wahrzunehmen und zu erkennen, wohin eine verhängnisvolle Politik geführt hat und was Menschen Menschen zugefügt haben. Diese Erinnerungsarbeit an konkretem Ort eröffnet die Chance einer bewußten Haltung zu dem was geschehen ist - Grundlage, einen Weg in die Zukunft zu finden, ohne in den Fangstricken einer verdrängten Vergangenheit hängenzubleiben.

Bei internationalen Jugendbegegnungen stehen zwei Dinge im Mittelpunkt und überlagern sich auf spezifische Weise: Das Thema Auschwitz und seine Dimension sowie die jeweils verabredeten Themen, und das Interesse der teilnehmenden Jugendlichen, ihre Neugier füreinander. Verlauf und Atmosphäre werden entscheidend durch das gegenseitige Interesse und durch die gemeinsame Erfahrung des Besuchs in der Gedenkstätte, die gemeinsame Auseinandersetzung mit dem Thema Auschwitz, geprägt. Wer sich dies hat nahebringen lassen, wird mit besonderer Verantwortung und Perspektive über Fragen der Gegenwart und Zukunft der eigenen Gesellschaft und der Zusammenarbeit zwischen den Völkern sprechen. Die Konfrontation mit dem Schicksal der Häftlinge und Deportierten von Auschwitz weist auf eine Gegenwelt hin, die die Nazis Europa auf Dauer aufzwingen wollten. Dies wird wahrgenommen, wenn auch nicht immer artikuliert, hat aber immer Einfluß auf die besondere Atmosphäre der Begegnungen in der Internationalen Jugendbegegnungsstätte; wo es erkannt wird, bestärkt es die Bereitschaft zu internationaler Verständigung und zur Übernahme von Verantwortung in der eigenen Gesellschaft.

Aus ganz Europa haben die Wege der Deportationszüge nach Auschwitz geführt. Die Menschen, die deutsche Politik nach Auschwitz brachte, hatten doch ihre Pläne für die Zeit nach dem Krieg, träumten über das Leben ihrer Familien, dachten darüber nach, wie sie ihre Gesellschaften nach dem Krieg gestalten wollten. Sich heute daran zu erinnern, kann wichtige Anregungen geben. Heute kommen im Verlauf des Jahres hunderttausende Besucherinnen und Besucher aus allen Ländern Europas und darüber hinaus in die Gedenkstätte Auschwitz-Birkenau, und der Anteil nichtpolnischer Gruppen steigt von Jahr zu Jahr. Ob wir dies wollen oder nicht: Auschwitz ist Teil der Fundamente des „gemeinsamen Hauses Europa".

Wer - wie der Verfasser dieser Zeilen - in der Jugendbegegnungsstätte in Oświęcim Jugendtreffen und historische Seminare begleitet, stellt sich manchmal vor, daß auch an anderen Orten vergleichbare Häuser entstehen. Eine Internationale Jugendbegegnungsstätte in der Gedenkstätte Buchenwald wurde im Sommer 1990 eröffnet.[6] Auch Begegnungsstätten in der Stadt Dachau, bei der Gedenkstätte Mauthausen oder in der Villa Am Großen Wannsee 56-58 in Berlin[7] - Tatort der Konferenz, auf der führende Beamte des Deutschen Reiches im Januar 1942 den Mord an den im deutsch besetzten Europa lebenden Juden koordinierten - können internationalen Jugendgruppen den Raum zum Nachdenken und für das Sprechen miteinander anbieten und werden dann Ausgangspunkt sein, von dem aus die jungen Leute auch die Region kennenlernen, so wie dies in Oświęcim geschieht. Die Gäste der Jugendbegegnungsstätte wohnen ja nicht auf einer historischen Insel, sondern mitten in der polnischen Gesellschaft. Sie verbinden die Auseinandersetzung mit der Geschichte und das Gespräch über die Gegenwart.

---

6 Anschrift: Nationale Mahn- und Gedenkstätte Buchenwald, DDR-5301 Weimar-Buchenwald.

7 Die Gedenkstätte befindet sich im Aufbau - Anschrift: Projektgruppe „Haus der Wannsee-Konferenz", Annegret Ehmann, Stauffenbergstraße, Berlin 30.

Für die Arbeit der Internationalen Jugendbegegnungsstätte ist neben der Auseinandersetzung mit der Geschichte von Auschwitz wichtig, daß Jugendliche gerade im Wissen um diese Vergangenheit und ihre bis in die Gegenwart reichenden Auswirkungen gemeinsam nach Wegen zum Zusammenleben suchen. Dies steht oft im Mittelpunkt des Interesses. Dazu gehört gegenseitiges Kennenlernen und die Erfahrung gemeinsamen Lebens - und sei es erst einmal für einige Tage. Sie bauen damit ein Stück eine Gegenwelt zu der der Nazis, die ihnen das frühere Konzentrationslager Auschwitz-Birkenau vor Augen führt, und praktizieren damit das Vermächtnis der Häftlinge, eine Welt der Zusammenarbeit, Solidarität und Menschlichkeit aufzubauen.

Willi Dreßen

Die Zentrale Stelle der Landesjustizverwaltungen zur Aufklärung von NS-Verbrechen in Ludwigsburg

Die Strafverfolgung von NS-Verbrechen findet bekanntlich nicht überall Zustimmung oder auch nur Interesse. Häufig spürt man Ablehnung, Vorurteile und Unbehagen, wenn das Gespräch auf den Nationalsozialismus und die in dieser Zeit begangenen Verbrechen kommt. Aus der rechten bzw. neofaschistischen Ecke werden die Strafverfolger gerne als „Nestbeschmutzer" beschimpft. Der ehemalige Bundesrichter Martin Hirsch hat einmal zu Recht gesagt, er finde es empörend, daß besonders diejenigen, die damals das „Nest" in übelster Weise beschmutzt hätten, denjenigen, die versuchten es wieder zu säubern, daraus einen Vorwurf machten. Von anderer Seite, auch aus dem Ausland, wird kritisiert, die Nazi-Verbrechen seien nur halbherzig verfolgt und die Mörder eigentlich ihrer gerechten Strafe entzogen worden. Daneben wird die Ansicht geäußert, man solle mit „dieser Geschichte" Schluß machen und endlich zu vergessen versuchen, was damals geschehen sei. Nein, wir müssen denjenigen, die „es schon nicht mehr hören können", sagen, daß wir uns auch mit den dunklen Seiten unserer Vergangenheit auseinandersetzen müssen, wenn wir sie wirklich „bewältigen" und vor allen Dingen aus ihr lernen wollen: „Das Vergessenwollen verlängert das Exil" und das Geheimnis der Erlösung heißt „Erinnerung" steht nicht zu Unrecht als Inschrift an der israelischen Gedenkstätte Yad Vashem in Jerusalem.

Häufig kann man aber auch die kritische Meinung hören, eine Institution wie die Zentrale Stelle zur Aufklärung der Gewaltverbrechen des damaligen NS-Regimes sei eigentlich viel zu spät ins Leben gerufen worden. Das hat seinen Grund jedoch im wesentlichen darin, daß nach dem Kriege die Möglichkeiten der deutschen Justiz zur Verfolgung von NS-Verbrechen außerordentlich beschränkt waren. Durch das Londoner Abkommen vom 8. August 1945 und das Kontrollratsgesetz Nr. 10 vom 20. Dezember 1945 betreffend die „Bestrafung von Personen, die sich Kriegsverbrechen, Verbrechen gegen den Frieden oder gegen die Menschlichkeit schuldig gemacht haben", nahmen die Alliierten die Verfolgung dieser Verbrechen zunächst selbst in die Hand. Insgesamt wurden von den westlichen Besatzungsmächten etwa 5000 deutsche Staatsangehörige wegen Kriegsverbrechen und Verbrechen gegen die Menschlichkeit verurteilt, darunter mehr als 600 zum Tode. Vermutlich sind von den Siegermächten insgesamt mindestens 50000 deutsche Staatsangehörige abgeurteilt worden.

Die deutsche Justiz durfte nach dem Kontrollratsgesetz Nr. 10 und nach Artikel 3 des Kontrollratsgesetzes Nr. 4 der Besatzungsmächte vom 30. Oktober 1945 nur solche NS-Verbrechen verfolgen, die Deutsche an Deutschen oder an Staatenlosen begangen hatten. Das waren im wesentlichen Verbrechen im Zusammenhang mit der sogenannten Röhm-Affäre, der „Reichskristallnacht", der „Euthanasie" oder „Verbrechen der Endphase", d. h. Erhängungen, Erschießungen etc. von Menschen, die sich kurz nach Kriegsende weigerten, sinnlosen Durchhaltebefehlen von Parteifunktionären oder militärischen Befehlshabern zu folgen.

Als in den fünfziger Jahren die alliierten Beschränkungen mehr und mehr abgebaut wurden, wäre allerdings zu dieser Zeit schon eine zentrale Einrichtung zur systematischen Ermittlung und Koordinierung dieser Verbrechen erforderlich gewesen. Aber damals waren die Zeitumstände für eine solche Initiative nicht günstig. Man war der Meinung, strafrechtlich sei dieses dunkle Kapitel der Vergangenheit bereits abgeschlossen, und wollte mit diesen Dingen nicht mehr behelligt werden.

Die alliierten Prozesse wurden weithin als „Siegerjustiz" angesehen, zumal man sie zwar nicht im offiziellen Sprachgebrauch, wohl aber in der Umgangssprache und auch in einem großen Teil vor allem der ausländischen Literatur als „Kriegsverbrecher-Prozesse" bezeichnete. Kriegsverbrechen, meist begangen in der psychologischen Ausnahmesituation eines Angriffs, „in der Hitze des Gefechtes", hat es aber bei allen Völkern und zu allen Zeiten immer gegeben und wird es leider auch immer wieder geben. Sie werden in ihrer kriminellen Bedeutung geringer bewertet als die meisten anderen Mordverbrechen. Die gleichsam industriell durchgeführten und geplanten Massenmorde an Juden, Geisteskranken, Zigeunern und anderen „Untermenschen" wurden daher durch die irreführende Bezeichnung „Kriegsverbrechen" in ihrer Bedeutung heruntergespielt und verharmlost. Die Frage nach der Ahndung der „Kriegsverbrechen" auf der anderen Seite wurde laut, zumal in einigen Verfahren, z. B. vor dem amerikanischen Militärgericht Dachau, Schuldgeständnisse auf recht zweifelhafte Art und Weise zustande gekommen waren und die Aburteilung nach dem Kontrollratsgesetz Nr. 10 den fundamentalen Rechtsgrundsatz „nulla poena sine lege" (Verbot der rückwirkenden Einführung von Straftatbeständen) verletzte. Dabei vergaß man, daß die im Kontrollratsgesetz aufgeführten Handlungen sowohl zur Zeit des Krieges als auch heute noch nach den geltenden deutschen Gesetzen als Mord, Totschlag, Freiheitsberaubung, Körperverletzung, Raub, Erpressung, Nötigung, Brandstiftung etc. strafbar waren und sind.

Auch die ab 1946 auf Betreiben der Besatzungsmächte durchgeführte „Entnazifizierung" trug zur Verdrossenheit an einer Beschäftigung mit der NS-Vergangenheit bei. Obwohl allein in den westlichen Besatzungszonen 1,5 Millionen Menschen mit Sanktionen, von der Geldstrafe angefangen bis zum mehrjährigen Freiheitsentzug, belegt worden waren, war die Entnazifizierung im Grunde genommen ein Fehlschlag. Schwer Belastete - wie etwa Mitglieder von im Osten eingesetzten Mordkommandos -, die aber keine Parteiangehörigen waren, wurden oft aufgrund von Fragebogenfälschungen und entlastenden Auskünften dritter Personen („Persilscheinen") als „minderbelastet" oder „nicht betroffen" eingestuft.

Der wichtigste Punkt für das fehlende Engagement an der Aufklärung der Verbrechen des Dritten Reiches war, daß in den chaotischen Nachkriegszuständen mit ihren Versorgungsschwierigkeiten und der Vernichtung der Lebensgrundlagen für den einzelnen zunächst einmal eine einzige Frage im Vordergrund stand: Wie kann ich mir eine neue Existenz aufbauen, um den Unterhalt für meine Familie und mich sicherzustellen? Die Beantwortung dieser Frage stand weit vor den Fragen nach den Schuldigen an der Misere und nach deren Bestrafung.

Aus allen diesen Gründen kam eine systematische Strafverfolgung der Verbrechen des Regimes zunächst nicht zustande, zumal die Strafverfolgungsbehörden der Bundesrepublik mit der Bewältigung der Alltagskriminalität vollauf ausgelastet waren und die Staatsanwaltschaften zum Einschreiten keinen Anlaß sahen, da die Tatorte fast ausschließlich außerhalb ihres örtlichen Zuständigkeitsbereiches lagen, und Anhaltspunkte dafür, wo die zumeist nicht einmal namentlich bekannten Beschuldigten ihren Wohnsitz hatten, natürlich nicht gegeben waren. 1955 verjährten alle Straftaten, die mit einer gesetzlichen Höchststrafe bis zu 10 Jahren bedroht waren - wie Körperverletzung mit Todesfolge, Freiheitsberaubung etc. -, so daß von da an nur noch vorsätzliche Tötungsdelikte verfolgt werden konnten.

Ebenfalls 1955 fielen dann mit dem zwischen der Bundesrepublik Deutschland und den USA, Großbritannien und Frankreich geschlossenen sogenannten Überleitungsvertrag vom 5. Mai 1955 die letzten Schranken für die deutsche Justiz zur Verfolgung der NS-Verbrechen. Allerdings sperrte der Überleitungsvertrag gleichzeitig die nochmalige Strafverfolgung von Personen, gegen die die alliierten Strafverfolgungsbehörden Verfahren durchgeführt und abgeschlossen hatten. Gegen solche Personen kann wegen dieser Taten nicht erneut in der Bundesrepublik ermittelt werden, auch nicht, wenn ihre Schuld ihnen heute nachgewiesen werden könnte. Die Bestimmung führte in vielen Fällen dazu, daß die aus alliierter Haft entlassenen Vorgesetzten gegen ihre früheren Untergebenen aussagen und als freie Bürger den Gerichtssaal verlassen konnten, während ihre ehemaligen subalternen Befehlsempfänger unter Umständen zu langjährigen Gefängnisstrafen oder sogar zu lebenslänglich verurteilt wurden.

Erst im Jahre 1957/58 wurde durch den „Ulmer-Einsatzgruppen-Prozeß" gegen den ehemaligen Polizeidirektor von Memel, der gleichzeitig als SS-Oberführer ein Einsatzkommando zur Massenerschießung von Juden im deutsch-litauischen Grenzraum geführt hatte, bekannt, daß zahlreiche im Osten begangene schwerste NS-Verbrechen bis dahin gerichtlich nicht geahn-

det worden waren und die daran Beteiligten vielfach - wie der Hauptangeklagte des Ulmer Prozesses - durch die Entnazifizierungsverfahren als „nicht betroffen“ durchgeschlüpft waren.
Aufgrund dieser Erkenntnisse beschlossen auf Anregung des damaligen baden-württembergischen Justizministers die Justizminister und Senatoren der deutschen Bundesländer im Oktober 1958 in Bad Harzburg die Errichtung einer „Zentralen Stelle der Landesjustizverwaltungen zur Aufklärung von nationalsozialistischen Gewaltverbrechen“ (kurz: Zentrale Stelle), die am 1. Dezember 1958 ihre Arbeit in den Räumen eines ehemaligen Frauengefängnisses in Ludwigsburg aufnahm.
Aufgabe der Zentralen Stelle ist es nach der Verwaltungsvereinbarung der Länder, alle verfügbaren Unterlagen über nationalsozialistische Verbrechen zu sammeln, zu sichten, Tatkomplexe herauszuarbeiten und voneinander abzugrenzen und den Verbleib der Täter festzustellen. Anschließend werden die Vorgänge zur Einleitung von Ermittlungsverfahren an die jeweils zuständigen Staatsanwaltschaften abgegeben. Ist keine Zuständigkeit feststellbar, so bestimmt der Bundesgerichtshof die zuständige Behörde. Darüber hinaus hat die Dienststelle den Auftrag, durch sachgerechte Weitergabe der anfallenden Informationen die anhängigen staatsanwaltschaftlichen Ermittlungsverfahren zu koordinieren und gegebenenfalls den Staatsanwaltschaften mit Hilfe der in Ludwigsburg vorhandenen Erkenntnisse, Dokumente und Karteiunterlagen weitere Ermittlungshilfe zu leisten. Da die Zentrale Stelle selbst keine Staatsanwaltschaft ist, kann sie keine Anklage erheben und selbst keine Haftbefehle oder Untersuchungs- und Beschlagnahmebeschlüsse erwirken, sondern muß dazu eine Staatsanwaltschaft einschalten. Die Zuständigkeit der Zentralen Stelle erstreckt sich auch nicht auf Kriegsverbrechen und erstreckte sich zunächst auch nicht auf solche Tötungshandlungen, die in den auf heutigem Gebiet der Bundesrepublik gelegenen Konzentrationslagern begangen worden waren. Später - Ende 1964 - wurde die Zuständigkeit der Zentralen Stelle auch auf Straftaten mit innerdeutschem Begehungsort erstreckt, ausgenommen den Komplex Reichssicherheitshauptamt, der beim Generalstaatsanwalt bei dem Kammergericht in Berlin verblieb.
Zunächst konnte die Zentrale Stelle neben Mordverbrechen auch Totschlagsverbrechen verfolgen. Mit Ablauf des 8. Mai 1960 sind diese Verbrechen jedoch verjährt, so daß ab diesem Zeitpunkt nur noch als Mord und als Beteiligungshandlung an diesem Verbrechen qualifizierte Tötungshandlungen verfolgbar sind, nachdem die Verjährung dieser Verbrechen seit einer entsprechenden gesetzlichen Regelung vom Dezember 1979, die generell für alle Mordverbrechen, nicht nur für NS-Morde gilt, ausgeschlossen ist.
Bei ihrer Aufgabe hat die Zentrale Stelle von Anfang an mit allen privaten und staatlichen Institutionen des In- und des westlichen Auslandes - besonders Israel, USA und Frankreich - zusammengearbeitet, um Dokumente oder Zeugenaussagen zu erhalten. Später wurden auch die Staaten des Ostens einbezogen, deren Archive ab 1965 ausgewertet werden konnten.

Schwierigkeiten bestehen oder bestanden hinsichtlich der Zusammenarbeit mit den Staaten des vorderen Orients und Südamerikas sowie der DDR. Auch Interpol verweigerte der Aufklärung der NS-Verbrechen bis vor kurzem noch ihre Hilfe, da sie diese Delikte als politische Straftaten ansah, an deren Aufklärung sie nach ihren Statuten nicht mitwirkt.

In vielen Fällen sind Beschuldigte mit falschen Personalpapieren versehen und teilweise mit Hilfe vatikanischer Stellen in arabischen oder südamerikanischen Ländern untergetaucht, die in aller Regel die Auslieferung dieser Personen verweigern. So wurde z. B. der ehemalige Chef der mit der Gaswagenentwicklung befaßten technischen Abteilung des Reichssicherheitshauptamtes, SS-Standartenführer Walter Rauff, der bis zu seinem Tode 1984 in Santiago/Chile lebte, nicht an die Bundesrepublik ausgeliefert. Seine Untergebenen wurden in Deutschland zu langjährigen Zuchthausstrafen verurteilt. Es ist auch nicht auszuschließen, daß noch nicht identifizierte Beschuldigte in der Bundesrepublik leben. Auch das Alter der Beschuldigten (durchschnittlich z. Zt. ungefähr 74 Jahre) spielt oft eine entscheidende Rolle. Verfahrenseinstellungen aus diesem Grund hängen jedoch weniger mit der Nachsicht der Gerichte als den Beurteilungen medizinischer Sachverständiger über die Verhandlungsfähigkeit bzw. -unfähigkeit der Beschuldigten zusammen.

Eine rechtliche Schwierigkeit bildet seit dem 1. Oktober 1968 die Änderung des § 50 Abs. 2 des Strafgesetzbuches, wonach Beihilfehandlungen zu Mordverbrechen nur dann als solche bestraft werden können, wenn die täterbezogenen mordqualifizierenden Merkmale, z. B. Mordlust, Habgier oder sonstige niedrigere Beweggründe wie Rachsucht, Rassenhaß etc. auch in der Person des Gehilfen vorliegen. Tun sie das nicht, ist die Tat rückwirkend zum 8. Mai 1960 verjährt. Die tatbezogenen Mordmerkmale „Grausamkeit" und „Heimtücke" werden dagegen von der genannten Änderungsbestimmung nicht tangiert.

Dazu kommen die vielen Beweisschwierigkeiten, die sich in den NS-Prozessen ergeben. Meist sind über die Taten so gut wie keine Dokumente vorhanden, weil sie kurz vor Kriegsende in großem Umfang vernichtet worden sind. Man ist daher fast immer auf Zeugenaussagen angewiesen. Die Zeugen aus dem Kreis der Opfer befanden sich während der Tatzeit jedoch in einer Ausnahmesituation. Der Kern des Geschehens ist ihnen zwar meist präsent, an Einzelheiten erinnern sie sich aber verständlicherweise nach so langer Zeit oft nicht mehr. Gerade diese Einzelheiten können aber heute prozeßentscheidend sein. Zudem waren überlebende Opfer meist in dutzenden von Lagern, so daß sie leicht Täter, Tatzeiten und Tatorte ohne böse Absicht miteinander verwechseln. Dennoch gibt es auch unter diesen mißlichen Umständen nicht selten bis in die Einzelheiten erstaunlich präzise Aussagen, die etwa aufgrund später aufgefundener Dokumente eindeutig verifiziert werden können.

Daß Zeugen aus dem Kreis der Opfer bewußt falsch ausgesagt haben, konnte jedenfalls bisher noch nicht bewiesen werden, während mehrfach nachgewie-

sen worden ist, daß Zeugen aus dem Umkreis der Täter - teilweise in organisierter Form - Kontakt miteinander hielten, um entlastende Aussagen miteinander zu koordinieren.
Alle diese Schwierigkeiten wirken meist zugunsten der Angeklagten. Oft enden Verfahren dann - nach jahrelangen Ermittlungen zahlreicher in alle Länder der Erde verstreuter Zeugen - aufgrund nicht auszuschließender Fehlerquellen in den Bekundungen der Zeugen nach dem Grundsatz „in dubio pro reo" (im Zweifel zugunsten des Angeklagten) mit einem freisprechenden Urteil. Da sich die Beweissituation im Laufe der Zeit immer mehr verschlechtert, werden Verfahrenseinstellungen und freisprechende Urteile in den wenigen in Zukunft noch anhängig werdenden Verfahren mit einiger Wahrscheinlichkeit weiter zunehmen.
Als bisheriges Fazit ergibt sich, daß von der Zentralen Stelle seit Beginn ihrer Tätigkeit, dem 1. 12. 1958, fast 6000 Vorermittlungsverfahren gegen eine nicht genau feststellbare Zahl von Verdächtigen eingeleitet worden sind. Bis auf wenige Reste sind alle diese Vorermittlungsverfahren an die zuständigen Staatsanwaltschaften abgegeben worden und haben dort zu ca. 13000 Ermittlungsverfahren geführt. Insgesamt sind von den Staatsanwaltschaften seit dem 8. Mai 1945 Ermittlungen gegen ca. 98000 Personen eingeleitet worden, von denen ungefähr 6500 rechtskräftig verurteilt worden sind. 12 von ihnen zum Tode (vor Inkrafttreten des Grundgesetzes), 162 zu lebenslanger Freiheitsstrafe, 6197 zu zeitlichen Freiheitsstrafen, 114 zu Geldstrafen und ein Angeklagter wurde nach Jugendstrafrecht verwarnt, weil zum Zeitpunkt der Tat nach dem Stand seiner Entwicklung auf ihn das Erwachsenenstrafrecht noch keine Anwendung finden konnte. Ermittlungsverfahren gegenüber 80000 Personen wurden ohne Bestrafung abgeschlossen, z. B. durch Freispruch, Außerverfolgungsetzung, Nichteröffnung der Hauptverhandlung, Einstellung durch Gericht oder Staatsanwaltschaft, Tod des Beschuldigten oder in anderer Weise. Dabei ist zu berücksichtigen, daß vielfach die Angehörigen ganzer Einheiten und Dienststellen, da sie für eine Tatbeteiligung in Betracht kamen, von den Staatsanwaltschaften systematisch überprüft wurden.
Im Herbst 1986 gelang es der Zentralen Stelle über diplomatische Kanäle Fahndungslisten der Vereinten Nationen mit rund 30000 Namen zu erhalten, die der UN von den einzelnen Kriegsverbrechenskommissionen der alliierten Länder überlassen worden waren. Daraufhin wurde der Personalbestand der Zentralen Stelle vergrößert, und inzwischen sind die in den Listen enthaltenen Namen bereits überprüft worden. Dabei hat sich gezeigt, daß die meisten der überprüften Personen entweder verstorben, unbekannten Aufenthaltes, wegen Alters nicht mehr verhandlungsfähig waren oder daß gegen sie wegen derselben Sachen schon Verfahren durchgeführt worden sind bzw. die ihnen vorgeworfenen Straftatbestände heute wegen Verjährung nicht mehr verfolgt werden können. Es wird daher nur in ganz seltenen Fällen in diesen Sachen noch zur Anklageerhebung oder Eröffnung von Hauptverfahren kommen.

Die bisherige Arbeit der Zentralen Stelle sowie der Staatsanwaltschaften und Gerichte der Bundesrepublik hat jedoch zu einer einzigartigen Anhäufung von Dokumentenmaterial über die NS-Zeit und die während dieser Zeit begangenen NS-Verbrechen geführt. Dieses Material besteht aus weit über 100000 Aktenbänden und vielen tausend Vernehmungsniederschriften. Die Verwaltungsvereinbarung über die Zentrale Stelle verpflichtet die betroffenen Staatsanwaltschaften, alle in den Verfahren anfallenden Vernehmungsniederschriften von Zeugen und Beschuldigten sowie alle wesentlichen Entscheidungen der Zentralen Stelle mitzuteilen, wo sie karteimäßig erfaßt werden. Mittlerweile sind in der Zentralkartei der Zentralen Stelle über 1,4 Millionen alphabetisch und nach Tatorten und Dienststellen gegliederte Karteikarten von Zeugen, Beschuldigten und sonstigen Personen enthalten, während in der Dokumentensammlung über eine halbe Million einzelner Dokumente über die NS-Zeit und über 500 Mikrofilme gelagert sind, die ebenfalls über eine eigene Dokumentenkartei zur Benutzung zugänglich gemacht sind.

Dieses Material steht der Wissenschaft für ihre Forschungen zur Verfügung und wird in zunehmendem Maße von Historikern oder auch Soziologen aus aller Welt benutzt. Allerdings gibt es auch heute noch eine nicht geringe Anzahl von Wissenschaftlern, die bei ihren Forschungsarbeiten und Veröffentlichungen z. B. Unterlagen aus den Nürnberger Prozessen benützen, das bei der späteren Strafverfolgung angefallene Material jedoch unberücksichtigt lassen. Soweit sie dabei Nürnberger Beweismaterial benutzen, das aus sichergestellten Dokumenten von NS-Behörden besteht, geraten sie auch weniger in die Gefahr, die für die Wissenschaft erforderliche Objektivität zu verletzen. Anders kann es z. B. bei den Beweisdokumenten liegen, die von den Anklagebehörden in Nürnberg vorgelegt worden sind. Diese Dokumente können durchaus parteilich und - soweit es sich um Vernehmungen handelt - subjektiv gefärbt sein. So kann man immer wieder feststellen, daß in wissenschaftlichen Veröffentlichungen falsche eidesstattliche Erklärungen zu Fehlinterpretationen geführt haben, die vermieden worden wären, wenn man die bei der Zentralen Stelle befindlichen Doppel der Straf- oder Ermittlungsakten ausgewertet hätte. In diesem Zusammenhang muß ausdrücklich darauf hingewiesen werden, daß nicht nur die Gerichtsakten der großen Prozesse, über die in den Medien berichtet worden ist, sondern gerade auch unveröffentlichte Vorermittlungsakten der Zentralen Stelle oder Ermittlungsakten der Staatsanwaltschaften, die - etwa aus Beweisgründen, wegen des Todes des Beschuldigten, wegen seiner Verhandlungsunfähigkeit oder wegen unbekannten Aufenthaltes etc. - nicht zu Prozessen geführt haben, oft in großem Umfang geschichtlich wertvolles Material enthalten können.

Auch wenn diese Ermittlungs- und Verfahrensakten nicht auf alle geschichtlichen Fragen Antwort geben können, enthalten sie doch eine solche Fülle von Tatsachen und Details, daß kein Wissenschaftler diese Erkenntnisquelle ohne Not ungenutzt lassen sollte. Das gilt umsomehr, als viele rechtsextreme und neonazistische Pseudo-Wissenschaftler Fehler in Detailfragen dazu nutzen, die ganze zeitgeschichtliche Forschung zu desavouieren und in Frage zu stellen.

Natürlich müssen Anträge auf Einsichtnahme in gerade laufende Verfahren oder Verfahren, die noch nicht rechtskräftig abgeschlossen sind, abgelehnt werden. In diesen Fällen werden die betreffenden Wissenschaftler an die zuständigen Strafverfolgungsbehörden verwiesen, die aber in aller Regel ebenfalls eine Einsichtnahme in solche Akten verweigern.

Im übrigen aber bestimmt sich die Möglichkeit der Einsichtnahme in das in Ludwigsburg vorhandene Dokumentenmaterial nicht nach Archivgesetzen, die oft ziemlich restriktiv sind und z. B. Sperrzeiten für die Einsicht bestimmter Unterlagen haben, sondern nach den Richtlinien für das Strafverfahren. Danach kann eine Einsichtnahme für wissenschaftliche Vorhaben von Bedeutung gestattet werden, wenn ein Mißbrauch der erhaltenen Erkenntnisse nicht zu befürchten und der Verwaltungsaufwand vertretbar ist. Bisher sind solche Anträge auf Einsichtnahme in die Unterlagen bei wissenschaftlichen Vorhaben von der Zentralen Stelle in aller Regel genehmigt worden. Allerdings durchweg mit der Auflage, die Namen von Verfahrensbeteiligten, die keine Personen der Zeitgeschichte sind, nicht zu veröffentlichen.

Ablichtungen von Dokumenten, Vernehmungsniederschriften und anderen Aktenteilen können natürlich nur in begrenztem Umfang genehmigt werden. Ablichtungen und Reproduktionen ganzer Verfahrensakten oder einzelner Aktenbände sind vom Arbeitsaufwand her nicht zu vertreten und müssen daher abgelehnt werden. In aller Regel werden Ablichtungen auch erst dann zur Verfügung gestellt, wenn die Personalien und Namen derjenigen, die nicht Personen der Zeitgeschichte sind, geschwärzt worden sind. Der Inhalt des abgelichteten Aktenbestandteiles bleibt aber auch in diesen Fällen verständlich.

Die Benutzung der Dokumentenkartei, die Aufschluß über die zu einem bestimmten Thema vorhandenen Dokumente gibt, ist Wissenschaftlern im allgemeinen gestattet. Etwas anderes gilt für die Zentralkartei, die die Namen von Beschuldigten und Zeugen enthält und daher aus Gründen des Datenschutzes von Privatpersonen nicht benutzt werden darf. Das gilt auch für die Verfahrenskartei, in der alle noch laufenden oder abgeschlossenen einschlägigen Verfahren enthalten sind, und zwar unter Angabe der Personalien der Beschuldigten bzw. der Angeklagten oder Verurteilten.

Das Verbot der Benutzung dieser beiden Karteien hindert aber gegebenenfalls den Wissenschaftler, der sich zur Auswertung von Akten oder Dokumenten in der Zentralen Stelle aufhält, nicht daran, das ihn interessierende Material aufzufinden. Jedem Besucher wird nämlich ein sachlich qualifizierter Betreuer zugeteilt, der ihm bei der Auffindung des Materials hilft und der zu diesem Zweck die einschlägigen Akten und Dokumente auch mit Hilfe der Zentralkartei und der Verfahrenskartei ausfindig machen kann. Darüber hinaus kann der Besucher auch mit weiteren Referenten Rücksprache nehmen, die für die ihn interessierenden Sachfragen zuständig sind.

Bisher haben sich jedenfalls bei der Auswertung der Unterlagen - bis auf wenige Ausnahmen - keine größeren Schwierigkeiten ergeben. Allerdings könnten solche Schwierigkeiten in Zukunft entstehen, wenn die Zentrale Stelle ihre Arbeit beendet hat und das gesamte Material möglicherweise in ein Archiv eingegliedert wird. Man wird davon ausgehen müssen, daß die Arbeit der Zentralen Stelle zukünftig immer stärker zeitgeschichtliche Bedeutung erlangen wird. Die Verurteilungen werden seltener werden. Vielleicht ist es auch nicht so entscheidend, daß der eine oder andere 70- oder 75jährige ehemalige SS-Angehörige noch zu einer langjährigen oder lebenslangen Gefängnisstrafe verurteilt wird. Nicht einmal eine lebenslange Strafe kann auch nur in etwa das Leid und den grausamen Tod von Tausenden und Millionen unschuldiger Männer, Frauen und Kinder aufwiegen. Wichtiger ist es, daß in den Gerichtsverhandlungen gezeigt wurde, daß jeder individuell für seine Schuld einzustehen hat, ohne sich hinter dem kollektiven Schutzschild eines verbrecherischen Staates verbergen zu können, der ihm seine Untaten befahl bzw. mit ihnen einverstanden war. Vielleicht am wichtigsten ist jedoch, daß in jedem einzelnen Ermittlungsverfahren und in jedem einzelnen Prozeß die Qualen und Leiden so vieler unglücklicher Menschen ins Bewußtsein gerückt und dokumentiert worden sind. Es wäre ein großer Fehler und besonders den Opfern gegenüber nur schwer zu rechtfertigen, dieses Dokumentenmaterial nicht zu nutzen und die damaligen grauenvollen Geschehnisse damit der Geschichtslosigkeit anheimfallen zu lassen.

Kitty Fischer

„Ich bin Kriegswaise . . ."

Rückkehr aus dem Vernichtungslager

Die Befreiung

Es war am frühen Morgen des 8. Mai 1945. Man weckte uns und wir warteten auf das rauhe „Aufstehen!" der Lagerältesten. Dann würden wir stramm stehen. Aber irgendwie war dieser Tag nicht wie alle anderen. Es war unheimlich still, bis wir plötzlich eine menschliche Stimme hörten, fast ein Flüstern, die rief: „Häftlinge bitte aufstehen!" Eine männliche Stimme. Das mußte ein Irrtum sein und keiner von uns rührte sich. Das war nicht, was wir zu hören gewöhnt waren. Dann klopfte es laut an die Tür, sie ging auf und darin stand ein deutscher Soldat, kein Gestapo-Mann oder Lagerältester. Der Mann entschuldigte sich beinahe dafür, uns geweckt zu haben, und teilte uns mit, daß die SS verschwunden sei und die Lagerälteste mitgenommen hätte. Der Krieg gegen die vorrückenden Amerikaner sei noch im Gange, aber er wolle gern lebendig herauskommen. Ob wir ihm helfen könnten?
Einige von uns lachten. Einem Deutschen helfen, wo wir nicht einmal wußten, was aus uns würde? Wir suchten unsere von Läusen wimmelnden Kleider zusammen und wählten in der Küche eine neue „Leitung", nur zwei tschechische und zwei deutsche Mädchen. Keine Polinnen, die ausschließlich Insassen des Lodzer Ghettos mit unseren Rationen gefüttert hatten. Dann sammelten wir uns draußen zum letzten Zählappell. Meine Schwester war bereits in der Krankenbaracke und infolge Unterernährung dem Tode nahe. Es schneite leicht auf den gefrorenen Boden. Von Frühling war nichts zu bemerken. Wir wagten nicht auseinanderzugehen und standen in Fünferreihen, wie man es uns beigebracht hatte, und warteten auf das Küchenpersonal. Schließlich kam ein tschechisches Mädchen, das wir Kulicka nannten, weil sie so rund war, öffnete die Küchentür und stellte folgende Frage: Es seien ungefähr 50 kg stinkende Kartoffeln da und nicht einmal schwarzes Mehl, um Supa zu kochen, ob sie die Kartoffeln alle auf einmal kochen oder

Kitty Fischer, geborene Haas, wurde am 12. 7. 1927 im tschechischen Olmütz geboren. Sie wurde als Siebzehnjährige am 13. 9. 1944 verhaftet und zunächst im staatlichen Gefängnis Ilava und im Lager Sered interniert, bevor sie nach Auschwitz und in das Vernichtungslager Auschwitz-Birkenau deportiert wurde. Die Befreiung erlebte sie in Merzdorf, einem Außenlager des Konzentrationslagers Groß-Rosen in Niederschlesien. Sie kehrte in ihre Heimat zurück und emigrierte von dort im Jahr 1949 mit Hilfe der Organisation Joint Distribution Committee nach Australien.

aber auf zwei Mahlzeiten verteilen solle? Alle wollten wir so viel wie möglich haben, denn es gab Gerüchte, daß die deutsche Armee näherkäme und jeden Häftling erschoß und die Baracken anzündete, da wollten wir wenigstens noch einmal zu essen bekommen.
Eine Stunde später bekam jeder 3 Kartoffeln, auch die in der Krankenbaracke, und ich setzte mich auf die Pritsche meiner Schwester und fütterte sie mit den stinkenden Kartoffeln. Sie war winzig klein für eine Dreizehnjährige. Dann wurden wir wieder zum Appell gerufen und stellten uns gehorsam in Fünferreihen auf. Ein paar Mädchen baten um die Genehmigung, Herrn und Frau Winkler zu hängen, unsere Weblehrer, die grausam waren wie die Zuchtmeister und uns unsere Essensrationen wegnahmen, wenn ein Fehler im Gewebe unserer Fallschirme war. Wir waren begeistert und gaben ihnen grünes Licht und sie wurden binnen weniger Minuten hingerichtet und sagten Heil Hitler, als das dreckige alte, aus Decken gedrehte Seil sich straffte. Ich ging nicht hin, ich hatte ganz andere Probleme.
Wohin werden wir kommen? Plötzlich öffnete sich das große Tor von außen und drei Soldaten auf drei kleinen Pferden kamen hereingeritten. Mir wurde ganz schlecht, denn es waren keine Amerikaner, es waren Soldaten der deutschen Wehrmacht, die uns wohl erschießen wollten. Da ich nichts mehr zu verlieren hatte, trat ich auf sie zu, und da sah ich Hammer und Sichel in Rot auf ihren Mützen. Statt mit den Gewehren, winkten sie uns mit weißem Flieder. Und plötzlich sang das ganze Lager das Lied von der Dritten Internationale - auf deutsch, auf ungarisch, auf tschechisch und griechisch, auf holländisch und russisch, erst zaghaft, dann immer lauter, dann jubelnd. Die Pflegerin Idka hielt diejenigen im Krankenzimmer, die nicht gehen konnten, am Fenster hoch, auch meine kleine Schwester. Mir wurde klar, daß wir befreit waren und daß das riesige Tor nun für immer für uns offenstehen würde, und nahm mir vor, das Beste daraus zu machen. Ich sah, wie die Soldaten sich Tränen von den Wangen wischten. Wir wußten ja nicht mehr, wie wir eigentlich aussahen, gekleidet in das, was wir aus den Lumpen gemacht hatten, die man uns in Auschwitz gegeben hatte. Alle Gefangenen rückten nun näher zusammen und der Mongole, der tausende von Meilen geritten war, um uns zu befreien, verkündete lauthals: „Ermania kaputt, Hitler (er machte eine Bewegung, als schnitte er sich die Kehle durch) Tozwe kaputt, vy podjite domoj. Ich war zu jung, um zu wissen, was passiert, wenn frustrierte, siegestrunkene Männer in ein Lager mit so vielen Frauen kommen. Ich dachte nur: Ich bin verantwortlich für meine kleine Schwester, sie braucht ärztliche Hilfe und sie muß aus dem Lager heraus. Mit einem schlechten Gewissen, als täte ich Verbotenes, ging ich aus dem großen Tor. Ich hatte Angst vor der Welt draußen.
Ich wußte, daß meine Eltern ermordet und wir auf uns selbst gestellt waren. Neugier mischte sich in meine übrigen Gefühle, wie es wohl sein würde in einer Welt ohne Erwachsene, ohne ein liebevolles Heim, und wenn man wieder in die Schule muß. Dann sah ich sie, all die vielen Reiter und Jeeps, die

siegreiche Rote Armee, die tief nach Schlesien eingedrungen war, ganz nahe der tschechisch-slowakischen Grenze. Ein junger Soldat mit vielen Sternen fiel mir auf und ich trat zu ihm. Er zeigte mir den Davidstern, der auf seinem Mantel aufgenäht war, und fragte mich auf russisch, ob ich Jüdin sei. Ty zidka? Ich antwortete auf slowakisch, daß ich heim wollte, in die Tschechoslowakei und daß ich eine kleine Schwester hätte, die sei sehr krank, und daß ich Hilfe brauche, um aus dem Lager wegzukommen. Er rief etwas auf russisch und ein Soldat kam gelaufen, der Befehle entgegennahm. Der Major fragte mich, wieviele von uns eine Fahrgelegenheit brauchten, und ich sagte schnell: fünf, weil es auf dem Krankenbett noch eine Mutter mit ihrer Tochter aus der Tschechoslowakei gab. Er schrieb etwas auf einen Zettel und unterzeichnete ihn und ich schloß daraus, daß es ein Passagierschein sei für Jekaterina Gaasova und czetyre zeny in die böhmische Grenzstadt Hradec Kralove. Dann kam der Soldat mit einem riesigen runden Käse und etwas Kommißbrot angelaufen. Es war eine komische Situation. Sehr klug war es nicht, Halbverhungerten harten Käse zu geben, und ich konnte nichts damit anfangen, denn ich hatte weder ein Messer noch die Kraft ihn zu tragen, und wir waren doch so verzweifelt hungrig. Aber ich packte den Käse voller Dankbarkeit auf den Wagen, der inzwischen eingetroffen war, und deckte ihn zu (ich weiß, was mit freiliegender Nahrung passiert). Ein anderer Mann kam, um meine Schwester und die erschöpfte Johanna Orenstein zu tragen, die uns erzählte, sie habe eine Vision gehabt: der Orden der Vinzentinerinnen in Brünn in Mähren erwarte sie. Wir fanden das ganz töricht und wollten da nicht hin, aber sie betete den Rosenkranz, obwohl sie nicht christlichen Glaubens, aber vielleicht heimlich getauft war.

Es gab einen Riesenauftritt, als wir das Lager verließen, das wir hofften nie wiederzusehen - und die Plünderungen in dem Städtchen Merzdorf begannen, das wir hinter uns ließen. Wir kamen an den überfüllten Bahnhof in Hradec Kralove, und ich brachte meine vier Schützlinge in ein Abteil Erster Klasse. Dort saß ein fetter Mann am Fenster und hatte auf einem weißen Tuch weißes Brot und Wurst. Ich bat ihn um ein Stück Brot, wir kämen aus dem Konzentrationslager. Er sah mich angewidert an und sagte sehr laut: „Ich hab euch nicht hingeschickt." Dann faltete er langsam, beinahe zärtlich das Tuch um das kostbare Brot und steckte das Päckchen in seine Aktenmappe. Ich hatte ein flaues Gefühl im Magen. Mir wurde plötzlich klar, daß ich ganz allein war mit der Sorge, eine Schwester großzuziehen, und daß ich nicht einmal mehr die Nummer 27265 war, die man weithin sichtbar auf meinen Mantel genäht hatte und die mir sogar in Auschwitz eine Art Identität und Sicherheit gegeben hatte. Ich glaube, ich glich einem Soldaten, der nach den Kampfhandlungen in sein Dorf heimkehrt und erfährt, daß seine Familie sehr gut ohne ihn ausgekommen ist und daß er von Grund auf neu anfangen muß, um die an der Front verlorenen Jahre aufzuholen. Tatsächlich fuhr der Zug nach Brünn und wir beschlossen auszusteigen, und wenn die Nonnen überhaupt existierten, würden sie uns vielleicht eine warme Suppe geben. Es war immer noch recht kalt draußen.

Ein paar Stunden später und nach einem Krach mit dem weißbehandschuhten Schaffner, der sehr unfreundlich den Preis für die Fahrkarten erster Klasse von uns haben wollte und dem ich müde sagte, er möge sich dafür ans Rote Kreuz wenden, trafen wir in Brünn ein, wo ein Großteil meiner Familie vor dem Krieg gewohnt hatte, mußten aber erst die betende Johanna loswerden. Wir stellten fest, daß ein Kloster der Vinzentinerinnen existierte, daß es aber auch als Notlazarett diente. Wir nahmen uns zu fünft ein Taxi, das keiner von uns bezahlen konnte, und baten, zum Kloster gefahren zu werden. Ich zog an der altmodischen Glocke und plötzlich kamen vier Schwestern von den Vinzentinerinnen gelaufen, umarmten Johanna und riefen weinend: „Da ist sie, für die wir gebetet haben. Der Herr hat sie gesandt, lasset uns beten." Wir weinten alle und träumten schon von heißer Suppe, bekamen aber nur Grießbrei, und ich ließ meine Schwester dort, zog los und versuchte herauszubekommen, wie ich die Slowakei erreichen könnte. Überall herrschte Chaos, doch ich fand immerhin das Haus, in dem mein Onkel gewohnt hatte, der Hausmeister erinnerte sich auch an ihn und daß er den Schnee vom Gehsteig weggeschaufelt hatte, ehe sie ihn deportierten, tat aber im übrigen ganz fremd. Wir durften im Kloster übernachten, in anderen Gebäuden waren tschechische Kollaborateure untergebracht, die jetzt kahlgeschoren Latrinen reinigen und Küchendienst verrichten mußten, es war ein deprimierender Anblick. Am nächsten Tag ließen wir Johanna zurück. Sie wurde Postulantin. Ich habe sie noch einmal gesehen, ehe ich nach Australien auswanderte, da lehrte sie Naturkunde in der Klosterschule.
Die Nonnen gaben uns alte Kleider und entlausten uns. Wir hatten immer noch kahlgeschorene Köpfe. Nach zwei Tagen in behüteter Zivilisation ging es wieder ums Überleben. Wir mußten uns um einen Sitzplatz raufen im Zug nach Puchov, der Stadt, aus der wir stammten. Zum ersten Mal in meinem Leben kam ich am Bahnhof an, ohne daß mich dort jemand erwartete. Wieder hatte ich ein flaues Gefühl im Inneren und aller Mut verließ mich. Die Brücke über den Fluß Váh war gesprengt und wir mußten ein Boot nehmen. Der Schiffer erkannte uns und bekreuzigte sich, vielleicht wegen unseres Aussehens. Am anderen Ufer machten wir uns auf den Weg nachhause, und wieder erschütterte es mich, daß uns Vorübergehende nur musterten und kein Mensch uns ein freundliches Wort sagte.

Die Heimkehr

Keiner bot uns ein Willkommen und je näher wir unserem großen Familienhaus kamen, desto stärker wurde meine Beklemmung, was wir dort wohl finden würden. Endlich läutete ich an der Tür und die Frau unseres Treuhänder-Arisierers öffnete. Sie sah uns verwirrt an, rief ihren Mann, der seit weit über 30 Jahren bei der Firma war, und er sah bewegt aus, denn er war es, der meinen Eltern Obdach gewährt hatte, bis die SS sie abholte. Mit Tränen in den Augen erzählte er uns, daß sie gezwungen seien, in unseren Wohnräumen zu wohnen, da sonst die Rumänen, die diesen Teil der Tschechoslowakei befreit hatten, sie geplündert haben würden. Sie schliefen in unseren Betten und kochten in unserer Küche, ihr kleiner Junge hämmerte auf unserem Flügel herum. Wir standen nur da und wußten nicht, wo wir diese Nacht schlafen würden. Es gab Verwandte in der Stadt, doch sie waren fort und ihre Häuser von slowakischen Familien besetzt. Noch nie, nicht einmal im Konzentrationslager, war ich so allein gewesen und begriff zum ersten Mal in meinem jungen Leben, was Verlassenheit bedeutet. Ich wollte für meine Schwester einen Arzt holen, doch er war mit anderen Volksdeutschen geflohen, und jetzt gab es keinen mehr in der ganzen Stadt. Mir fiel ein, daß in der Nähe eine Hebamme wohnte, eine sehr erfahrene Frau und vielleicht leichter zu erreichen als ein Arzt in der Nachbarstadt. Ich ging hinüber. Sie hieß Krizanka und sie versprach, einen Kräutertee zu beschaffen. Ich wußte nicht, wo ich abends etwas zu essen bekommen würde. In unserem eigenen Haus war ich nicht willkommen. Ich mußte mich wieder an unseren Treuhänder wenden, der den Vertrag heraussuchte und uns mitteilte, seine Abmachung mit unseren Eltern sei für uns nicht bindend, und er würde uns nur so lange beherbergen, bis wir irgendwohin konnten.

Ich schlief in dieser Nacht im Schlafzimmer meiner Eltern nur sehr wenig. Mir wurde klar, daß ich mich am nächsten Tag würde juristisch beraten lassen müssen, um zu erfahren, woran ich war. Mein Onkel, der beste Anwalt der Stadt, kam nie wieder, so ging ich zu einem slowakischen Anwalt, der aber Bezahlung im Voraus verlangte. Ich hatte so lange ohne Geld gelebt, daß ich garnicht wußte, daß man welches braucht. Ich ging wieder fort, bekam schließlich Geld vom Arisierer und marschierte zurück zum Anwalt, mit dem gemeinsam ich feststellte, daß eine Minderjährige, die als Waise zurückbleibt, bei Gericht beantragen kann, mündig gesprochen zu werden. Ich unterschrieb den Antrag und ging heim in unser Haus, doch das war nur mehr eine Durchgangsstation und kein Heim mehr.

Die erste Verordnung des Präsidenten der wieder erstandenen Tschechoslowakei lautete, daß jeder Bürger wieder in die vollen Bürgerrechte einzusetzen sei, die er während der Nazi-Besetzung des „Protektorats Böhmen und Mähren“ und der Herrschaft von Msgr. Tiso in der Slowakei verloren hatte. Die zweite Verordnung betraf meine Schwester und mich, daß nämlich jeder Schüler, der früher zwangsweise aus einer der Mittel- oder Oberschulen ausgeschlossen worden war, vom 1. September 1945 an wieder in der seinem Alter entsprechenden Klasse aufzunehmen sei. Für diese Verordnung hatte jede Schule eine andere Auslegung und Durchführung.

In Puchov gab es keine höhere Schule, an die ich mich nach meiner Heimkehr hätte wenden können. Geographisch gehörte ich nach Zilina, eine Stunde Eisenbahnfahrt entfernt. Alle diese Einzelheiten hatte ich nur gerüchtweise gehört. Es lag nahe, daß eine Menge Kinder samt ihren Eltern aus ihren Verstecken in den Bergen zurückkamen und daß niemand, der in diese Kategorie gehörte, wieder nach Puchov zog. Ein Vetter meiner Mutter aus Trnava kehrte aus Mauthausen zurück - ohne seine reizende Frau Lilly, die in seinen Armen gestorben war. Er nahm Kontakt mit uns auf und kam auch bald selbst, dünn wie ein Strich. Er weinte bitterlich, als er uns sah. Er war Diplomlandwirt und die Regierung gab ihm seinen früheren Posten wieder, doch er hatte alles verloren, was er besaß, als die Russen in der Slowakei plünderten.

Es erwies sich, daß ich im Zuge meiner Mündigsprechung hunderte von verschiedenen Dokumenten, meine Eltern betreffend, unterzeichnen mußte. Der hastig aus den Reihen entnazifizierter Slowaken gewählte Bürgermeister bat mich zu sich, ein Journalist und ein Photograph waren anwesend, und nach einem alten, nie ungültig gewordenen slowakischen Statutenbuch bezeugte der Bürgermeister, daß ich geistig und körperlich gesund und als Erwachsene anzusprechen sei. Er verfügte, daß ich sämtliche Dokumente unterzeichnen dürfte, die die Unterschrift eines Erwachsenen benötigten. Und mit dieser neu erworbenen Reife begann ich die ersten Schritte auf einer langen, ermüdenden Reise.

Das Entnazifizierungsgericht

Dies war ein eilig organisierter Gerichtshof zur Entnazifizierung eindeutiger Nazis. Da jedoch jeder in unserem Dorf Nazi, also Mitglied in der Hlinka Garde war, wurde einfach verfügt, daß täglich von 12 bis 1 h mittags aus einem Lautsprecher zehn Namen in alphabetischer Reihenfolge genannt wurden, und wer etwas dagegen hätte, daß diese Personen entnazifiziert würden, der konnte innerhalb von 48 Stunden Einspruch erheben. Da sie alle untereinander befreundet waren, ließ sich das Ergebnis voraussehen.

Es gab eine Familie, die aus dem Versteck hervorkam, getaufte Juden, und ihr Textilgeschäft wieder übernahm. Sie wagten es nicht, den Mund aufzumachen und dem Lautsprecher zu widersprechen, sie waren ja abhängig von ihrem Geschäft. Ich aber wartete, bis der größte Gegner gegen das Geschäft meiner Eltern genannt wurde, und war die erste, die sich dagegen aussprach, daß Herr Bezak wieder Staatsbürger und geschäftsfähig wurde. Er war es gewesen, der beschloß, unser Geschäft vom Import- und en gros-Handel abzuschneiden, denn das verschaffte ihm das Handelsmonopol bei den Importen und reduzierte unser Geschäft zu einem kleinen Eckladen, der später auch noch arisiert wurde. Insgeheim hoffte ich noch immer, daß wenigstens einer meiner Eltern zurückkehren und das Geschäft wiederbekommen würde, so daß ich weiterhin zur Schule gehen könnte. Aber es kam anders. Herr Bezak war ein eingefleischter Hlinka Gardist mit vielen Freunden und ich nur ein wenig willkommenes Waisenkind. Es gab keinen einzigen Protest gegen die Wiedereinsetzung dieses führenden Gardisten, und so erhielt er die Erlaubnis, sein Geschäft weiterzuführen. Wieder einmal begriff ich, wie unerwünscht ich in dieser Gemeinde war, und beschloß, sie so schnell wie möglich zu verlassen. Aber erst mußte ich zu etwas Geld kommen. Es gab da eine Art Rente und Kleider vom Roten Kreuz, die uns nach unseren Lumpen hochwillkommen waren. Ein entfernter Vetter kehrte aus Mauthausen zurück und wurde Vormund meiner kleinen Schwester. Mit Hilfe seines Anwalts arrangierte er sich mit dem Arisierer, dadurch konnten wir unser Haus behalten, das er mieten wollte und nach einer Bestandsaufnahme des Inventars abzahlte. Wir bekamen vor der Entwertung monatlich 1000 tschechische Kronen und weitere 1000 Kronen wurden für unsere Ausbildung auf ein Treuhandkonto eingezahlt. Doch eines schönen Tages, ohne Vorwarnung, hörten alle Zahlungen auf und jeder bekam nur 500 Kronen. Wir entgingen nur dadurch einer schlimmen Notlage, weil Herr Hantak monatlich zahlen mußte, und ich fuhr nach Zilina, der nächsten Station meines Erwachsenendaseins.

Meine Ausbildung

Es war Juni 1945 geworden und die langen Sommerferien fingen an. Ich zog nach Zilina und wohnte bei einer zurückgekehrten Familie. Sie waren willens, mich für 1000 Kronen im Monat zu verpflegen. Kriegswaisen waren zur damaligen Zeit ein großes Geschäft, jedermann wußte, daß wir eine Pension bekamen und ein Abkommen mit dem Laden hatten. Danach kam ich auf das Gymnasium, das mich in meine Altersgruppe aufnehmen mußte, das war die Abiturklasse. Alle anderen, die die Aufnahmeprüfung machten, waren älter als ich. Die Lehrer kamen überein, uns bis zum Ende des Schuljahres Nachhilfeunterricht zu geben, und zwar für die unerhörte Summe von 400 Kronen pro Woche, bis die Abiturklasse für die Aufnahmeprüfung an der Universität bereit war. Arme Waisenkinder mußten arbeiten gehen, nur solche mit Eltern oder anderen Geldquellen schafften es finanziell. Ich fand die Lehrer recht reserviert, sie hielten sich strikt an den Lehrplan. Ich hätte gern etwas über meine Zeit im Konzentrationslager geschrieben, doch der Professor für slowakische Sprache erteilte mir eine Abfuhr. Das steht doch schon in sämtlichen Zeitungen der Welt, was wollen Sie denn noch dazu sagen? Seltsamerweise wurde auch mein Sohn, der heute 32 Jahre alt ist und europäische Geschichte an der Oberschule in Sydney lehrt, gebeten, sich nicht zu sehr über den Holocaust zu verbreiten, „dazu sei sein Lehrstoff doch zu umfassend".
Ich gab in der ganzen Welt Anzeigen auf, um nach Verwandten meiner Eltern zu suchen, da ich wußte, es mußte welche geben. Es kamen ein paar Antworten aus den U.S.A. und UNRRA-Pakete begannen einzutreffen. Sie enthielten Salami und Käse, Marmelade und Butter und als Allerherrlichstes Schokolade. Mit diesen zusätzlichen Hilfsquellen konnte ich mich später in der Abiturklasse bei den Lehrern beliebt machen. Doch das ist eine Geschichte für sich.

Nachdem ich durch meine schriftlichen Arbeiten bewiesen hatte, daß ich die Reife für die Klasse VIII besaß, besuchte ich ab September 1945 das Knabengymnasium in Zilina. Zilina ist bekannt wegen des riesigen Durchgangslagers der Hlinka Garde für diejenigen, die später über die polnische Grenze und nach Auschwitz kamen. Ich war das einzige Mädchen in dieser Schule, weil ich in Latein matrikulierte, das an Mädchenschulen nicht gelehrt wurde. Dort war Französisch Pflichtfach. Von einem Onkel, der später verschleppt wurde, war ich 1943 in Latein unterrichtet worden und im Lager Merzdorf hörten wir uns an Sonntagen mit Freunden immer gegenseitig die regelmäßigen und unregelmäßigen lateinischen Verben ab. Im Verlauf von Wochen erwies sich, daß ich trotz vieler verlorener Jahre den Jungen weit voraus war, die als Hlinka Gardisten und in der slowakischen Hitlerjugend seit 1939 zu sehr mit antisemitischen Demonstrationen beschäftigt gewesen waren, um ihre Hausaufgaben zu machen. Ich war die einzige Jüdin in der Klasse. Ich trug die Narben emotionaler Qualen und niemand verstand mich. Wie stolz wären meine Eltern gewesen, mich im Gymnasium zu sehen! Wie bitter war es, ganz erregt von dem langentbehrten Unterricht heimzukommen und niemand davon erzählen zu können! Die Leute, bei denen ich wohnte, waren sehr nett zu mir, aber sie konnten mir meine Familie nicht ersetzen. Ich bin der Meinung, daß unser Schmerz so tief und so einzigartig war, daß auch der Lauf der Zeit unser Verhalten nicht würde ändern können.

Als das Schuljahr begann, war eine bittere Pille zu schlucken: Erst einmal hatte ich nur die mir vom Roten Kreuz zugeteilten Kleider, und keins davon paßte mir richtig. Außerdem neigte ich zur Pummeligkeit und mußte daher zufrieden sein mit dem, was man mir gab. Ich weiß noch, daß ich eine braune Hose, eine rosa Strickbluse und einen braunen Wintermantel besonders liebte, den ich vom Herbst bis ins späte Frühjahr trug, bis sich endlich etwas Passendes fand. Sonderbar, wie stark die Gewohnheit ist: bis heute trage ich gern die abgelegten Sachen anderer, weil mir so viele lustige Erinnerungen an meine Schulzeit dabei einfallen.

Der Biologielehrer war sowohl Antisemit als auch Alkoholiker und betrat meist das Klassenzimmer wie im Halbschlaf. Er schlug das gefürchtete schwarze Klassenbuch mit den Namen der Schüler auf, wählte nach Belieben einen aus und ließ den Betreffenden die vorige Hausaufgabe in Biologie aufsagen, die keiner richtig ernstnahm. Sein ganzes neurotisches Betragen änderte sich, als ich in die Klasse kam. Schon an der Tür brüllte er: „Haasova!“ Nachdem er sich schwer hinter dem Pult niedergelassen hatte, schrie er: „Was weißt du über die Funktionen des Herzens? Inwiefern leiden Menschen mit nur einer Niere?“ etc. etc. Die Jungen lasen inzwischen unter der Bank unanständige Heftchen, bis es klingelte und Kovacik wieder hinaustorkelte.

Einmal stellten wir in der ersten Pause ein menschliches Skelett auf sein Pult, zogen dem meinen braunen Wintermantel an und banden ihm einen blauen Schal um den Schädel. Man sah nur die Zehen. Beim Betreten der Klasse sah er nur jemand oben auf dem Pult stehen, weil das Skelett ihm den Rücken zukehrte, und schon brüllte er „Haasova!" Ich stand gehorsam auf, doch er brüllte nur „Runter da!" und suchte nach seinem Rohrstock. Ich drehte mich um, sah die Jungen jubeln - sie sprachen noch immer nicht mit mir - und fürchtete schon Schlimmes. Der wütende Lehrer schlug mit dem Rohrstock zu, das Skelett stürzte um, der Mantel ging auf und die Knochen der unglücklichen Haasova flogen herum. Kovacik brüllte mich an: „Das wäre nicht passiert, wenn du nicht aus dem Lager zurückgekommen wärst!"

Ich mußte mein Mittagbrot immer allein essen, ich mußte allein sitzen, weil - laut Tagespresse - die Schüler das Trauma der Rückkehr der Unerwünschten durchlitten. Sie waren an keinen Konkurrenzdruck gewöhnt und mit den Lehrern „per du". Sie hatten keine Disziplin und ihre Eltern wohnten in einstigen jüdischen Häusern, vermutlich für immer, wäre ich nicht von den Toten auferstanden.

Es gab noch einen anderen Lehrer, der mich aus tiefster Seele haßte, Professor Milovnik, unser Lateinlehrer, der mich nicht in der Abiturklasse haben wollte und dessen Schüler nicht einmal wußten, wie man „slowakisch" buchstabiert, ganz zu schweigen von ihrem Latein. Ich bekam immer die verzwicktesten Übersetzungen und da mein Name mit einem H anfing, war ich genau in der Mitte des Alphabets und ein leuchtender Stern im Vergleich zu dem hilflosen Gestotter vor und nach mir. Milovnik fragte mich einmal, als ich meine Übersetzungsaufgabe beendet hatte: „Wieviele Juden sind vergast worden?" Ich antwortete, so weit ich wisse, sechs Millionen. Milovnik schüttelte den Kopf. „Wenn ich dich so ansehe, bin ich überzeugt, daß sieben Millionen wieder aus den Öfen geschlüpft sind." Diesmal brach ich weinend zusammen. Die Jungen zeigten keinerlei Mitleid, sie lachten nur frech. Ich ging zum Distriktsinspektor und erzählte ihm die Geschichte, es gab eine Untersuchung und Milovnik wurde versetzt. Mir war klar, daß zwischen mir und meinen Mitschülern ein Abgrund klaffte.

Dem Anführer der Clique, einem schrecklichen Nazi-Sympathisanten namens Kovacik bot ich an, früher in die Schule zu kommen und ihm beim Aufsatz zu helfen, einem Fach, in dem er nicht gut war, und er stimmte sofort zu. So kam ich denn früher und korrigierte seine Aufsätze, und weil sich das herumsprach, erweiterte sich der Kreis. Es ist doch eine Ironie des Schicksals, daß ich diese Tiso-Jungen, die mir hätten helfen sollen, mich nach meiner persönlichen Tragödie in fremder Umgebung zurechtzufinden, schließlich auch noch bestechen mußte, damit sie meine Anwesenheit duldeten.

Als der Winter begann, konnte ich weder skifahren noch schlittschuhlaufen gehen, denn erstens wußte ich nicht wie und zweitens hatte ich kaum Winterkleidung, in der ich mich sehen lassen konnte. Ich gab einigen Jungen Nachhilfeunterricht in Latein und war entsetzt über ihre Unwissenheit. Anscheinend diskutierten sie über Politik und Antisemitismus, statt unregelmäßige Verben zu lernen.

Noch immer herrschte Mangel dort, wo ich wohnte, beispielsweise an Heizmaterial. Das Haus wurde nur in der Diele geheizt und in meinem Zimmer war es eiskalt. Zum Hausaufgabenmachen zog ich alles übereinander an, was ich besaß, und in meinen wenigen freien Stunden schrieb ich Briefe. Über das Rote Kreuz fand ich tatsächlich ein paar Freunde und Verwandte überall in der Welt. Alle schickten UNRRA-Pakete und schrieben mitfühlende Briefe, doch keiner von ihnen forderte uns auf, zu ihnen auszureisen. Wir waren nur interessant als die beiden Haas-Kinder, die allein heimgekehrt waren.

Robert J. Büchler

Am Ende des Weges

Kinderblock 66 im Konzentrationslager Buchenwald

Nach Buchenwald kam ich mit einem der Evakuierungstransporte aus dem Vernichtungslager Auschwitz. Am 18. Januar 1945 fand der grausame „Todesmarsch" statt, den wir durchgemacht haben. Wir wurden in Loslau in offene Waggons hineingetrieben und kamen nach mehrtägiger Fahrt an eisigen Januartagen zum Ziel.

Aus Loslau sind einige tausend in unserem Transport abgefahren. Die Endstation haben nur wenige hundert, erschöpft von Schlaflosigkeit und Strapazen, geschwächt von Hunger und Kälte, erreicht. Viele, viele überstanden den Weg nicht. Wir wußten nicht, wohin wir geführt wurden. Erst als wir aus den Waggons ausstiegen, haben wir erfahren, daß wir in Buchenwald waren. Der Einzug in ein Konzentrationslager, wie ich es in Auschwitz durchgemacht habe, war mit einer gewissen Prozedur verbunden: Bad, Desinfektion, Haarschneiden, Registrierung, Bekleidung u. s. w. Das Ganze diente dem Zweck, den neuen Zugang zu demütigen und ihn auch in dieser Weise zu erniedrigen. Alles war von Schlägen und Flüchen begleitet, um die Häftlinge psychisch und physisch zu untergraben. Bei unserem Einmarsch ins Lager waren wir auf eine solche Begrüßung vorbereitet. Die Überraschung, gemischt mit tiefer Besorgnis, war vollkommen, als die ganze „Prozedur" still, ordnungsgemäß, ohne Schläge durchgeführt wurde. Die „alten" Häftlinge haben uns im wahrsten Sinne des Wortes freundlich empfangen. Wir waren erstaunt, wußten nicht, was es bedeuten sollte. Einige von uns, die die Tricks der SS und ihrer Helfer noch gut im Gedächtnis hatten, fingen an, sich um ihr Schicksal Sorgen zu machen.

Die Zeit zum Nachdenken war kurz. Aus der „Sauna" wurden wir in die Lagerschreibstube gebracht, um neue Häftlingsnummern zu erhalten. Hier, gleich beim Einzug ins Lager, habe ich die erste Lektion über Buchenwald bekommen, die mir den Unterschied zu Auschwitz zeigte. Wir standen Schlange - vor der Häftlingsschreibstube. Als ich an der Reihe war, stand ich dem Häftlingsschreiber gegenüber, der ungefähr 60 Jahre alt war. Wie üblich wurde ich über meine persönlichen Daten und dergleichen befragt, und als wir auf mein Heimatland kamen, habe ich „Tschechoslowakei" angegeben. Der Mann hob seinen Blick von dem Fragebogen und schaute mich mit Überraschung und Verwunderung an. Er sprach tschechisch mit mir, fragte, woher ich komme, und sagte, daß ich für ihn der erste Fall sei, daß ein Häftling in Buchenwald seine Heimat nenne, die damals nicht existierte. Alle, die von dort hergekommen waren, hätten Böhmen, Mähren oder das Protektorat angegeben. Er, als tschechoslowakischer Patriot, der das 6. Jahr im Konzentrationslager verbringen müsse, schätze meine ehrliche Antwort sehr. Als ich abtreten wollte, hat er um meine Häftlingsmütze gebeten, die er mit verschiedenen Lebensmitteln vollstopfte. Für mich war es das erste Essen, das ich nach vielen Hungertagen eingenommen habe. Ich werde diesen Fall niemals vergessen, der nach meiner bisherigen Erfahrung als jüdischer Häftling im KZ einzigartig war.

Wie mir später bekannt wurde, waren wir der erste Transport, der aus Auschwitz in Buchenwald eingetroffen war. In den nächsten Tagen trafen weitere im Lager ein. Wir wurden ins „Kleine Lager", Block 57, gebracht, der damals leer stand. Der Blockälteste, ein deutscher politischer Häftling, und sein Personal, das hauptsächlich aus Russen bestand, empfingen uns. Wir machten uns gleich beim Eintreffen nicht wenig Sorgen, als wir diese gut aussehenden und in russische Militäruniformen gekleideten Russen sahen, an denen nur die Häftlingsnummern auf ihre Gefangenschaft hinwiesen. Hier wartete auf uns eine weitere Überraschung, als anstatt der üblichen „Begrüßung", die von Schlägen und Flüchen begleitet war, uns der Blockälteste folgenderweise ansprach: „Kameraden, ihr seid nicht mehr in Auschwitz! Hier gibt es keine Gaskammern, und habt keine Angst vor Verbrechen!"

Kaum konnten wir unseren Ohren trauen, was wir da gehört hatten. Diese Sätze wirkten unglaublich und gaben uns Mut zum weiteren Kampf ums Leben, den viele verloren hatten. Der Blockälteste verlangte von uns gegenseitige Hilfe und Solidarität, damit wir den Tag der Freiheit erreichen würden. Zum Schluß fragte er, ob es ehemalige Auschwitzer Capos, die sich dort unmenschlich benommen hatten, unter uns gebe, wir sollten es melden. Diese Ansprache ist mir gut in Erinnerung geblieben. Bald sind massenweise Transporte aus dem Osten eingetroffen. Der Block 57 war rasch vollgefüllt. In den neuen Zugängen befanden sich auch viele Jugendliche. Am zweiten Tag nach meiner Ankunft, als wir in beißender Kälte und tiefem Schnee draußen zum Appell standen, teilte der Blockälteste mit, daß alle Jugendlichen bis 16 sich zur Überführung in einen Kinderblock bei ihm melden sollten. Nach kurzer Pause brach plötzlich Panik aus. Wir alle witterten eine List. Die Jugendlichen hatten genug Erfahrung gesammelt, jeder dachte, daß es ein Trick sei, um uns fertig zu machen. Der Blockälteste und seine Gehilfen versuchten, uns zu beruhigen und Ordnung in die Reihen zu bringen. Nach großem Durcheinander ist es still geworden. Uns wurde gesagt, daß es zu unseren Gunsten sei, wir sollten keine Bedenken haben, die ganze Sache sei keine Pflicht, wer nicht gehen wolle, der könne sich zu einem Transport melden, der in ein Arbeitslager überstellt werde. Natürlich meldeten sich die meisten gleich zum Transport, für fast alle war es eine schicksalhafte Entscheidung, nur sehr wenige von ihnen haben überlebt. Nach den Erfahrungen, die ich inzwischen in Buchenwald sammelte, hatte ich das Gefühl, daß man dem Blockältesten glauben könne. Nach vielem Zögern habe ich mich

entschieden, doch in den Kinderblock zu gehen. Ich war nicht wenig enttäuscht, als ich sah, daß sich nach dem Essenverteilen nur einige Burschen zur Überführung meldeten.
Als wir, ein Häuflein jüdischer Jungen, durch das Lager marschierten, wußte keiner von uns, wohin wir geführt wurden und was uns eigentlich erwartete. Wir gingen ins Unbekannte, aber trotzdem, im Unterbewußtsein fühlte ich, daß ich den richtigen Weg gewählt hatte, und, wie der Blockälteste sagte, der Kinderblock war für uns ein Vorteil.
In den kommenden Tagen, nachdem mir klar geworden war, wo wir angelangt waren, habe ich diese Entscheidung nicht bereut. Durch sie bin ich am Leben geblieben. Zur ersten Gruppe, zu der ich gehört habe und die in den Kinderblock überführt wurde, gehörten 12 Jungen zwischen 12 und 16. Alle waren vor nur zwei Tagen mit einem der Transporte vom Osten in Buchenwald eingetroffen. Einige der Kameraden hatte ich schon in Auschwitz kennengelernt, die anderen organisierten sich als Gruppe, um in den Kinderblock zu gehen.

Das Leben im Kinderblock

Das Stammlager war in drei Abschnitte eingeteilt, die zusammen das Mutterlager bildeten, zu dem noch ca. 100 Neben- und Außenlager gehörten. Der nördliche Abschnitt hieß „Zeltlager". Diese Benennung kommt davon, daß dort nach dem Ausbruch des Zweiten Weltkrieges tausende polnische Häftlinge vollkommen isoliert, in großen Zelten zu unmenschlichen Bedingungen untergebracht waren. Die Mehrzahl erlag dem Hunger, der Kälte und besonders dem Typhus. Einige von ihnen wurden später in das „Große Lager" überführt. Das Lager ist liquidiert worden, die Zelte wurden abgerissen. An deren Stelle errichtete man Holzbaracken, in denen ältere und arbeitsunfähige Häftlinge untergebracht wurden. Das „Zeltlager" blieb von anderen Abteilungen durch einen Zaun abgetrennt. Nur mit einer schriftlichen Genehmigung konnte man das Tor - das Tag und Nacht durch den Lagerschutz bewacht war - passieren.
Der Lagerschutz war für uns etwas Neues. In Auschwitz gab es diese Institution nicht. Die Aufgabe des Lagerschutzes war, für die innere Ordnung im Lager zu sorgen. Zu dieser Funktion waren von den Lagerältesten taugliche politische Häftlinge ausgewählt worden, die sich im ganzen Lagerbereich frei bewegen konnten und auch andere Erleichterungen genossen. Es war selbstverständlich, daß die Juden diese Funktion nicht bekleiden konnten. Für mich ist es schwierig, den Lagerschutz im allgemeinen zu beurteilen, ich kann nur aus eigener Erfahrung und von dem, was ich gehört habe, berichten. Ich kann bezeugen, daß ich kein brutales Verhalten oder irgendeine Mißhandlung der Häftlinge durch den Lagerschutz gesehen habe. Wie mir nach der

Befreiung bekannt wurde, sollte die Mehrzahl des Lagerschutzes der in Buchenwald tätigen illegalen Widerstandsorganisation angehört haben und an ihren Aktionen aktiv beteiligt gewesen sein. Später habe ich gelesen, daß der Leiter des Lagerschutzes - ein deutscher Häftling namens Hoffmann - mit der SS im Lager zusammengearbeitet habe und deshalb durch die Häftlinge getötet wurde.

Block 66, in den wir überführt wurden, befand sich am Rande neben dem Zaun, der das Lager von den Gemüsegärten trennte. Ein Holzgebäude mit zwei großen Räumlichkeiten diente den Häftlingen als Unterkunft, zwei kleinere Räume, je einer für den Blockältesten und das Personal, wie auch einige Aborte, waren außerdem vorhanden. Normalerweise konnten dort ca. 200 Häftlinge Platz finden, aber mit der Zeit ist dort ein Mehrfaches an Leuten hineingepfercht worden. Bei unserem Einzug weilten im Block noch einige ältere Häftlinge, die zur Zeit noch nicht überführt wurden. Wir waren die ersten, die dort ankamen, und man sagte uns, daß wir den Kern bildeten und die Begründer eines Kinderblocks seien, in den alle Kinder aus dem gesamten Lager überführt würden. Die Alten würden abgezogen und neues Personal sollte eintreffen, die den Block zu leiten hätten. So war es auch. Mit dem neuen Personal, das am nächsten Tag erschien, kamen auch viele Jugendliche in den Block.

Die Funktionäre in Buchenwald waren - im Gegensatz zu Auschwitz, wo die Kriminellen die Oberhand hatten - politische Häftlinge. Für jüdische Häftlinge war es aber auch hier sehr schwierig, zu einer Funktion zu kommen. Nur in den jüdischen Blocks konnten Juden, die schon lange Zeit im Lager waren, eine Funktion ausüben. So war es auch im Block 66, wo einige altgediente jüdische Häftlinge Funktionen innehatten.

Als Blockältester unseres Blocks wurde ein tschechischer politischer Häftling, Frantisek Kalina, ein ehemaliger Postbeamter, der kein Jude war, ernannt. Im alltäglichen Leben hatten wir selten irgendwelche Beziehungen zu ihm. Wir sahen ihn nur beim täglichen Appell oder wenn er den Block inspizierte. Wie wir wußten, hatte er während des Tages im „Großen Lager" immer etwas zu tun gehabt. Als Mensch war er sehr solid, bereit zu helfen und im allgemeinen auch beliebt. Näher konnte ich ihn nicht kennenlernen, aber die Beurteilung, die ich hörte, war immer positiv. Ich habe nie gehört, daß er sich gegenüber Häftlingen brutal benommen hätte. Nach der Befreiung wurde er zum Leiter der tschechischen Kinder in Buchenwald ernannt, und ich habe viel Gutes über seine Tätigkeit gehört.

Die zweitwichtigste Funktion im Block bekleidete der Stellvertreter des Blockältesten, ein Posten, den es in Auschwitz nicht gegeben hatte. Im Kinderblock übte Gustav Schiller, ein polnischer Jude, diese Funktion aus. Ein Jude konnte nur selten diesen hohen Rang erreichen. Wir wußten damals nicht, daß er mit Hilfe der in Buchenwald illegal tätigen Widerstandsorganisation zu dieser Position gekommen war.

Während der ganzen Zeit des Bestehens des Kinderblocks war Gustav Schiller der erste Mann am Ort. Da er den ganzen Tag im Block war, pflegten die Kinder engsten Kontakt mit ihm und wandten sich mit ihren Problemen an ihn. Er war eine eindrucksvolle Persönlichkeit, 30 bis 35 Jahre alt, und er sah wie ein „Arier“ aus. Wer ihn nicht näher kannte, konnte ihn als starr empfinden, aber der Eindruck täuschte. Er hatte ein tiefes Gefühl für Gerechtigkeit, und da er die Tagesordnung und das Geschehen im Block bestimmte, sorgte er dafür, daß die Kranken und Schwachen nicht benachteiligt wurden. Er war immer beim Essenverteilen dabei, um sich zu überzeugen, daß das karge Essen gerecht verteilt wurde und daß keine Gaunereien vorkamen, wie es in anderen Blocks üblich war. Er wußte sich immer zu beherrschen, wahrte Kaltblütigkeit, auch wenn er mit großen Schwierigkeiten, heiklen Problemen und Gefahr konfrontiert war. Er hatte alles unter seiner Kontrolle und verlangte Rücksicht gegenüber Kameraden, Ordnung und Disziplin. Seine ganze Energie nützte er, um die ziemlich katastrophalen Bedingungen im Block zu verbessern, und dazu waren ihm alle Mittel recht.

Eine weitere Funktion war die des Schreibers. Seine Aufgabe war es, die aktuelle Häftlingsstatistik zu führen und die Vorbereitung des Appells. Außerdem mußte der Blockschreiber die gesamte Administration organisieren. Da gab es viel Arbeit. Der Blockschreiber, ein junger Student aus der Tschechoslowakei, Jiri Vrba, der aus Theresienstadt nach Buchenwald deportiert wurde, hatte den ganzen Tag damit zu tun. Unsere Kontakte mit dem Schreiber waren deshalb beschränkt.

Die Stubendienste waren in der Lagerhierarchie der niedrigste Rang, ihre Aufgabe bestand darin, den Block sauber zu halten, das Essen zu verteilen u. s. w. Bei uns, in jedem der zwei Räume waren vier Stubendienste, mit denen wir nähere Beziehungen gepflegt haben. Unsere Kontakte mit den anderen Häftlingen waren sehr beschränkt, die Lager waren durch einen Zaun getrennt, und es war uns nicht möglich, uns frei zu bewegen. Im „Zeltlager“ waren außer uns nur die Älteren und Kranken untergebracht, die die Blocks niemals verließen. In das „Große Lager“ sind wir nur zum Bad geführt worden. Eine „Sauna“ gab es in unserem Lager nicht. Manchmal ist es jemandem gelungen, durch den Zaun hinüber zu gehen und heimlich die Blocks im „Großen Lager“ zu besuchen. Dies geschah hauptsächlich, um Lebensmittel zu „organisieren“, denn bei den „arischen“ Häftlingen gab es mehr davon, weil es ihnen möglich war, von zu Hause Lebensmittelpakete zu erhalten. Eine Bewilligung, ins „Große Lager“ zu gehen, haben wir nur selten bekommen, das war praktisch nur dann möglich, wenn ein Häftling aus dem „Großen Lager“ dies im voraus verlangt hatte. Ich hatte besonderes Glück, mir ist es nach vielem Bitten gelungen, vom Blockältesten eine Bewilligung zu bekommen, in die Lagerbibliothek zu gehen, um Bücher auszuleihen. Bei dieser Gelegenheit konnte ich einige altgediente Häftlinge kennenlernen und sie in ihren Blocks besuchen. Es war Zufall und Wagnis, nur wenigen ist so etwas gelungen.

Da wir von der Arbeit befreit waren, kamen wir mit den SS-Bewachern kaum

in Kontakt. Außer dem Blockführer, der den täglichen Appell inspiziert hat, blieb es uns erspart, mit denn SS-Schergen konfrontiert zu werden. Ich kann den SS-Blockführer nicht näher beschreiben und erinnere mich nicht an dessen Namen. Wir hatten mit ihm keine Probleme. Auch das riesige Lagerareal blieb für mich bis zur Befreiung unbekannt. Erst dann konnte ich es ausführlich besichtigen und über dessen Dimensionen Näheres erfahren. Die Mehrheit im Block 66 waren Jugendliche zwischen 13 und 17, die Jüngeren (unter ihnen auch Zehnjährige) hatten ihr Alter geheimgehalten. Auch gab es viele Jugendliche und auch Kinder, die in verschiedenen Blocks zwischen älteren Häftlingen untergebracht waren. Diese konnten nichts von den Erleichterungen, die wir im Kinderblock hatten, genießen und wurden später von Buchenwald evakuiert. Ihr Schicksal ist mir unbekannt.
Mit dem Vormarsch der Alliierten wurde die Zahl der evakuierten Häftlinge, die nach Buchenwald kam, von Tag zu Tag höher. Mit den Evakuierten kamen auch viele Jugendliche, die in den Kinderblock geschickt wurden, so daß ein Monat nach der Eröffnung der Block vollgestopft war. Mehr als 500 Jugendliche waren dort untergebracht, und für die meisten gab es keinen Platz auf den Holzpritschen. Sie mußten zum Schlafen jede freie Fläche benützen. Die Bedingungen wurden mit der Zeit schlimmer, aber wegen der Erleichterungen, die wir genossen, gab es täglich neue Zugänge. Zwei bis drei Wochen vor der Befreiung wurde die Zahl der Insassen im Block 66 auf 600 bis 700 geschätzt.
Um die Zustände etwas zu erleichtern, wurden die zwei großen Räumlichkeiten, die als Häftlingsunterkunft dienten, nach nationaler Zugehörigkeit verteilt. Der linke Raum war für die Ungarn und der rechte für die Polen bestimmt. Diese Teilung hat sich sehr bewährt und wurde bis zur Befreiung praktiziert. In der ungarischen Abteilung waren alle ungarisch Sprechenden - sie kamen aus Ungarn, Siebenbürgen, Nord-Jugoslawien, Karpato-Rußland usw. - untergebracht. Sie bildeten die Mehrzahl im Block. In der zweiten Abteilung waren die Polen in der Mehrheit. Außer ihnen gab es noch Tschechen, Holländer, Deutsche und einige andere. Selbstverständlich waren es fast ausschließlich Juden oder Mischlinge. Später wurde uns bekannt, daß auch Nichtjuden - einige Burschen aus der Ukraine - dabei waren.
Wegen der Sprach- und Kommunikationsschwierigkeiten waren die Beziehungen zwischen den beiden Abteilungen kühl. Das gleiche Problem herrschte in allen Lagern. Die Polen konnten mit den Ungarn keine gemeinsame Sprache finden, und das hat zu einer gewissen Isolation geführt. Zusammenkünfte fanden nur beim täglichen Appell statt, der in der polnischen Abteilung durchgeführt wurde. Manchmal gab es gemeinsame Anlässe, aber zu einer Annäherung hat es nicht beigetragen. Jede Abteilung hat für sich gelebt.
Es waren die kurzen, grauen Wintertage, und die Stimmung war durch die Sorgen über die Zukunft gedrückt. Wir wurden früh morgens aufgeweckt, wenn es draußen noch stockfinster war. Es gab auch keine Möglichkeit,

wegen des Lärms, den die vielen hundert zusammengepferchten Jugendlichen verursachten, zu schlafen. Um 7 Uhr war die Essensverteilung, es gab ein Getränk, das wie Kaffee aussah, die tägliche Brotration und dazu Margarine. Am Vormittag waren wir mit Saubermachen im Block beschäftigt. Mittags wurde die „Suppe“ verteilt: heißes Wasser mit ein paar Kartoffelschuppen oder Krautblättern. Nachmittags war nichts zu tun, wir wateten im kniehohen Schnee durch das Lager, um etwas zum Essen zu „organisieren“. Das war auch die Zeit zum Waschen, um die Ambulanz aufzusuchen u. s. w. Nach dem Appell und dem Abendkaffee gingen wir schlafen. Manchmal wurden die Wehrmachtsnachrichten gehört, so konnten wir die Lage an den Fronten beobachten. Bis heute ist mir nicht klar, ob wir in der Häftlingskartei als Juden eingetragen waren. Dies scheint unglaublich, aber ich konnte keine Unterlagen finden, die diese Tatsache eindeutig bestätigen würde. Jeder im Lager wußte, daß wir Juden waren, aber das im Lager übliche Abzeichen für Juden trugen wir nicht.

Als wir in Buchenwald eingetroffen waren, hatten wir die dortigen Häftlingsnummern erhalten. Aber wir konnten uns bald überzeugen, daß die Vorschrift mit den Nummern nicht so strikt eingehalten wurde. Dies führte dazu, daß wir die Nummern nicht auf unsere Kleider nähen mußten. Jeder wurde bei seinem Namen gerufen, und unsere Nummer haben wir bald vergessen. Die altgedienten Häftlinge und die, die zur Arbeit einrückten, trugen die Nummern mit dem Abzeichen auf der Häftlingskleidung. Von uns wurde dies nie verlangt. Unsere Kleidung war nicht, wie üblich, die bekannte „Zebrauniform“, sondern zivil, wahrscheinlich konnte die Lagerleitung die Tausende, die damals neu ins Lager kamen, nicht mehr mit Lagerkleidung versorgen. Auch das Haareschneiden wurde nicht streng genommen, wir hatten fast keine Möglichkeit, zum Lagerfriseur zu gehen. So wuchsen uns mit der Zeit die Haare, und niemandem ist es eingefallen, daß jüdische Häftlinge keine Haare haben durften.

Ich habe keine Ahnung, warum uns solche Privilegien zugekommen sind, warum unsere Tagesordnung so anders aussah als die der anderen Lagerinsassen. Die Arbeit mußte bis zum letzten Tag fortgesetzt werden. Die Häftlinge mußten täglich zur Arbeit einrücken. Die Mehrzahl wurde in der Rüstungsindustrie in der Nähe des Lagers eingesetzt, die anderen beim Bau, in der Landwirtschaft und in verschiedenen Hilfs- und Dienstleistungen des Lagers. Häufig mußte sinnlose Arbeit ausgeführt werden, nur um die Häftlinge zu quälen. Die Arbeitsbedingungen waren besonders deprimierend: die ungenügende Kleidung, die schlechte Verpflegung und die Schikanen der SS und Capos forderten viele Opfer. Für uns, die wir keine Winterkleider hatten, war es lebenswichtig, daß wir nicht arbeiten mußten und die Wintertage im Block verbringen konnten. Wir hatten einen zweiten wichtigen Vorteil: wir standen zum täglichen Appell nicht wie üblich mit den anderen Häftlingen auf dem Appellplatz. Zuerst standen wir vor unserem Block Appell. Später wurde der Appell sogar im Block durchgeführt. Dadurch blieb uns viel Grau-

sames erspart, denn der Appell gehörte zu den Schikanen, mit denen die SS die Häftlinge terrorisierte und die vielen den Tod brachten.
Am schlimmsten war der Hunger. Da wir nicht zur Arbeit gingen und isoliert waren, war uns auch jede Möglichkeit, zusätzliches Essen zu besorgen, genommen. Wir waren nur auf die tägliche Lagerverpflegung angewiesen, die in Buchenwald auch im Vergleich mit Auschwitz sehr mager war. Es war unglaublich, wie uns der Hunger quälte. An die Häftlinge, die zur Arbeit einrückten, wurden zusätzliche „Essenszulagen" verteilt, und sie konnten auch manchmal „organisieren". Die „arischen" Häftlinge haben manchmal Lebensmittelpakete erhalten. Von der Hilfe dieser Häftlinge, die uns hie und da etwas zum Essen zukommen lassen wollten, konnten wir keinen Gebrauch machen, denn es war uns untersagt, ins „Große Lager" hinüberzugehen.
Die „arischen" Häftlinge erhielten von Zeit zu Zeit Rotkreuz-Pakete, die nach gewissen Regeln verteilt wurden. Es war klar, daß die Juden davon ausgenommen waren. Darum war es für uns eine riesige Überraschung, als uns eines Tages mitgeteilt wurde, daß auch bei uns Rotkreuz-Pakete verteilt würden. Wir konnten kaum glauben, daß auch wir an dem „Wunder", von dem wir so viel gehört hatten, teilhaben würden. Der Freude war kein Ende, als noch am selben Tag nach dem Essenverteilen auch die Pakete, und zwar jeweils an sechs Burschen ein 12-kg-Paket, verteilt wurden. Für uns alle war es ein Schatz: die Sachen, die es enthielt, waren uns bereits lange Monate nicht mehr vor Augen gekommen.
Außer Lebensmitteln war auch warme Wäsche vorhanden, die zwischen den Jungen verlost wurde. Ich hatte das Glück, daß ich von einem Paket einen warmen Pullover gewann. Es machte uns noch mehr Freude, als uns bekannt wurde, daß das der Großzügigkeit der „arischen" Häftlinge aus dem „Großen Lager" zu danken war, die auf einen Teil der Pakete zu unseren Gunsten verzichteten. Wir haben diese Tat als großartigen Ausdruck von Solidarität betrachtet, die sich auch unter den grausamsten Bedingungen der Nazi-Konzentrationslager so deutlich manifestierte. Es war nicht nur eine einmalige Erscheinung. Dreimal haben wir unter ähnlichen Verhältnissen Rotkreuz-Pakete erhalten. Außer dem praktischen Nutzen fühlten wir uns dadurch moralisch gestärkt. Wir überzeugten uns, daß die Solidarität wenigstens in Buchenwald keine leere Phrase war. All diese Ereignisse, die heute vielleicht so unbedeutend aussehen, hatten im Lager einen enormen Wert. Sie haben zur Erhaltung des Lebenswillens, die von uns riesige geistige und physische Anstrengungen forderte, viel beigetragen.
Über das Kulturleben im Lager kann ich nicht viel sagen. Wir wissen, daß früher im „Großen Lager" im Rahmen des Judenblocks eine Kinderabteilung war, in der eine rege Kulturaktivität praktiziert wurde, und daß dort auch Unterrichtsstunden gehalten wurden. Im Block 66 war dies objektiv unmöglich wegen des ständigen Verkehrs, der Sprachschwierigkeiten, der kurzen Zeit des Bestehens des Blocks und dem Durcheinander, das dort herrschte. Dadurch wurde jede mögliche Aktivität verhindert. Trotzdem muß

man die Anstrengungen, die auf diesem Gebiet geleistet wurden, anerkennen. Ich kann mich an zwei gelungene Veranstaltungen sehr gut erinnern, an denen viele von uns aktiv mitgewirkt haben. Bei diesen Gelegenheiten haben uns auch Häftlinge aus dem „Großen Lager“ besucht. Es herrschte eine kameradschaftliche Atmosphäre, die nicht an ein Konzentrationslager denken ließ. Wenn ich mich nicht irre, dann fand die erste Veranstaltung bei der Gelegenheit des Purim-Festes statt. Den Anlaß für die zweite weiß ich nicht mehr. Das Programm wurde auf nationaler Basis aufgebaut, jede Gruppe stellte sich in eigener Sprache vor mit Liedern, Rezitationen, Einaktern u. s. w. Bei diesen Vorstellungen hörten wir zum erstenmal die Ghetto-Lieder, die später sehr bekannt wurden. Ich möchte hinzufügen, daß in dem Kinderblock immer eine rege jüdische Atmosphäre herrschte, die bei solchen Gelegenheiten besonders zum Ausdruck kam.
Mit der Zeit war es immer schlimmer. Das Gedränge im Block, die Besorgnis über die nächste Zukunft bedrückten die Stimmung. Nur die Hoffnung, daß die Freiheit nahe sei, und die optimistischen Äußerungen unserer Vorgesetzten wirkten beruhigend. Unser körperlicher wie auch geistiger Zustand war sehr schlecht. Der Hunger und die Qual, die wir durchgemacht hatten, verursachten, daß die meisten von uns bis auf die Knochen abgemagert und sehr schwach waren. Es war fast ein Wunder, daß während der Zeit des Bestehens des Kinderblockes keine Epidemien ausbrachen. In der letzten Zeit wütete im Lager eine Typhus-Epidemie, die Tausenden den Tod brachte, aber unser Block blieb verschont.
Gemäß der Lagerregelung sollten die Juden nicht ärztlich behandelt werden. Trotz dieser Anordnung waren wir ständig unter ärztlicher Kontrolle, und dank dieser wurden die Kranken rechtzeitig in den Krankenbau überführt. So konnten sie vor dem sicheren Tod gerettet werden. Ich möchte die aufopfernde Tätigkeit des Häftlingspflegers besonders hervorheben, der mit enormer Hingabe dafür sorgte, daß die Sterblichkeit in unserem Block relativ niedrig war. Es ist mir nicht bekannt, wie viele in unserem Kinderblock gestorben sind. Ich kann nur bezeugen, daß ich während der ganzen Zeit niemals gesehen habe, daß im Block jemand starb.

Meine letzten Tage in Buchenwald

Durch das Vorrücken der Front auf deutschem Boden wuchsen die Sorgen. Im Lager verbreiteten sich verschiedene Gerüchte über unser Schicksal. Wahrscheinlich wußte auch die SS nicht, was mit den Insassen des Lagers anzufangen sei. Klare Richtlinien gab es damals nicht. Buchenwald war eines der ersten großen Lager, das befreit wurde. Eine reale Möglichkeit, so eine enorme Menge von Häftlingen zu evakuieren, gab es kaum. Die anderen Lager waren auch überfüllt, der Spielraum wurde von Tag zu Tag enger.
Zu dieser Zeit, in den ersten Apriltagen 1945, wurden die Norweger und

Dänen aus dem Lager entlassen. Darüber wurde viel spekuliert, einige sahen es als ein positives Zeichen, die anderen äußerten sich sehr pessimistisch. Nach den vielen Gerüchten, die damals durch die Lager gingen, war ein neuer Anlaß zu Spannung und Panik gegeben.

Eines schönen Morgens hörten wir auf einmal von den Lautsprechern eine Bekanntmachung, die wie ein Blitz aus heiterem Himmel einschlug. Alle unsere bisherigen Hoffnungen waren auf einmal zunichte: Alle Juden sollten auf dem Appellplatz sofort antreten. In diesen letzten Tagen waren noch sehr viele Juden in Buchenwald eingetroffen. Die Nachricht verursachte ein riesiges Chaos und Panik. Ich kann mich an diesen Frühlingstag genau erinnern. Als wir die Nachricht hörten, sind wir alle in den Block gelaufen, denn wir sahen, daß sich eine größere Gruppe vom Lagerschutz dem „Zeltlager" näherte, wo damals viele jüdische Häftlinge waren. Diese ganze Aktion kam als größte Überraschung für alle, auch die Funktionshäftlinge wußten nichts. Unser Blockältester hatte seine Leute zur Beratung gerufen und uns wurde befohlen, auf die Pritschen zu steigen und in keinem Fall den Block zu verlassen.

In der Zwischenzeit sahen wir, wie man die Juden aus den Blocks trieb und zum Appellplatz führte. Jetzt warteten wir, was mit uns geschehen sollte. Gustav Schiller, der Blockältesten-Stellvertreter, war der erste, der die Lage beherrschte. Er forderte von jedem, auf „private" Initiative zu verzichten und nur die Anweisungen der Blockleitung zu befolgen. Aus der bisherigen Erfahrung wußten wir, daß die Blockleitung alles tun würde, um uns zu helfen. Sie besaß unser volles Vertrauen. Es war uns klar, daß eine Verschleppung aus dem Lager unter den gegebenen Umständen tragische Folgen gehabt hätte. Deshalb waren wir bereit, uns einer Evakuierung mit Gewalt zu widersetzen. Es wurde uns gesagt, wir sollten die Pritschen nicht verlassen und uns - wenn nötig - dem Versuch, uns aus dem Block zu jagen, widersetzen. Es wurde uns ausdrücklich befohlen, uns der Gewalt mit Gewalt zu widersetzen. Solche Worte hatte ich im Lager zuvor noch nie gehört. Der Blockälteste sollte ins „Große Lager" gehen, um zu erfahren, was eigentlich los war.

Inzwischen hatten wir beobachtet, wie sich eine Gruppe des Lagerschutzes unserem Block näherte. Als sie hereinkam, wurde uns befohlen, vor dem Block anzutreten. Es war totenstill. . . Es war selbstverständlich, daß keiner hinaus gegangen ist, wir lagen weiter auf den Schlafstellen. Es hat nichts geholfen: weder der Versuch, uns im guten zu überzeugen, noch die Drohung, uns mit Stöcken hinauszutreiben. Niemand rührte sich. Als der Lagerschutz sah, daß mit uns nichts anzufangen sei, zog er wieder ab. Später habe ich erfahren, daß trotzdem einige Jungen angetreten sind und verschleppt wurden. Ich kann die genaue Zahl nicht angeben, ich habe sie nicht gesehen. Es könnten etwa 100 gewesen sein. Die Juden, die damals von Buchenwald evakuiert wurden, hatten ein bitteres Schicksal. Nur eine geringe Zahl konnte nach den Qualen der Evakuierung das Ghetto Theresienstadt noch lebend erreichen.

Wir hörten und fühlten die Front, die sich täglich dem Lager näherte. Die Kampfflieger der alliierten Luftwaffe rund um das Lager näherten sich und waren an der Tagesordnung. Was mit uns geschehen sollte, wußte niemand, wahrscheinlich wußten es auch unsere Bewacher nicht. In der Kommandantur herrschte ein Durcheinander. Den Gerüchten nach sollte die nahegelegene Stadt Erfurt durch die Amerikaner erobert worden sein. Wir erwarteten die Befreiung, aber das Schicksal wollte es anders.

Am 10. April 1945, als die amerikanischen Streitkräfte nur wenige Kilometer vom Lager entfernt standen, hörten wir plötzlich wieder den gefürchteten Befehl: Alle Juden sofort auf dem Appellplatz antreten! In der gespannten Atmosphäre, die damals im Lager herrschte, wirkte diese Anordnung, als ob eine riesige Bombe explodiert wäre. Wir waren entsetzt. Jeder versuchte, so schnell als möglich den Block zu erreichen. Wir hatten bereits Erfahrungen gesammelt, und obwohl unsere Vorgesetzten nicht im Block waren, wußten wir, was zu tun war.

Aber diesmal war es nicht der Lagerschutz, der in den Block einbrach, sondern eine ganze Einheit schwerbewaffneter SS-Männer, die uns mit Schlägen hinauszujagen versuchte. Sie waren in großer Eile und wollten die Arbeit gründlich erledigen. Uns war klar, daß wir nicht lange durchhalten könnten, und wer sich retten wollte, mußte versuchen, sofort den Block zu verlassen. Nach etwa 30 Minuten wütender Schlägerei hatten uns die SS-Schergen fest in der Hand und konnten uns zum Appellplatz führen. Nur einigen ist es gelungen, sich irgendwo zu verstecken.

Als wir in das „Große Lager" kamen, sahen wir, daß von allen Seiten Tausende von Häftlingen, nicht nur jüdische, von SS eskortiert, zum Appellplatz strömten. Im Lager war totale Blocksperre angeordnet und alle Häftlinge wurden in die Blöcke gesperrt. Auf dem Appellplatz wurden bereits Tausende von Häftlingen - auch viele altgediente und prominente - versammelt, und der riesige Platz war mit einer Kette von SS-Posten mit MGs umgeben. Keiner konnte seinen Platz verlassen. Wir wurden in Gruppen zu Hunderten eingeteilt und die ersten unter SS-Begleitung durch das berüchtigte Lagertor geführt. Vielleicht war es unser Glück, daß wir unter den letzten waren und warten mußten, bis wir an die Reihe kamen. Es war die Mittagsstunde, als plötzlich amerikanische Flugzeuge über das Lager brausten. Sofort wurde Fliegeralarm geblasen, und Panik brach auf dem Appellplatz aus. Die ersten, die verschwanden, waren die SS-Posten, und dann, wie auf Befehl, liefen Tausende von Häftlingen nach allen Seiten.

Im ersten Augenblick begriff ich nicht, was eigentlich los war, doch instinktiv lief ich mit. Hinter mir hörte ich Schüsse, die SS-Leute schossen auf die flüchtenden Häftlinge. Einige Minuten rannte ich wie wahnsinnig. Dann stand ich still, um Atem zu schöpfen. Rings um mich war es vollkommen still. Als ich mich orientierte, erkannte ich, daß ich irgendwo zwischen den Wohnblöcken des „Großen Lagers" war. Ich wußte nicht, wohin ich gehen und was ich unternehmen sollte.

Wie sich herausstellte, nützten Teile der Häftlinge, die auf dem Appellplatz waren, den Fliegeralarm aus, um zu fliehen und sich irgendwo zu verstecken. Es nützte nicht für lange, denn die SS konnte viele anhalten und aus dem Lager wegschleppen. Meine Kameraden aus dem Kinderblock liefen erst ins Zeltlager und kehrten dann in den leeren Block 66 zurück. Sie hatten Glück, weil der Block so abseits lag, niemand auf die Idee gekommen ist, sie dort zu suchen. Am nächsten Tag waren sie alle befreit.

Andere Jugendliche aus unserem Block suchten so wie ich Verstecke im „Großen Lager" und wurden früher oder später gefunden und am selben Tag evakuiert. Was sie während der Evakuierung durchmachen mußten, war das grausamste Erlebnis ihrer Lagererfahrung. Tausende von Häftlingen wurden umgebracht, darunter auch viele Kinder aus unserem Block. Mein Schicksal an diesem Tag war anders. Nachdem ich mich überzeugt hatte, daß ich nicht draußen bleiben konnte, hatte ich mich entschlossen zu versuchen, zu meinen tschechischen Freunden, die einen separaten Block bewohnten, zu kommen, um dort Zuflucht zu finden. Die Türe war immer geschlossen, ich mußte eine Weile heftig klopfen, bis aufgemacht wurde. Das Zögern war nicht ohne Grund, keiner wollte etwas riskieren, man wußte, daß nach den Fliehenden gesucht wurde. Nicht lange bin ich dort geblieben. Nach kurzer Zeit brach im Block eine Gruppe SS-Männer ein, und nach einigen Minuten war ich inmitten der tschechischen Häftlinge wieder auf dem Appellplatz. Inzwischen war es dunkel geworden; wir wurden rasch in Hundertschaften formiert und gleich aus dem Lager geführt. Es ist alles so schnell geschehen, daß ich den Lauf der Ereignisse nicht begreifen konnte. Als ich mich von dem Schock erholte, wurde mir bewußt, daß wir auf einer Straße, umgeben von bewaffneten SS-Männern, im Laufschritt marschierten. Ich war in der Mitte einer Gruppe älterer Häftlinge, die ich nie gesehen hatte, und war der einzige Junge und vielleicht auch der einzige Jude unter ihnen. Wir waren die allerletzte Gruppe, die von Buchenwald verschleppt wurde. Inzwischen war es stockfinster, und die weiteren Evakuierungen wurden eingestellt. Diejenigen, die im Lager geblieben sind, wurden am nächsten Morgen befreit.

Nach dem Verlassen des Lagers schlossen sich zwei PKW der Kolonne an und beleuchteten die Straße, damit uns die SS unter Kontrolle hatte. Wir wurden ständig zum Laufschritt gehetzt, wer zurückblieb oder aus der Reihe fiel, wurde auf der Stelle erschossen. Den älteren Häftlingen fiel es schwer, dieses Tempo mitzuhalten. Manche schleppten noch einige Habe mit sich, die sie auf ihrem Marsch schwer behinderte. Viele konnten nicht weiter und wurden umgebracht. Die Schüsse konnte man während des ganzen Marsches hören.

Mit allen Kräften bin ich gelaufen, um nicht zurückzubleiben. Für mich war es auch leichter, weil ich außer dem, was ich an mir hatte, nichts tragen mußte. Die Straßengräben waren schließlich voll mit Bündeln, die die Häftlinge unterwegs weggeworfen hatten.

Als wir unser Ziel, den Bahnhof von Weimar, erreicht hatten, war die Stadt total verdunkelt. Auf dem Geleise wartete eine lange Viehwagenreihe, die schon fast voll war. Wir alle, ca. 80 Mann, wurden in einen kleinen Viehwagen hineingepfercht, die Türe und die Luke geschlossen. Manche fielen in Ohnmacht, sind am Boden liegengeblieben und die andern traten auf sie. Es war kaum möglich zu atmen, und das Gedränge war furchtbar. In den frühen Morgenstunden fuhren wir ab. Unterwegs konnten wir ein wenig Luft schnappen, wir wußten nicht, wohin wir gefahren wurden. Wir sind jedoch nicht lange gefahren. Bei Tagesanbruch setzte die amerikanische Luftwaffe ihre Angriffe fort. Unser Zug wurde aus der Luft angegriffen, und die Lokomotive erhielt einen Volltreffer.

Diesem Ereignis verdanken wir vielleicht unser Leben. Der Zug blieb stehen. Ringsum fielen Bomben, und wir wurden von Bordwaffen beschossen. Wir waren in den Waggons und hatten keine Möglichkeit davonzulaufen. Durch die Schlitze konnten wir sehen, daß Häftlinge aus den anderen Waggons ausbrachen und sich im Graben entlang der Geleise zu verstecken suchten. Einer der Häftlinge konnte uns schließlich von draußen befreien, nachdem er mit einem Stein das Schloß aufbrach. Mit Mühe krochen wir unter die Waggons, die uns vor dem Angriff schützten. Nach dem Angriff wurden wir zusammengetrieben, und es wurde uns befohlen, weiter zu marschieren. Genau zu dieser Zeit wurde Buchenwald befreit. Aber wir, nicht weit von dort, mußten noch vieles mitmachen. Wir wußten, daß die Front sehr nahe war, und versuchten, den Marsch zu verlangsamen. Aber die Qualen des Vortags wiederholten sich, die Wut der SS war gewachsen. Im Laufschritt ging es gegen Osten, wer zurückblieb, wurde am Ort erschossen. An diesem traurigen Tag, dem 11. April 1945, sind viele Kameraden, die die grausamsten Quälereien der nazistischen Konzentrationslager jahrelang mitgemacht hatten und so nahe vor der Befreiung standen, umgebracht worden.

Wir liefen etwa 30 Kilometer, bis wir zur ersten Pause anhielten. Die Straße führte durch einen Wald, wo ein einsames Gasthaus stand. Es war Abend, todmüde lagen wir auf der Straße, die SS-Mannen, die uns begleiteten, erholten sich im Gebäude. Ich lag in einem Haufen von Menschen und vor Müdigkeit merkte ich nicht, was rings um mich vorging. Plötzlich, nicht weit von mir, hörte ich ein Rascheln. Als ich mich umsah, war der Platz, der noch vor einigen Sekunden voll von Menschen war, fast leer. Instinktiv stand ich auf und schloß mich der laufenden Menge an, die in den Wald neben der Straße lief.

Alles verlief so rasch - vielleicht hat es nur Sekunden gedauert -, daß ich nicht imstande war zu begreifen, was eigentlich los war. Ich handelte automatisch, ohne mich nur umzuschauen, lief in der Mitte einer Masse von Menschen mit allen Kräften. Manchmal fiel jemand vor mir hin, ich stolperte über seinen Körper, stürzte, stand auf und lief weiter. Wie viele Male ich in dieser Nacht gestürzt bin, könnte ich nicht sagen, aber es war ziemlich oft, bis wir tief im Wald waren. Ich hörte auch die Schüsse nicht, mit denen die fliehenden Häftlinge niedergeschossen wurden. Ich habe keine Ahnung, wie lange wir gelaufen sind. Als wir anhielten, brach ich ohnmächtig zusammen. Meine Kameraden hatten viel Mühe, mich aufzuwecken. Ich sah, daß ich mich zwischen unbekannten Häftlingen befand, in einer Gruppe von 50 bis 60 Mann. Alle waren bereit, mir zu helfen, und sie haben sich in dieser kritischen Lage rührend um mich gekümmert.

Ohne zu wissen, daß wir uns im Thüringer Wald befanden und wie die Lage war, wurde beschlossen, auf die naheliegende Straße zu gehen. Es war der 13. April 1945 in den Morgenstunden. Nach einem kurzen Marsch haben wir die vorrückenden amerikanischen Panzer getroffen. Wir waren frei.

Das Schicksal der Häftlinge, die am 11. April nicht fliehen konnten, ist mir nicht bekannt, ich habe bis heute keinen von ihnen getroffen.

Die große Mehrzahl der Jugendlichen vom Kinderblock 66 war in Buchenwald geblieben und ist dort am 11. April befreit worden. Ihr Schicksal war viel günstiger als das der 200, die am Vorabend der Befreiung verschleppt wurden. Von diesen haben nur wenige überlebt. Vom Block 66 in Buchenwald wurden ca. 500 Kinder und Jugendliche gerettet. Die Rettung dieser 500 jungen Menschen, die nach den vielen Jahren der Verfolgung und der Mißhandlung in einem katastrophalen physischen wie auch psychischen Zustand waren, war kein Zufall. Wenn man die Umstände, die im Lager herrschten, in Betracht zieht, muß man sagen, daß es eine heldenhafte Tat einzelner Häftlinge war, die in der Rettung der Kinder ein heiliges Ziel gesehen haben. Nur die Überlebenden können das richtig schätzen. Selbstverständlich haben die Umstände, die für Buchenwald charakteristisch waren, dazu beigetragen. Ähnliche Versuche in anderen Lagern wären unmöglich gewesen. Daß es nicht so einfach war, wußten wir schon in Buchenwald, aber die Hingabe und die Gefahr, die unsere Retter auf sich nahmen, wurden uns erst später klar.

Die spezifischen Bedingungen, die in Buchenwald herrschten, sind nicht vom Himmel gefallen, sondern sie sind in jahrelangem Kampf, der viele Opfer forderte, hart erkämpft worden. Die Leser dieses Berichtes, besonders diejenigen, die kein Konzentrationslager erlebt haben, sollten ihn nicht falsch verstehen: daß es in Buchenwald und im Kinderblock verhältnismäßig weniger schlimm war wie in anderen Lagern. Es war nicht der Sinn meines Berichtes, alle Grausamkeiten, die in Buchenwald an der Tagesordnung waren, zu schildern, aber ich möchte doch betonen, daß, trotz allem, Buchenwald eines von den vielen nazistischen Konzentrationslagern war, mit allem, was man unter diesem Begriff verstehen muß. Und die 57000 Opfer, die auch ohne Gaskammern dort ermordet wurden, bezeugen es deutlich. Ich wollte aber andeuten, daß inmitten der Grausamkeit, durch die täglich Hunderte starben, eine einzigartige Insel entstand, wo sich Humanität auch in der Hölle der Naziherrschaft bewahren konnte.

Baruch Graubard

In den Fängen des Todes

In den „Münchner Jüdischen Nachrichten" vom 30. Juni 1955 findet sich auf der ersten Seite eine Danksagung der Familie Graubard an alle, die an der Beisetzung ihrer verstorbenen Tochter Alina Anteil genommen hatten. Eine Tragödie, die den Rahmen des Privaten und Familiären sprengte, verbarg sich hinter der konventionellen Anzeige. Es ist die Tragödie einer jungen Jüdin, die nach Auschwitz nicht weiterleben konnte, die sich zehn Jahre nach der Befreiung vom Nationalsozialismus das Leben nahm. Alina war 22 Jahre alt. Ihr Vater, Professor Baruch Graubard, war eines der prominenten Mitglieder der wiedererrichteten Jüdischen Gemeinde in München, unter anderem war er Gründer und erster Direktor des hebräischen Gymnasiums und regelmäßiger Mitarbeiter der „Münchner Jüdischen Nachrichten". Dort erschien am 30. Juni 1955 der folgende Text.

Meine Leser werden mich entschuldigen, wenn ich heute über den Tod meines Kindes spreche. Man sagt „Zidduk Hadin" und bleibt bis zum Rande mit Leid erfüllt. Das ohnmächtige „wie" und „warum" läßt nicht nach. Das eigene, persönliche Leid jedoch soll nicht Gegenstand öffentlicher Betrachtungen werden. Wenn ich darüber schreibe, geschieht es nur, weil dieses tragischste Geschehen in meinem Leben seine Ursache in unseren gemeinsamen, tragischen und halb schon vergessenen Erlebnissen der nahen Vergangenheit hat.
Die menschliche Erinnerungskraft mag mit der Zeit wohltuend geschwächt und in Bezug auf leidensvolle Erlebnisse weit zurückgedrängt werden, jedoch haften sie der menschlichen Seele für das ganze Leben an. Und manchmal, bei zart besaiteten Menschen mit tiefem Gefühls- und Reflexionsleben, bricht die erlebte Tragik mit solcher Urkraft hervor, daß alle Freude am Leben ausgelöscht wird, wie es bei meinem Kinde geschehen ist.
Nur weil diese Erlebnisse der Hitlerjahre uns allen gemeinsam sind, will ich mich darüber aussprechen.
Heute, da alles schon zu Ende ist, und nichts mehr das erlebte Schicksal meiner armen Tochter ändern kann und ihr und mit ihr nichts mehr geschehen wird, da alles Geschehen schon die Vollendung im Tode gefunden hat, gehe ich immer wieder den Lebensweg meines Kindes durch und sammle Brocken und Splitter, Worte und Blicke, und versuche ihre jetzt klar gewordene Bedeutung zu erfassen, und ihre Einreihung in diese Kette der Tatsachen, die mit dem Freitod endete, zu erkennen.
Ich weiß mir keinen Rat.
Vielleicht wäre es mir leichter zu ertragen, wenn ich eine gewöhnliche, verständliche, triviale Ursache für diesen Tod finden könnte. Es gibt doch viele Ursachen für einen Selbstmord. Krankheit, unglückliche Liebe, schwere Belastungen, nichtbestandene Prüfungen; keine trifft in diesem Falle bei meiner gesunden, zweiundzwanzigjährigen, hochbegabten Alina zu.

Nur das Eine sagte meine Tochter über sich, wenn sie mal ihre Worte, in denen sie sehr zurückhaltend und diskret war, nicht zurückdrängte: „Es ist mir schwer, die Erfahrungen der Hitlerzeit zu verarbeiten."

Wir wußten das. Aber wir kannten auch ihre humorvolle Beurteilung der Erscheinungen und wir glaubten, daß ihr der stark entwickelte Intellekt darüber hinweghelfen wird. Übrigens wußten wir, daß es uns allen schwer ist, die Erfahrungen der Hitlerzeit zu verarbeiten, daß auch uns die Sonne nicht so hell scheint wie ehedem, daß wir mehr Angst vor dem Menschen haben, wie es vorher war, daß das Leben nicht mehr so lebenswert zu sein scheint, wie es uns mal schien. Jedoch wußten wir auch, daß gewöhnliche, primitive Dinge uns doch am Leben halten, daß der Tag mit seinen Kleinigkeiten gegen die grundsätzlichen Probleme des Lebens und des Todes feit, daß diese Kleinigkeiten uns dem normalen Lebenslauf erhalten.

Eines jedoch bedachten wir nicht, daß dieses Nachhitlerleben nur die Gabe der Mittelmäßigkeit in uns erhält, diese Mittelmäßigkeit, die eine Ablenkung in den Bereich der unwichtigen Kleinigkeiten zuläßt. Ich bedachte nicht, daß diese Mittelmäßigkeit meinem Kinde abging. Meine Tochter blieb in den Fängen des Todes zehn Jahre lang hängen, bis sie nicht mehr konnte.

Und vor diesen zehn Jahren die fünf furchtbaren Hitlerjahre. Tag nach Tag hat ihr kindliches und so tief empfindendes Herz die Todesangst in sich aufgenommen. Tag nach Tag stand die Seele des zarten siebenjährigen Kindes unter dem andauernden Druck der Angst, und diese Angst wuchs in ihr fünf Jahre lang, zusammen mit dem Wuchs des Körpers und des Geistes. Die Angst wurde ein Bestandteil ihres Geistes. Der Tod wurde ihr als dauerndes Verhängnis stärker wie das Leben eingepflanzt. Seit dieser Zeit wucherte in ihr der Tod wie ein Krebs, der die Zellen frißt, und verschlang immer mehr Bindungen mit dem Leben. In jener Zeit waren wir alle mit dem Tod verbrüdert. Wir fürchteten ihn und warteten auf ihn, wir erlebten ihn dauernd als eine tragikvolle Befreiung.

Mit diesem Erbe stand endlich mein Kind als zwölfjähriges Mädel auf der Schwelle der Befreiung.

Es kamen neue Erkenntnisse, die die angsterfüllte Seele immer wieder mit den Schattenseiten des Lebens erschreckten. Die Welt, in der ein Hitler möglich war, schien ihr unannehmbar zu sein, und der Mut zum Leben schlug in den Mut zum Tode um. Keine große erlösende Freude kam an sie heran. Die Grausamkeit der Welt offenbarte sich ihr in der ganz unmöglich erschütternden Form, in der das Reich des Todes die einzige Realität war. Die Schwäche der Familie, der Gesellschaft, des Volkes, der menschlichen Moral, das Leben zu sichern, wurde ihr erschütternd offenkundig. Vielleicht wäre ihr Optimismus eingelöst worden; wenn sie doch etwas von den möglichen Sicherungen an sich erlebt hätte. Sie hat schwer darunter gelitten, daß der Vater die Last für die ganze Familie getragen hat. Oft ist sie darauf zu sprechen gekommen und trotz meiner Beteuerungen, daß ich mich nur darüber freue, hat sie das immer wieder beklagt. Vor zwei Jahren hatte sie einmal ver-

sucht, Studienbeihilfe zu bekommen. Nach der Absage hat sie den Versuch nicht erneuert. Zwei Tage vor ihrem Tode bekam sie als Erste das Schreiben der Claims Conference in die Hand, in dem zum zweiten Mal die Bitte ihrer älteren Schwester um ein Stipendium für wissenschaftliche Arbeit negativ entschieden war. Sie las das Schreiben und sagte zu der Mutter: „Schon wieder abgelehnt, fast zum Jahrestag der ersten Ablehnung. Sie wird sich sehr grämen. Ich weiß gar nicht wie ich ihr das sagen soll.“ -
Die schroffe, kalte Welt baute in ihr das Gefühl der Sicherheit nicht auf.
Ein antisemitisches Schreiben kam durch den Türritz und ließ in ihr alte Erinnerungen aufleben.
Und so ging sie einsam in den Tod. Vielleicht wäre es anders geworden, wenn . . .
Vielleicht, wenn sie das tiefe Mitgefühl, welches unsere Freunde und Bekannten uns nach ihrem Tode darbrachten, hätte sehen können. Vielleicht . . .
Aber das „vielleicht“ kann das Geschehene nicht ungeschehen machen.
Wir sind durch den hitlerischen Tod alle tödlich getroffen, bis in die Seele getroffen, ob die Ärzte, die nur Lungen und Nieren untersuchen, das anerkennen oder nicht. Mein Kind wurde ein Opfer Hitlers noch zehn Jahre nach Hitler, und schwach, sehr schwach waren die Sicherungen, die die Gesellschaft ihr bot, um ihr Mut zum Leben einzuflößen. So entwickelte sie in zehnjähriger tiefer, trauriger geistiger Arbeit den Mut zum Tode, in den zu gehen sie sich entschlossen hatte.

Manfred Treml und Otto Helwig

„Das war meine liebe Heimat . . ."

Gespräche mit jüdischen Zeitzeugen aus Bayern
Ein Forschungsbericht

Die Methode der Oral History hat Konjunktur wie selten zuvor und ist befrachtet mit übersteigerten Erwartungen ebenso wie mit skeptisch-ablehnenden Verdikten. Lutz Niethammers nüchtern-sachliches Resümee[1] und Lothar Steinbachs grundlegender Rezensionsbeitrag[2] steckten den theoretischen Rahmen für das Projekt des Hauses der Bayerischen Geschichte ab, das Inhalt des folgenden Beitrages ist.

Konzeption und Planung des Projektes

Ausgangspunkt war praktischer Bedarf. Es galt zur Ausstellung „Geschichte und Kultur der Juden in Bayern" ergänzende Informationen und ein zusätzliches Medienangebot zu erstellen. Fernab jeder wissenschaftlichen Systematik und ohne theoriebezogene Reflexion wurden 1986 die ersten Aufnahmen angefertigt. Allerdings standen diese Aktivitäten bereits im Zusammenhang mit einem umfassenden Zeitzeugenprojekt, das sich vor allem Themen der frühen Nachkriegsgeschichte (Bayerische Verfassung von 1946; Herrenchiemseer Konvent) widmete. Ein Fachkolloquium[3] legte im Jahre 1989 schließlich auch die Grundlagen für eine fundiertere Projektplanung. So werden auch in Zukunft zwar für Ausstellungen benötigte Aufnahmen produziert oder mit wichtigen Einzelpersonen[4] Gespräche geführt, im Mittelpunkt der weiteren Arbeit stehen nun jedoch zwei klar konturierte Planungen: ein Projekt zur regionalen Geschichte des Jahres 1945 und ein Projekt zur Geschichte des „Judendorfes" Ichenhausen.

---

1 Lutz Niethammer, Fragen - Antworten - Fragen. Methodische Erfahrungen zur Oral History, in: ders./Alexander von Plato (Hrsg.), „Wir kriegen jetzt andere Zeiten". Auf der Suche nach der Erfahrung des Volkes in nachfaschistischen Ländern, Berlin/Bonn 1985, S. 392-445.

2 Lothar Steinbach, Sozialgeschichte, Arbeitergeschichte, erinnerte Geschichte. Anmerkungen zu Erträgen neuer Oral-History-Forschungen in der deutschsprachigen Historiographie, in: Archiv für Sozialgeschichte Bd. 28 (1988), S. 541-600.

3 Manuskript mit Kurzfassung der Ergebnisse beim Haus der Bayerischen Geschichte, 8000 München 22, Liebigstraße 22, erhältlich.

4 Darunter auch fünf Aufzeichnungen mit ehemaligen Häftlingen des KZ Dachau (Dr. Heinz Feldheim, Albert Lörcher, Max Mannheimer, Xaver Klingseisen, Ludwig Stark).

Da der finanzielle und personelle Rahmen eher knapp als üppig ist, wird die Zahl der wirklich zu realisierenden Aufnahmen dennoch bedrückend niedrig bleiben. Dies ist angesichts der Thematik und der Lückenhaftigkeit der herkömmlichen Quellen besonders bedauerlich. Vor allem aber belastet die Erkenntnis, daß mit diesen Gesprächspartnern die letzten Zeugen einer zerstörten Lebenswelt verschwinden werden. Niemand wird mehr, wenn die Generation der 60- bis 80jährigen gestorben ist, authentisch über jüdisches Leben vor 1933 berichten, niemand mehr erzählen können, wie Konzentrationslager, Vertreibung und Emigration als individuelles Schicksal aussehen. Und verloren zu gehen droht ohne diese jüdischen Stimmen auch die Innenperspektive jüdischen Selbstverständnisses, jüdischer Gegenwehr und jüdischer Selbsthilfe unter der nationalsozialistischen Diktatur[5]. So sind diese Aufnahmen der bescheidene Versuch, eine fragmentierte und verstümmelte Hinterlassenschaft zu ergänzen und eine versunkene Lebenswelt in bruchstückhaften Zeugnissen anschaulich zu überliefern. Sie sollen mithelfen, Erinnerung zu bewahren an einen Teil unserer eigenen Geschichte, die vor allem die Gebiete Frankens und Schwabens bis heute sichtbar geprägt hat, an die jüdischen Menschen, die vertrieben und vernichtet wurden, an ein reiches Erbe und an seine brutale Zerstörung.

Die aufgezeichneten Gespräche sind also „Erinnerungsstücke“, zugleich aber auch Quellen, die dementsprechend kritisch zu behandeln und zu anderen Aussagen, Zeugnissen und historischen Belegen in Bezug zu setzen sind. Das Verhältnis von individuellem Erleben und allgemeinem Geschichtsverlauf ist allerdings höchst kompliziert[6]; Subjektivismen, Stilisierung und Verdrängung werden dort besonders wirksam, wo eigentlich Unbeschreibliches beschrieben werden soll[7].

Durch Technik und Organisation lassen sich die vielfältigen Probleme zwar minimieren, aber nie gänzlich lösen[8]. Den 30 Aufnahmen mit jüdischen Zeitzeugen, die zwischen 1986 und 1988 durchgeführt wurden, ging jeweils ein längeres Vorgespräch voraus. Die Auswahl der Gesprächspartner erfolgte mehr nach Zufall der Nennung oder - bei im Ausland lebenden Zeitzeugen -

---

5 Die umfassende Darstellung „Die Juden in Deutschland“, hrsg. von Wolfgang Benz, München 1988, ist gerade diesem Ziel verpflichtet. Vgl. auch Franziska Becker/Utz Jeggle, Gewalt und Gedächtnis. Lokale Erinnerungen an die Judenverfolgung in der „Reichskristallnacht“, in: Lerntage des Zentrums für Antisemitismusforschung VI. Lerntag über Gewalt gegen Juden: Die Novemberpogrome von 1938 in historischer Perspektive, hrsg. v. Herbert A. Strauss u. a., Berlin 1989, S. 91-102.

6 Gabriel Rosenthal, Geschichte in der Lebensgeschichte, in: Bios. Zeitschrift für Biographieforschung und Oral History 1988, Heft 2, S. 3-15. Grundsätzlich zur Frage der lebensgeschichtlichen Erzählung Kurt Röttgers, Die Erzählbarkeit des Lebens, in: Bios 1988, Heft 1, S. 5-17.

7 Michael Pollak, Die Grenzen des Sagbaren. Lebensgeschichte von KZ-Überlebenden als Augenzeugenberichte und als Identitätsarbeit, Frankfurt 1988.

8 Vgl. Hans Joachim Schröder, Archiv für „Alltägliches Erzählen“ im Hamburger Institut für Volkskunde, in: Bios 1988, Heft 1, S. 113-119.

der Anwesenheit in Bayern. Gemeinsam aber war allen, daß sie in Bayern geboren bzw. aufgewachsen sind. Sie stammen überwiegend aus bürgerlichen Familien und waren mit Ausnahme der drei Vertreter des Landjudentums in Städten ansässig. Die Mehrzahl emigrierte während der NS-Zeit nach Palästina; heute leben 11 in Israel, 4 in USA und 15 in Bayern. 3 der Befragten sind über 80 Jahre, 15 zwischen 70 und 80, 9 zwischen 60 und 70 und 2 zwischen 40 und 50 Jahren. Die Gespräche wurden entweder in der jeweiligen Privatwohnung oder im Studio des Instituts für Unterrichtsmitschau in München, das die Mehrzahl der Aufnahmen durchführte, aufgezeichnet. Über das Vorgespräch und die gesamten Rahmenbedingungen ist jeweils ein Situationsprotokoll angefertigt worden, das der Aufnahme beigefügt ist. Zur Person des Befragten sind ergänzende Informationen und Materialien zusammengestellt. Die Gespräche selbst wurden als offene Interviews durchgeführt, wobei sich die Orientierung an der Chronologie des Lebenslaufes als besonders ergiebig erwies. Für den Interviewer selbst war ein lockeres Befragungsraster entwickelt worden, das gewisse allgemeine, auch für die Ausstellung interessierende thematische Schwerpunkte enthielt. Beim Gespräch selbst wurde dieses Raster aber sehr flexibel eingesetzt und diente lediglich dazu, ein Minimum an Grundorientierung zu sichern. Als besonderer Vorteil erwies sich, daß die Aufnahmen ohne zeitliche Einschränkung liefen, so daß echte Gesprächssituationen und eine Fülle an Informationen aufgezeichnet werden konnten, deren Wert vielleicht erst spätere Nutzer erkennen und voll ausschöpfen werden. Die Aufnahmen, die zwischen 35 Minuten und 6½ Stunden dauerten, sind im Bildarchiv des Hauses der Bayerischen Geschichte abgelegt und können dort von Interessenten frei eingesehen werden, soweit nicht einzelne Zeitzeugen besondere Auflagen gemacht haben. Um die Benutzung zu erleichtern, liegt von jedem Gespräch ein vollständiges Wortprotokoll vor, das außerdem durch Register erschlossen ist. Auch die technischen Bedingungen sind so gestaltet, daß eine problemlose Weiterverwendung möglich sein dürfte[9].

Zeitzeugenberichte

Im folgenden Abschnitt werden die Ergebnisse einer vorläufigen Auswertung der 30 Gespräche wiedergegeben, die sich auf vier Themenschwerpunkte konzentriert:

- antisemitische Erfahrungen vor 1933
- Leben im Nationalsozialismus: Anfänge, Reichskristallnacht, KZ, Emigration
- Neuanfang nach 1945
- Begriff „Heimat“ und deutsch-jüdisches Verhältnis

---

9 In den meisten Fällen wurden zwei Kameras verwendet. Aufgenommen wurde auf Betacam oder 1-Zoll-System im Studio.

Uri Siegel (Jg. 1922) und Rosa Steiner-Wertheimer (Jg. 1923) haben als Kinder in München und in Regensburg keinen Antisemitismus verspürt. Unbedeutend war er auch für Friedrich Friedmann (Jg. 1912) in Augsburg und für Walter Guggenheim (Jg. 1914) in Nürnberg. Als Episode erlebte Susanne Eisenberg-Bach (Jg. 1909) den Nationalsozialismus in München in ihrer Studentenzeit. David Schuster (Jg. 1910) spricht von gewissen Einschränkungen nach dem Religionsunterricht, die er in Bad Brückenau erfuhr.
Antisemitische Erlebnisse in der Schule und im Studium hatten mehrere Gesprächspartner. Walter Feuchtwanger (Jg. 1916), als Schüler am Wilhelms-Gymnasium in München, hielt sein Deutschlehrer den „zersetzenden Stil" eines Angehörigen vor, der als profilierter Schriftsteller bekannt war. Ähnlich erging es Arno Hamburger (Jg. 1923) in Nürnberg, der trotz seiner guten Sportleistungen von seinem Turnlehrer „vorgeführt" wurde. Eine Rauferei mit einem Mitschüler, der ihn als „Judensau" bezeichnet hatte, führte schließlich sogar zum Verweis von der Schule. Mit antisemitischen Äußerungen, wie „Saujude" oder „mit Juden spielen wir nicht", war auch Adolf Höxter konfrontiert (Jg. 1924), der eine Nürnberger Schule besuchte. Herbert Loeb (Jg. 1920) berichtet von einem besonders bedrückenden Erlebnis. 1933 wurde sein jüdischer Mathematiklehrer aus dem Unterricht heraus verhaftet und in „Schutzhaft" gebracht. Nach der Entlassung aus dem Schuldienst verübte er Selbstmord. „Das war ein Erlebnis, das mich furchtbar schockiert hat." Walter Fleischmann (Jg. 1920), der in einer wohlhabenden Familie in Bamberg aufwuchs, berichtet von Hänseleien, Beschimpfungen und Gewalttätigkeiten bei Schulausflügen. Werner Kleemann (Jg. 1919) aus Gaukönigshofen mußte die Schule in Würzburg 1933 verlassen, denn „... man hat gefühlt, daß der Druck auf den Juden von Monat zu Monat stärker wurde und langsam hat man sehen können, daß die ernst meinen". Ottmar Blum (Jg. 1910) erlebte massiven Antisemitismus während seiner Studentenzeit in München. Ernst Bernstein (Jg. 1916) berichtet über die Angst vor dem Antisemitismus der Straße: vor marschierenden SA-Kolonnen, vor Verfolgung und Prügel. Von ähnlichen Eindrücken während seiner Ausbildung zum Porzellanmaler in München spricht David Ludwig Bloch (Jg. 1910). Er erzählt von Hakenkreuzen an Bäumen, marschierenden Kolonnen und dem Hitlerputsch von 1923.
Die drei jüdischen Zeitzeugen, die aus Landgemeinden stammten, erlebten dagegen vor 1933 kaum Antisemitismus. Sie wuchsen in eigenständigen jüdischen Gemeinden auf, die von starkem Zusammengehörigkeitsgefühl geprägt waren. Das gilt für Reinhard Burger (Jg. 1919) aus dem schwäbischen Kriegshaber ebenso wie für Theo Fellheimer (Jg. 1916) aus Ichenhausen, das einen besonders hohen Anteil an jüdischen Bewohnern aufwies. Aufmärsche der SA erlebte Fellheimer nicht in der eigenen Gemeinde, sondern nur bei Besuchen in Nürnberg und Würzburg.

Leben im Nationalsozialismus

Helga Deutsch (Jg. 1930), die in Nürnberg geboren wurde, hatte 1935 ein einschneidendes Erlebnis. Sie erinnert sich eindringlich an eine Hausdurchsuchung durch die Gestapo, bei der sie erstmals das Eindringen von Gewalt in ihre bisher behütete Kindheit verspürte. Für Friedrich G. Friedmann, der 1933 aufgrund eines Mißverständnisses verhaftet wurde, war dieses Ereignis das auslösende Motiv für die Emigration. Arno Hamburger stellt die Anfänge des NS-Regimes von 1933 bereits in enge Verbindung zu den späteren Judenverfolgungen in Nürnberg. Er führt dies besonders auf die Aktivitäten von Julius Streicher und seiner Hetzblätter „Stürmer" und „Giftpilz" zurück. David Schuster erinnert sich an den „Boykott-Tag" am 1. April 1933 und an eine Hausdurchsuchung. Sein Vater, der ein Hotel am Ort besaß, kam 1933 für sieben Monate in „Schutzhaft". Vom gleichen Boykott-Tag erzählt auch Uri Siegel. Sein Onkel, der in München zusammen mit seinem Vater eine Rechtsanwaltskanzlei betrieb, wurde am 1. April 1933 durch die Münchener Straßen geführt mit dem Schild: „Ich werde mich nie wieder bei der Polizei beschweren!" Diese Tatsache war der Auslöser für die Emigration der Familie im Jahre 1934.

Die Gewalttaten beim Novemberpogrom von 1938 schildern mehrere Zeitzeugen. Von Zerstörungen und Vernichtungen spricht Werner Kleemann, der diese Nacht in Stuttgart erlebte. Karoline Künstler (Jg. 1904), die von 1934-1938 die Jüdische Landwirtschaftliche Frauenwirtschaftsschule Wolfratshausen leitete, mußte ihre Schule nach der „Reichskristallnacht" zusammen mit den jüdischen Schülerinnen verlassen. Eine positive Reaktion der Bevölkerung erlebte Erich Ortenau im Elternhaus in Bad Reichenhall. Die eingeworfenen Scheiben des Hauses wurden nicht nur kostenlos ersetzt, sondern „jede Nacht eine Woche lang lag vor der Haustür Geld in Kuverts und Pakete mit Lebensmitteln, womit also die Reichenhaller zeigten, daß sie nicht damit einverstanden waren".

Für die Mehrzahl unserer Gesprächspartner wurde die Emigration zum gemeinsamen Schicksal. 15 von ihnen gelangten über verschiedene europäische Staaten nach Palästina, vier blieben schließlich in den USA. Davon kehrten vier aus Israel und einer aus den USA wieder nach Deutschland zurück.

Gemeinsam war allen jüdischen Emigranten in Palästina, daß sie große Sprachprobleme hatten. Es dauerte häufig Jahre, bis sie Hebräisch lernten, wobei ihre Eltern diesen Lernprozeß oft nicht mehr mitmachten. Deshalb blieb Deutsch - in der Öffentlichkeit als „verhaßte Sprache angesehen" - innerhalb der Familie Kommunikations- und Erziehungssprache. Schmerzlich wurde auch das Fehlen der deutschen Kultur empfunden. Trotz des Nationalsozialismus fühlte sich die Mehrheit der jüdischen Emigranten als Deutsche und Bayern. Der Aufbau einer beruflichen Existenz erwies sich als äußerst schwierig. Das galt vor allem für akademische Berufe wie Ärzte,

Rechtsanwälte, Lehrer. Sie mußten einfache Hilfsarbeitertätigkeiten annehmen, wobei Arbeiten in der Landwirtschaft und im Straßenbau besonders typisch waren. Probleme gab es auch mit dem heißen Klima und der mangelnden Hygiene. Typisch für die deutschen Juden in Palästina scheint es nach diesen Aussagen gewesen zu sein, daß sie alle Probleme anpackten und zu lösen versuchten.

Bis auf zwei Zeitzeugen gelang es allen, zwischen 1933 und 1939 Deutschland zu verlassen. Im Unterschied zu anderen Zeitzeugen war die finanzielle Existenz der Familie von Helga Deutsch durch rechtzeitiges Transferieren des Vermögens gesichert, weshalb sie die Schwierigkeiten des Neuanfangs weniger in finanziellen Problemen als in kulturellen Defiziten sah. Sie erinnert sich an das Entstehen einer neuen „Kulturwelt“ für deutsche Musik, Kunst und Literatur durch die Emigranten in diesen Jahren, obwohl „die Einstellung im allgemeinen war, die deutsche Sprache zu vergessen und zu ignorieren“. Sie nahm starken Anteil am Kriegsgeschehen in Nordafrika wegen einer möglichen Bedrohung Palästinas. Auch Herbert Loeb gelang mit seiner Familie bereits 1933 eine „normale“ Ausreise. Der Vater konnte genügend Geld aus Deutschland ausführen, so daß die Familie bis 1939 auf einem gekauften landwirtschaftlichen Betrieb recht gut leben konnte.

1934 emigrierte Theo Fellheimer, der aus der jüdischen Landgemeinde Ichenhausen stammte, nach Palästina. Er macht keinen Hehl daraus, daß er einen sehr schweren beruflichen Anfang hatte. Erst nach vielen Hilfsarbeitertätigkeiten im landwirtschaftlichen Bereich konnte er sich in seinem erlernten Beruf als Gärtner selbständig machen. Ähnlich wie der Familie Deutsch gelang es auch der Familie Siegel 1934, fast das gesamte Vermögen nach Palästina zu bringen. Unter größten Schwierigkeiten baute sich der Vater von Uri Siegel dort wieder eine Anwaltskanzlei auf. Er selbst fühlte sich als „bayerischer Jude“ in Haifa und suchte den Kontakt mit anderen Juden aus Bayern.

1935 emigrierten fünf weitere Zeitzeugen nach Palästina. Als Arzt traf Ottmar Blum auf ein Überangebot in seinem Berufsstand; deshalb dauerte es einige Jahre, bis er wieder in seinem Beruf arbeiten konnte. Trotz der Mitnahme eines bestimmten Besitzteiles (hier der Inhalt von zwei Zimmern) waren die Anfangsschwierigkeiten der Familie Steiner-Wertheimer sehr groß: „Es war alles so fremd, unglaublich.“ Frau Steiner-Wertheimer lebte sich aber bald zusammen mit ihrem Mann in einem Kibbuz ein. Walter Feuchtwanger, seit 1932 bewußter Zionist, gelang es, nach schwerer Krankheit und Tätigkeiten in der Landwirtschaft ein Bankgeschäft aufzubauen.

1938/39 verließen die letzten unserer Gesprächspartner Bayern mit dem Ziel Palästina. Erich Ortenau empfand im Jahre 1938 in Reichenhall „die ganze Atmosphäre so, daß man eigentlich nicht mehr leben konnte und auch das Gefühl hatte, man hat gar kein Recht zu leben“. Wie Walter Guggenheim kämpft er im „Palästina-Regiment“ und in der „Jüdischen Brigade“ gegen die Armeen der Hitler-Koalition. Arno Hamburger arbeitete nach seiner

Ankunft bis 1941 im Kibbuz, meldete sich 1941 freiwillig zum englischen Militär und kam 1945 wieder zurück nach Nürnberg. Zusammen mit ihrem Mann ließ sich Karoline Künstler 1939 in Tel Aviv nieder. Beide konnten sich dort eine neue Existenz aufbauen. Sie selbst leitete verschiedene Frauenfachschulen in Tel Aviv und Jerusalem und später die Wirtschaftsabteilung der Hadassah-Klinik in Jerusalem.

Friedrich G. Friedmann emigrierte 1933 zuerst nach Italien, wo er als Student den Faschismus erlebte. 1939 kam er nach England und landete dort zunächst in einem Internierungslager. Über Kanada gelangte er schließlich in die USA: „Wir sind wie viele andere ... einfach in dieses gelobte Land gegangen.“ David Ludwig Bloch flüchtete 1939 über Venedig nach Shanghai, da China eines der wenigen Länder der Welt war, das keine Visumsperre hatte. Nach einer sehr schweren Zeit und harten existenziellen Sorgen gelang ihm endlich die Einreise in die USA. Werner Kleemann erhielt 1938 nach vierwöchiger Haft im KZ Dachau die Erlaubnis zur Emigration nach England. Mit Eltern und Geschwistern wanderte er 1939 in die USA aus. 1942 trat er in die US-Armee ein und erhielt die amerikanische Staatsbürgerschaft. „Es war für mich eine große Erfahrung, eine neue Uniform zu tragen, eine stolze Uniform und nicht die Uniform von Dachau.“

Fünf Zeitzeugen zählen zu den Überlebenden der Konzentrationslager Auschwitz, Buchenwald, Dachau und Theresienstadt. Leidenswege und Greueltaten ähneln sich. Dennoch wird im Einzelschicksal das Grauen hautnäher und das Leiden bewegender.

Adolf Höxter mußte in den Jahren 1941 bis 1944 als Gemeindearbeiter, Rangierer und Gleisbauarbeiter die Züge für die Deportationen der Nürnberger Juden zusammenstellen. 1944 wurde er selbst in das KZ Auschwitz deportiert. Er äußert sich in dem Interview nur knapp über das KZ. In der Endphase des Krieges wurde er in der Rüstungsindustrie eingesetzt. Die Sowjetarmee befreite ihn im März 1945.

Zusammen mit seinem Vater kam David Schuster nach kurzer „Schutzhaft“ in die Konzentrationslager Dachau und Buchenwald. Er erzählt ausführlich vom Lagerleben und den Mißhandlungen. Als Hauptgrund für die Verhaftung gibt er die geplante „Arisierung“ des Familienbesitzes an. Äußerst detailliert berichtet er von der Erpressung durch Mitbürger, der er und sein Vater während der KZ-Haft ausgesetzt waren, um den Verkauf des Besitzes zu erzwingen. Erst als dies geschehen war, wurden beide entlassen und konnten nun mit der Familie nach Palästina auswandern.

Der aus Floß (Oberpfalz) stammende Maler David Ludwig Bloch hat seine KZ-Haft in Dachau zum Gegenstand künstlerischer Verarbeitung gemacht und in eindringlichen Bildern Erinnerung geschaffen.

Gerty Spies schildert sehr ausführlich und detailliert ihre Deportation im Jahr 1942 im das Konzentrationslager Theresienstadt: die Eingewöhnung in das Lagerleben, ihre Arbeit in den Glimmerbrüchen, ihre Tätigkeit als Heizerin und als Wache vor dem Kartoffelkeller. Der tägliche Kampf um das

Überleben stellt den Schwerpunkt ihrer eindringlichen Erinnerung dar. Im Lager erlebte sie die Dreharbeiten zu dem NS-Propagandafilm „Der Führer schenkt den Juden eine Stadt" mit vorgetäuschten Einrichtungen, etwa einem Kindergarten, sauberen Unterkünften, einem Metzgerladen u. a. Im Lager schrieb sie Gedichte, die ihr die Kraft zum Überleben gaben. Deshalb wurde für sie Theresienstadt der „Anfang einer neuen Phase in meinem Leben".
Israel Offmann (Jg. 1925) verlor seine Eltern und vier seiner sechs Geschwister in Konzentrationslagern. Er erzählt ausführlich seinen Leidensweg durch verschiedene Konzentrationslager, durch Blischim, Auschwitz-Birkenau, Sachsenhausen, Dachau, Leonberg und Ganacker bei Straubing. Er erlebte ein unsägliches Maß an Schrecken, Willkür und Gewalt. Das für ihn schlimmste Lager war Ganacker bei Straubing, ein Außenlager von Dachau. Am Ende des Krieges herrschten dort unbeschreibliche Verhältnisse, ehe er 1945 von Amerikanern befreit wurde.

Neuanfang nach 1945

Die nach 1933 emigrierten jüdischen Zeitzeugen haben sich zum größten Teil den harten Lebensbedingungen in Palästina angepaßt und eine neue Existenz aufgebaut. Dabei hatte die Generation der über 50jährigen die größten Schwierigkeiten. Die Kinder dagegen fügten sich sehr schnell in die neue entstehende Gesellschaft und setzten sich ab 1948 engagiert für den neuen Staat Israel ein. Die Generation der 20- bis 40jährigen, die freiwillig Militärdienst in der britischen Armee - speziell in der jüdischen Legion - geleistet hatte, kämpfte auch ab 1948 in der israelischen Armee gegen die Araber. Daß die Situation auch für diese Altersgruppe nicht immer einfach war, zeigt die Aussage von Herbert Loeb (Jg. 1920), der in der Anfangsphase wußte, „wohin man gehört". Trotz der Freude über die Entstehung des Staates Israel trauerte er 1947/48 über die vielen Toten, die bei Zusammenstößen zwischen Engländern und palästinensischen Juden zu verzeichnen waren.
Von den fünfzehn nach Palästina emigrierten jüdischen Zeitzeugen leben heute noch elf im Staate Israel. Sie üben die verschiedensten Tätigkeiten aus u. a. bei der Gewerkschaft Histadrut, in ihren angestammten Berufen als Arzt und Rechtsanwalt, in neuen Berufen etwa im Kibbuz oder in anderen landwirtschaftlichen Betrieben. Insgesamt gewinnt man den Eindruck, daß sie sich in Israel integriert und dem Staat Israel fest verbunden fühlen.
Vier von den nach Palästina ausgewanderten Gesprächspartnern sind in die Bundesrepublik Deutschland zurückgekehrt. Walter Feuchtwanger ließ sich im Auftrag des Staates Israel in München nieder, aus „patriotisch-israelischen Gründen", wie er sagt. Er hatte keine Aversionen gegenüber den Deutschen und erlebte auch keine von bayerischer Seite. Für ihn ist die Geschichte der Deutschen und Juden auf so enge Weise verknüpft, daß sie sich nicht mehr voneinander trennen läßt. Deshalb engagierte er sich als

israelischer Jude in München. Neben der deutsch-jüdischen Geschichte beschäftigt ihn heute vor allem das Verhältnis zwischen Israelis und Palästinensern, das er sich durch eine friedliche Symbiose gelöst wünscht.
Israel Offmann, 1948-1950 als Kriegsfreiwilliger bei der Israelischen Armee, beendete diesen Dienst aus gesundheitlichen Gründen und ging 1950 nach Straubing. Dort baute er sich eine neue Existenz auf und erreichte die nahezu vollständige wirtschaftliche und gesellschaftliche Integration. Über seine schrecklichen Erlebnisse aus den Jahren zwischen 1933 und 1945 hatte er bisher geschwiegen. Erst als Zeitzeuge spricht er nun darüber mit der klar formulierten Absicht, damit etwas zu leisten „für die Versöhnung, wir sind dageblieben, wir haben wieder geglaubt an die Demokratie, daß das Volk sich auch ändern kann und Verständnis haben kann für uns, was uns angetan worden ist“.
1956 kehrte David Schuster nach Unterfranken zurück und lebt seitdem in Würzburg. Mit seinem Engagement in der Israelitischen Kultusgemeinde und in der „Gesellschaft für christlich-jüdische Zusammenarbeit“ hat er gute Erfahrungen gemacht. Durch mehr Wissen voneinander hofft er, noch bestehende „Wände“ abzubauen.
Bereits 1945 kam Uri Siegel mit der britischen Armee nach München. Er hat keine Rachegefühle, sondern äußert vielmehr: „. . . ich hab mich eigentlich über jedes Haus gefreut, das noch gestanden ist . . .“. Obwohl er sich über das Wiedersehen mit der Heimatstadt freute, verbrachte er die Jahre von 1945 bis 1953 in Israel und fühlt sich dafür bis heute diesem Staate verbunden. 1953 kehrte er als Anwalt nach München zurück und engagierte sich - im Zusammenwirken mit der Israelitischen Kultusgemeinde - vor allem in Wiedergutmachungsverfahren. Die Probleme solcher Verfahren erläutert er mit vielen Beispielen, wobei er insgesamt resümiert: „. . . im Rückblick muß ich doch sagen, daß zumindest in Bayern die Wiedergutmachung doch eigentlich recht loyal durchgeführt wurde.“ 1956 nahm er wieder die deutsche Staatsbürgerschaft an.
Von den fünf in die USA emigrierten Zeitzeugen blieben drei dort, zwei kehrten in die Bundesrepublik Deutschland zurück. Über ihren Neuanfang in den USA berichten Walter Fleischmann und Friedrich G. Friedmann, wobei sie ähnliche Probleme und Schwierigkeiten wie Palästina-Emigranten aufführen: Sprachprobleme, Schwierigkeiten beim Aufbau einer beruflichen Existenz, das Fehlen des deutsch-jüdischen Kulturkreises.
Die Eltern von Walter Fleischmann wurden in den USA nie heimisch. Der Vater wartete stets darauf, wieder nach Deutschland zurückkehren zu können. „Amerika ist nicht zu Hause, das ist die Heimat.“ Die Familie behielt den Lebensrhythmus wie in Deutschland bei. Walter Fleischmann marschierte 1945 als US-Soldat in seine Heimat ein und erzählt ausführlich von seinen Erlebnissen als Soldat. „Es war für mich, als fühlt man sich wie zu Haus, obwohl man Jahre fort war.“
Friedrich G. Friedmann, der 1939 nach Amerika kam, erzählt ausführlich von

seinem 21jährigen Aufenthalt in den verschiedensten Bundesstaaten und seinen vielseitigen Tätigkeiten. Er, der sich in den USA nie als Fremder gefühlt hatte, lobt die Generosität der Amerikaner, ihre Naivität, Gläubigkeit und Menschlichkeit. In den Jahren 1950 und 1957 besuchte er Deutschland und erlebte das zerstörte Land und seinen Wiederaufbau. Seit 1960 lebt und arbeitet er wieder in München und bemüht sich aktiv um den Abbau von Vorurteilen zwischen Christen und Juden.

Werner Kleemann, der 1939 über England in die USA gelangt war, kehrte als US-Soldat 1945 in seinen Geburtsort Gaukönigshofen zurück. Dort zog er die am Pogrom von 1938 in seinem Heimatraum Beteiligten zur Rechenschaft. Sehr ausführlich begründet er seine Handlungsweise: „. . . habe mir eine Liste gemacht und nach kurzem Dasein habe ich sie alle einsperren lassen von der deutschen Polizei . . ..“

Für viele der heute in Bayern lebenden jüdischen Bürger gehört das DP-Lager zum Erinnerungsbestand der ersten Jahre. Simon Snopkowski kam 1945 in das DP-Lager Landsberg/L. Anschaulich beschreibt er die Stimmung und das jüdische Leben im Lager: die Herausgabe einer jüdischen Zeitung, Diskussionen über Emigrationsmöglichkeiten, über Beruf und Ausbildung u. a. Er teilt den Zeitraum zwischen 1945 und 1952/53 in die Phasen des „Suchens, der Resignation und neuer Hoffnungen“ ein. Als Student an der Münchner Universität setzte er sich dafür ein, die Lebensbedingungen seiner jüdischen Kommilitonen zu verbessern. Später übernahm er führende Funktionen in jüdischen Einrichtungen.

Der Generation der Nachgeborenen gehört Leibl Rosenberg an, der 1948 im DP-Lager Lechfeld zur Welt gekommen ist. Er beschreibt sehr detailreich die bedrückte Situation der jüdischen Menschen, die von den Alliierten aus deutschen Konzentrations- oder Arbeitslagern befreit worden waren und die nun wieder in einem Lager leben mußten. Für ihn selbst dauerte das Lagerleben bis 1956. Die Bewohner verband der jüdische Glaube und das jüdische Schicksal. So fühlte sich Leibl Rosenberg im Lager Föhrenwald bei Wolfratshausen, das zeitweise 4000 Menschen aufnahm, wie in „einem jüdischen Städtel aus Osteuropa, das plötzlich sich im oberbayerischen Voralpenland gefunden hat“. Es war ein jüdisches Leben mit jiddischer Sprache, jüdischer Schule und Synagoge vorhanden, doch die Juden waren „keine normalen Menschen“. Obwohl das Lager von Stacheldraht eingezäunt und von Soldaten bewacht wurde, erlebte Rosenberg dort eine relativ unbeschwerte Kinderzeit. Seine Ausbildung erhielt er nach 1956 in München an deutschen Schulen, aber auch durch jüdische Religionslehrer und jüdische Jugendgruppen. Seine Erziehung war ausgerichtet auf eine Zukunft in Israel: „Du kannst dich organisieren, wo du willst, in einer deutschen Organisation, das ist nichts für dich, weil du mußt nur schauen, daß du eine Schule abschließt und nach Israel.“ Deshalb studierte er ab 1969 in Jerusalem. Dennoch kehrte er ein Jahr später enttäuscht nach München zurück: „. . . ich habe eigentlich gedacht, ich komme in meine Heimat zurück. Und dieses war natürlich eine

Fiktion, und ich bin dann auch nach einem Jahr nach Deutschland zurückgefahren ...“ Trotzdem setzt er sich seither engagiert für den Staat Israel ein.

Begriff „Heimat“ und deutsch-jüdisches Verhältnis

Ein zentrales Thema für alle jüdischen Zeitzeugen ist der Heimatbegriff. Die Mehrzahl äußert sich ausführlich und differenziert zu ihm.
Die Tochter David Ludwig Blochs sagt über ihren Vater: „Er hat gedacht, Europa ist hinter ihm, er hat eine neue Welt betreten, ein neues Leben angefangen, sagt heute auch, ich bin Amerikaner. Wenn er allerdings Floß sieht, ich war ja mit ihm auf dem Friedhof, man sieht die Heimat, kann man nie vergessen, also, da ist er dann ein ganz anderer Mensch ...“ David Ludwig Bloch selbst erklärt anhand eines Bildes von Floß, an dem er 1931 oder 1933 zu malen angefangen hat: „Das Bild habe ich um die ganze Welt herumgeschleppt. Das war meine liebe Heimat - Floß - wo ich geboren wurde. Mein Vater war hier geboren, mein Großvater und meine Großmutter.“ Er hat starke Erinnerungen an den Judenberg, die Häuser und die Synagoge, die Nachbarn in Floß.
Walter Fleischmann fühlte sich „heimisch“ in Bamberg. Die Familie war voll integriert in der Bamberger Gesellschaft. Rosa Steiner-Wertheimer suchte bei Besuchen in Deutschland - besonders in Regensburg - gezielt Orte, Häuser, Wohnungen und Personen auf, die mit ihrer Kindheit in Beziehung stehen. Für sie hat sich Regensburg „zwar verändert ..., aber trotzdem, es war noch viel von früher“. Die Wirkung der ersten Wiederbegegnung mit ihrer Heimatstadt Regensburg beschreibt sie so: „Ich hatte das Gefühl immer, als ob ich einen Kopf besitze und Füße, aber der Mittelteil meines Körpers fehlt, und plötzlich war das ein Eines, und ich war sehr glücklich.“ Sie sieht sich „als Glied einer Kette, mit einer starken Beziehung zu Regensburg und Bayern“. „Ich würde niemals aus Israel auswandern, aber ich fühle mich sehr gut in Deutschland und es verbindet mich mit der Vergangenheit.“ Deshalb schmerzt es sie ganz besonders, daß ihre Kinder keine Beziehung zu dieser Traditionslinie haben. Denn sie sieht hier in Deutschland ihre Wurzeln, „nicht nur meine, sondern die Wurzeln der ganzen Familie“.
Karoline Künstler berichtet von ihrem Mann, daß er ein „Straubinger mit Leib und Seele“ war. Sie ist dem Staat Israel sehr dankbar, und der Staat hat ihr viel bedeutet, aber ihre „Heimat Straubing, das ist zu Hause mehr noch wie Israel“. Ihr Mann war ein „Urbayer“, der in Bayern im „Urlaub den ganzen Sommer in der kurzen Wichs gewesen und im Winter eben in der langen. Und ich selber hab sie heute noch, fünf Dirndl, die alle in Tegernsee geschneidert wurden“.
München spielte für die Familie Feuchtwanger eine wichtige Rolle. Der Angriff der Alliierten auf München hat seinen Vater in Palästina sehr berührt: „Er ... war dagesessen, war geschlagen, er war wirklich erregt ...“ Ähnlich wie Israel Offmann, der sich als „bayerischer Jude“ sieht, blieb Wal-

ter Feuchtwanger auch in Palästina von einem starken bayerisch-jüdischen Bewußtsein geprägt und war dort Mitglied eines „Münchener Kreises".

Leibl Rosenberg bezeichnet München als seine Heimatstadt. „Zu Deutschland habe ich nur negative Gefühle . . ., aber zu Bayern hatte ich immer eine sehr starke emotionale Beziehung."

Differenziert beurteilt Herbert Loeb seine Beziehungen zu Deutschland. Bei seiner ersten Reise hatte er keine emotionale Regung, es „hat mich überhaupt nicht tangiert, es war wie ein Museum". Bei weiteren Besuchen entstanden persönliche Kontakte, die seine Einstellung positiv beeinflußten, „ohne daß man irgendwie anfange und sage, ja Nürnberg, die alte Heimat. Das ist zum Beispiel ein Ausdruck, den ich meide". Besonders eng wurde sein Verhältnis zu Nürnberg dennoch nach dem Besuch seines alten Wohnhauses. Der jetzige Besitzer hat es unter Denkmalschutz stellen lassen und so entstand „eine Bindung zwischen den jetzigen Besitzern und mir, dadurch, daß wir eben beide irgendwie an diesem Haus hängen".

Eine wichtige Rolle spielt für Ottmar Blum die deutsche Tradition, denn „meine deutsche Tradition habe ich eigentlich nie verloren. Ich habe immer im deutschen Kulturkreis gelebt sozusagen, und habe in diesen schweren Jahren eigentlich davon gezehrt, was ich auf dem Gymnasium an deutscher Literatur und Klassik mitbekommen habe".

Einen ähnlichen Zusammenhang sieht Gerty Spies. Ihre Familie lebte seit Jahrhunderten in Deutschland und „. . . ich sehe gar nicht ein, warum ich nicht mehr zum deutschen Volk gehören soll". Sie fühlt sich sehr stark verbunden der deutschen Sprache, der deutschen Schule, dem Beruf in Deutschland. „Ich bin keine deutsche Jüdin, sondern ich bin eine jüdische Deutsche."

Erich Ortenau ist bewußt nach Deutschland zurückgekehrt. Für ihn ist die Rückkehr ein Zeichen, daß die Nationalsozialisten nicht gesiegt haben. Das Weggehen aus diesem Kulturkreis wäre eine „Art Fahnenflucht".

Eine wichtige Aufgabe sehen viele Zeitzeugen darin, das Verhältnis zwischen Christen und Juden, zwischen Deutschen und Israelis positiv zu gestalten. Schalom Ben Chorin betont, daß deutsche und jüdische Geschichte immer miteinander verbunden waren und erst durch die NS-Zeit getrennt wurden: „Es hat in der langen Geschichte der Juden auf deutschem Boden . . . viele tragische Epochen gegeben, mehr Trauriges als Positives . . . Aber dennoch hat es immer eine Fortsetzung gegeben. Im Dritten Reich ist diese Kontinuität völlig unterbrochen worden." Daher gibt es nach seiner Einschätzung auch heute kein bayerisches Judentum mehr: „Es gibt Juden in Bayern, die in ihrer überwiegenden Mehrzahl nicht aus Bayern stammen, nicht hier ihre Stammbäume, ihre Wurzeln haben." Über dem Deutschland nach 1945 liegt einerseits der „Schatten des Dritten Reiches", andererseits ist das Bild des neuen Deutschland durch neue gesellschaftliche und kulturelle Beziehungen geprägt: „Damit wird ein freundliches Bild, ein positives vermittelt und sie stehen nun nebeneinander, das Dunkle, das nicht gelöscht werden kann, nicht gelöscht werden

soll.“ Er fordert deshalb auch: „Wir sollen nichts vergessen, wir sollen nichts verdrängen, aber dem Haß keinen Raum gewähren.“
Ähnlich betont auch Erich Ortenau sehr stark die Gemeinsamkeiten zwischen Deutschen und Juden. Er begründet die Gemeinsamkeiten mit der 2000 Jahre alten gemeinsamen Geschichte und Kulturentwicklung und gibt dafür eine Reihe von Beispielen. Das gemeinsame Kulturerlebnis ist für ihn auch mit ein Grund für die Rückkehr nach Deutschland.
Friedrich G. Friedmann ist stark geprägt durch seine Erziehung an einem Benediktiner-Gymnasium. „Für mich ist Bayern, abgesehen von allem anderen, auch was in der Zwischenzeit passiert ist, immer noch eine benediktinische Kultur, in der ich mich zu Hause fühle.“ Friedmann bemühte sich intensiv um den deutsch-jüdischen Dialog, denn „es ist wichtig, woher wir wieder die geistige Kraft kriegen, weiterzuarbeiten und menschlich zu sein, daß wir unmenschlich waren, das wissen wir“. Deshalb sieht er das Judentum in der Zukunft „... als Mahner, nicht als Mahner im Sinne eines Menschen, der besser weiß, sondern auf die Endzeit hin, worauf wir alle hinstreben, zu sagen, die sind noch nicht dort“.
Auch Walter Feuchtwanger spricht von den historischen Bezügen zwischen Juden- und Christentum, deren Geschichte auf eine Weise verknüpft ist, „die sich nicht mehr voneinander trennen läßt“.
Karoline Künstler engagiert sich vor allem für den Dialog in der „Gesellschaft für christlich-jüdische Zusammenarbeit“. Sie, die „nie einen Haß gekannt“ hat, führte dazu zusammen mit ihrem Mann eine Reihe von Veranstaltungen in München durch.
Israel Offmann will mit seinem persönlichen Engagement zeigen, daß „nicht alle Deutschen Schuld haben“. Seine Kinder fühlen sich als „bayerische Juden“ und sehen in Bayern - wie er - auch ihr Zuhause.
Walter Guggenheim pflegt von Israel aus besondere Beziehungen zu Bayern. Seiner Meinung nach sind in Israel die „Wurzeln“ der Juden. Das „Erbgut“ hat er von Deutschland mitgenommen. „Unsere Heimat ist und bleibt Israel. Die haben wir aufgebaut mit Schweiß und Blut und wir werden sie auch so verteidigen, also darüber gibt es gar nichts zu sagen ... So sehr wir auch an den schönen Dingen von Deutschland hängen.“ Guggenheim organisiert Gesprächsrunden und Seminare und bemüht sich besonders um den Jugendaustausch. Jugendliche sollen nicht schuldbewußt sein, sondern sich ihrer Verantwortung dafür bewußt werden, daß nie mehr ein Nationalsozialismus entstehen kann. „Echte Freundschaft kann nur entstehen, wenn einer vom anderen weiß.“

Perspektiven und Aufgaben

Der notwendige Blick in die Zukunft und alle aktiven Bemühungen um Aussöhnung dürfen nicht vergessen machen, daß die Welt des deutschen Judentums untergegangen ist und alle Zeitzeugen einer kleinen Gruppe von Überle-

benden angehören. „Für uns Juden aus Deutschland ist eine Geschichtsepoche zu Ende gegangen. Eine solche geht zu Ende, wenn immer eine Hoffnung, ein Glaube, eine Zuversicht endgültig zu Grabe getragen werden muß. Unser Glaube war es, daß deutscher und jüdischer Geist auf deutschem Boden sich treffen und durch ihre Vermählung zum Segen werden können. Dies war eine Illusion - die Epoche der Juden in Deutschland ist ein für alle Mal vorbei[10]." So schrieb Leo Baeck 1945 nach seiner Befreiung aus dem KZ Theresienstadt. Es gilt aber in gleichem Maße der Satz „Überleben heißt Erinnerung"[11].
Dies kann als Vermächtnis und Verpflichtung zugleich verstanden werden. Daher ist es notwendig, über Großausstellungen und Gedenktage hinaus, „Spurensicherung" zu betreiben[12]. Die Geschichte der Juden in Bayern[13] muß einen gesicherten Platz in der Landes- und Regionalgeschichte[14], Kunstgeschichte, Denkmalpflege[15] und in der Museumsplanung[16] erhalten. In diesen Rahmen einer umfassenden Geschichtspflege fügt sich auch das Zeitzeugenprojekt ein, das nicht nur fortgeführt, sondern auch intensiviert werden müßte. Wünschenswert wäre vor allem ein regelmäßiger Informationsaustausch zwischen allen, die jüdische Zeitzeugen befragen. Zu hoffen ist auch, daß die vorhandenen Materialien genützt werden, von den Medien, den Schulen und der Forschung, damit wenigstens ein Rest lebensnaher Erinnerung auch im künftigen Bild von der jüdischen Vergangenheit in Bayern bewahrt bleibt.

---

10 Zit. bei Nachum T. Gidal, Die Juden in Deutschland von der Römerzeit bis zur Weimarer Republik, Gütersloh 1988, S. 426.

11 So der Titel eines Bandes „Biografische Protokolle Jüdischer Überlebender", der vom Berliner Aufbau-Verlag für Ende 1990 angekündigt wurde.

12 Im Juli 1990 veröffentlichte das Haus der Bayerischen Geschichte einen zusammenfassenden Bericht über Aktivitäten, Publikationen, Medienproduktionen und Nachfolgeprojekte, die im Zusammenhang mit der Nürnberger Ausstellung „Siehe der Stein schreit aus der Mauer. Geschichte und Kultur der Juden in Bayern" entstanden sind.

13 Manfred Treml, Die Geschichte der Juden in Bayern. Ein Thema für die Landes- und Regionalgeschichte, in: Mitteilungen des Verbandes Bayerischer Geschichtsvereine Nr. 11 (13) 1989, S. 7-20.
Das Erscheinen der Bibliographie von Falk Wiesemann (Bibliographie zur Geschichte der Juden in Bayern, München 1989) erleichtert die Forschungsarbeit nun erheblich.

14 Christoph Daxelmüller, Jüdische Kultur in Franken, Würzburg 1988; nicht unproblematisch Klaus Guth (Hrsg.), Jüdische Landgemeinden in Oberfranken (1800-1942), Bamberg 1988.

15 Den ersten Versuch einer Übersicht über bauliche Zeugnisse hat bezeichnenderweise ein engagierter Laie unternommen: Israel Schwierz, Steinerne Zeugnisse jüdischen Lebens in Bayern. Eine Dokumentation. Hrsg. von der Bayer. Landeszentrale für politische Bildungsarbeit, München 1988.

16 Das Haus der Bayerischen Geschichte erarbeitet bis Juli 1991 für die Ehemalige Synagoge Ichenhausen eine Dokumentation, in der die Tradition und Geschichte einer jüdischen Landgemeinde aufgezeigt werden soll, und wirkt bei der Planung und Errichtung eines zentralen Museums zur Geschichte der Juden in Bayern mit, das im Augsburger Synagogenkomplex entstehen soll.

Ulrike Haß

Mahnmaltexte 1945 bis 1988

Annäherung an eine schwierige Textsorte

Im Gedenkmonat November des Jahres 1988 fanden in der Bundesrepublik zahlreicher als je zuvor Enthüllungen statt von Gedenksteinen, Mahnmalen mit und ohne Schrifttafeln, künstlerisch gestalteten Gedenkstätten bis hin zu Erinnerungsplaketten und Straßenschildern. Sie alle sind Medien des öffentlichen Gedenkens und Erinnerns, der Trauer und der Mahnung an die Verfolgung und Vernichtung von Millionen Menschen durch Nationalsozialisten, ihre Handlanger und Dulder.

Als Mahnmaltexte werden im folgenden alle schriftlichen Texte bezeichnet, die angebracht sind in bzw. an größeren Gedenkstätten als Orten, „an denen wissenschaftliche Forschung, pädagogische Arbeit und politisches Handeln miteinander verbunden werden können" (Spielmann 1988, 17), auf Denkmalen, das sind zumeist künstlerisch gestaltete Objekte mit oder ohne ergänzende Schrifttafeln, oder auf einfachen Gedenktafeln, an öffentlichen und/oder historischen Orten und auf Friedhöfen[1]. Im Zentrum des Interesses steht vor allem die sprachliche Form solcher Mahnmale, die für aus politischen und rassistischen Motiven Verfolgte, für Zwangsarbeiter und Kriegsgefangene errichtet worden sind, nicht jedoch die Textanteile von Gedenkstätten, die ausschließlich Soldaten und zivilen Kriegsopfern gewidmet sind. Das öffentliche Erinnern an diese Toten kommt hier nur dann in den Blick, wenn sie in einem Atemzug und unterschiedslos, z. B. auf einer gemeinsamen Gedenktafel, mit den Verfolgten genannt werden, die die Politik vor und nach September 1939, im Frieden wie im Krieg, zu „Opfern" gemacht hat.

Die Autoren der Texte von Mahnmalen und Gedenkstätten sind in der überwiegenden Zahl der Fälle nicht bekannt; nur in einigen Texten „unterschrei-

---

[1] Als Materialgrundlage der Untersuchung dient v. a. die über 800 Seiten starke Dokumentation „Gedenkstätten für die Opfer des Nationalsozialismus" von Puvogel (1987); außerdem Eichmann (1986) und anderes, unsystematisch gesammeltes Material vor allem aus der öffentlichen Diskussion im Gedenkjahr 1988. Die Materialbasis ist nicht exhaustiv, umfaßt aber mit Sicherheit mindestens die Hälfte bis zwei Drittel aller Mahnmaltexte in der BRD. Wichtige Informationen über die Geschichte der Gedenkstättenkultur in der Bundesrepublik und in der DDR sind den zwei Ausstellungskatalogen „Gedenken und Denkmal" (1988) und „Steine des Anstoßes" (1985) entnommen. Zur Klärung psychologischer und theologischer Aspekte des Themas waren v. a. die Beiträge von Brumlik (1988) und Ebach (1988) wichtig. Die sprachkritische Methode folgt weitgehend P. von Polenz (1985). (S. Literaturliste am Ende des Beitrags)

ben" die Initiatoren, vor allem wenn es sich dabei um Städte handelt. Aus einigen Anzeichen und aus Sekundärinformationen kann immerhin erschlossen werden, daß sie sehr unterschiedlichen gesellschaftlichen Gruppen angehören: Überlebende wie die „Vereinigung der Verfolgten des Nazi-Regimes" (VVN), jüdische Organisationen und Privatpersonen, Institutionen wie Stadträte, Landesparlamente, Ministerien, Universitäten, Einrichtungen der Kirchen, Friedhofs- und Museumsverwaltungen (letztere v. a. bei den größeren Gedenkstätten) und in jüngster Zeit auch freie Initiativgruppen und Schulklassen. So anonym wie die Sprecher sind auch die Adressaten: die Ausdrücke *Passanten, Bürger, „die" Öffentlichkeit* fassen sehr heterogene Gruppen zusammen.

1. Textsortengeschichte

Die Textsorte Mahnmaltext knüpft 1945 an zwei Traditionen an: zum einen an die Texte auf Kriegerdenkmalen und Ehrenmalen seit 1870/71 und zum anderen vor allem an jüdische Grabinschriften (vgl. Brocke/Mirbach 1988). Ihre Spuren sind in Mahnmaltexten sowohl hinsichtlich der Textfunktion als auch in der Verwendung bestimmter Ausdrucksmittel festzustellen.

1945 bis 1949/50: Der Schmerz der Lebendgebliebenen

„Lebendgebliebene" und „Antifaschisten" nennen sich die rund 21000 geretteten Häftlinge des Konzentrationslagers Buchenwald am 19. April 1945 in einem gedruckt veröffentlichten „Schwur von Buchenwald"[2], während *Nazifahnen noch wehen* und die *sadistischen Peiniger noch frei sind.* So gegenwärtig wie das, was sie erlebt haben, noch ist, so unmittelbar sind die Worte, mit denen sie es beschreiben: *51000 erschossen, gehenkt, zertrampelt, erschlagen, erstickt, ersäuft, verhungert, vergiftet, abgespritzt, - 51000 Väter, Brüder, Söhne starben einen qualvollen Tod . . . 51000 Mütter und Frauen und Hunderttausende Kinder klagen an.* Die Beschreibung ist nur die Einleitung zu dem Appell, zum Aufruf vor allem an sich selbst, einen Kampf zu führen bis zur *endgültigen Zerschmetterung des Nazismus und zum Aufbau einer neuen Welt des Friedens und der Freiheit. . . . Dies schwören wir unseren ermordeten Kameraden und ihren Familien.* Der Text wendet sich somit auch an die Toten; die Lebendgebliebenen identifizieren sich mit ihnen, um auch sie der wiedergewonnenen Menschenwürde teilhaftig werden und sie von passiven Opfern zu Kämpfern werden zu lassen.
Die hier ausgedrückte enge persönliche Bindung an die Ermordeten, das Vermächtnis, das die Lebendgebliebenen den Toten gegenüber und niemandem

[2] Zitate nach Sonnet in: Puvogel 1987, 769ff.

sonst zu erfüllen haben, bestimmt generell die sprachliche Form der frühesten Texte auf zumeist noch hölzernen oder aus Steinen der KZ-Gebäude errichteten Gedenktafeln.

Ihr starbet, damit wir leben!
Zur Erinnerung an 615 unbekannte Opfer des Todesmarsches Flossenbürg-Dachau.
April 1945.

Friedhöfe, ganz besonders jüdische Friedhöfe, sind in diesem Zeitabschnitt die bevorzugten Orte des privaten und halböffentlichen Gedenkens. Es ging den Lebendgebliebenen dabei nicht nur darum, in Mahnmaltexten ihrer Trauer Ausdruck zu geben und sie dadurch ein Stück weit zu verarbeiten, sondern es ging auch um die Wiederherstellung der Totenruhe auf den von Nazis und ihren Helfern verwüsteten jüdischen Friedhöfen. Erinnerung an die Toten dient - im Judentum anders als im Christentum - dadurch, daß ein lebendiges Bild des/der Verstorbenen evoziert wird, weniger dem Ausdruck privater Trauer als dem religiösen und moralischen Appell an die Nachlebenden und der Vergewisserung des Generationenzusammenhangs: In Berlin z. B. entstanden in diesem ersten Zeitabschnitt überhaupt keine ausdrücklich auf ermordete Juden bezugnehmenden Mahnmale durch die Initiative offizieller Organe. Nicht wenige Friedhöfe entstanden in diesen Jahren in unmittelbarer Nähe von KZ-Lagern und -Außenlagern - abseits der Straßen heute kaum noch auffindbar -, um die vielen namenlosen Toten zu bestatten; für Mahntafeln scheint nicht immer Zeit geblieben zu sein, und wenn, dann sind deren Inschriften kurz und anonym: *Für die Opfer des Faschismus* oder *Den Opfern des KZ XY zum Gedenken.*
Von Bedeutung für die weitere Entwicklung der deutschen Gedenkstättenkultur mit ihren spezifischen Texten ist auch der die Textfunktion beeinflussende Umstand, daß besonders an den Massengräbern der großen KZ-Lager wie Belsen und Flossenbürg die alliierten Militärregierungen die Bevölkerung oder deutsche Kriegsgefangene „veranlaßt" oder „gezwungen" haben sollen, Mahnmale zu errichten. Von den in vielen Sprachen, darunter auch eine - alle Verfolgten übernational zusammenfassende? - lateinische Inschrift, wiedergegebenen Texten an diesen Stätten fühlen sich Deutsche allenfalls mitangesprochen; so zeigen noch heute die Besucherzahlen der Gedenkstätte Dachau, daß die Mahnmaltexte überwiegend ausländische Leser haben, Angehörige von Ermordeten.
In Mahnmaltexten dieses ersten Zeitabschnitts findet ein Erinnern von seiten der Täter und Mitläufer nicht statt und es wird auch noch nicht informiert. Den einen fehlt es nicht an Wissen um das, was geschehen ist, und den anderen wird um diese Zeit das, „was sie nicht gewußt haben", auf anderen Wegen vermittelt. Der Verzicht auf Information befreit die Autoren von Mahnmaltexten gleichzeitig von der Suche nach sprachlichen Ausdrücken, mit denen auf das Geschehene angemessen Bezug genommen werden kann.

1950 bis 1960: Gedenken wird nützlich

Die Zeit des Kalten Krieges lieferte dann die für eine Interpretation der Geschichte notwendigen Begriffe. Und sie lieferte neue historische Ereignisse wie die Blockade Berlins als Anlässe von Erinnerung, die eine entlastende Alternative zu nationalsozialistischen Ereignissen boten. Tatsächlich sind für dieses Jahrzehnt relativ die wenigsten neuen Gedenkstätten und Mahnmale nachgewiesen. Mitte 1951 beispielsweise ist es nicht der Beginn der Deportationen in die Vernichtungslager zehn Jahre zuvor, woran erinnert wird, sondern die Beendigung der Blockade Berlins am 12. 5. 1949 und die 77 „Opfer der Luftbrücke" (Spielmann 1988, 10), für die der West-Berliner Senat bereits acht Wochen später ein Denkmal in Auftrag gibt: Das Luftbrücken-Denkmal wird am 10. 7. 1951 eingeweiht.
In Berlin wird für die „Männer des Widerstands" am 20. Juli 1953 ein Denkmal eingeweiht, aber nicht ohne gleichzeitig die Verbindung zu einem knapp vier Wochen zurückliegenden Ereignis, dem 17. Juni 1953, herzustellen - und das Gedenken damit für die aktuelle politische Situation zu funktionalisieren. Für die DDR als Trägerin des „antifaschistischen Erbes" hatten die Nationalen Mahn- und Gedenkstätten ebenfalls schon früh eine wichtige politische Funktion (Sonnet in: Puvogel 1987, 769-805) und dienten der Vergewisserung von Kampf und Widerstand gegen Militarismus, Imperialismus und Faschismus.
In der Bundesrepublik wird der „Opfer" verschiedener *-ismen* gedacht, und zwar möglichst ausgewogen: *Den Opfern des Stalinismus - Den Opfern des Nationalsozialismus.* Mit Hilfe der -ismen wird ein Gedenken praktiziert, das die Tatsache des Todes, nicht die des Getötetwerdens, ins Zentrum des Bewußtseins stellt und für das deshalb das „Im Tode sind wir alle gleich" gilt. Dieser Perspektive entspricht jetzt auch die zunehmende Errichtung von Gedenkstätten für zivile Kriegsopfer und Soldaten. Am 27. 5. 1952 nimmt der „Volksbund deutsche Kriegsgräberfürsorge" seine Arbeit auf, der mit manchen sehr großzügigen Formulierungen wie

Hier ruhen als Opfer des Krieges 1939-1945 . . .

durchaus unterschiedlich von Tod, Gewalt und Haß Betroffene zusammenzufassen pflegte. Vergegenwärtigende und historisch bewußte Erinnerung ist durch einen solchen Text nur zu verhindern; vermittelt wird lediglich die Interpretation des Krieges als Schicksalsmacht.
Daß es trotz ideologischer Instrumentalisierung des öffentlichen Gedenkens in den Jahren des Kalten Kriegs und Einschränkung der deutschen Erinnerung auf das eigene Kriegsleid in diesen Jahren dennoch ausnahmsweise möglich war, auf Mahnmalen deutliche Worte zu finden, zeigt die Ende der 50er Jahre angebrachte Tafel am restaurierten mittelalterlichen „Judenbad" in Friedberg (Hessen):

[. . .] wurde am 9. 11. 1938 in der Zeit der tiefsten Selbsterniedrigung des deutschen Volkes in unmenschlichem Haß und Verblendung geschändet, angezündet, danach für baufällig erklärt und beseitigt [. . .]

1960 bis 1979: Gedenksteine ohne Gedächtnis

Der Eichmann-Prozeß 1961 und die Auschwitz-Prozesse 1963-65 brachten eine Menge grauenvoller Details ans Licht und verstärkten dadurch auch das Verdrängungsinteresse. Zu Ende geht diese Phase, als die amerikanische Fernsehserie „Holocaust" 1979 im deutschen Fernsehen ausgestrahlt wird. Dazwischen liegt eine relativ lange Zeit, in der die meisten der großen Gedenkstätten (Dachau, Neuengamme) der Bundesrepublik eröffnet werden.

Die errichteten kleinen Mahnmale und deren Texte bekommen in den 60er und 70er Jahren oft eine ihnen ursprünglich geradezu entgegengesetzte Funktion; statt zu erinnern, sollen sie die Erinnerung zähmen, statt zu anschaulichem und persönlichem Gedenken anzuregen, geht es ihren Autoren um das allgemeinste aller menschlichen Probleme: den Tod. Das Mahnen in diesen Texten bezieht sich auf den Krieg oder auf das, was Menschen Menschen antun können. Daß heute weit über die Hälfte aller Gedenktafeln auf Friedhöfen steht statt in den Zentren der Städte und an den historisch verbürgten Orten der Lagerhaft, der Zwangsarbeit und der Folterstätten, ist in diesen Jahren entschieden worden. Die Wahl des Friedhofs als Gedenk-Ort macht es möglich, Unterschiede zwischen umgekommenen Toten und ermordeten Toten, zwischen den lebendgebliebenen Verfolgten und den weiterlebenden Tätern, zwischen denen, die sich mit Hilfe dieser Texte - woran? - erinnern, und denen, derer gedacht wird, zu verwischen und so das Geschehen auf das existentiell Allgemeine zu reduzieren.

Das extremste Beispiel für die einverleibende, nivellierende und der Verdrängung dienende Gedenkkultur der 60er Jahre steht vielleicht in Niederkassel (Nordrhein-Westfalen). An einer Ehrenanlage für Gefallene der Kriege von 1866 und 1870/71 sowie der beiden Weltkriege wurde 1963 auch noch eine weitere Tafel, *Unseren jüdischen Mitbürgern zum Gedenken*, angebracht[3].

Die ganz besondere, prekäre Bedeutung, die Mahnmalinitiatoren der Wahl sprachlicher Mittel zumessen, wird gerade darin sichtbar, daß ein Mahnmal aus einer Plastik oder Skulptur ohne oder mit nur sehr wenigem, allgemeinem Text bestehen kann. Die Bedeutung der lodernden Flamme vor dem Rathaus in Offenbach wird durch den nachfolgenden Text (beides von 1971) „erläutert":

---

[3] Die Dokumentationen von Puvogel (1987, 526) und Eichmann (1986, 70f.) enthalten einige Geschichten, die mit den aufeinanderfolgenden Formulierungen und Reformulierungen eines Mahnmaltextes die Verdrängungsabsicht der Autoren belegen, z. B. an der Wewelsburg bei Büren (Nordrhein-Westfalen).

Den wehrlosen und den widerstehenden
den schwachen und den tapferen
den verratenen und verkauften Opfern der Gewalt
Die Bürger von Offenbach

Nichts weist darauf hin, daß es sich um bestimmte Opfer einer historisch konkreten Gewalt handelt, nicht einmal die zwei Jahreszahlen, die in anderen Texten sehr oft die konkrete Benennung des Geschehenen ersetzen, aber wenigstens verhüllend andeuten, nicht einmal, daß es sich um eine mörderische Gewalt und um ermordete Opfer gehandelt hat, wird angesprochen. Ein flüchtiger Leser, dem die Formen des Dativs in den ersten drei Zeilen nicht auffallen und nicht als Signal der Widmung und der Ehrung verständlich werden, könnte gar ein Identitätsverhältnis zwischen den *Bürger(n) von Offenbach* und den *Opfer(n)* annehmen. Historisch wäre das ja nicht einmal so ganz falsch, denn es waren sicher auch jüdische, kommunistische, homosexuelle und andere Offenbacher Bürger unter den Opfern, aber die sitzen heute doch sicher nicht im Rathaus.
Psychoanalytische Deutungen sehen hierin eine mehr oder weniger unbewußte Identifizierung der Täter mit den Opfern mit dem Ziel der Entlastung von Schuld. Davon zu unterscheiden ist eine Identifizierung qua Empathie und vergegenwärtigendem Mitleiden. In diesem Sinne ist Gedenken als Identifizierung mit den Ermordeten höchstens in den Texten der Lebendgebliebenen zu finden, denen in der Identifizierung der Unterschied zwischen tot und lebendig traumatisch bleibt wie niemandem sonst, und das nicht nur in diesem Zeitabschnitt. Die sprachlich oder durch andere Symbole vorgenommene Einverleibung ist die Quadratur des Kreises, mit der Gedenken ohne Gedächtnis gelingt.

1979 bis 1988: Die Nachgeborenen wollen erinnern

Der 1979 gesendete, gerade wegen seiner trivialliterarischen Qualität so aufwühlende Spielfilm „Holocaust" beeinflußte das breitere öffentliche Bewußtsein in der Bundesrepublik stärker, als es die jahrzehntelange Erinnerungsarbeit in und ausgehend von den kleinen Gruppen Engagierter je vermocht hätte. Durch den Film und die nachfolgende Behandlung des Themas in den Medien wurde eine Generation zur emotionalen und dann auch intellektuellen Beschäftigung mit der nationalsozialistischen Geschichte motiviert, die keinerlei unmittelbare Erinnerung mehr an sie und auch keine persönlichen Verdrängungsinteressen mehr an ihr hatte. Ab 1983 beginnt eine Reihe von 50- und 40-Jahre-Gedenktagen, die ein übriges tun, das Thema Nationalsozialismus im öffentlichen Bewußtsein zu halten. Mahnmaltexte resultieren häufig aus der in den 80er Jahren einsetzenden lokal- und alltagsgeschichtlichen Spurensuche, durch die individuelle Personen und Personengruppen erst wieder erinnerbar werden.

Gegenüber dem grabesstillen und in tieferem Sinn sprachlosen Gedenken der vergangenen 60er und 70er Jahre läßt nun das Wissenwollen die Nachgeborenen nicht zuletzt in Mahnmaltexten zu einer Art eigenen Sprache finden, in der Informationsabsicht an erster Stelle steht. Die Aufstellung von nun viel umfangreicher beschrifteten Tafeln wird von unterschiedlichsten Initiativgruppen veranlaßt, die sich ausdrücklich auch der bislang vergessenen Verfolgtengruppen (Sinti und Roma, Homosexuelle, Opfer von „Euthanasie“ und medizinischen Experimenten) annehmen. Der lokale Bezug der Texte wird sehr wichtig; je informativer die Texte sind, desto weniger scheinen Friedhöfe der rechte Ort dafür zu sein. Die Funktion der Mahnmaltexte ändert sich, indem sie häufiger die Aufgabe der Kommentierung von Gebäuden, Plätzen, Straßen übernehmen, als ermögliche nur der Ort des Geschehens selber eine authentische, weil identifizierende Erinnerung.
Das Historia Magistra Vitae[4] bestimmt das Verhältnis zu den Verfolgten, die kaum mehr als die Protagonisten in einem zeitlos politischen Lehrstück sind: Türken und Asylbewerber als „Juden von heute“ - so ausdrücklich sagen es die Mahnmale zwar nicht, aber der didaktisch informierte und abschließend mit einem kurzen Satz gemahnte Leser stellt diese Parallele ganz von alleine her. Typisch hierfür ist der (gekürzte) Text am früheren Standort der Synagoge in Butzbach (Hessen) von 1981:

> *Hier stand die jüdische Synagoge . . . Erbaut 1926 . . . niedergebrannt am . . . Damit begannen Vertreibung und Vernichtung unserer jüdischen Mitbürger. Von diesem Geschehen lassen wir uns mahnen: Nie wieder darf unser Volk den Terror gegen Menschen zulassen. Shalom - Friede.*

Eine Geschichte wird erzählt und eine Moral daraus gezogen, weil die Geschichte einen „Sinn“ braucht und weil moralische Appelle durch eine vernünftige Begründung erst Gewicht bekommen.

2. Die Wahl der Ausdrucksmittel

Namen für Verfolgte und Leid

Hatten die Lebendgebliebenen ihre toten Leidensgenossen und Angehörigen in der ersten Phase der Mahnmaltexte oft noch direkt angesprochen *(Ihr starbet, damit wir leben!)* und damit bekräftigen wollen: „Wir vergessen Euch nie!“, so werden sie mit wachsender zeitlicher und persönlicher Distanz zum thematischen Gegenstand, über den in den Texten gesprochen wird, und zwar deutlich häufiger als über die Gruppe der Täter und über das Thema Mord und Gewalt. Ausdrücke, mit denen auf Verfolgte und Ermordete Bezug genommen wird, kommen in jedem Mahnmaltext vor, Ausdrücke für

[4] Zur Geschichte dieses Topos vgl. Koselleck.

die Verfolger und Mörder dagegen nicht immer, selbst wenn man zwei angegebene Jahreszahlen *1933–1945* und die manchmal allumfassend verwendete Bezeichnung *Krieg* noch mitzuzählen bereit ist.

Es gibt Texte, in denen werden die Verfolgten bei ihrem eigenen, einzigen Namen genannt, aber angesichts ihrer großen Zahl und der systematisch namenlos Gemachten suchen die Autoren nach zusammenfassenden Ausdrücken. Weitaus am häufigsten ist *Opfer,* von *Toten* reden mit Vorliebe diejenigen, die auch für die „andere Seite", d. h. für die Täter, die schlichten Jahreszahlen bevorzugen, und glauben, sich dadurch jeder ‚Parteilichkeit' zu enthalten. Die Standardformulierung *Tote und Opfer der Jahre* . . . verhüllt den Tod in den Gaskammern und wiederholt gleichzeitig seine „infame Massierung"[5].

Die außer *Opfer* und *Tote* verwendeten übrigen Ausdrücke betonen zwei unterschiedliche Aspekte: Entweder die Verfolgten werden gesehen als das, was sie im Leben waren, als freie soziale Gruppe (*blühende jüdische Gemeinde, Israelitische Kultusgemeinde, die Gailinger Juden,* Namen für Nationalitäten, *Kameraden,* auch *Kämpfer im Widerstand* betont die lebendige und sinnerfüllte Existenz) oder – viel häufiger – als Zwangsgruppe, zu der sie entrechtet gemacht wurden *(Häftlinge, Gefangene, in den Lagern verstorbene Internierte, Fremdarbeiter, Zwangsarbeiter, Juden unbekannter Nationalität, Namenlose).* Oder sie werden benannt und identifiziert mit der Art ihres Zutodekommens, den Umständen ihres Sterbens: *In Gedenken an die Gefallenen der Kriege des 20. Jahrhunderts – Die von Bomben Getöteten – Die Vergasten – Ermordeten – in Konzentrationslagern Gequälten – Die Märtyrer des Christlichen Glaubens* (Evangelische Kirche Bondorf, Kreis Böblingen). Was hier betont wird, läßt sich nur mit Verben in Form des Partizips Perfekt ausdrücken; die Verfolgten sind die passiven Subjekte von Handlungen Anderer: *mißachtet, verfolgt* und *ermordet; gestorben, umgekommen, verhungert, gequält* und *geschunden, verschleppt, erschossen, vergast, hingemordet.* In *die ihr Leben lassen mußten* (von ehemaligen Angehörigen der Jüdischen Gemeinde Seesen, Niedersachsen, u. ö.) ist noch etwas vom Lebenswillen und der Äußerung eines Anspruchs sichtbar. Dagegen geht in *denen das Leben genommen wurde, bevor sie es sinnvoll gelebt hatten* (KZ-Außenlager Bisingen, Baden-Württemberg) die Betonung des Unterworfenseins und der Würdelosigkeit Leidender so weit, daß ihnen noch im nachhinein – sicher in bester Absicht – der Sinn ihrer Existenz abgesprochen wird.

---

5 „[. . .] sechs Millionen Juden sind ein Drittel aller Juden der Welt, was für diese Stadt Mannheim umgerechnet 100 000 Tote und für Deutschland 27 Millionen Opfer hieße", eine „infame Massierung der Zahl, die einfach nicht mehr faßbar ist [. . .] Es ist etwas anderes, ob man ein Ende in den Gaskammern des Ostens findet. Und auch das ist noch ein Unterschied, ob man sich irgendwo ein Grab denken kann oder ob es nirgends auf dieser Welt ein Grab mehr gibt, wohin liebende Gedanken pilgern können." Landesrabbiner Robert R. Geis in seiner Rede zur Einweihung eines Mahnmals in Mannheim am 16. 11. 1952, in: Mannheimer Hefte 3/1952, S. 10–16.

Eine ganze Reihe von Bezeichnungen für ein mehr oder weniger aktives Sterben betont einen dem passiven Unterworfensein entgegengesetzten Aspekt; mit ihnen wird einerseits das Erbärmliche und Erniedrigende dem Blick der Gedenkenden entzogen, andererseits stellen sie den Versuch dar, dem Leiden derer einen Sinn oder eine Funktion zuzusprechen, denen ein sinnvolles Leben von den Nazis abgesprochen worden war: *sie litten und starben, ums Leben gekommen, verstarben, gaben ihr Leben (hin), starben den Märtyrertod* (jüdischer Friedhof Schlüsselfeld, Oberfranken), *starben/ließ sein Leben für Freiheit und Recht* (städtischer Friedhof Soltau, Ehrenfriedhof Goslar). Es macht dabei einen erheblichen Unterschied, wer solche nachträglichen Sinngebungsversuche formuliert: überlebende Verfolgte, für die „Gott auch in Auschwitz anwesend war", ideologische Funktionalisierer oder gar solche, die in Gedenkstätten eine Möglichkeit des Wiedergutmachens und der ei(ge)nhändigen Versöhnung sehen wollen. Generell gilt es zu erkunden, wer einen bestimmten Mahnmaltext verfaßt hat; auch wenn er nicht unterzeichnet ist, geben Ort, Bildsymbolik und Sprache oft deutliche Hinweise.

Das Verbergen der Täter

Mit den Unterworfenen werden sprachlich zugleich die Unterwerfungshandlungen sichtbar. Spätestens der nächstfolgende Schritt müßte die Benennung der Handlungssubjekte, der Akteure sein, aber Ausdrücke, mit denen unmittelbar auf diese Personen(gruppe) Bezug genommen werden kann, sind in Mahnmaltexten selten und folgen auch dann meist der Tendenz zur Entpersönlichung. Ausschließlich auf Personen beziehbare Ausdrücke sind *(damalige) Machthaber, Mitmenschen, Mitbürger* und Namen für die Kollektive der bösen Deutschen *SA, SS, Gestapo,* die vereinzelt und überwiegend erst im vierten Zeitabschnitt verwendet werden. Mit personifizierenden Ableitungen einer Eigenschaft wie *Deutsche* oder einer Ideologie wie *Nationalsozialisten, Nazis* wird bereits auf die Möglichkeit hingewiesen, das Subjekt der Handlungen auf eine von den menschlichen Akteuren abtrennbare Größe zu verschieben[6].

Die allermeisten Autoren wählen Ausdrücke, mit denen Täterschaft und Verantwortung einer unbeeinflußbaren Form der Politik oder einem ideologischen Virus (*infiziert* ist nicht selten) zugewiesen werden: *Gewaltherrschaft (des Dritten Reichs), Herrschaft der Gewalt* oder *des Nationalsozialismus, Faschismus, NS-Regime, politischer Terror, Gewalt, Unrecht* sind mit Abstand die beliebtesten Charakterisierungen der Täter. Andere deuten das Geschehen als überwiegend psychologisch determiniert: *Willkür und Wahn, Rassenwahn, Judenhaß* oder heben den Verstoß gegen moralische Normen hervor: *Grausamkeit, Unmenschlichkeit, Herrschaft des Unmenschen, Brutalität des*

[6] von Polenz (1985) nennt diese Strategie Subjektschub.

damaligen Nationalsozialismus, verbrecherische Intoleranz und Untat. Psychologische und moralische Größen sind nicht grundsätzlich auf einen bestimmten Zeitraum beschränkt, so daß mit solchen Ausdrücken gleichzeitig ein auf die Gegenwart beziehbarer Appell an die Adressaten verbunden werden kann. Nur scheinbar stärker handlungsbezogen ist eine in älteren Texten anzutreffende Personifizierung der Täterhand: *frevelhafte Hand, Verbrecherhand.*

Hassen und *lieben, dunkle* und *helle Zeit* – daran haben sich Überlebende orientieren müssen. Die Autoren des dritten Zeitabschnitts konnten solche dankbar vorgefundenen Ausdrucksweisen in ihr Konzept von Schlußstrich und Neuanfang einfügen und eine ganze Reihe von zeit- statt personenbezogenen Bezeichnungen für die Täter etablieren. Mit dieser Sprachtradition beginnen erst die „Kinder der Täter" in den Texten der achtziger Jahre zu brechen.

Die genannten, meist stark entpersönlichten Ausdrücke für die Täter stehen in sehr vielen Mahnmaltexten nicht an der Stelle des grammatischen Subjekts von Handlungen (z. B. *Die Nazis haben . . . getan*), auch nicht an der Stelle des logischen Subjekts in passivischen Sätzen (z. B. *durch die Gewaltherrschaft*), sondern innerhalb einer adverbialen Ergänzung der Zeit oder des Umstands, d. h. in einer bloß fakultativen Verb-Ergänzung gewissermaßen am Rande des Geschehens: *unter oder während der Herrschaft, in den Jahren des Dritten Reichs, in der Zeit der Judenverfolgung.*

Wie anders hingegen die aus dem Hebräischen übersetzte Formulierung einer Grabsteininschrift auf dem (nicht-jüdischen) Friedhof Markgröningen-Unterriexingen (Baden-Württemberg), wo nicht nur die Täter, ihr Handeln und der genaue Ort unmittelbar genannt werden, sondern durch die Nennung des Namens auch die Individualität des Gepeinigten vorstellbar wird:

> *Hier ist begraben Salomo Salzmann*
> *[. . .] der in die Ewigkeit eingegangen ist im Monat Adar 5705 wegen harter Quälereien durch die Hände der grausamen Deutschen im Konzentrationslager [. . .]*

„Opfer" – von wem, für wen, wofür?

Opfer ist die geläufigste Charakterisierung aller Verfolgten, Geschundenen und Ermordeten, aber nicht nur dieser Personengruppe. *Opfer* kann auf sehr viele bezogen werden, auf alle, die durch Kriege, Katastrophen, Unfälle, Krankheiten zu Tode oder schwer zu Schaden kommen: *Kriegsopfer, Erdbebenopfer, Verkehrsopfer, Vergewaltigungsopfer* usw. *Zum Opfer fallen, ein Opfer bringen, aufopferungsvoll* – damit können auch ganz harmlose Dinge gemeint sein. Dabei ist die Art und Weise, wie *Opfer* heute verwendet wird, noch nicht so sehr alt; Zusammensetzungen wie *Todesopfer* und *des Völkerhasses Opfer* tauchen zuerst bei Schiller (Maria Stuart 1,1) auf.

Zum Substantiv *Opfer*, parallel zum Verb *opfern*, gehören bestimmte, semantisch wichtige Ergänzungen, die jedoch nicht immer ausdrücklich angegeben sind[7]. *Jemandem opfern, ein Opfer für jemanden* oder *etwas, jemandem zum Opfer fallen* - dieser Jemand ist in der älteren, rein religiösen Verwendung ein Gott, später ein weltlicher Herrscher, dem man mit einer Opfergabe dankte oder Ehre erwies, nicht zuletzt, um als eine Art Gegengabe seine Gunst zu erhoffen. Die andere semantisch wichtige Ergänzung, deren Vorhandensein bei der Verwendung von *Opfer* und *opfern* immer vorausgesetzt ist, ist die Rolle desjenigen, der das Opfer bringt bzw. der etwas oder jemanden opfert. Wer - in säkularer Bedeutung - ein Opfer bringt, tut etwas gegen seinen Egoismus und ist dann nach christlicher Werteordnung gut.
Welche grammatische Form die beiden Ergänzungsarten (für wen? wer?) haben, ist beim Verb *opfern* eindeutig festgelegt: der Geber im Subjektsnominativ und der Empfänger im Dativobjekt oder präpositional mit *für*. Nicht so eindeutig verhält es sich beim Substantiv *Opfer*. Sowohl die Rolle des Empfängers/Forderers als auch die des Gebers kann mittels eines Genitivattributs oder eines Possessivadjektivs ausgedrückt werden: *da rast der see und will sein opfer haben* (Schiller, W. Tell), als auch *Abrahams* oder *mein Opfer*. Bei größerem Kontext ist diese Doppeldeutigkeit kaum der Rede wert; anders hingegen in Mahnmaltexten, in denen sich hinter der Formulierung *unsere Opfer* eine erschreckende Vielzahl von Lesarten verbirgt. *Unbekannte Opfer der Gestapo, Geopferte mahnen Euch [. . .]* (Breitenau-Guxhagen, Hessen). Haben wir es beim Opfer-Begriff vor[8] wie nach 1945 mit Vorstellungsresten eines Tier- und Menschenopferkultes überwunden geglaubter Frühreligionen zu tun?
Opfer wird in allen Zeitabschnitten und unterschiedslos von allen Autorengruppen häufig verwendet[9]. Es wird mit den genannten Ausdrücken für die Täter meist genitivisch verbunden: *den Opfern der Gewalt, der Verfolgung, des Nationalsozialismus, des Faschismus, Opfer von Haß und Gewalt* usw., wobei unmißverständlich klar ist, daß mit den jeweiligen Ergänzungen die Rolle

---

[7] Man spricht von der syntaktisch-semantischen Valenz eines Worts, die in konkreten Formulierungen teilweise, seltener vollständig realisiert wird.

[8] Ein Wehrmachtsoffizier schrieb am 24. August 1939 zur Inszenierung des Kriegsanlasses (Überfall auf Polen) in sein Tagebuch, dieser Anlaß werde „durch 150 Häftlinge aus den Konzentrationslagern hergestellt, die in polnische Uniformen gesteckt sind und geopfert werden". Zitiert nach Lothar Gruchmann, Der Überfall. Wie Adolf Hitler den Zweiten Weltkrieg begann, in: Süddeutsche Zeitung v. 26. 8. 1989.

[9] Dabei spielt ab 1956 auch die juristische Definition von *Opfer* im „Gesetz zur Entschädigung für Opfer der nationalsozialistischen Verfolgung" eine verstärkende Rolle. Im Gesetz wird dann allerdings der Ausdruck *Verfolgter* verwendet und definiert als jemand, der durch diese Verfolgung „Schaden [. . .] erlitten hat". Zeitlich parallel und unter Verwendung derselben Begriffe stuften sich (ehemalige) Nationalsozialisten und deren Angehörige als „Geschädigte" im Sinne des Bundesversorgungsgesetzes ein und stritten vor Gericht um die Anerkennung als „Opfer der alliierten Schreckensherrschaft". Siehe Friedrich (1989), 41.

des Empfängers und Forderers angegeben wird. Zwar sollen mit solchen Formulierungen Haß, Gewalt und bestimmte *-ismen* gerade angeklagt werden, auf dem Hintergrund der Valenztradition des Worts *Opfer* fallen die Angeklagten aber mit der Rolle einer nur fordernden und nur durch Menschenopfer zu besänftigenden Macht zusammen und werden dadurch inthronisiert. Das bedeutet: Die erwünschte Überwindung von Haß, Gewalt usw. wird durch die Verwendung des Opferbegriffs geradezu vereitelt, denn erst eine überwundene Macht fordert keine Opfer mehr.

Die Deutung der Rollen von Geber und Empfänger eines Opfers wird problematisch, wo eine nicht genannte Sprechergruppe von *Unseren Opfern* spricht, wie die Inschrift auf einer von der Firma Buderus gestifteten Plastik lautet, die auf dem Friedhof in Hirzenhain (Wetteraukreis) steht. Nur wenige Leser werden wissen, daß auf dem Gelände der heutigen Buderus-Werke ein Zwangsarbeiterlager stand, an dessen Tote hier erinnert werden soll. Wer also ist *wir?* Sieht sich die Firma in der Geber-Rolle, hat sie die Opfer darbringen, einen schmerzlichen Verlust erleiden müssen? Oder sieht sie sich in der Empfänger/Forderer-Rolle, hat sie bzw. ihre Vorgängerin, die Rüstungsfirma, diese Opfer verlangt, so daß die Inschrift als Reuebekenntnis zu lesen wäre? Wer von der Firma nichts weiß, stellt sich hinter dem *wir* vielleicht die Hirzenhainer Bevölkerung vor oder gar das ganze deutsche Volk - die Doppeldeutigkeit bleibt: *Unsere Opfer,* das sind die, die wir aus unserer Mitte heraus unter Schmerzen geopfert haben, und an diesen Schmerz wollen wir hiermit erinnern. Oder: *Unsere Opfer,* das sind die, die wir aus unserer Machtposition heraus dazu gemacht haben, wir brauchten ihren Tod und diese Selbsterkenntnis wollen wir hiermit leisten[10].

Die beabsichtigte Lesart ist wahrscheinlich die des *wir* als den Gebern. Mit *Unsere Opfer* wird weitgehende Identifikation der Autoren mit den Toten ausgedrückt, wie sie sich - aus einer völlig anderen Legitimation heraus - in einigen Texten jüdischer Autoren findet[11]. Die toten und die lebendgebliebenen Mitglieder ein und derselben Gemeinde sind tatsächlich eine mit sich selbst identische Leidens- und Sprechergruppe. Kann dies auch für *Die Stadt Ahlen* (Nordrhein-Westfalen) gelten, die sich als Sprecherin des Textes *Unseren Opfern von 1933 bis 1945* zu erkennen gibt? Die wohl schamloseste Identifikation formulierte man Mitte der 50er Jahre auf dem Vorwerker Friedhof in Lübeck: *Wir sind Opfer - Wir sind Saat* und zählt als Opfer dann eigene und fremde Soldaten, KZ-Häftlinge und Vergaste zusammen.

---

10 Bezeichnenderweise kommt ein korporatives *wir* als die Autoren und Täter identifizierende Bezeichnung (etwa *Wir Täter, Mitläufer, Gleichgültige, Nachkommen, unser Handeln* . . .) nirgends vor.

11 Z. B. auf den jüdischen Friedhöfen in Mainz und Krefeld, wo von den *Opfern unserer Gemeinde* die Rede ist.

„Jüdische Mitbürger"

Jüdische Mitbürger wird erst ab etwa 1960 verwendet, obwohl diese Bezeichnung kaum jemals auf die 30000 bis 40000 jüdischen Bürger der BRD[12] bezogen worden ist, die sich entschieden haben, „mitten unter uns" zu leben[13]. Für Autoren von Mahnmaltexten besonders der 80er Jahre ist diese Bezeichnung eine willkommene Alternative oder doch eine relativierende Ergänzung zu *Opfer.* Jede(r) weiß, daß der Mitbürgerstatus den Juden im Nationalsozialismus nicht nur juristisch genommen wurde, sondern auch, daß die allermeisten Deutschen sich nicht als Mitbürger gegenüber den Entrechteten verhalten haben, wie es der Wechselseitigkeit des Worts entspräche[14]. Der jüdische Mitbürger impliziert den nicht-jüdischen deutschen oder christlichen Mitbürger gegenüber den Juden, aber als man es wagt, dieses aufgeklärte und humane Programm auszusprechen, in Mahnmaltexten und anderswo, gibt es ein bürgerliches Miteinander an den meisten Orten hierzulande längst nicht mehr, denn auf die bundesrepublikanischen jüdischen Mitbürger bezieht man sich mit dieser Bezeichnung ja gerade nicht. Wie tauglich kann diese programmatische Formel dort sein, wo es um die Kennzeichnung des geschichtlichen Verhältnisses von Juden und Deutschen in der nationalsozialistischen Gesellschaft geht? Bei folgender Formulierung

> *[. . .] mußten in den Jahren des Nationalsozialismus viele unserer jüdischen Mitbürger ihren letzten Weg antreten. [. . .] Berlin (Levetzowstraße)*

könnte es sich auch um ein Erdbeben in (!) den Jahren XYZ mit anschließender Epidemie gehandelt haben, kaum zu glauben, daß die einen Mitbürger die anderen zu jenem letzten Weg gezwungen haben.

Die Wortwahl von heute spiegelt beinahe themenunabhängig die Wunschvorstellungen gegenwärtiger oder gar erst zukünftiger sozialer Lebensformen in die Vergangenheit zurück. In den allerjüngsten Mahnmaltexten, die 1988 zum 50. Jahrestag des Novemberpogroms von 1938 aufgestellt wurden, ist häufiger von *jüdischen Mitbürgerinnen und Mitbürgern* die Rede[15]. Hier hat Sprachkritik, und zwar feministische, endlich einmal öffentlichen Einfluß gewonnen, sie gibt sich dann aber mit der Einführung doppelter Formen zufrieden und scheint sich nicht mehr dafür zu interessieren, an welchem Wort das movierte Femininum *(-innen)* zur Geltung kommt. Hält diese Sprachkritik die anderen Ausdrücke des Textes *(die in den Jahren . . . der*

---

[12] Je nachdem, ob man sich auf die Mitgliederzahl der jüdischen Gemeinden beschränkt oder nicht.

[13] Mit Bezug auf jüdische Mitbewohner einer badischen Kleinstadt wurde der Ausdruck schon um 1910 verwendet. (vereinzelt?)

[14] Thomas Bernhard hat formuliert, jüdische Mitbürger seien die, denen ihre „christlichen Mitbürger die Familie im KZ umgebracht haben". Zit. nach Rolf Michaelis, in Die Zeit v. 7. 4. 1989, S. 68.

[15] Z. B. in Hirschberg a. d. Bergstraße (Baden-Württemberg).

nationalsozialistischen Schreckensherrschaft zum Opfer fielen . . .) für einer Reflexion nicht mehr bedürftig?
Nur einmal und bezeichnenderweise erst im vierten Zeitabschnitt wird das Wort *Mitbürger* nicht für die Verfolgten, sondern für die Täter verwendet, um so die fehlende Mitbürgerlichkeit gerade in einer Textsorte zu kritisieren, in der man konkrete Vorwürfe nicht offen zum Ausdruck bringen „darf": *Dem Andenken der Jüdischen Gemeinde in Gütersloh und ihrer Synagoge, die [. . .] von Mitbürgern zerstört wurde [. . .].*

Sprachzeichen und Bildsymbole

Das Zeichensystem von Mahnmalen und Gedenkstätten umfaßt sprachliche und nicht-sprachliche Zeichen, durch deren Zusammenwirken erst das besondere Geschichts- und Menschenbild dieses Mediums entsteht. Der Anteil der nicht-sprachlichen Zeichen kann hier nur am Rande gestreift werden, doch läßt sich anhand der Fülle des Materials eine Art Hitliste der beliebtesten Symbole erkennen: Für Mahnmale des nivellierenden Gedenkens an Soldaten, Kriegsopfer und Verfolgte scheinen Urnen, Obelisken und Kreuze am passendsten; die Arbeiten von bekannten und unbekannten Künstlern, die mit der Gestaltung eines einzelnen Mahnmals betraut wurden, beziehen sich zumeist auf Stacheldraht, Eisenbahnschienen, Symbole für Kerker und Unfreiheit, z. B. Gitter, und Flammen. Einige wagen sich auch an die Darstellung von Menschen: gefesselte, ausgemergelte, verzerrte, angst- und qualvolle Figuren.
Von den jüdischen Symbolen ist der sechszackige Davidstern (hebr. *magen david* ‚David(schutz)schild') mit Abstand am häufigsten vertreten, sehr viel seltener dagegen der siebenarmige Leuchter, die Menora, und gar nicht weitere, auf das Judentum als Ganzes bezogene Symbole wie der (oder die zwei) Löwe(n) Judas, die Krone der Tora oder die „Tafeln des Bundes" (d. h. der Zehn Gebote), zwei oben abgerundete Rechtecke mit oder ohne die römischen Zahlen von I bis X.
Wenn man davon ausgeht, daß die Wahl der jüdischen Symbole im Zusammenhang mit Mahnmalen in den allermeisten Fällen von Deutschen als Nachfahren der Täter und Dulder, kaum jedoch von (deutsch-)jüdischen Angehörigen oder Überlebenden getroffen wird, so scheint es, daß die Häufigkeit und relative Bevorzugung dieses Sterns aus der nach wie vor großen Unkenntnis der jüdischen Kultur und dem ihr eigenen Umgang mit bestimmten bildlichen Symbolen resultiert. Darüber hinaus ist aber zu fragen, ob der Davidstern auf Mahnmalen eine womöglich bewußtlose Kontinuität von mittelalterlichem gelbem Fleck und nazistischem gelbem „Judenstern" darstellt[16].

---

[16] Stigmatische Symbole im Spätmittelalter waren „Judenhut" und „Judenfleck", im 17. Jhdt. „gelbe Ringlein".

Der Stern auf einem Mahnmal hat in erster Linie eine Kennzeichnungsfunktion zu erfüllen, weil andere Kennzeichnungen ausfallen: Die Ausdrücke *Jude, jüdisch* sind tendenziell tabuisiert und daher selten; die Bedeutung des zwangsläufig oft vorkommenden Worts *Synagoge* ist heute nicht wenigen unklar und das Kommunikationsmedium hebräische Schrift kann nicht ausschließlich zur Kennzeichnung des Themas „jüdisch-deutsche Vergangenheit" herangezogen werden. Also dient zur ersten, optisch schnell faßbaren Kennzeichnung - wieder einmal - der Stern.

Ein Gedenken, an dessen Anfang Blindheit und Unachtsamkeit steht, läßt auf eine dem vergegenwärtigenden Gedenken im Grunde entgegengesetzte Mitteilungsabsicht schließen: zu vernebeln und alles, was noch klar ist in den Gedächtnissen, zu verschleiern. Auf dem Friedhof von Montabaur (Rheinland-Pfalz) stehen drei Bronzekreuze und fünf Namenstafeln, dazu eine Tafel mit kurzer Standardformel: *[. . .] an die Opfer des [. . .].* Wären da nicht auch die als solche erkennbaren Namen der Juden aus Montabaur auf den Tafeln, so fiele vermutlich nicht auf, daß hier Angehörige eines Volks und einer Religion unter eben jenes Kreuz gebracht werden, in dessen Namen ihre Verfolgung einst anfing. Das blinde Gedenken mutet Juden ein Symbol zu, das ihnen in der Regel für alles andere als für „Glaube, Liebe, Hoffnung" stand. Die drei Kreuze von Montabaur sind kein Einzelfall.

Unter den sprachlichen Zeichen findet man ähnlich blinde oder verletzende Zumutungen; sie dienen mehr einer allgemeinen Distanzschaffung als der Vergegenwärtigung. Da sind zunächst archaisierende syntaktische und lexikalische Formen wie *gedenket, starbet, wehret* mit direktem Dativobjekt statt reflexiv und mit Präpositionalobjekt *(sich wehren gegen), möge sich solche Tat nie wiederholen, ruchlos, des Rassenwahnes* und *des Faschismusses.* Alle diese Formen sind Kennzeichen längst vergangener Sprachstufen des Deutschen, ohne daß man sie etwa einer bestimmten Epoche zuordnen könnte. Was sie signalisieren, ist das Entrücktsein sowohl der Sprecher und Leser als auch des Dargestellten von jeder gegenwärtigen, öffentlichen und alltäglichen Sprache und damit von realem, heutigem Bewußtsein. Sie signalisieren nicht nur, daß die Welt, in die man sich mit Hilfe von Mahnmaltexten begibt, eine andere als die des Alltags ist, sondern mehr noch daß sie eine sehr, sehr vergangene ist.

Die blinde Wahl sprachlicher Ausdrucksmittel kann gegen die Absicht der Autoren ein - für heutige Leser - grelles Signal (sprach)historischer Nähe zum Nationalsozialismus setzen, wenn z. B. die Rede ist von *in den Lagern Ziegenhain und Schwarzenborn verstorbenen Internierten* (Schwalmstadt, Hessen), *diente das Messelager als Häftlingslager [. . .], Außenkommando [. . .] untergebracht, das bei Sprengarbeiten, Bunkerbau und zur Bombenräumung nach Luftangriffen eingesetzt wurde* (Köln-Deutz 1981), *befand sich während des zweiten Weltkrieges das sogenannte Judenlager [. . .] wurden die [. . .] vertriebenen Juden konzentriert und [. . .] abtransportiert* (Köln-Müngersdorf 1981), *ruhen 4 Italiener, 23 Polen-Kinder [. . .] 34 Russen-Kinder* (Unterlüß,

Niedersachsen) und von *Juden-Schule* als eines alten antijüdischen Kompositums. Nicht daß dies ausschließlich Nazi-Wörter (die es in der vorgestellten Absolutheit gar nicht gibt) wären, aber die Menschen- und Weltsicht, die sich in ihnen äußert, ist mit der der Nationalsozialisten identisch: mechanistisch, bürokratisch, entmenschlichend und entpersönlichend, weil Menschen nur als verdinglichte Objekte von Handlungen vorkommen. Wer da einwendet, man dürfe „die Dinge wohl nicht mehr beim Namen nennen" (Ph. Jenninger), muß sich fragen lassen, ob er denn für diese Dinge keine anderen als solche „Namen" zu finden weiß und ob nicht heutige Sprecher, z. B. die Autoren von Mahnmaltexten, in der Lage sein müßten, mit ihren Worten die Perspektive der Verfolgten einzunehmen. Das beliebte *sogenannte(s/r)* als Signal der Distanzierung von nazistischer Sprecherhaltung kann nicht mehr sein als ein Anfang der Suche nach denjenigen Ausdrucksmitteln, die in Übereinstimmung stehen mit der im Gedenken einzig möglichen Sprecherhaltung: die Be- und Verurteilung des Handelns von Deutschen und Nationalsozialisten, die Betonung der Achtung gegenüber den Verfolgten und die Anerkennung ihrer Individualität und ihres Leidens. Der kommunikative Zweck von Gedenkveranstaltungen jeder Art (Texte, Reden u. a.) ist es gerade, eine „Umkehr" der Deutschen als Nation im Sehen, Denken und Handeln (welt-)öffentlich zu machen. Wie soll dies ohne Umkehr in der Sprecherhaltung von Autoren und Rednern überhaupt gelingen?
Die in den Mahnmaltexten vorherrschende Perspektive ist von der Art des Weder-hier-noch-dort, ist geschichtslos entrückt. Das wird zuwege gebracht durch die Imitation einer Literatursprache, die für zeitlos weil „klassisch" gehalten wird und die doch nichts anderes erreicht als das hohle Pathos der Nazis.

Geliehene Worte

Mittels literarischer Zitate lassen Mahnmaltextautoren nicht selten andere für sich sprechen. Zitate werden nie zu Zwecken der Information eingesetzt, sondern mit ihnen werden überindividuelle und überzeitliche Werte ausgedrückt und dem Leser zur Identifikation angeboten. Das Spektrum übernommener Fremdtexte ist breiter, als man zunächst vermutet, es weitet sich vor allem im vierten Zeitabschnitt auf nicht-biblische und nicht-literarische Texte aus. Dabei ist es offenbar nicht so sehr der Signalwert eines Autors, der die Übernahme eines Fremdtextes bestimmt - nicht wenige Zitate sind gar nicht als solche ausgewiesen -, das Hauptauswahlkriterium scheint in der Vielfältigkeit und Offenheit der Deutungsmöglichkeiten eines aus seinem Zusammenhang gelösten Zitats zu liegen.
Am häufigsten, von jüdischen Mahnmaltextautoren ausschließlich, werden Stellen aus der hebräischen Bibel angeführt, vor allem aus Jeremia, Jesaja, Hiob und den Psalmen. Christliche Autoren von Gedenktafeln schließen sich

dieser Zitiertradition häufig an, ziehen aber auch das Neue Testament heran. Nichtkirchliche Autoren wählen im dritten Zeitabschnitt gern Texte „deutscher Dichter" wie Goethe und Schiller, Freiligrath und Uhland, Grillparzer und Marie von Ebner-Eschenbach. Im vierten Zeitabschnitt sind tendenziell mehr politische Autoren wie Tucholsky, von Ossietzky, Brecht, Heine vertreten. Im ganzen begegnet man sowohl Sophokles als auch Artikel 1 des Grundgesetzes, sowohl Victor Hugo als auch Ricarda Huch, sowohl dem amerikanischen Philosophen George Santayana als auch dem deutschen Gewerkschafter Hans Böckler, sowohl einem Satz von Lloyd George über Antisemitismus auf einem christlichen Friedhof als auch einem Satz von Hölderlin dort, wo an eine Synagoge erinnert wird. In Aachen steht ein inhaltlich ausgewogenes „Lesebuch" in Form von zwölf Beton-Stelen, das u. a. Rosa Luxemburg neben Hermann Hesse, Kurt Schumacher neben Dietrich Bonhoeffer, Georg Büchner neben dem Neuen Testament und Martin Bubers Bibelübersetzung enthält.

Generell wird der Text- und damit Sinnbezug eines Zitats zum übrigen Zeichensystem des Mahnmaltextes bzw. der Gedenkstätte völlig offen gelassen und ins Belieben der Leser gestellt[17]. Als prototypisch kann folgendes Beispiel gelten:

Der Mensch sei Mensch
Den Opfern des Nationalsozialismus
Die Stadt Wuppertal
(„zentrales Mahnmal" der Stadt, 1958)

1973 wurde dem hinzugefügt:

KZ Kemna
5. Juli 1933–19. Jan. 1934

Die erste Zeile, ein Zitat aus unbekannter Quelle, bietet dem Leser an, sich als „der" Mensch schlechthin zu verstehen und fordert ihn auf, Mensch, d. h. menschlich und human zu sein; dieses Werte-Angebot bleibt so allgemein, daß man ihm zustimmen muß, mag man unter „Menschsein" auch sehr unterschiedliche Dinge verstehen. Die zweite Zeile steht in keinem ausdrücklichen Zusammenhang mit der ersten; nur das vorausgesetzte Welt- und Geschichtswissen läßt den Leser erkennen, daß mit *Nationalsozialismus* der Gegensatz zu *Mensch* bezeichnet ist. Damit wird die Interpretation des Nationalsozialismus als politisches System einschließlich aller Einzelhandlungen auf den Aspekt des moralisch Verwerflichen reduziert.

Manche Autoren scheinen sich um die Schwierigkeiten des Lesers mit dem Text und besonders mit bestimmten Zitaten gar nicht zu kümmern. Es ist

---

[17] Zitate etwa mit einem *wir* als Identifikation der Nachgeborenen mit Tätern und Gleichgültigen fehlen erwartungsgemäß. Möglich wäre z. B. „Wir haben gesündigt mit unseren Vätern ...", Psalm 106.

wünschenswert, aber nicht wahrscheinlich, daß nicht-jüdische Leser die ganz besondere Bedeutung des 1979 enthüllten Mahnmaltextes in Dierdorf (Rheinland-Pfalz) ahnen können:

Höre Israel
Der Herr unser Gott ist einzig
9. Nov. 1938

Dies ist die deutsche Übersetzung von Anfang und Titel des wichtigsten jüdischen Bekenntnisses (Gebets) des Schma Jisrael (Deuteronomium/5. Mos. 6,4ff.), von dem es die jüdische Geschichte hindurch heißt, es sei im Anblick des Todes auf den Lippen vieler gewesen.

Deiktische Ausdrücke

Wichtige Anhaltspunkte für die einen Sinnzusammenhang suchenden Leser sind die sog. deiktischen Ausdrücke, die nur in der (zeitlichen, räumlichen) Relation zum jeweiligen Sprecher konkrete Bedeutung bekommen. Dazu zählen *ich/wir, du/ihr, hier, jetzt, dort* usw. und Imperativformen, die besonders in biblischen Texten häufig vorkommen. Textstellen mit deiktischen Ausdrücken sind in der theologischen und religiösen Kommunikation ihrer freien Übertragbarkeit auf andere, heutige Sprechersituationen wegen wichtig und die Vernachlässigung des ursprünglichen Textzusammenhangs zugunsten aktueller Übertragungen hat mit Bezug auf Bibeltexte Tradition. Das Zitat innerhalb des folgenden Mahnmaltextes läßt drei Lesarten zu:

Hier ruhen Menschen, die in der schweren Zeit des Nationalsozialismus im Strafgefangenenlager Rollwald gefangen gehalten wurden und einen sinnlosen Tod erleiden mußten.
Richtet nicht, damit ihr nicht gerichtet werdet.
Matthäus VII, Vers 1.
(Rodgau-Nieder-Roden, ehemal. Lagerfriedhof, 1983, auf Initiative der Evangelischen Jugend)

Die erste und naheliegendste Lesart des Zitats ist, daß sich die Sprecher, hier die Evangelische Jugend, mit dem Imperativ an die Leser der Gedenktafel wenden. Worüber sollen die Leser nicht richten? Diese Frage beantwortet - sprachüblich - der Kontext. Sollen die Leser nicht richten über den Sachverhalt des Nationalsozialismus einschließlich des sinnlosen Todes vieler Menschen? Da zwischen *richten* und *strafen* (im *Strafgefangenenlager*) Bedeutungsähnlichkeit besteht, kann man zweitens auch lesen: „Richtet nicht so wie die Nationalsozialisten, die damals über andere Menschen gerichtet haben, denn ihr seht ja, wie sehr über jene jetzt zu Gericht gesessen wird." Obwohl es in Mahnmaltexten wie in Grabinschriften nicht unüblich ist, Tote anzureden oder sie sonstwie in die Kommunikation einzubeziehen, könnte man eigentlich ausschließen, daß sich die Sprecher mit dem Imperativ des Zitats an die Ermordeten wenden wollten. Diese Lesart schiene absurd, wäre da nicht die die Gedenkgeschichte der Bundesrepublik durchziehende, aber wie hinter vorgehaltener Hand geäußerte Forderung: „Richtet nicht über uns Deutsche!", die im erweiterten Kontext dieses einzelnen Mahnmaltextes doch zu präsent ist.

Um deiktische Ausdrücke und Texte, in denen sie verwendet werden, zu verstehen, ist es notwendig, den oder die Sprecher bzw. Autoren zu kennen. Wenn Äußerungen anonym sind, wie in mehr als der Hälfte der Mahnmaltexte, muß die Verwendung deiktischer Ausdrücke zu Problemen in der Kommunikation führen. Zunächst läßt sich zeigen, daß der Umgang mit deiktischen Ausdrücken wie den Personalpronomina *wir, ich* und flektierten Formen in Mahnmaltexten durchaus den allgemeinsprachlichen Regeln folgt; mit *wir* wird oft auf die Autoren Bezug genommen, z. B. *[. . .] gedenken wir in Bestürzung und Trauer [. . .]* Vereinzelt bezieht sich *wir* aber auch auf die Ermordeten selbst, z. B. *Unser Leiden sei Euch Mahnung zum Frieden.* (Ehrenanlage Petershagen, Nordrhein-Westfalen)

Ein verdeckter Sprecherwechsel soll wohl beim Text auf dem Bahnhofsvorplatz in Ahlen (Nordrhein-Westfalen 1980) angenommen werden:

Zum ehrenden Gedenken
an unsere jüdischen Mitbürger. [. . .]
Kommt Ihr alle die Ihr
vorübergeht. Schauet und seht
ob ein Schmerz sei wie der Schmerz
der mir angetan worden
Klag. 1.2

Die grammatische Inkongruenz des Plurals *(Mitbürger)* und des Singulars *(mir)* spricht hier gegen den Sprecherwechsel, d. h. die Annahme, daß die Worte des Propheten Jeremia von den „jüdischen Mitbürgern" der zweiten Zeile geäußert werden. Nimmt man für den gesamten Text nur einen Sprecher an - der Text selbst läßt dies durchaus zu -, dann ergibt sich eine Lesart, die innerhalb eines nur mehr oder weniger bewußten Sinnsystems wahr zu sein beansprucht, dann nämlich wäre das Zitat die Klage „der Deutschen" über das, was „die Juden" ihnen mit Auschwitz angetan haben[18].

Es gibt zum Glück auch positive Beispiele, die zeigen, daß es die Sprachkompetenz von Mahnmaltextautoren keineswegs überschreitet, Zitate so auszuwählen und den übrigen Text so zu formulieren, daß sowohl die übergeordnete Textaussage als auch jede einzelne Äußerung in ihrem Bezug zu Ort und Anlaß der Gedenktafel eindeutig ist:

---

[18] „Die Deutschen werden den Juden Auschwitz nie verzeihen" ist eine der Kapitelüberschriften in dem Buch von Henryk M. Broder, Der ewige Antisemit, Frankfurt 1986, S. 125.

Du sollst nicht töten
1933–1945
Hier ruhen 289 Opfer des Unrechts
(Hauptfriedhof Karlsruhe; daß es sich hier um „Euthanasie“-„Opfer“ handelt, erfährt der Leser allerdings nicht.)

3. Magisches Ritual oder Medium der Informationsgesellschaft?

Für die Frage nach dem kommunikativen Sinn von Mahnmaltexten ist der appellative Charakter näher zu betrachten, der zum einen mit den üblicherweise verwendeten Textsortennamen *Mahn-(mal), Gedenk-(stein, -stätte, -tafel)* usw., zum anderen mit den Verben *gedenken, mahnen, verpflichten, erinnern, nicht vergessen dürfen, aufgerufen sein* sowie entsprechenden Nominalausdrücken *(zum Gedenken, zum Gedächtnis, zur Mahnung, zur Erinnerung, zur eindringlichen Lehre)* ausgedrückt wird. Dieser Appell an die Adressaten zielt aber auf keine konkrete, näher bestimmte Handlung oder Bewußtseinshaltung; abgesehen von den ersten Jahren nach der Befreiung scheint den Mahnmaltextautoren der Appell „Gedenkt! usw.“ legitimierungsbedürftig zu sein. Schon 1965 wird in einer Tafel mit Namen Düsseldorfer Bürger mit *Unsere Liebe – ihr Lohn!* dieser Menschen nicht nur liebend gedacht, sondern es wird zugleich motivierend ein Effekt (Lohn) genannt, der freilich nur innerhalb eines ethisch-religiösen Wertesystems Gültigkeit hat, in dem das Handeln von Lebenden auch für Tote relevant ist.
In Mahnmaltexten des jüngsten Zeitabschnitts werden die Versuche immer häufiger, den Nutzen des Erinnerns als solches herauszustellen. Dabei wird mehr oder weniger bewußt auf jüdische Ideen vom Begründungszusammenhang zwischen dem Erinnern und der Gegenwartsorientierung zurückgegriffen, Ideen, die sich in der langen geschichts-„theoretischen“ Reflexion der „Religion des guten Gedächtnisses“[19] herausgebildet haben und nicht zufällig wichtiger Hintergrund einer Geschichtsphilosophie wie etwa der Walter Benjamins oder der sozialwissenschaftlichen Analyse über „Das kollektive Gedächtnis“ des in Buchenwald ermordeten Maurice Halbwachs sind. Geradezu traditionsbildend für gegenwärtige und zukünftige Gedenkreden und -texte scheint sich eine Stelle aus der berühmten Rede Richard von Weizsäckers zum 8. Mai 1985 auszuwirken: *Das Geheimnis der Erlösung heißt Erinnerung*. Dieser Satz, der manchmal dem Baal Schem Tow (ca. 1699–1760), Begründer des Chassidismus, zugeschrieben wird, ist seit dieser Rede immer wieder als „alte jüdische Weisheit“ zitiert worden. Schon früher, nämlich 1983, wird mit diesem Satz der Appell der Gedenktafel am Ort der Synagoge in Bad Mergentheim begründet und verstärkt (Hahn 1988, 332). Die gleiche Argumentation bieten andere, unausgewiesen zitierte Bibel- und Talmud-

[19] Zu diesem Topos vgl. Ebach 1988, 108; zur Sache vgl. Yerushalmi 1988.

verse, z. B. *[. . .] Ein Mensch ist erst dann tot, wenn die Kinder ihn vergessen haben.* (H.-Schütz-Schule, Kassel, 1985) sowie als einzige nicht in der jüdischen Tradition verankerte Begründung der Satz von G. Santayana: *Die sich des Vergangenen nicht erinnern, sind dazu verurteilt, es noch einmal zu erleben.* (Klöckner-Hütte, Bremen, 1984)
Der sich in diesen Äußerungen zeigende Begründungsnotstand des zentralen Appells von Mahnmaltexten scheint aufgehoben, sobald mit dem Erinnern ein über den Augenblick der Rezeption hinausgehender Zweck oder eine mit *mahnen/Mahnung* am stärksten ausgedrückte Verpflichtung verbunden werden kann. Die Valenz von *mahnen* macht die Angabe des Wozu, quasi als ein positives Programm, auf das sich Autoren und Leser verpflichten, unbedingt erforderlich; dennoch fehlt eine solche Angabe in vielen Fällen. So wird das Mahnmal als Ganzes kommunikativ problematisch; sein zentraler Appell läuft ins Leere, wenn nicht gesagt wird, woran bzw. wozu gemahnt wird. Wenn nun die Autoren Ziel oder Inhalt der Mahnung nennen, stellt sich die Frage, welche Ziele und Werte es sind, auf die die Adressaten hin verpflichtet werden sollen. Zwei Beispiele:

Nie wieder Faschismus - Nie wieder Krieg - [. . .] (häufig belegt)
[. . .] Die Leiden des jüdischen Volkes rufen auf zur Verteidigung der Menschenrechte, zum Widerstand gegen Gewalt und die rechtlose Verfolgung Andersdenkender.
(Standort der Synagoge, Alsfeld, Hessen)

Das Wertesystem der Mahnmal-Appelle wird - wie im politischen Sprachgebrauch auch sonst - mit Hilfe von Schlagwörtern ausgedrückt: „Schlagwörter erheben Relatives zu Absolutem und reduzieren das Komplizierte auf das Typische, Überschaubare und Einfach-Gegensätzliche" und sind aufgrund ihrer „appellativen, handlungsanweisenden Funktion" (Strauß 1989, 33) geradezu prädestiniert für Mahnmaltexte. Dabei werden überwiegend negativ wertende Schlagwörter, sog. Feindwörter, verwendet, selten hingegen positiv wertende, sog. Fahnenwörter[20]. D. h., die Mahnmal-Appelle beziehen sich häufiger auf zu Verhinderndes und zu Bekämpfendes als auf Ziele.
Bei den Fahnenwörtern herrscht bis in die 60er Jahre hinein deutlich ein in konfessioneller und ideologischer Hinsicht unspezifischer ethischer Humanismus *(Brüderlichkeit, Liebe, Frieden)* vor. Es werden aber schon früh andere, konkret politische und politisch nützlichere Werte neben und anstelle der allgemein menschlichen gesetzt (Fahnenwörter: *Demokratie, Frieden, Recht, Gerechtigkeit;* Feindwörter: *Totalitarismus, Gewaltherrschaft*).
Endgültig abgelöst werden die allgemeinen menschlichen Werte in den Mahnmaltext-Appellen etwa mit Beginn des vierten Zeitabschnitts ab 1980. An ihre Stelle tritt die beinahe vollständige Palette der „Grundwerte"-Wörter „Freiheit, Menschenwürde, Frieden, Demokratie, Gerechtigkeit, Gleichheit

[20] Termini von Herrmanns 1982.

und Solidarität" (Strauß 1989, 35). Mit deren Verwendung wird die Zustimmung der Adressaten zu den vermittelten Werten vorausgesetzt. Noch unanfechtbarer und unbezweifelbarer ist der Konsens, der mittels negativ wertender Schlag- oder Feindwörter ausgedrückt wird. Den Autoren der früheren Zeitabschnitte fehlen sichtlich noch die plakativen Formeln; sie greifen zu Umschreibungen wie *was hier geschah* oder *diese Zeit (darf nie wieder . . .).* Von *Krieg* abgesehen verwenden Mahnmaltextautoren konkrete Ausdrücke wie *Terror, Gewalt(herrschaft), Diktatur, Verfolgung* und *Faschismus* erst etwa ab 1980. Einmal sind diese Ausdrücke um diese Zeit „endlich" auch als Verurteilungen anderer politischer Systeme, vor allem des Ostblocks, aber auch z. B. Südafrikas erprobt, und man verwendet sie aus dem Selbstbewußtsein einer etablierten Demokratie heraus. Zum zweiten fallen sie mit denen zusammen, die in den informierend-darstellenden Textteilen der Mahnmaltexte zur Bezeichnung der Täterrolle dienen. Das heißt, die Mahnmal-Appelle drücken weniger ein Programm für die Gestaltung der politischen Gegenwart und Zukunft aus, als daß sie der Abgrenzung und Distanzierung von der „dunklen" Vergangenheit bzw. von anderen politischen Systemen dienen. Die mahnenden Appelle liefern so vor allem den Hintergrund, vor dem die Helligkeit der bundesrepublikanischen Gegenwart um so stärker strahlt.

Mahnmaltexte dienen außer dem Appellieren auch dem Informieren. Diese Textfunktion wird im Zusammenhang mit *erinnern/Erinnerung,* gefolgt von der Präposition *an (etwas oder jemanden)* ausgedrückt. Das gleiche gilt für *gedenken/Gedenken* (mit Genitiv oder mit *an*), die aber stilistisch als gehoben bzw. veraltet markiert sind. Verglichen mit *mahnen* und *gedenken* liegt der Schwerpunkt bei der Verwendung von *erinnern/Erinnerung* auf einer scheinbar wertneutralen Vergegenwärtigung bestimmter Ereignisse vor dem inneren Auge, d. h. im Gedächtnis von Adressaten und Autoren. Autoren, die die Informationsfunktion eines zu formulierenden Mahnmaltextes stärker betonen wollen als die Funktion des Appellierens an politische oder ethische Werte, für die der gesellschaftliche Konsens nicht sicher ist, werden eine Ausdrucksweise mittels *erinnern/Erinnerung* gegenüber *mahnen/Mahnung* vorziehen. Und Autoren, die eine stilistisch unmarkierte, d. h. weder ‚gehoben' noch ‚veraltend' wirkende, unpathetische und damit der Tendenz der allgemeinen Sprachentwicklung folgende Ausdrucksweise bevorzugen, werden *erinnern/Erinnerung* gegenüber *gedenken* vorziehen.

Die Textfunktion des Informierens wird aus diesen beiden Gründen, aber vor allem deswegen immer dominanter, weil der zeitliche Abstand zum Geschehenen größer und das Wissen der Kommunikationsbeteiligten aus eigener Erfahrung geringer wird, so daß der allmählich stattfindende Generationenwechsel mit einer Verschiebung der Funktionen von Mahnmaltexten einhergeht. In den ersten Jahren nach der Befreiung von 1945 findet Erinnern im Sinne einer gegen das Vergessen gerichteten Mobilisierung des Gedächtnisses in Mahnmaltexten noch nicht statt: den meisten ist das Geschehene noch ungebrochene Erfahrungswirklichkeit, wenn auch mit sehr unterschiedlicher Betonung ihrer Aspekte.

In der auf *-ismen* fixierten Phase der 50er Jahre spielt nicht Information, sondern die interpretierend-bewertende Leistung derjenigen Ausdrücke, mit denen man sich in Mahnmaltexten eher verhüllend auf das Geschehene selbst bezieht (*Faschismus, Nationalsozialismus, Totalitarismus* usw.), die größere Rolle. Die Texte enthalten an Information gerade so viel, wie zur Identifizierung des Feindbildes notwendig ist; dazu gehört auch die kommentarlose Angabe des Zeitraums *1933–1945*. In den 60er und 70er Jahren wird erstmals mit Formulierungen wie *Hier, an dieser Stelle stand [. . .]* ausdrücklich an den Ort des Geschehenen angeknüpft. Die Identität des Ortes ergibt den roten Faden, eine Art Sicherheitsleine, mit der in der Hand das Gedächtnis den Zeitsprung wagen kann. Die Informativität, deren Minimum in der Angabe der Täter und ihres Handelns besteht, hängt vom Kenntnisstand der Autoren ab – informieren kann hier nur, wer dies aus historischer Reflexion heraus tut und die eigene Bewertung des Geschehenen davon zu trennen weiß. So wird die Wahl des Ausdrucks zum Indiz der vorangegangenen, mehr oder weniger gründlichen Beschäftigung mit den Ereignissen. Formulierungen wie *die frevelnde Hand, die Kriegswirren, der Leidensweg* oder *die Zeit . . . in der die Liebe zu den Menschen gestorben war* lassen in ihrer Faktenlosigkeit dem eigenständig entwickelten moralischen und politischen Urteil des Adressaten keinen Raum.

Im vierten Zeitabschnitt steigt der Informationsgehalt der Mahnmaltexte enorm an und wird gleichzeitig von bewertenden und appellierenden Textteilen deutlich unterschieden. Was sich für diese Zeit der Dokumentation (Puvogel 1987) an Befunden entnehmen läßt, erfüllt die programmatischen Forderungen von Ekkehard Klausa, Leiter des Referats „Gedenkstätten“ in der Berliner Senatskanzlei, nach einer endlich „erwachsenen Form“ anstelle „überkommener Rituale des Erinnerns“, die ihm zu mythologisch sind[21]. Gedenkstätten sollen der „zeitgeschichtlichen Information und Auseinandersetzung dienen“ und „Erinnerung“ könne man nur „lebendig halten . . ., indem man nicht deklamiert, sondern diskutiert“.

Ob „Gedenken“ in seinem Wesen als etwas Intellektuelles oder als etwas Emotionales aufgefaßt wird, bestimmt in entscheidender Weise die Wahl der sprachlichen Mittel in Mahnmaltexten. In den 80er Jahren und ganz besonders nach dem Gedenkjahr 1985 werden in neuer stilistischer Sachlichkeit Informationen vermittelt. Das Verhältnis zwischen den Informationen und der anderen, bisher dominanten Textfunktion des Appellierens wird zunehmend im Sinne eines Voraussetzungsverhältnisses aufgefaßt: erst die Fakten, dann die „Lehre“ bzw. der Appell. Die Texte werden gegenüber den früheren Zeitabschnitten bedeutend länger.

Die Tendenz zur Information kann bis zum völligen Verzicht auf mahnende

---

[21] In: Die Zeit vom 21. 7. 1989.

Appelle gehen; ein rein informierender Mahnmaltext wird von heutigen Adressaten eher als seiner Funktion gemäß akzeptiert als ein rein appellierender. Heutige Kritik entzündet sich vor allem dort, wo statt Information einem (tröstend gemeinten) Bibelvers der Vorrang eingeräumt wird[22]. Andererseits erscheint im Urteil von Adressaten die Informativität eines Mahnmaltextes nicht „an und für sich", sondern erst im Hinblick auf ein über die Faktenvermittlung hinausgehendes Ziel wünschenswert. Die Informationen sollen in ihrer Art differenzierend, genau und so formuliert sein, daß sich bei den Adressaten jene Empathie oder „trauernde Solidarität" (Brumlik 1988, 92) einstellen kann. Nicht ein Zuviel, sondern ein Zuwenig an Information verhindert die emotionale Anteilnahme und ist, weil emotionslos, auch „geschichtslos" - so argumentiert ein Leserbriefschreiber[23].

Mit dem einfachen Vorsatz, informativ zu sein, lösen sich Mahnmaltext-Autoren in den 80er Jahren zwar von den euphemistischen Tendenzen der 60er und 70er Jahre; damit stehen sie aber erstmals vor der relativ neuen und sprachlich schwierigen Aufgabe, nämlich einen Text zu formulieren, der informativ ist und emotional ansprechend, der auch nicht dadurch verhüllend ist, indem er zuviel an Wissen voraussetzt, der weder zu wenig noch falsche Informationen (auch das gibt es) vermittelt und bei alldem dennoch nicht die quantitativen Ausmaße anderer historisch belehrender Texte erreichen darf. Nun können Mahnmaltextautoren sicher mit Recht davon ausgehen, daß ihr Text für niemanden die Erstinformation zum Thema ist, aber Art und Umfang des jeweiligen Vorwissens ist schwerlich zu bestimmen. Auf der anderen Seite müssen die Adressaten eines Mahnmaltextes beim Lesen ihr gesamtes Wissen mobilisieren, um z. B. den fließenden Übergang von fehlender Information zur schiefen und schließlich zur falschen Darstellung nachzuvollziehen:

> *[. . .] stand die Synagoge der kleinen Jüdischen Gemeinde von Remagen. Sie wurde mit Unterstützung der Zivilgemeinde zwischen 1865 und 1869 errichtet. In der sogenannten „Kristallnacht" am 9. November 1938 brannte sie ab.* (Remagen, Rheinl.-Pfalz, undatiert)

Die Urheber des „Abbrennens" werden verschwiegen; statt dessen wird selbstlobend auf eine „Unterstützung" durch die „Zivilgemeinde", d. h. die

---

22 Vgl. Puvogel 1987, 29 und 753.

23 *Einen Tag vor dem fünfzigsten Jahrestag der Reichspogromnacht wurde vor dem Bunker in der Friedberger Anlage eine Gedenkstätte eingeweiht. Der Text: „Hier stand die Synagoge der israelitischen Religionsgemeinschaft. Sie wurde in der Pogromnacht des 9. November 1938 zerstört." Kein Wort wird verloren, wer sie zerstört hat, warum sie zerstört wurde und was gleichzeitig mit der Zerstörung der Mauern für die Juden, deren religiöser Ort sie war, begann: Morden, Verfolgung, Abtransporte in Konzentrationslager. Die Inschrift ist so nüchtern, sachlich und gefühlskalt wie die Aussagen mancher Politiker, daß diese Zeit damals, mit 1945, beendet worden sei. Die Gedenkstätte wird damit, obgleich wohl überlegt von ihrer äußeren Anlage, zu einer geschichtslosen, gestalteten Grünanlage.* (Frankfurter Rundschau 7. 12. 1988, 14)

Stadt selbst hingewiesen, von der man gern wüßte, ob sie wohl mehr war als das Unterlassen der üblichen behördlichen Behinderungen.
Immerhin, Informationslücken in den Texten können zum Fragen anregen. Dennoch bleibt zweifelhaft, ob sie wirklich didaktischen Zielen mehr dienen (sollen) als der Verhinderung einer annähernd vollständigen und lebendigen Vorstellung über das Geschehene. Die didaktische Absicht ist bei der Verwendung eines wertenden Adjektivs wie *berüchtigt* mit Bezug auf den Volksgerichtshof und die Wannsee-Konferenz noch am ehesten glaubwürdig; dadurch wird immerhin signalisiert, daß an dieser Stelle auf - eigentlich notwendige, aber in der Kürze nicht mögliche - Information verzichtet wurde.
Angesichts der Möglichkeiten manipulativen Umgangs (durch Auswahl und Gewichtung) mit scheinbar rein informativen Angaben sind Falschinformationen aus schlichter Unkenntnis bzw. aus mangelnder Sorgfalt kaum noch der Rede wert. Aber was für eine Haltung von Mahnmaltextautoren wird sichtbar, wenn die Ereignisse des Novemberpogroms statt auf den 9./10. 11. 1938 fälschlich auf den 10./11. 11. verlegt werden (Ladenburg am Neckar), oder wenn man (in Lüneburg) 1950 schon nicht mehr weiß, daß die Synagoge des Orts nicht erst während der Pogromnacht im November 1938 zerstört, sondern „unter dem Druck antisemitischer Hetze" (Puvogel 1987, 435) schon zwei Monate zuvor einer Abbruchfirma hatte überlassen werden müssen?
Mahnmaltexte sind ein wichtiges Element in der Geschichte des kollektiven Gedächtnisses, die sie in vielleicht stärkerem Maße mitgeprägt haben, als es den Anschein hat. Mahnmale und ihre Texte haben anderen Formen öffentlichen Gedenkens einiges voraus: Sie sind dauerhaft präsent - wenn man sie nicht auf Waldfriedhöfen versteckt: *Menschen verstummen, Steine reden immer* . . . „sagt" der Gedenkstein am ehemaligen Standort der Synagoge in Hameln (Niedersachsen). Ihre Appelle sind nicht nur intellektuell, sondern mit mehreren Sinnen gleichzeitig begreifbar, einmal durch die Verbindung sprachlicher und bildlich-gestalterischer Zeichen - wenn diese Verbindung nicht zur Relativierung und wechselseitigen Verunklarung ihrer bedeutungstragenden Elemente benutzt wird -, zum anderen durch ihre anschauliche bis magische Verbindbarkeit mit dem Ort, an dem sie jeweils stehen. Ihr lokaler Bezug macht es möglich, daß Initiatoren und Autoren ein Stück weit aus der Anonymität heraustreten, daß die Erniedrigten re-individualisiert, die Namenlosen wieder namhaft gemacht, und daß die Leser in einer Weise berührt werden, die mit einem gesamtnationalen Mahnmal für *Die Opfer* . . . nie erreichbar wäre. Darin und in ihrer im Vergleich zu allen gedruckten und audio-visuellen Medien größeren Unmittelbarkeit liegt eine Chance, die bisher noch kaum genutzt wurde.

Literatur

Brocke, Michael/Mirbach, Hartmut (1988): Grenzsteine des Lebens. Auf jüdischen Friedhöfen am Niederrhein, Duisburg.

Brumlik, Micha (1988): Im Niemandsland des Verstehens. Was kann es heißen: Sich der Shoah zu erinnern und ihre Opfer zu betrauern?, in: Eschenhagen (1988), 78-99.

Ebach, Jürgen (1988): Erinnerung gegen die Verwertung der Geschichte, in: Eschenhagen (1988), 100-113.

Eichmann, Bernd (1986): Versteinert, verharmlost, vergessen. KZ-Gedenkstätten in der Bundesrepublik Deutschland, Frankfurt/M. 2. Aufl.

Eschenhagen, Wieland (Hrsg.) (1988): Die neue deutsche Ideologie. Einsprüche gegen die Entsorgung der Vergangenheit, Darmstadt.

Friedländer, Saul (1987): Die Shoah als Element in der Konstruktion israelischer Erinnerung, in: Babylon 2/1987, 10-22.

Friedrich, Jörg (1989): Verbrechen, die sich auszahlen. Aus der Geschichte der Bundesrepublik: Nazi-Opfer und Nazi-Täter vor dem Entschädigungsamt, in: Die Zeit 23. 6. 1989, 41.

Gedenken und Denkmal. Entwürfe zur Erinnerung an die Deportation und Vernichtung der jüdischen Bevölkerung Berlins (1988). Katalog zur Ausstellung im Gropius-Bau Berlin vom 4. 11. 1988 bis 8. 1. 1989, zusammengestellt von Helmut Geisert, Jochen Spielmann und Peter Ostendorff, hrsg. von der Berlinischen Galerie und dem Senator für Bau- und Wohnungswesen.

Hahn, Joachim (1988): Erinnerungen und Zeugnisse jüdischer Geschichte in Baden-Württemberg, Stuttgart.

Halbwachs, Maurice (1985): Das kollektive Gedächtnis, Frankfurt/M.

Herrmanns, Fritz (1982): Brisante Wörter. Zur lexikographischen Behandlung parteisprachlicher Wörter und Wendungen in Wörterbüchern der deutschen Gegenwartssprache, in: H. E. Wiegand (Hrsg.): Studien zur neuhochdeutschen Lexikographie II, Hildesheim, New York, 87-108.

Klausa, Ekkehard (1989): Was ist das: Gedenken?, in: Die Zeit 21. 7. 1989, 34.

Koselleck, Reinhard (1979): Historia Magistra Vitae. Über die Auflösung des Topos im Horizont neuzeitlich bewegter Geschichte, in: ders., Vergangene Zukunft. Zur Semantik geschichtlicher Zeiten, Frankfurt/M., 38-66.

Ladendorf, Heinz (1963): Denkmäler und Mahnmale seit 1945, in: Monumenta Judaica. 2000 Jahre Geschichte und Kultur der Juden am Rhein, hrsg. von K. Schilling, Köln, 656-667.

Lenz, Siegfried (1989): Der unendliche Raum des Gedächtnisses. Dankrede zur Verleihung des Literaturpreises der Heinz-Galinski-Stiftung, in: Die Zeit 5. 5. 1989, 56.

Mannheimer Hefte 3/1952.

Offenberg, Mario (1988): „Im Haus des Henkers spricht man nicht vom Strick“, Berlin - 50 Jahre danach: Vom Umgang mit jüdischer Geschichte und Gegenwart, in: Gedenken und Denkmal (1988), 47-63.

von Polenz, Peter (1985): Deutsche Satzsemantik. Grundbegriffe des Zwischen-den-Zeilen-Lesens, Berlin, New York.

Puvogel, Ulrike (Hrsg.) (1987): Gedenkstätten für die Opfer des Nationalsozialismus, Bonn.

Scholem, Gershom (1968): Das Davidschild. Geschichte eines Symbols, in: ders., Judaica I, Frankfurt/M., 75-118.

Spielmann, Jochen (1988): Gedenken und Denkmal, in: Gedenken und Denkmal (1988), 7-46.

Steger, Hugo (1987): Wandlungen der Literatursprache in der Bundesrepublik Deutschland nach 1945, in: Neuphilologische Mitteilungen 88/1987, 126-158.

„Steine des Anstoßes“. Nationalsozialismus und Zweiter Weltkrieg in Denkmalen

1945–1985, von Harold Marcuse, Frank Schimmelfennig und Jochen Spielmann. Broschüre zu einer Wanderausstellung (seit Frühjahr 1985 in Hamburg).
Strauß, Gerhard (1989): Vorwort zum Lexikonausschnitt Politik und Ideologie, in: G. Strauß/U. Haß/G. Harras, Brisante Wörter von Agitation bis Zeitgeist, Berlin, New York, 27–50.
Yerushalmi, Yosef Hayim (1988): Zachor: Erinnere Dich. Jüdische Geschichte und jüdisches Gedächtnis, Berlin.

Utz Jeggle

Heimatkunde des Nationalsozialismus

Vier lokale Versuche, verwischte Spuren zu sichern

Heimat ist das Urvertraute, wo alles schon einmal geschehen ist, wie Elias Canetti über seine Heimat, Rustschuk ganz unten an der Donau, schrieb[1]. In der Heimat entwickelt sich das Eigene, entstehen hoch besetzte Ich-Du-Sache-Beziehungen im Raum, so definiert der Schweizer Volkskundler Richard Weiss Heimat, wachsen emotionale Bindungen, die uns Nähe als Ineinander von räumlichem Zuhandensein und gefühlsmäßiger Zuneigung erlebbar machen. Jemand oder etwas ist mir nahe, das bedeutet im deutschen ja weniger räumliche Distanzlosigkeit als vielmehr eine Kongruenz im Fühlen und Verstehen.

Dagegen der Nationalsozialismus: Er verkörpert das Unvertraute, absolut Fremde, in dem Einmaliges geschehen ist, das in keine Kindheit hineinschien. Er ist uns in jeder Beziehung fern, wir haben nicht nur nichts mit den Ereignissen zu tun, sondern die Bereitschaft, sich zu beteiligen, mitzulaufen, mitzuwählen, ja sich zu begeistern, ist uns vollkommen unverständlich.

Im Versuch einer Heimatkunde des Nationalsozialismus sollen die beiden Sphären zusammenstoßen, und der Aufprall der beiden unvereinbar scheinenden Begriffe soll eine doppelte Desillusionierung erreichen: Zum einen soll die Geschichte und ihre Ereignisse näher an uns herangerückt werden, in einer Art Jenninger-Akt also, der ja unter Umständen explosive Reaktionen auslöst, zum anderen sollen wir unsere dunklen Möglichkeitsformen ehrlicher wahrnehmen, denn so wie man in jeder Familiengeschichte (auch in meiner) einen Onkel in Buchenwald entdeckt, so gibt es mit wenigen Ausnahmen auch den verhunzten Bruder ‚Hitler‘ dessen künstlerische Seite Thomas Mann – allerdings 1939, also vor den Massenmorden – zu verstehen versuchte: „Ein Bruder . . . ein etwas unangenehmer und beschämender Bruder; er geht einem auf die Nerven, es ist eine reichlich peinliche Verwandtschaft. Ich will trotzdem die Augen nicht davor schließen, denn nochmals: besser, aufrichtiger, heiterer und produktiver als der Haß ist das Sichwieder-Erkennen, die Bereitschaft zur Selbstvereinigung mit dem Hassenswerten, möge sie auch die moralische Gefahr mit sich bringen, das Neinsagen zu verlernen[2].“

---

1 Elias Canetti, Die gerettete Zunge. Frankfurt 1979, S. 9.

2 Thomas Mann, Bruder Hitler. In: Politische Schriften und Reden. Bd. 3. Frankfurt 1968, S. 56.

Wenn auch die Heiterkeit nach den großen Verbrechen vergangen ist, bleibt doch der Appell, wenn auch nicht unbedingt gleich nach dem „Hitler in uns“, wie es der Schweizer Kulturphilosoph Picard nach dem Krieg forderte, zu suchen, so doch als Deutscher, aus einem nicht-jüdischen, nicht-kommunistischen, nicht-bibelforscherischen Elternhaus zu fragen, wie bin ich mir eigentlich sicher, vor ähnlichen Irrtümern, falscher Begeisterung und Schwäche geschützt zu sein.

Der derzeitige Bundeskanzler Helmut Kohl war in diesem Punkt überraschend ehrlich, als er ausgerechnet in Israel von der „Gnade der späten Geburt“ sprach. Immerhin machte er damit deutlich, daß er sich nur durch den zeitlichen Abstand vor der Möglichkeit, in mörderische Handlungen verwickelt zu werden, gesichert sieht. Er wurde für dieses Wort geprügelt, vielleicht weil es ehrlich und erschreckend ist. Merkwürdig, auch Jenninger erhielt für den Versuch, die Banalität und „Normalität“ einer Mitläuferkarriere nachzuzeichnen, seine Rechnung präsentiert. Zu offensichtlich war seine Einfühlungsfähigkeit in die NS-Entwicklungslinie (aber ist Verstehen schon eine Schwäche?), zu offen seine moralische Gefährdung, „das Neinsagen zu verlernen“.

Aber alle Versuche, darauf hinzuweisen, daß niemand per anthropologischer Ausstattung vor Opportunismus und Kleinmut geschützt ist, daß der Nazi kein Monster mit erkennbarer brauner Signatur ist (die bei uns mit Sicherheit nicht sichtbar ist), sollten in Deutschland ernst genommen werden, um Humanität nicht als Dauerleihgabe hinzunehmen, sondern um einzusehen, daß sie in jeder Lebensgeschichte und in jeder Epoche stets neu zu erarbeiten ist.

Diese offenen Möglichkeitsformen (und ihre beklemmende Seite) waren auch der Anlaß für eine zwanzigköpfige Gruppe von Studierenden des Ludwig-Uhland-Instituts für empirische Kulturwissenschaft der Universität Tübingen, die „Heimatkunde des Nationalsozialismus im Landkreis Tübingen“ zu erforschen[3]. In Tübingen waren die Professoren vor 1933 deutschnational, die Studierenden schon vor 1933 mehrheitlich nationalsozialistisch eingestimmt. Der Wahrscheinlichkeit nach wären wir also (wenn nicht durch die „Gnade“ der späten Geburt geschützt) einschlägige Kundschaft der „nationalen Erhebung“ gewesen. Vermutlich wären wir mehr oder weniger begeistert am Abend der „Machtübernahme“ auf dem Tübinger Marktplatz gestanden, hätten mehr oder weniger laut mitgebrüllt, ich hätte sicher bei den vielfach gegebenen Anlässen die vorgeschriebene Fahne in den heute noch vorhandenen Fahnenständer am Haus gesteckt (und es ist sicher nur eine „kleine“ Lösung, nie mehr Flagge zu zeigen).

---

[3] Die Arbeit der Gruppe ist als Buch bei der Tübinger Vereinigung für Volkskunde (Tübingen, Schloß) 1988 erschienen: Nationalsozialismus im Landkreis Tübingen. Eine Heimatkunde.
Dieser Aufsatz benützt Materialien, die von den verschiedenen Mitarbeitern recherchiert, interpretiert und analysiert wurden. Es ist überflüssig zu betonen, daß ohne dieses Material diese Anmerkungen zur Heimatgeschichte nicht möglich gewesen wären.

Und ich quäle mich mit der Frage, wo wäre der Punkt gekommen, an dem ich Nein gesagt hätte? Wo kann ich mir sicher sein, nicht mit verwickelt worden zu sein? Der Weg der Heimatkunde geht wirklich in die nächste Nähe. Er umgeht auch nicht einen selbst. Wir wählten ihn. Nicht der Selbstbezichtigung wegen, sondern um nicht zu vergessen, daß die Notwendigkeit des Neinsagens in bestimmten Situationen Übung und Anstrengung kostet, Selbsterkenntnis und Kritikfähigkeit braucht und niemand in den Schoß fällt - und fiel.

Unsere Heimatkunde im Landkreis Tübingen beginnt deshalb in der Gegenwart. Es gehört zur Aktualität dieser Geschichte dazu, daß gerade erst zu Neujahr 1990 auf dem Wankheimer Judenfriedhof Gräber geschändet wurden und Davidsterne mit großer Energie ausgemeißelt worden sind, daß nach den Spielen des VfB-Stuttgart im Eilzug von Stuttgart nach Reutlingen angetrunkene Fans „Moskau verrecke" und „Sieg Heil" herumbrüllen. Und es gehört auch dazu, daß ich, als mir dies widerfuhr, erst nach langem Zögern eine Anzeige erstattete, und es gehört auch dazu, daß ein Kommilitone, als ich etwas ironisch über dieses Zusammenspiel mit der Kriminalpolizei berichtete, mich im Gespräch als „Denunziant" denunzierte. Eine kleine Anekdote, die freilich zeigt, wie endlos diese Geschichte ist, welche merkwürdigen Koalitionen und Verleumdungen sie hervorruft.

Diese Darstellung versucht den Weg zurückzugehen, das zu zeigen, was an kollektiven Gedächtnismalen an die NS-Zeit und ihre Verbrechen erinnert: ein Brunnen, der am Ort der Tübinger Synagoge friedlich plätschert und uns zeigt, wie in der Symbolik (und im Standort) des erinnernden Objekts sich außer dem historischen Verweis auch die Sehnsucht nach Arglosigkeit und Verdrängung mitartikuliert, eine Allee, entlang dem Weg zum Reustener Bergfriedhof, auf der für jeden gefallenen Wehrmachts-Soldaten eine Linde gepflanzt wurde, die bis heute diese Erinnerung in sich tragen, obwohl sie kein schriftlicher Hinweis äußert, das Gräberfeld X auf dem Tübinger Stadtfriedhof, auf dem die Überreste von Anatomie-Leichen ruhen, die, wie mittlerweile durch eine akribische Arbeit von Benigna Schönhagen nachgewiesen wurde, zumeist die sterblichen Reste von ausländischen Arbeitskräften oder aber von hingerichteten Widerstandskämpfern waren[4].

Wir sind umstellt von den Spuren dieser Erinnerung, und an vielen Punkten erscheinen sie uns normal, nützlich, zumindest nicht störend: Das Silcher-Denkmal aus Beton, zu Kriegsbeginn in der Platanenallee errichtet, bewahrt bis heute seine militaristische Mission, das Interieur des Ludwig-Uhland-Instituts auf dem Tübinger Schloß wird bis heute von Besuchern als „herrlich gemütlich" empfunden; Einrichtungszeit: 30er Jahre mit Geschmack fürs Handgeschnitzte.

Unser Institut war der Lohn für den Kommissar Bebermeyer, der als Germa-

---

[4] Benigna Schönhagen, Das Gräberfeld X. Eine Dokumentation über NS-Opfer auf dem Tübinger Stadtfriedhof, Tübingen 1987.

nistik-Dozent die Universität Tübingen in den NS-Staat so erfolgreich überleitete, daß er mit einem neuen Institut für Deutsche Volkskunde bedacht wurde[5]. Wir leben selber in dieser Vergangenheit - und häufig merken wir es nicht. Wir kommen nur von ihr frei, wenn wir einsehen lernen, daß vieles fortlebt, in unserer Welt, in uns selbst. Die Aufgabe der Heimatkunde des NS ist es, solche Spuren, die vom Heute in die Vergangenheit führen, zu sichern, sie sind häufig dort zu finden, wo sie nicht zu vermuten sind: im gnadenlosen Verfolgen der Verfolger, in der antifaschistischen Besserwisserei, selber bestimmt die Bombe auf Hitler geworfen zu haben, in der Hundert-Prozent-Identifikation mit den Opfern. Das alles verhindert Desillusionierungsarbeit. Sie ist jedoch die Voraussetzung für ein realistisches Selbstbild - und das wiederum die Voraussetzung, um in künftigen Gefahren bestehen zu können. Einsicht in Unzulänglichkeit ist die einzige Chance, die Mängel auszugleichen, in unerwarteten Situationen menschlich und würdig zugleich reagieren zu können.

Ich erzähle vier Beispiele, um unsere Arbeitsweise zu kennzeichnen. Die ersten beiden haken in den Ereignissen und ihrer Zwiespältigkeit ein, die beiden letzten stärker an den Erinnerungen, die ebenfalls durch Spaltungen gezeichnet sind. Wir versuchen den Umgang mit der Geschichte auch da zu interpretieren, wo das Gedächtnis zu schweigen scheint und die Unsäglichkeit der Erinnerung eine Narbe hinterließ, die keinen Schmerz mehr zuläßt - und gerade deshalb besonders gefährlich ist, wenn das körperliche Warnsystem unterlaufen werden soll, der Schmerz als Hüter der Integrität und Unverletztheit ausgeschaltet wird.

Die vier Beispiele wollen zeigen, wie einfallsreich von den Nazis Warnsysteme ausgeschaltet wurden, und wie die Ambivalenz des Menschen, die ja auch eine Fähigkeit sein kann, benützt wurde, um Terror als Schutzmaßnahme, Gewalt als Verteidigung, Körperverletzung und Mord als Säuberung erlebbar zu machen. Die immer wieder gezeigte Verdrehung der Werte soll als Pervertierung gedeutet werden, denn es wird nicht nur etwas vertauscht, sondern es wird das Verbrechen positiv besetzt und erlebbar gemacht. Man quält nicht nur, man tut dabei auch Gutes, man verbrennt nicht nur Bücher und später Menschen, man dient damit höheren gesellschaftlichen Zielen, man löscht andere und schließlich sich selbst aus, nicht aus Dummheit, schlechter Gesinnung, sondern aus Begeisterung und Opfermut. Das Wort Opfer ist für eine solche Aufspaltung und Täuschung bestens geeignet[6].

---

[5] Vgl. Uwe Dietrich Adam, Hochschule und Nationalsozialismus. Die Universität Tübingen im Dritten Reich, Tübingen 1977.

[6] Darauf hat Hildegard Lindemeyer-Cancik in Publikationen und Diskussionen immer wieder aufmerksam gemacht.

1. Parteigenosse Feuer

Der Mensch hat von altersher eine höchst ambivalente Beziehung zum Feuer. Er braucht es zum Überleben und er fürchtet zugleich seine Zerstörungskraft. So war Feuer real und symbolisch immer zweigesichtig: konstruktiv helfend und destruktiv zerstörend - oder wie der französische Psychoanalytiker Gaston Bachelard in seiner Psychoanalyse des Feuers diese Janusköpfigkeit beschreibt: „Es glänzt im Paradies, es brennt in der Hölle. Es ist Milde und Qual. Es ist Küche und Apokalypse."
Ein solches Element, mit dem erwärmt und erhitzt, entzündet und entflammt, verbrannt und geschmolzen werden konnte, war für die doppelbödige politische Symbolik des NS ein willkommener Gehilfe, der die prometheischen Möglichkeiten mit Angst mischte, und der es zuließ, noch von der Wärme zu sprechen und schon die Apokalypse vorzubereiten. Da ist zunächst banal und freundlich die erleuchtende Kraft des Feuers. Lagerfeuer, Feuerstöße, Fackelzüge wurden nicht erst von den Nazis entdeckt, aber die verschiedenen Feuer haben manche Jugend vermutlich für den NS entzündet. Die Romantik der Sonnwendfeuer erwärmte kaltes Gemüt, das vom besonnenen Verstand vielleicht gebremst worden wäre.
Der Bürgermeister von Kusterdingen (einem Dorf bei Tübingen) fand dafür die passenden Worte an der Sonnwende 1933: „Aus dem Verstand allein ist noch keine große Idee geboren. Dazu bedarf es einer glühenden und gläubigen Hingabe . . . Möge so, wie die Flamme zum Himmel emporlodert, leuchten und lodern in ewig verzehrender Glut die Flamme der Begeisterung für die restlose Gewinnung des deutschen Wesens, der deutschen Seele, damit daraus hervorgehen kann der neue deutsche Staat[7]."
Die Grundstrukturen werden deutlich: Das Feuer schaltet den Verstand aus, es schöpft seine Kraft nicht aus dem Denken, sondern aus der Leidenschaft. Dabei ist das Feuer der aktive Teil, die Jugend gibt sich ihm hin und opfert sich auf. Der entflammte Stoff verbrennt, er wird als Stoff vernichtet. Die Glut verzehrt das Individuum und schafft daraus die deutsche Einheitsseele, die dann wiederum als Brennmaterial zur Verfügung steht, wie es der Tübinger Studentenpfarrer, exegetisch geschult, auf den Punkt bringt: „Nicht da und dort sollen einzelne Feuer brennen, die deutsche Jugend soll eine einzige Flamme sein."
Aus der Erleuchtung ist ein Brand geworden. Was metaphorisch schien, sollte sich bald als real erweisen. Auch das war wohl eines der Verdrehungsinstrumente des NS-Kultes, daß die symbolischen Zusammenhänge unversehens in bare Münzen verwandelt wurden, das beschworene Bild plötzlich als Aktionsvorlage diente und real wurde. Dadurch wurde der geistige Charakter, den jedes Bild als symbolisches Werk auch hat, zerstört, der Sublimierungsprozeß, der zur Herstellung von Bildern führt, wurde in sein Gegenteil

[7] Tübinger Chronik vom 29. 6. 1933.

verdreht; an die Stelle der Symbolisierung von gefährlichem psychischen Sperrgut in der Feuermetaphorik, trat das Feuer selbst, das ja nur in seiner gezähmten Form dem Menschen zu Willen sein kann. Das vielbeschworene Licht verwandelte sich in einen verzehrenden Brand, der ständig nach neuem Brennstoff gierte.

Die „reinigende" Kraft des Feuers umschließt beides: Glanz und Vernichtung, und wird wohl auch deshalb als Brücke vom Hellen ins Dunkel des Zerstörerischen immer wieder beschworen. Bei der Sonnwendfeier 1933 in Tübingen macht der Studentenführer Schumann klar: „Bisher ist die Revolution unblutig verlaufen, aber wir sind bereit, Saboteure unserer Bewegung rücksichtslos auszurotten. Nationalsozialismus heißt Revolution, heißt ein brennendes Ziel vor Augen und im Herzen haben, heißt alles Hinopfern für die große Idee, für den deutschen Führer ... Ihr Jungen müßt das Dritte Reich bauen, laßt euch durchglühen mit diesem Feuer, das unser Führer angezündet hat[8]." Das innere Feuer löscht jeden Zweifel, es durchglüht die Vernunft, macht aus Skeptikern „Entflammte", die zu allem bereit sein sollen und es auch sind. Das zeigt schon die Bücherverbrennung 1933, die in Rottenburg mit einjähriger Verspätung am 2. Mai 1934 stattfand. Man holte ein einziges Buch aus der vom bischöflichen Ordinariat dominierten „Volksbibliothek" ab, nämlich ein Werk des Weimarer Ministers Mathias Erzberger, das nachts um 11 Uhr auf dem Marktplatz „im Beisein von deutschfühlenden Rottenburgern den Flammen übergeben" wurde.

Ein Redner stellte die Lebensgeschichte Erzbergers aus nationalsozialistischer Sicht dar: „Zum Schluß erwähnte der Redner die entschlossene Tat von Tillessen und Schulz, die den Reichsverderber Erzberger seinem unausweichlichen Schicksal zuführten. Dann wurde das üble Buch in Stücke zerrissen und so in die gierig züngelnden Flammen geworfen. Zum erhebenden Ausklang dieses Autodafés stiegen die Klänge des gemeinsam gesungenen Horst-Wessel- und des Deutschland-Lieds in den mitternächtlichen Himmel empor. Langsam erlosch das Feuer, das als ein Fanal für den Beginn der nationalsozialistischen Revolution in Rottenburg angesehen werden kann[9]."

Mit einem Feuer begann der Nationalsozialismus, bald loderten nicht nur Bücher, sondern auch die Synagogen in Deutschland - und wie hatte sich der weise, alte Freud getäuscht, als er spottete, wie ihm von den Bücherverbrennungen erzählt worden war: „Was wir für Fortschritte machen! Im Mittelalter hätten sie mich verbrannt, heutzutage begnügen sie sich damit, meine Bücher zu verbrennen[10]." Die Flamme, die Deutschland durchglühte, wurde wirklich; sie verbrannte die Leichen der Andersdenkenden wie der angeblich Andersartigen ebenso wie die eigenen Städte und die eigene Jugend. Der Brand wurde ein Weltenbrand, der erst erlosch, als auch Berlin, die Reichs-

---

8 Tübinger Chronik, 26. 6. 1933.

9 Rottenburger Nachrichten 4. 5. 1934.

10 Ernest Jones, Sigmund Freud: Leben und Werk. Bd. 3, München 1984, S. 218.

kanzlei und die Leichen der Führer von den rasenden Flammen verzehrt worden waren. Mit Hilfe des Feuers wurde Symbolwelt in Realwelt verwandelt, als die Jugend sich noch mit Feuersprüchen ergötzte und durch Brandreden auf die erleuchtende Aufgabe vorbereitet wurde, hatte Hitler schon längst die Götterdämmerung als Möglichkeit eingeräumt: „Wir können untergehen, vielleicht, aber wir werden eine Welt mitnehmen. Muspilli, Weltenbrand.“[11].

2. Terror in der Kleinstadt

In dieser zweiten Fallstudie begeben wir uns wieder nach Rottenburg, das als Zentrum der schwäbischen Katholiken mehrheitlich resistent gegen den NS blieb - und deshalb den Machthabern ein Ärgernis war, das in offenen Unmut ausbrach, als sich 1938 der ehrwürdige Bischof Sproll weigerte, bei der Wahl am 10. April für die in seinen Augen atheistische Reichsregierung zu stimmen. Er blieb der Wahl fern. Das löste nächtelange „Unruhen“ aus, in denen der bischöfliche Palast gestürmt und Einrichtungsgegenstände zerstört, Beamte der Diözese mißhandelt, der Bischof beleidigt und schließlich ins Exil nach Bayern getrieben wurde. Diese Szenen des „Volkszorns“ wurden von den Partei-Instanzen so geschickt initiiert, geleitet und umgebogen, daß sich wieder eine seltsam schillernde moralische Struktur ergibt.
Alle Täter, denen 1947 der Prozeß gemacht wurde, redeten sich heraus, daß sie von anderen Kräften der Partei überstimmt, überlistet, überwältigt worden seien. Das begann auf höchster Ebene. Der Adjutant des Reichsstatthalters Murr gab im Internierungslager Balingen zu Protokoll: „Die persönliche Einstellung des Reichsstatthalters in kirchlichen Angelegenheiten war grundsätzlich eine loyale und legale. Er hat nie Verständnis für Ausschreitungen irgendwelcher Art in kirchlichen Angelegenheiten geduldet und vor allen Dingen nie befohlen. Wenn die bis jetzt vernommenen Beschuldigten angeben, die Demonstrationen seien von der Reichsstatthalterei befohlen und auch gelenkt worden, so entspricht dies nicht der Wahrheit[12].“
Bedingt durch die komplizierte Verschachtelung der Verantwortung ergibt sich bei den Drahtziehern das subjektiv überzeugte Gefühl, für die Schuld anderer zur Rechenschaft gezogen zu werden. Diese bei den Nürnberger Prozessen auf höchster Ebene gespielte Projektionskomödie, die mit wenigen Ausnahmen eine umfassende Unfähigkeit dokumentiert, die begangenen und befohlenen Taten und die mit ihnen verbundene Schuld auch nur zu sehen - geschweige denn einzugestehen -, wird hier auf lokaler Ebene als Provinzposse inszeniert.

---

[11] Albrecht W. Thöne, Das Licht der Arier, Licht-, Feuer- und Dunkelsymbolik des Nationalsozialismus, München 1979, S. 79.

[12] Die Akten des Prozesses liegen im Staatsarchiv Sigmaringen, Wü 29/2, Nr. 1597, a und b. Alle wörtlichen Zitate stammen aus diesen beiden Aktenbündeln.

Ich zitiere aus der Zeugenaussage eines angeklagten Dentisten, der 1932 in die NSDAP eintrat, er war 1939 Obersturmführer des örtlichen NSKK. Er traf in einer Nacht, als kirchlich orientierte Leute drangsaliert wurden, „zufällig" auf eine Schar von 200 (vermutlich ebenfalls zufällig) Umherstreunenden und ging mit ihnen zum Haus des Lehrers H. „Als die Tür von Frau H. geöffnet wurde, erklärte mir diese, daß ihr Mann fieberkrank im Bett liege, worauf ich der Frau erklärte, daß man den H. holen müsse u. ich mich dafür einsetze, daß er nicht geschlagen werde . . . Kurze Zeit später erschien dann auch H. angezogen. Er weinte und bat mit Rücksicht auf seinen derzeitigen Gesundheitszustand um Abstandnahme von der Verhaftung. Ich sprach auf H. ein, daß er mit Rücksicht auf die erregte Menge mitgehen solle, um Schlimmes zu verhüten. Hinter mir standen 2 Zivilisten, die sich durch ein Abzeichen auf der Rückseite des Rockrevers als Kriminalbeamte legitimierten. Ich habe auch wirklich geglaubt, daß es sich tatsächlich um Beamte gehandelt hat . . . Auf dem Weg in Richtung Rathaus bog die Menge u. auch ich ab und begab mich vor das He.'sche Wohnhaus. Als die Menge dort ankam, hörte ich ein heftiges Klopfen u. Poltern an der Haustüre u. weil ich zu He. ein jahrelanger Sangesfreund war, begab ich mich an die Tür, um dort abwehrend zu wirken."

Da sind nun alle Ingredienzien, die ich als Pervertierung beschrieben habe, präsentiert: Die Zufälligkeit des Auftritts auf der Bühne, die Hintermänner, die sich als Beamte ausweisen, der Schutzgedanke, die Verhaftung, die keine Gewaltmaßnahme bedeuten soll, sondern zur Abwehr von Gewalt dient. Der Dentist gibt sogar zu, bei der Szene vor dem Haus des H. eine Hundepeitsche in der Hand gehabt zu haben, „jedoch bestreite ich, mit dieser Hundepeitsche dem H. vor dem Gesicht herumgefuchtelt zu haben." Es geht mir in meiner Interpretation nicht so sehr um die absichtlichen Lügen, sondern um die Mentalität dieser Mittäter, die selber an die ganze Wahrheit in den halben Lügen glauben und denen es deshalb leicht fällt, im eigenen Bewußtsein sich vom Täter in ein Opfer zu häuten. So finden sich bei den Akten Unterlagen, daß besagter Dentist 24 französische Kriegsgefangene zahnärztlich behandelt hat, obwohl dies verboten war, und es findet sich außerdem eine Bestätigung, die hervorhebt, daß der Dentist „bei der Ortsgruppenleitung nie gut angeschrieben war, er hat sich auch von dort nie kommandieren lassen. Es ist mir auch bekannt, daß er sehr viel Gutes getan hat, unter anderem habe ich selbst gesehen, wie er im Winter hungernden Strafgefangenen des Landesgefängnisses Rottenburg einen ganzen Laib Brot verteilt hat. Herr G. war auch nie kirchenfeindlich eingestellt und wurde in seiner Familie zu Tisch gebetet." Zu Tisch beten und den Lehrer H. (nach dessen eigener Aussage) anschreien: „Sie sind auch so ein schwarzes Schwein. Sie müssen mit hinaus aus Rottenburg", – das gehört zur Ambivalenz des Nazis, der sich durch Ersatzhandlungen den Schein der Anständigkeit (vermutlich auch vor sich selbst) bewahrt, um so zumindest die Erinnerung vor dem Zugeständnis von Terrortaten zu schützen. Wie chamäleonartig das funktionierte, zeigt die Aussage eines anderen Angeklagten, der in der Tübinger Untersuchungshaft am 2. Oktober 1946 zu Protokoll gab: „Nachdem ich mir nun längere Zeit Gedanken über den Vorfall des 11. April (an dem die erste nächtliche Demonstration stattfand) und mein damaliges Verhalten vor dem Bischöflichen Palais rekonstruiert habe, liegt der Fall bei mir so, daß ich nicht, wie bereits bei meiner ersten Vernehmung angegeben habe, die Türe unter Anwendung der körperlichen Gewalt einzudrücken versuchte, sondern es war vielmehr so, daß ich mit noch mehreren mir heute nicht mehr bekannten Tätern auf Anruf des Ortsgruppenleiters Hesse mich vor die Türe stellte, um die Masse abzuhalten. Dabei wurde ich von der nachdrängenden Menge gegen die Türe gedrückt."

Das ist auch Zwecklüge, die man einem Angeklagten nicht unbedingt verdenkt, aber darin wird ein „Gesinnungswandel" sichtbar, wie aus einem Nazi ein Ordnungshüter wird. Vielleicht erklärt dieser leichtfüßige Wechsel der Seiten auch, warum in der Entwicklung der Bundesrepublik so viele - auch viele hochkarätige Nazis - so widerstandslos Demokraten wurden; ein Teil von ihnen (das ist auch psychisch zu verstehen) war es nach eigener Meinung schon immer gewesen. Man wird das nicht nur als Täuschungsmanöver hinnehmen, sondern darin auch das Symptom einer gespaltenen Persönlichkeit sehen müssen, die vielleicht nicht im Individuum, aber doch im kollektiven Prozeß verstehbar macht, wieso trotz der präsentierten demokratischen Haltung in der Geschichte der beiden Deutschland immer wieder alte Klischees, wie Ausländerhaß oder Antisemitismus, an die Oberfläche treiben.

Der Nazismus entwickelte nicht nur im politischen System die Möglichkeit, Verantwortung zu verschieben, in dem jeder Täter nur für einen Teilbereich verantwortlich war - und die „eigentlichen" Schuldigen in anderen, „wichtigeren" Zuständigkeitsbereichen aktiv waren, sondern er entlastete auch die Mittäter, indem er ihnen ein seltsam zwiespältiges Bewußtsein erlaubte, das die Erinnerung zu betrügen wußte. War die Hundepeitsche bis zum 8. Mai 1945 nützlich, wurden es danach die Zähne französischer Kriegsgefangener. Durch diese Doppelbödigkeit der Moral konnte stets die Wirklichkeitsform durch eine Möglichkeitsform konterkariert werden. „Ich war doch auch ..." hieß der Kartenspielertrick, der bei der Entnazifizierung von höchstem Nutzen war, Entlastung - äußere wie innere - bot: auf Kosten der eigenen Identität. Aber das scheint die Betroffenen zumindest in den 50er Jahren wenig gestört zu haben, wenn man an Globke oder Oberländer denkt. Sie alle wurden zumindest öffentlich und tagsüber nicht von ihren Erinnerungen eingeholt.

Wie lebendig solche Erinnerungen sein können, möge das dritte Beispiel andeuten, in dem etwas passiert ist, das nicht so schnell aus den Traditionen getilgt werden kann, auch wenn das heftig immer wieder versucht wird - und man gelegentlich nicht den Eindruck los wird, als sei gerade die Anstrengung, zu vergessen, eine Form, in der sich die Erinnerung fortsetzt und bewahrt.

3. Hailfingen – das nahe Böse

Zwischen Hailfingen und Tailfingen befand sich während des Zweiten Weltkriegs ein Flugplatz, auf den Äckern der Bauern ab 1938 ausgebaut, zum Mißvergnügen der Dorfbewohner der Umgegend, nicht nur weil kostbares Ackerland zweckentfremdet wurde, sondern weil man wohl ahnte, daß von diesem Flugplatz keine Friedenstauben in Richtung Frankreich starten sollten und so auch umgekehrt Unangenehmes von diesem Platz angelockt werden könnte. Dies sollte früher als erwartet der Fall sein, schon bald nach Kriegsbeginn kamen sowjetische Gefangene als Arbeiter auf den Platz und ihr verhungerter Zustand war weniger ein befriedigt registriertes Sieges- und Unterwerfungssignal als vielmehr ein Gefahrenzeichen – „wenn mers unsere au so macht" – so faßte eine Frau ihre Tauschgerechtigkeit zusammen: sie unterstützte die fremden Gefangenen mit Nahrungsmitteln in der Hoffnung, ihr Sohn, ihr Mann würden auf ein ähnlich gutmütiges Naturell stoßen, ein Glaube, der ja vielleicht gar nicht so aus der Welt ist.
Bald sollte es jedoch noch schlimmer kommen, mit der Evakuierung des Lagers Auschwitz kam Ende Oktober 1944 ein Transport mit 600 Juden auf den Platz, lebende Leichname, „Muselmänner" in der Sprache der Lager, der Ausdruck wird auch von den Hailfingern gekannt. Sie zogen als grauenerregende Kolonne – was heißt da Grauen? vermutlich auch, daß es den „unseren" ähnlich gehen könnte? - durch die Dörfer, man sah verhungernde Skelette, und man half, vor allem die Frauen, so gut sie konnten; ein überlebender Häftling hat unserer Arbeitsgruppe einmal die Gemeindebäkkerei in Bondorf gezeigt, wo man Brot und Kuchen zugesteckt bekam, die manchem halfen, bis zum Ende der NS-Herrschaft noch auszuhalten.
Es waren sicher nicht alle Frauen, die da mitmachten, denn es war nicht ungefährlich, aber auch wenn es in der Erinnerung mehr sind, zehn Gerechte reichen aus, um die Welt vor Verdammnis zu schützen. Wahrscheinlich war man froh, als die Überlebenden, die Hälfte der 600 Angekommenen, wieder abzogen, in die Ölschieferlager von Dautmergen auf der Balinger Alb, wo die wiederum dezimierte Zahl von den Franzosen nach einigen zusätzlichen Umwegen befreit wurde[13]. Wie lebte und wie lebt man mit den Erinnerungen? Es ist schwer zu sagen, sicher ist, man konnte wirklich nichts für das Lager und man hatte durch die Nahrungszuwendungen sein Bestes getan.
Anfang Juni 1945 kam ein Trupp von französischen Soldaten; Überlebende des Lagers hatten der Besatzungsmacht die Existenz des Massengrabs gemeldet. Die Sieger statuierten ein Exempel, sie gaben den Befehl, daß alle

[13] Vgl. zu dieser Darstellung den Aufsatz von Monika Walter-Becker, Das Lager Hailfingen, in: Herwart Vorländer (Hg.), Nationalsozialistische Konzentrationslager im Dienst der totalen Kriegsführung. Sieben württembergische Außenkommandos des Konzentrationslagers Natzweiler/Elsaß, Stuttgart 1978, S. 149–174, sowie die Abschnitte in „Nationalsozialismus im Landkreis Tübingen. Eine Heimatgeschichte", Tübingen1988, S. 23 f. und 98 f.

erwachsenen Männer und Frauen der umliegenden Dörfer bei einer Exhumierungsaktion zugegen sein sollten, die von den führenden Nazis der Gegend ausgeführt werden mußte. Sie hatten das Grab zu öffnen, die Leichen auszugraben, zu reinigen, in einen Sarg zu legen und dann wurden sie auf den Friedhof von Tailfingen überführt und dort beigesetzt. Diese Exhumierungsaktion ist tief in das Gedächtnis der Dörfer eingegraben. Sie war wohl auch grausam, zwei Parteimitglieder aus Bondorf wurden so geschlagen, daß sie den Verletzungen erlagen, aber es war vermutlich mehr der Schock, als Schuldiger behandelt zu werden - und man war es doch nicht mehr als andere.

Der Ort der Tat läßt seither keine Ruhe. Es existieren „Sagen“, daß es noch ein zweites Massengrab gebe, denn in der Tat wurden nur 72 Leichname umgebettet. Auch wenn man die 100 Leichen, die im Reutlinger Krematorium eingeäschert wurden, hinzuzählt, fehlt immer noch eine Anzahl in der Bilanz des Todes. Andere erzählen, daß sich die Waldarbeiter weigern, in dem anliegenden Wald zu schaffen, weil sie Angst hätten, auf Tote zu stoßen.

Auch zog der Ort immer wieder Auswärtige an, die an ihm der Taten gedenken wollen, die da geschahen. Was den Orten der Gegend mehr als unlieb war, ja jedesmal geradezu panikähnliche Reaktionen hervorrief, gerade als würde in diesen Gedenkübungen ein Schuldvorwurf artikuliert, den man aber so heftig zu bestreiten suchte, daß auch der psychologisch ungeübte Betrachter den Verdacht nicht los wurde, daß es da etwas zu verbergen gelte, daß die Erinnerungen ein schwerwiegendes und nicht auszuhaltendes Gefühl reaktivierten, das man mehr fürchtete als die Pietätlosigkeit, den Respekt vor den toten Opfern zu verletzen. Auf der Oberfläche ist es die Kränkung von 1945, für etwas bestraft zu werden, was man nicht direkt getan und zu verantworten hatte, aber darunter steckt sicherlich auch die Ahnung, daß man zwar nicht schuldiger als die Tübinger oder Herrenberger ist, aber eben auch nicht unschuldiger.

Wie lebt man mit Schuld? Wo beginnt Auschwitz? Nicht erst auf der Rampe. Aber auch nicht nur in Hailfingen/Tailfingen. Gibt es in Familien oder Dörfern (oder ganzen Nationen?) mitgetragene, tradierte Schuld, die sich als ortloses Gefühl auf die Nachfolger und Erben überträgt? Ist dieses Schuldgefühl so mächtig, daß man ihm jeden Platz verweigern möchte? Ist die Erinnerung als Kraft so mächtig, daß man ihr möglichst aus dem Weg geht?

In Hailfingen sah es so aus. Als sich immer wieder Initiativen bildeten, um ein Mahnmal am Ort der Ereignisse zu errichten, wehrten sich die Einheimischen resolut. Sie spürten auch etwas Richtiges. Vielfach sind die besserwisserischen Verfolger der Täter so heftig bei ihrem Jagdgeschäft zugange, daß man manchesmal den Verdacht einer spezifischen Form der Abwehr von Schuldgefühlen nicht ganz aus dem Weg räumen kann: die Ahnung vom Mörderischen wird so heftig, daß man sich selbst nur davor rettet, indem man anderen, offenkundigen Tätern nachspürt. Aber wenn es allein diese Ahnung gewesen wäre, hätten die Hailfinger längst einen eigenen Gedenkstein errichten können, so besteht schon Grund, von der Schärfe der Abwehr auf das Gewicht der Schuldgefühle zu schließen.

Im Herbst 1986 wurde dann auf Veranlassung des zuständigen Oberbürgermeisters von Rottenburg ein Gedenkstein auf dem Friedhof errichtet; das Dorf war zwar bei der Feier nicht in toto dabei, aber doch in Gestalt des Kirchenchors, von Schülern und örtlichen Repräsentanten. Außerdem hat ein „Verein", vom Ludwig-Uhland-Institut „unterwandert", auf dem Rollfeld eine Informationstafel aufgestellt, die einmal umgestürzt und im Januar 1989 mit obszönen Worten, Sowjet- und Davidsternen beschmiert wurde. Das zeigt, daß der Ort noch keine Ruhe hat und daß der Weg dorthin nicht nur von Skandalen eingesäumt, sondern auch weit ist, ja vielleicht gar kein Ziel hat. Die Opfer haben zwar ihre Ruhe verdient, aber die Erinnerung an die Täterseite im Mensch - und ich benütze diese anthropologische Feststellung nicht naiv - muß wachgehalten werden.

Wie das aussehen kann auf lokaler Ebene, illustriert vielleicht folgendes Beispiel: obengenannter „Verein" knüpfte Kontakte zu Überlebenden des Lagers, unter anderem zu einem Mann, der jetzt in München lebt und der im Mai 1988 den Ort, an dem er als junger Mann so Schreckliches erlebte, zusammen mit seiner Familie besuchte. Es war ein denkwürdiger Tag, beim Empfang im Rottenburger Rathaus erzählte der Gast, wie es ihm ergangen war, ohne Manuskript, sehr ausführlich, der Ortsvorsteher von Hailfingen, ein kantiger und angesehener Mann, weinte dabei. Er und einige andere ließen es sich nicht nehmen, mit hinauszufahren und plötzlich waren die Erinnerungen, die unserem Verein bei verschiedenen Recherchen stets verweigert wurden, alle da. Sogar der Platz des Massengrabs, angeblich nicht mehr rekonstruierbar, wurde mit schwäbischer Genauigkeit gezeigt. Am Schluß gingen alle zusammen mit der Familie aus München an den Gedenkstein auf dem Friedhof und gedachten der Toten.

Seitdem hat sich das Verhältnis zu dem Ortsvorsteher von Hailfingen verändert; er hat im Uhland-Institut angefragt, ob nicht ein Mitarbeiter bei der geplanten Ortschronik das Kapitel über die NS-Zeit schreiben könnte. Es hat sich ein Gefühl vermittelt, als hätte der Gast aus München verziehen, als könnte er die Schuld zwar nicht abnehmen, (sonst bräuchte man ja nichts über die NS-Zeit im Heimatbuch zu schreiben), aber er hat gezeigt, daß sie endlich und ertragbar ist. (Das war allerdings vor den Schmierereien, die hätten wir unserem Besucher sicher nicht gezeigt, dieses Trennende, das uns in den Augen der Opfer mit den Schmierern verbindet, ist vielleicht das Traurigste an diesem Ausdruck der Unfähigkeit zu trauern.)

4. Die Juden von Baisingen[14]

Es geht wiederum weniger um geschichtliche Ereignisse als um den erinnernden Umgang mit der Geschichte. Was bleibt von der Gewalt im Gedächtnis, oder in einzelne Fragen aufgelöst: Wie kann Gewalt, ausgeübte, beobachtete und erlittene dem Gedächtnis anvertraut werden? Wie dient dieses seinem Herrn oder seiner Frau? Nur erinnernd? Oder hilft es auch, indem fatale Erinnerungen beiseitegeschoben oder verändert werden? Wie sehen solche Veränderungen aus und was sagen sie uns - außer der Unwahrheit? Es geht um das Dorf Baisingen, das zwischen Rottenburg und Nagold liegt und das noch 1933 eine jüdische Gemeinde mit ungefähr 80 Seelen aufwies. Die Ereignisse in der „Kristallnacht" unterschieden sich im Grund durch nichts von anderen Gemeinden im Deutschen Reich, die zu der Zeit noch eine jüdische Gemeinde hatten, die Zerstörungen wurden über die Kreisleitung in Horb angeordnet und von SA-Leuten der Gegend bei Unterstützung durch einzelne Einheimische durchgeführt. Die Synagoge selbst wurde nicht angezündet, sie war räumlich zu nahe an anderen Häusern, dafür wurde drinnen alles kurz und klein geschlagen.

Ein angeklagter Baisinger sagte beim Prozeß gegen die Synagogenzerstörer im Jahr 1947[15] aus: „Plötzlich hörten wir starkes Scheibenklirren in einem Ton, als ob es von Schlägen herrühren würde. Es eilte alles auf die Straße, um zu sehen, was los sei . . . Ich sah, wie verschiedene mir unbekannte Männer mit Stangen um das gegenüberliegende Haus herumliefen und mit diesen Stangen die Fenster einschlugen oder die Fensterläden aufrissen. Ich begab mich aus reiner Neugierde in dieses Haus, um zu sehen, was eigentlich los sei. Wie ich im Treppenhaus war, kamen mir Sturmführer B. und Obertruppführer W. auf der Treppe entgegen. Da die Inneneinrichtung des Hauses und das Treppengeländer schon kaputt waren, sagte ich zu den beiden: ‚Machts nur nicht so arg'".

Diese Aussage geht vom Prinzip der Unbeteiligtheit aus, der Angeklagte agiert angeblich nur aus Neugier, er glaubt mit seiner Bemerkung - „machts nur nicht so arg" sogar zur Mäßigung angehalten zu haben und führt sie deshalb zu seiner Entlastung an. Von den Taten ist er wie durch eine gläserne Wand getrennt, eingreifen zu können, kommt ihm nicht in den Sinn. Die Erinnerung vermag dadurch jede Berührung oder Berührtheit zu negieren. Trotz dieser Verweigerung, die Wahrheit anzuerkennen, ist die Sprache verräterisch („machts nur nicht so arg"), obwohl sie sicher ihre überlieferte Fassung von einem Justizbeamten erhielt. So wird sogar noch in dem verwinkelten Gerichtsschreiberdeutsch offenbar, daß diese gläserne Wand vom Gedächtnis gebaut wurde, um sich selbst vor der Einsicht zu schützen, daß

---

14 Dieser Abschnitt wurde im Rahmen unserer Untersuchungen von Franziska Becker erforscht. Ohne ihre Arbeit wären meine Überlegungen unmöglich gewesen.

15 Die Akten befinden sich im Staatsarchiv Sigmaringen, Wü 29/2 Nr. 140.

dieses fremde, scheinbar vergangene Ich sehr wohl bei den Ausschreitungen beteiligt war.

Ob mit ganzem Herz und ganzer Seele, also als Einheit, das ist anzuzweifeln, denn die Verteidigungslinie des Angeklagten löst die Identität in verschiedene Partikel auf; so kann er seine partielle Unbeteiligtheit behaupten - und glauben. Der Teil von ihm, der bei den Ausschreitungen dabei war, ist ihm unbekannt und fremd. Der Täter spielt auf der Bühne keine Rolle, obwohl sehr viele Darsteller in seiner Gestalt auftreten: da erscheint im Prolog der Aussage, die wir nicht zitiert haben, ein biederer Landmann, der Durst hat und vor der Wirtschaft sein Fahrrad, so heißt es später im Text, „ordnungsgemäß" abschließt, in der nächsten Szene ist er Zeuge, der sieht, wie Fremde, die ihm aber dann sogar namentlich bekannt sind, an einem Haus herumfuhrwerken, das sie nichts angeht, dann ist er ein Neugieriger, der den Tatort wie einen Unfallplatz betritt und schließlich an dem Punkt, an dem er angeklagt ist, sogar beschwichtigend eingreift - nachdem die Zerstörungsarbeit geleistet ist.

Es ist auffällig, wie wenig die Bedeutung dessen, was da geschah, dem Zeugen und seinem Gedächtnis offenkundig ward, gerade als hätte die Gewalt eine Spur durch die Erinnerung gezogen, eine Spur, die zwar nicht alles auslöscht, aber doch alles verharmlosend glättet und zumindest um den eigenen Anteil bereinigt. Alles was eigene Verantwortung bedeuten könnte, wird dem Vergessen überantwortet, geleugnet wäre wohl das bessere Wort, denn es hält fest, daß da Etwas nicht zugelassen werden darf, ein Etwas, das vorhanden ist, obwohl es dem Täter unsichtbar bleibt, unsichtbar deshalb, weil es, sichtbar gemacht, gefährlich und bedrohlich werden könnte.

In der Aussage ist trotz der Verleugnung hörbar, daß nichts vergessen, im Sinn von verschwunden ist, sondern die Lüge (falls bewußt), die Verleugnung (falls unbewußt) das Regiment im Gedächtnis übernommen haben. Die Lüge scheint uns, moralisch betrachtet, das schlimmere Übel; analytisch gesehen, ist sie sicher das harmlosere, weil sie revidierbar ist. Die Lüge bestreitet zwar die objektiven Tatsachen, aber sie tut dies, gerade weil die Verwerflichkeit von Handlungen bewußt ist. Die Verleugnung dagegen annulliert die Wahrheit, sie darf von ihr nicht wissen - vielleicht weil sie nicht auszuhalten wäre.

Es sieht so aus, als sei die Wahl des Mittels auch davon abhängig, wie bedrohlich das Getane für das Gewissen ist. Von ‚Vergessen' kann freilich in beiden Fällen keine Rede sein: Vergessen kann ich nur etwas, das mir ganz und gar nichts bedeutet, eine alte Telefonnummer, eine französische Vokabel. Etwas anderes ist es, wenn mich die Erinnerung so bedroht, daß mich das sogenannte Vergessen vor Strafe oder Depression schützt. Man könnte sagen, die Schuld lebt unspürbar, weil pervertiert in dem Gefühl vermeintlicher Schuldlosigkeit weiter, das Vergessen wäre dann eine spezifische Form des Gedächtnisses. Das Ereignis muß bestritten werden, weil seine innere Repräsentanz so schwerwiegend, bildlich und wörtlich genommen, ist.

Ein Bundesgenosse dieser Unbeteiligtheit ist der sogenannte Zufall. Wie schon in Rottenburg 1938 wohnte man auch in Baisingen nicht geplant, sondern völlig absichtslos den Missetaten bei. Auch wenn das wiederum ein vom Prozeß-Advokaten angeratener Winkelzug sein sollte, es ist doch grotesk, wie umfassend und bis an die Grenzen der Debilität ihn man sich zu eigen macht. Der Zahnarzt L., der zunächst bestreitet, überhaupt dabei gewesen zu sein, gibt dann, als seine Mittäterschaft nicht mehr zu leugnen ist, zu Protokoll, „er sei entsprechend einer ärztlichen Anordnung jeden Mittag zwischen 11 und 12 Uhr spazierengegangen. Bei einem dieser Spaziergänge seien auf der Straße nach Bildechingen zwei, drei Männer in einem Kraftwagen vorbeigekommen, die ihn aufgefordert hätten, mit ihnen zu fahren. Da er schon lange die Absicht gehabt habe, die Synagoge in Baisingen zu besuchen, habe er diese günstige Gelegenheit genützt und sei mit den Männern nach Baisingen gefahren ...“
Ähnlich ahnungslos tut auch der Kreisleiter Vogt aus Horb, der gleichfalls die Synagoge „besichtigt“. „Auf der Empore habe ich ein Buch in die Hand genommen, weil ich glaubte, es wäre der Talmud, der mich bezüglich seines Inhalts interessiert hätte.“ Ob etwas zerstört wurde, vermag er nicht mehr zu sagen, „nur, daß ein Buch von der Empore heruntergefallen ist, ob dies aber nun von einer Person mutwillig oder vorsätzlich heruntergeworfen wurde, oder ob es achtlos aus der Hand gefallen ist, vermag ich nicht zu sagen; ich habe in diesem Augenblick nicht nach oben geschaut.“ Diese Aussagen sind zweifellos auch Zeugnisse der Mißachtung des verhandelnden Gerichts durch eine sich noch immer sicher und unschuldig wähnende Clique, aber zugleich ist die zynische Unerbittlichkeit, mit der jeder Anteil am Geschehen geleugnet wird, auch ein Zeichen für die in der Verleugnung, allerdings nur da, anerkannte Schwere der Schuld, daß der Zynismus, ähnlich wie die Lüge, das genau festhält, was er bestreitet, die Gültigkeit der Wahrheit auch über das eigene Handeln - paradox formuliert, ich gebe die Tat zu, indem ich sie bestreite.
Uns ist klar, daß diese Bemühung, in der Interpretation die verdrehten Dinge richtigzustellen, nicht jedermann einleuchten wird und einem Juristen - hoffentlich nicht dem Historiker - unzugänglich bleiben wird, ja muß. Aber die durch Strafe sühnbare Schuld steht hier nicht zur Diskussion; als Anthropologen versuchen wir, das Menschen-Mögliche zu analysieren, und bemühen uns, Unverständliches zu verstehen, z. B. die Lüge als Unfähigkeit zum Geständnis zu deuten, weil das Geständnis eine Dynamik bedeuten könnte, die nicht auszuhalten wäre; dies alles, um uns aus dem Bannkreis der Verständnislosigkeit zu lösen, die sich mit der entsetzten Wiederholung der Geschehnisse begnügen muß.
Nehmen wir noch einmal dieses „Nicht-nach-oben-gucken-können“ des Kreisleiters. Äußert sich da nicht auch in aller Unverschämtheit eine Angst vor einer höheren Macht, so wie sie ein Kind spürt, das den Blick niederschlägt, weil es den Zorn des Vaters fürchtet - und sich eben dadurch verrät.

Ob mutwillig oder achtlos, der Zeuge vermag es nicht mehr zu sagen. Uns ist klar, er lügt, aber, wie gesagt, es steht zu befürchten, daß ihn sein Gedächtnis nicht im Stich läßt, sondern im Gegenteil, es leistet ihm Beistand, indem es sich ahnungslos gibt und die Möglichkeit einräumt, es sei doch alles ganz harmlos gewesen. Diese Doppeldeutigkeit spielt bei den Erinnerungen von Tätern eine zentrale Rolle. Es ging gar nicht darum, so glaubt der Nazi häufig, Chaos zu stiften und das Geschäft der Zerstörung zu besorgen, sondern er meint im Gegenteil, er habe Ordnung geschaffen, „aufgeräumt“, nach dem Rechten geschaut. Der Kreisbaumeister war nur deshalb an Ort und Stelle, „um zu verhindern, daß die dortige Synagoge in Brand gesetzt wird, weil diese inmitten anderer Gebäude steht“ . . . Auch der Kreisleiter war nur deshalb in Baisingen, um zu sehen, ob alles „in schönster Ordnung“ war.

Mit diesem Zwiedenken hatte die Bewegung ja schon die Weimarer Republik „aufgeräumt“, und es war sicherlich ein Wesenszug der praktischen Philosophie des Nazismus, daß man seine destruktiven Wünsche und Begierden hemmungslos ausleben durfte, eben im Scheine der Konstruktivität und Rechtschaffenheit.

Das wäre gewissermaßen die psychologische Lösung des Problems der Zerstörungswut, es gibt auch eine topographische, die mit innen und außen operiert: die guten sind die Einwohner, die Bösen kommen von außen, es sind Unerkannte und Unbekannte. Auch so wird durch eine Spaltung der Status der eigenen Unschuld zu bewahren versucht.

Interessant ist, daß die Regionalwissenschaft bei der Erforschung des NS eine zeitlang mitmachte, daß die Nazis plötzlich Teufel von einem anderen Stern wurden. So wird häufig in lokalen Untersuchungen zur Geschichte der Juden das „gute Einvernehmen“ der beiden Gruppen so einäugig beschrieben, daß die andere Seite fast unsichtbar wird. So wurde auch in meiner Untersuchung „Judendörfer in Württemberg“[16] von den mehrstimmigen Männerchören geschwärmt, die harmonisch zusammenklangen und -sangen und erst von der „braunen Pest“, den „teuflischen Nazis“ oder wie die Bilder der Distanzierungsbemühung auch heißen mögen, aufgescheucht und auseinandergetrieben wurden. Das Böse ist das Fremde, das mit dem eigenen Terrain nichts zu tun hat.

Merkwürdig, aber auch verständlich, ist die Tatsache, daß dieses Klischee auch bei Überlebenden und Emigranten fortexistiert. Ein alter jüdischer Herr, aus Franken gebürtig, der Tübingen bei seinen Deutschlandreisen ab und zu besucht und mit dem wir über dies und jenes in der Welt sprechen, schreibt ein interessantes Heimatbuch über sein früheres Dorf, und er wollte diesem Buch den Titel geben: „In Berlichingen war alles anders“. Er liebt seine frühere Heimat, er sieht auch ihre Schwächen, aber er glaubt, wenn Deutschland nur aus Berlichingern bestanden hätte, wäre der Nazismus nicht an die Macht gekommen, so kann er den Weg, der von Berlichingen in die

---

[16] Utz Jeggle, Judendörfer in Württemberg. Tübingen1968.

Lager führt, und eben auch von einzelnen Berlichingern hin zu den Verbrechen, vernachlässigen.
Ähnliches erlebten wir in Shavej Zion. Eine Frau, gebürtig aus Baisingen, die jetzt in Israel lebt, erzählte uns bei einem Besuch, daß es in Baisingen keine Nazis gegeben habe; als wir einige Namen nannten, die uns bei unseren Untersuchungen bekannt geworden waren, verhärtete sich ihr Gesicht, „das habe ich vergessen", und es war ihr fester Wille, daran nicht rühren zu lassen, zu bitter wäre die Erinnerung - und unmöglich wäre es gewesen, das freundschaftliche Gespräch mit uns, den Vertretern dieser Heimat, fortzusetzen.
Hier wird offenkundig, daß dieses Vergessen auch eine Chance ist, das die Opfer vor ihren Erinnerungen schützt. Rein äußerlich gesehen sind die Strategien dieses Vergessens bei Opfern und Tätern ähnlich strukturiert und sie haben vermutlich (rein mechanisch betrachtet) sogar eine psychisch vergleichbare Aufgabe, nämlich ein möglichst schmerzfreies Weiterleben zu garantieren. Aber gerade weil diese Aphasien so ähnlich erscheinen, muß auf dem fundamentalen Unterschied bei der Abwehr der Schmerzerinnerung bestanden werden: beim Opfer geht es um durchlebtes eigenes Leiden, der Täter dagegen vermeidet die Konfrontation mit den eigenen unmenschlichen, ja manchmal verbrecherischen Handlungen, die er anderen zugefügt hat. Gerade da versucht das populäre Gedächtnis zu drehen, indem es auf dieser Vergleichbarkeit der Schmerzerfahrungen besteht - und nicht nur das populäre, die Bonner Dornenkrone mit der Inschrift „allen Opfern der Gewalt" ist ja ein sehr elaboriertes Zeugnis dieser Denkungsart.
Auch in Baisingen wurden diese nur den Opfern zustehenden Erinnerungsverweigerungen zur eigenen Entlastung benützt. Als „Beweismaterial" dienen angeblich Äußerungen eines Juden, der 1945 aus den Lagern zurückkehrte und in Baisingen ansässig bleib. Im örtlichen Erzählrepertoire kursieren Geschichten, die davon handeln, daß dieser „Heimkehrer" dem Dorf verziehen habe und daß es ihm in den Konzentrationslagern gar nicht so schlecht ergangen sei: So wird erzählt, er sei in der Küche beschäftigt gewesen, oder er habe gesagt, so kolportiert ein früherer HJ-Fähnleinführer, „euch ists im Schützengraben schlechter gegangen als uns im Lager, wir haben wenigstens jede Nacht gewußt, wo wir uns hinlegen". So wird zugefügte Gewalt durch Selbstmitleid aufgewogen und bagatellisiert, das eigene Leiden macht das des anderen klein oder unsichtbar. Eine Rechnungsart, die auch immer wieder die Kriegsopfer, die Bombenkriege, die Flüchtlingsschicksale in Rechnung stellte und im Aufrechnen erkennbar macht, daß dieser Hinweis auf die Schuld der anderen die eigene zwar verringern möchte, sie aber in der Geste und in der Rechnung auch anerkennt.
Eine ähnliche Funktion haben gute Werke, sie erteilen im Gedächtnis Absolution. Bei einer Untersuchung über Fremdarbeiter in Tübingen wurde uns immer wieder, fast standardisiert von den Butterbroten erzählt, die man den Gefangenen zugeschoben habe. Nichts gegen die Butterbrote, aber auch da scheint in der Betonung des eigenen Mitleids noch etwas anderes verborgen

zu sein. In Baisingen hat der Fuhrmann die Juden anläßlich der Deportation auf den Bahnhof nach Horb bringen müssen und er hat in seinen „Leiterwagen" Brettle hineingenagelt, damit die Leute sitzen konnten, daran erinnert er sich genau, die Namen der Deportierten kann er trotz offensichtlicher Anstrengung nicht erinnern. Die Erinnerung hält sich an die gute Tat, die nicht gering zu schätzen ist, das Vergessen der Namen zeigt an, daß die Identität der Opfer, die der Name aufbewahrt, erloschen ist. Das ist auch eine Unfähigkeit zu erinnern, aber diese ist als Defekt auch ein Zeichen von tiefer Scham, die nur nicht empfunden werden kann, aber deshalb vom betrachtenden Ethnographen verstanden werden muß.

Die Erinnerung oder besser das Vergessen schützt uns vor Schmerz und vor Scham, es macht uns zu - wenn nicht gerade guten, so doch - brauchbaren Menschen. Deshalb ist es nicht zu verwundern, wenn der Schmerz über den Verlust von menschlichen Beziehungen gleichfalls verschoben auftritt. Es geht um den Aspekt des Zusammenhangs von Gewalt und Gedächtnis, der Gegenstände, Dinge benützt oder vorschiebt, um nicht über menschliche Schicksale nachdenken zu müssen. Auch in diesem Gefühl vermischen sich viele Ebenen, die es einzeln zu betrachten gelte. Jedenfalls ist es m.E. nicht nur die bäuerlich-schwäbische Attitüde, sondern gleichzeitig ein Zeichen des tiefen Schocks, den das „Verschwinden" der Juden auch auslöste, wenn immer wieder betont wird, daß es „schad ums Sach" war, das man in der Kristallnacht zerstörte. Ein SA-Mann sagt beim Prozeß aus: „Erst auf Anforderung eines anderen Kameraden, mich am Umwerfen des Ofens (in der Synagoge) zu beteiligen, habe ich dieses versucht. Wenn ich vor Beginn der Aktion gewußt hätte, um was es sich gehandelt hat, hätte ich mich krank gestellt, oder wäre am Antreteplatz nicht erschienen, weil ich nie ein Freund vom Demolieren gewesen bin. Ich bin aus ärmlichen Verhältnissen, war immer zum Sparen genötigt und bin deshalb kein Freund vom Demolieren und Zerstören. Die Sachen sind mir zu wertvoll".

Die Sachen sind im Alltag des kleinbäuerlichen Lebens wichtig, sie nicht zu verletzen, ist manchmal existentiell bedeutsam, gleichwohl drückt sich in dieser Aussage doch eine beunruhigende Gleichgültigkeit gegenüber der Unversehrtheit von Menschen aus. Die Dinge haben zumindest in einzelnen Gedächtnissen auch eine Stellvertreterfunktion. Das wurde deutlich, als gleich nach den Deportationen die Finanzverwaltung daran ging, das „Sach" der Juden zu verkaufen und zu versteigern, ein Vorgang, der zumindest für die Augen eines Bauern das Ende der bürgerlichen Existenz besiegelte, mit einer Rückkehr der Juden war auf keinen Fall zu rechnen und man ahnte wohl auch die tödliche Seite dieser Trennung: einer der drei Deportationsschübe aus Baisingen erfolgte tagsüber, man habe den Kindern verwehrt, zum Fenster hinauszuschauen. Die Kinder interpretierten diese Maßnahme richtig, in der Schule habe man getuschelt, „der Jud wird ausgerottet".

Auf zwei Aspekte dieser Versteigerungsaktion sei hingewiesen: Zum einen zeigte sich an den vorhandenen Skrupeln, diese Sachen zu kaufen, welche

Gefühle die Dorfbevölkerung zumindest auch hatte: Es gab Stimmen, die jeden Kauf der an sich begehrten Ware verweigerten, weil kein Segen darauf läge, „in der Bettwäsch wollt ich nicht schlafen", etc. Es gab Frauen - es sind vor allem Frauen, die sich dies leisteten -, die Dinge kauften, um sie bis zur Wiederkunft der Deportierten aufzubewahren. In Oberdorf am Ipf hat mir einmal eine alte Frau einen Stoß Wäsche gezeigt, den sie im Schrank mit einem Bändel umschlossen, säuberlich und unbenützt aufbewahrte, obwohl sie ziemlich sicher war, daß die Nachbarin ermordet wurde. Sie fühlt sich als treue Hüterin, die durch ihren Glauben an die Rückkehr gewissermaßen auch die Schande, die durch die Vertreibung über uns kam, wiedergutmachen, zumindest unsichtbar machen wollte.

Die zweite Dimension ist die Gewalt der Institution, wie in unserem Fall des Finanzamts. Es stellt ja nur Papiere und Anordnungen aus, aber im Grunde ist hier die bürgerliche Vernichtung ratifiziert. Die Versteigerung ist zwar nicht physisch tödlich, aber sie ist der geschäftliche Exitus der Juden. Die historische Frage nach der Erinnerung an Gewalt, darf sich nicht auf Mord, Körperverletzung und Sachbeschädigung reduzieren, die Gewalt des Journalisten und der Zeitung, die hetzen, des Finanzbeamten und seines Amtes, die den Schlußstrich ziehen, sind genauso in die Analyse einzubeziehen. Es geht dabei auch um das Gedächtnis von Behörden, das nicht nur im Archiv liegen darf. Die Frage, wie hat ein Amt gehandelt, sich an der Planung und Durchführung von Gewalttaten beteiligt, verdient durchaus unser Interesse.

Die Institutionen selber, wie die Finanzverwaltung, haben sich dieser Geschichte bislang - wenn ich richtig sehe - nicht gestellt. Die Baisinger, zumindest diejenigen, die sich bei den Versteigerungen und Verkäufen des jüdischen Besitzes beteiligten, sahen sich durch die amtliche Regie legitimiert. Was eine Behörde tut, kann nicht rechtswidrig oder unmoralisch sein; sie reagierten bei der Rückkehr der wenigen Überlebenden aus den Lagern deshalb ziemlich ekelhaft, denn die Rückkehr der Juden stellte zum einen den ordnungsgemäßen Charakter der damaligen Besitznahme in Frage, man sah sich jetzt damit konfrontiert, sich am Unglück anderer bereichert zu haben. Zum andern war noch schwerer auszuhalten, daß die Rückkehr offenlegte, daß man zuvor an ein absolutes Verschwinden der Juden geglaubt hatte, und sich durch den Kauf zu einem Nutznießer und Befürworter der Vernichtungspolitik des NS gemacht hatte. Um diesen Eindruck vor allem von sich selbst fernzuhalten, scheute man auch vor Peinlichkeiten nicht zurück, man bestritt den Erwerb generell, berechnete Gebühren für die Aufbewahrung eines Schranks, klagte über die Ungerechtigkeit der Wiedergutmachungsregeln - dies alles, um nicht wahrhaben zu wollen, was sich gerade in diesen Abwehrhandlungen deutlich manifestierte, die Ahnung von eigener Schuld, der man nicht Herr wurde und die deshalb abgewehrt werden mußte. Wir haben uns Mühe gegeben, durch unsere Interpretationen Schwerverständliches verständlicher zu machen. Wir haben versucht, uns in Erinnerungsprobleme und -ängste der Täter einzufühlen. In Deutschland wird das gerne als Bemühung um Entschuldung mißverstanden (siehe Jenninger). Davon kann keine Rede sein. Es geht darum, die Teilhabe an den Geschehnissen gerade da aufzuspüren, wo sie achselzuckend übersehen oder heftig bestritten wird. Die Erinnerungsspuren der NS-Geschichte fordern ungewohnte Lesetechniken, die sich bemühen, aufzudecken, wie sich in der Negierung der Akten die Erinnerung an die Taten verbirgt.

Die Analysen der Formen des Vergessens wollen niemand entlasten und nichts verharmlosen, im Gegenteil, Historiker und Kulturwissenschaftler haben im einzelnen Fall den Auftrag, auch in der verwischten Spur Indizien dieser Spur und ihrer Tilgung aufzufinden. Wir wollen die mörderische Potenz, die in der Kristallnacht sichtbar wurde, nicht verharmlosen, im Gegenteil, ihre Verankerung tief im kulturellen Erbe, ja vielleicht im anthropologischen Material (das ist mit unseren wissenschaftlichen Mitteln nicht zu entscheiden), macht es schwerer, uns durch die Konstatierung von etwas Bösem oder der Benennung von bösen Menschen zu distanzieren oder freizusprechen. Wir wollten zeigen, daß die Baisinger (und es geht, hoffentlich wurde das gleichfalls deutlich, nur um einen Menschenschlag, den wir Baisinger nannten) zwar nur in Ausnahme Trauer empfinden können, nicht weil sie als Menschen prinzipiell dazu unfähig wären, sondern weil sie im Einzelfall gerade die innere Nähe und die Angst, diese einzugestehen, sie dazu unfähig macht. Es geht also um die Blockade des Mitgefühls, die Unfähigkeit, Dinge nicht nur als Fakten aus dem Geschichtsbuch zu lernen, sondern auch ihr Ausmaß und ihre Bedeutung empfinden zu können.

Freilich wurde jetzt die Seite des Vergessens besonders betont; wenigstens zum Schluß sei angedeutet, daß es ähnlich versteckte Formen des Erinnerns gibt. Auch in Baisingen. Wir haben einen Gewährsmann kennengelernt, der in seinem Garten die frühere Laubhütte seiner früheren jüdischen Nachbarn stehen hat. Darin befinden sich noch bunte Verzierungen aus den Zeiten, als sie noch anderen Menschen und anderen Zwecken diente. Der Mann benützt die „Sigges", so nennt er sie und so hieß die „Sukkoth" auch früher in Baisingen, als „Schopf": er bewahrt darin Reisig und Holz auf. Wir waren zuerst bestürzt über diese schnöde Nützlichkeit der Verwendung, bis sich herausstellte, daß dieser Mann das Reisig nicht verwendet. Als einer der Projektmitarbeiter die Hütte photographierte, meinte der Mann, er brauche das Reisig nicht. Er braucht, so haben wir dann interpretiert, seine „Sigges" als eine Art Erinnerungszeichen, das zur Tarnung für das Dorf voll mit Reisig ist, aber mitten in seinem Garten steht, ein Epitaph auf die toten Nachbarn und die untergegangene jüdische Gemeinde. Es gibt nicht nur latente Formen der Gewalt, sondern auch versteckte Formen der Trauer, die wir erst entdecken müssen, um sie respektieren zu können.

Harold Marcuse

Das ehemalige Konzentrationslager Dachau

Der mühevolle Weg zur Gedenkstätte 1945–1968

Die Besucher und Besucherinnen der heutigen Gedenkstätte in Dachau betreten das Gelände des ehemaligen Konzentrationslagers durch einen 1965 geschaffenen Mauerdurchbruch. Ihr Weg führt über die vergrabenen Fundamente eines Gefängnisses für straffällige SS. Der Blick fällt dann auf zwei langgestreckte Baracken, keine Originale, sondern Nachbauten aus dem Jahr 1964. Die meisten Besucher gehen dann in das Museum, das ursprünglich Häftlingsbad und -küche beherbergte, nach der Befreiung verschiedene Gerichtshöfe, später eine Lederfabrik und eine Färberei. Am Ausgang des Museums steht das Internationale Mahnmal von 1968 vor dem Appellplatz. Früher standen hier Barackenbauten aus den letzten Kriegsjahren, eine von internierten SS-Männern 1945 erbaute Kirche, und ein Heizkraftwerk, das 1951 für die neuen Lagerbewohner errichtet wurde.

Der Rundgang durch die Gedenkstätte führt an 30 „Fundamenten" vorbei, die 1965–66 gegossen wurden, um die Umrisse der unfundamentierten Häftlingsbaracken zu markieren. Über diese weite, kahle Fläche hinweg sind drei Baulichkeiten von der hinteren Abgrenzungsmauer zu sehen: Gedenkstätten der verschiedenen Bekenntnisse, die an der Stelle der ehemaligen KZ-Gärtnerei und Desinfektionsbaracke stehen. Danach wurde dort ein Kindergarten errichtet, der 1961 jedoch der „Gaststätte zum Krematorium" weichen mußte. Die wiederum wurde am 8. November 1963 von Pionieren des Bundesgrenzschutzes abgerissen, um Platz für eine jüdische Gedenkstätte zu machen.

Diese kurzen Hinweise dürften genügen, um ein Gefühl für das historisch Gewordene der heutigen Gedenkstätte zu wecken. Die gegenwärtige Anlage ist das Ergebnis eines jahrzehntelangen mühsamen Ringens um den angemessenen Umgang mit den Überresten einer Einrichtung, die der Ausschaltung, Ausbeutung und Ausrottung der vom NS-Regime Verfolgten diente. In der Geschichte der Nutzungen dieser Überreste spiegelt sich die Entwicklung der bundesdeutschen politischen Kultur.

Die Geschichte des ehemaligen Konzentrationslagers Dachau seit 1945 läßt sich in vier Phasen einteilen, in denen vornehmlich jeweils eine Gruppe über die Verwendungen des Lagers bestimmte. In der ersten Phase verfügte die US-amerikanische Armee, die am 29. April 1945 das Lager befreite, über das Gelände. Nach der Rückführung der meisten ehemaligen Häftlinge in ihre

Heimatländer richtete die Militärregierung einen Komplex von Internierungslagern für Angehörige der SS und Funktionäre der NSDAP ein. Ab Januar 1947 wurde das Lager schrittweise an deutsche Stellen übergeben, so daß sie im Herbst über wesentliche Teile des ehemaligen „Schutzhaftlagers" verfügten.

Die nächste Phase stand im Zeichen bayerischer Behörden. Im Herbst 1948 wurde der Umbau des Konzentrationslagers zu einer Flüchtlingswohnsiedlung begonnen. Als der Dachauer Landrat im Juli 1955 im Bayerischen Landtag einen Antrag auf Abriß des Krematoriums stellte, war die nächste Gruppe schon so weit mobilisiert, daß sie die Umsetzung weiterer staatlicher Pläne verzögern bzw. verhindern konnte.

Die ehemaligen Häftlinge führten jedes Jahr seit 1945 Gedenkveranstaltungen durch. Sie bemühten sich mit wechselndem Erfolg um die Pflege des Gedenkens an ihre verstorbenen Kameraden durch die (bundes-)deutsche Öffentlichkeit, sowie um die Einrichtung und Verbesserung von Bildungseinrichtungen im ehemaligen KZ, insbesondere Ausstellungen und Museen. Stufenweise, durch Mobilisierung einer interessierten Öffentlichkeit, gelang es den ehemaligen Häftlingen ab 1956, die Räumung der „Wohnsiedlung Dachau-Ost" und die Errichtung der Gedenkstätte in der heutigen Form durchzusetzen. Die Eröffnung des Museums im ehemaligen KZ-Wirtschaftsgebäude im Mai 1965 markiert den Höhepunkt ihrer Bemühungen. Nach der Einweihung des internationalen Mahnmals auf dem Appellplatz im September 1968 traten sie als Initiatoren eher in den Hintergrund.

Im Vorfeld der Olympischen Spiele 1972 in München begannen Jugendliche und Gruppen aus Dachau, sich für die KZ-Gedenkstätte und den Umgang mit ihr zu interessieren. In den Jahren von 1973 bis 1979 stieg die Anzahl der bundesdeutschen Schulklassen, die die Gedenkstätte aufsuchten, von 400-500 auf 5000-6000 im Jahr. Die Aktivitäten der „Aktion Sühnezeichen/Friedensdienste", der Mitglieder des „Dachauer Forums", des „Fördervereins Internationale Jugendbegegnungsstätte" und des Vereins „Zum Beispiel Dachau" sind während der 1980er Jahre zu einem festen Bestandteil der pädagogischen Arbeit im ehemaligen Konzentrationslager geworden.

I.

Die Aufklärung der internationalen Öffentlichkeit über die Zustände im KZ Dachau begann unmittelbar nach der Befreiung durch Einheiten der US-Armee am 29. April 1945[1]. Die ersten Zeitungsberichte von Kriegsberichterstattern erschienen am 1. Mai in vielen namhaften Zeitungen.[2] Armeefotografen und Filmteams machten in den ersten Tagen viele Aufnahmen, und eine Delegation von US-Kongreßabgeordneten wurde am 2. Mai durchs Lager geführt.[3] Am 3. Mai traf eine Delegation von 18 US-amerikanischen Chefredakteuren und Verlegern ein. Sie wurden eigens vom amerikanischen Oberkommandierenden Eisenhower nach Europa eingeladen, um durch ihre Berichterstattung die Öffentlichkeit in den USA von dem Ausmaß und der Authentizität der Greuel zu überzeugen.

Für die Einstellung der US-Amerikaner zu Dachau waren die katastrophalen Zustände im Lager bei der Befreiung maßgebend. Der Lagerkomplex war seit Tagen buchstäblich übersät von Leichen, die in Verwesung übergingen. Ein Güterzug mit den Leichen von über 2300 verhungerten Menschen stand seit Tagen auf einem Abstellgleis im SS-Lager, 2-3000 weitere Leichen befanden sich im Krematoriumsbereich. Die seit Monaten wütenden Typhus- und Fleckfieberepidemien forderten noch in den ersten Tagen nach der Befreiung täglich über 150 Tote.[4]

Die Berichte der Mediendelegation sind in einem Drittel der US-Zeitungen und einem Viertel der Publikumszeitschriften erschienen. Da sie auch in Agenturberichte Eingang fanden, resümiert der Historiker Norbert Frei, daß „auf die eine oder andere Weise . . . fast jeder Amerikaner mit den Nachrichten über die deutschen Konzentrationslager konfrontiert“ wurde.[5] Der hohe Bekanntheitsgrad Dachaus in den USA war und ist ein wichtiger Faktor in den späteren Auseinandersetzungen um die Gedenkstätte: ein über Europa hinausreichendes internationales Publikum war von Anfang an vorhanden.

---

[1] Die Standorte der im Folgenden zitierten Quellen sind: Hauptstaatsarchiv München (Hsta), Bestände Staatskanzlei (Stk) und Ministerium für Arbeit (MArb), Nachlaß Josef Schwalber; Dokumentationsarchiv des deutschen Widerstands, Frankfurt, Nachlaß Oskar Müller, Nachlaß Walter Vielhauer; Archiv der Gedenkstätte Dachau, Nachlaß Otto Kohlhofer; Landesentschädigungsamt (Lea), Akten betr. Dachau. Abgekürzt sind Süddeutsche Zeitung/Dachauer Neueste als SZ/DN und Münchner Merkur/Dachauer Nachrichten als MM/DN.

[2] Siehe Hermann Weiß, Dachau und die internationale Öffentlichkeit. Reaktionen auf die Befreiung des Lagers, in: Dachauer Hefte 1 (1985), S. 12-38.

[3] Siehe Paul Berben, Histoire du Camp de Concentration de Dachau 1933-1945, Brüssel 1966, S. 195 f. Der Bericht ist abgedruckt in den Protokollen des Nürnberger Prozesses: Prozeß Pohl VI, S. 76 f., Doc. L 159.

[4] Diese Toten wurden in markierten Sammelgräbern auf dem städtischen Waldfriedhof bestattet. Ca. 1268 Gräber für über 2400 Tote befinden sich heute dort.

[5] Norbert Frei, Wir waren blind, ungläubig und langsam. Buchenwald, Dachau und die amerikanischen Medien im Frühjahr 1945, in: Vierteljahrshefte für Zeitgeschichte, 35 (1987), S. 385-401, S. 391 mit Anm. 12 und 17.

Zur Einäscherung der unidentifizierbaren Leichen wurde am 3. Mai das Krematorium wieder in Betrieb genommen.[6] Am 7. Mai beschleunigte sich der Verwesungsprozeß wegen eines Wetterumschwungs, so daß ca. 2400 Leichen in Massengräbern bestattet werden mußten. Zu dieser Arbeit wurden Dachauer Zivilisten strafweise herangezogen.[7] Kolonnen von 12 Fuhrwerken mit je 30-40 Häftlingsleichen wurden tagelang durch die Stadt Dachau zum nahegelegenen Leitenberg geführt - ein Bild, das sich in der Erinnerung vieler Dachauer tief eingeprägt hat. Als weitere Strafmaßnahme gegen die Zivilbevölkerung mußten Dachauer Frauen die 39 Waggons des „Todeszuges" reinigen.[8] Schließlich wurde am 8. Mai eine Gruppe prominenter Bürger aus Dachau durchs Lager geführt, damit eine Fotografengruppe ihre Reaktionen auf die Zustände im Konzentrationslager dokumentieren konnte.[9] Zusammen mit den unbeschreiblichen Zuständen im KZ Dachau dürften solche Maßnahmen eine der wesentlichen Ursachen dafür sein, daß noch heute ein nicht unerheblicher Teil der Dachauer Bevölkerung in jeder Erwähnung des ehemaligen Konzentrationslagers einen Vorwurf hört und deshalb eine stark ablehnende Haltung gegenüber der KZ-Gedenkstätte einnimmt.

Die Strafmaßnahmen trafen natürlich auch die Angehörigen der SS, sofern sie verhaftet werden konnten. Beispielsweise mußten SS-Angehörige im Laufschritt den angesammelten Müll von etwa 30000 Menschen beseitigen.[10] Doch sollten die Hauptverantwortlichen in rechtsstaatlichen Gerichtsverfahren vor der deutschen und der Weltöffentlichkeit eine ihren Untaten angemessene Strafe bekommen. Als das Lager sich mit der Repatriierung der nationalen Häftlingsgruppen leerte, begannen die Amerikaner, es für die Internierung von deutschen Tätern einzurichten. Anfang Juli wurde das „War Crimes Enclosure" (Kriegsverbrecherlager) mit einer Kapazität von 30000 Häftlingen in Dachau eröffnet.[11] Das ehemalige Häftlingslager („Schutzhaftlager") wurde „SS Compound" für KZ-Wachverbände und Mitglieder der Waffen-SS; die Funktionäre der NSDAP und andere Verdächtige wurden im SS-Lager und in der KZ-„Plantage" untergebracht. Bis zum 22. Juli waren schon 8675 SS-Männer im Konzentrationslager interniert worden.[12]

Der erste „Dachauer Prozeß" begann am 15. November 1945 gegen 40 Angeklagte der Dachauer KZ-Verwaltung. Diese Gruppe schloß nicht nur alle bis

---

6 Marcus Smith, The Harrowing of Hell: Dachau, Albuquerque, 1972, S. 188ff.

7 Der Antifaschist, 9. 5. 1945.

8 Interview des Verfassers mit Richard Titze, Dachau, 7. 5. 1990, Tonbandaufzeichnung im Archiv der Gedenkstätte Dachau.

9 Der Antifaschist, 9. 5. 1945; Hermann Weiß, Dachau und die internationale Öffentlichkeit, 1985, S. 34.

10 Der Antifaschist, 15. 5. 1945, 18. 5. 1945 und Voice of America, Interview mit Col. Paul Roy, 22. 7. 1945. Ca. 130 Gefangene verluden in 8 Tagen 1033 Lastwagen voller Müll.

11 Angelika Schafflik, Im Schatten der Nürnberger Urteile. Die Dachauer Prozesse unter besonderer Berücksichtigung des Weiss-Prozesses, Zulassungsarbeit Staatsexamen, München 1986, S. 8. Zur Kapazität siehe SZ, 9. 10. 1945.

12 Voice of America, Interview mit Col. Paul Roy, 22. 7. 1945.

dahin gefaßten Dachauer Hauptverantwortlichen ein, sondern auch einige Minderschuldige, so daß der Eindruck nicht entstehen würde, das Todesurteil habe in allen Fällen von vornherein festgestanden.[13] Bei der Urteilsverkündung am 13. Dezember wurden 36 der Angeklagten zum Tode verurteilt; 28 Todesurteile wurden im Mai 1946 in Landsberg vollstreckt.[14] Weitere Prozesse gegen die Verwaltungen und Wachverbände anderer Konzentrationslager wurden bis Herbst 1947 in Dachau durchgeführt.[15]

Die Anliegen der Amerikaner deckten sich in diesen Jahren mit den Anliegen der befreiten Häftlinge. Besonders bei der Durchführung der Prozesse gegen das KZ-Personal arbeiteten sie zusammen. Die Verbindung war institutionalisiert in der Dachauer „KZ-Betreuungsstelle“, die Anfang Juni 1945 als „International Information Office“ in der Schleißheimer Str. 90 eingerichtet wurde.[16] Ihre Adressenkartei wurde z. B. benutzt, um eine Zeugenliste für die im November 1945 beginnenden Dachauer Prozesse anzufertigen,[17] und ihre Mitarbeiter waren vermutlich beteiligt an der Zusammenstellung einer Dokumentarausstellung im Krematorium mit einer Begleitpublikation, die während der Prozesse im Spätherbst 1945 fertiggestellt wurde.[18]

Die Ausstellung im Krematorium scheint so angelegt gewesen zu sein, daß sie das Geschehen in Dachau möglichst drastisch vor Augen führte. Sie zeigte u. a. lebensgroße Puppen, die, in Häftlings- und SS-Uniformen gekleidet, „Pfahlhängen“ und die Prügelstrafe im Lager veranschaulichten. Vor dem Krematorium hatte die Militärregierung ein Schild angebracht:

„This area is being retained as a shrine to the 238000 individuals who were cremated here. Please do not destroy“ (Dieses Areal wird als heilige Stätte erhalten für die 238000 Menschen, die hier eingeäschert wurden. Bitte nicht zerstören.)[19]

Wie eine Schlagzeile der *Süddeutschen Zeitung* am 23. November 1945 belegt, wurde diese Zahl spätestens während der Dachauer Prozesse als falsch erkannt (bis heute hat der Internationale Suchdienst des Roten Kreuzes rund 32000 Todesfälle im Lager Dachau registriert),[20] aber noch Jahrzehnte

---

13 SZ/DN, 14. 4. 1986, sowie Stuttgarter Zeitung, 14. 11. 1945, S. 1.

14 SZ, 29. 1. 1946, 3. 5. und 4. 6. 1946, letztere mit Namensliste der 28 Gehenkten.

15 Der Mauthausen-Prozeß begann am 29. 3. 1946, der Buchenwald-Prozeß am zweiten Jahrestag der Befreiung des Lagers, dem 11. 4. 1947, und der Nordhausen-Prozeß am 7. 11. 1947.

16 Nachlaß Oskar Müller, Brief vom 30. 5. 1945 an den Dachauer Bürgermeister.

17 Interview mit Richard Titze, 7. 5. 1990. Titze arbeitete in der Abteilung für Deutsche unter dem Chef der Auskunftstelle, Walter Cieslik.

18 Eugène Ost, Nach 30 Jahren, in: Rappel, Numero Special 1975, S. 219–225, beschreibt die Ausstellung, die er während des ersten Dachau Prozesses gesehen hat. Das kleine „Dachau Album“ war vermutlich die erste Begleitbroschüre zu dieser Ausstellung. Spätere Auflagen des „Albums“ unter dem Titel, Nie wieder!, bzw. Denket daran! enthalten Fotos von den Prozessen und der Ausstellung (ab 1950).

19 Foto im Archiv der Gedenkstätte, abgedruckt in Schwäbische Landeszeitung, 13. 11. 1945, S. 3.

20 SZ, 23. 11. 1945, S. 1: „30000 Todesopfer in Dachau“.

danach sind Irrtümer und Streit über die genaue Anzahl der Toten entstanden.[21]

Die Häftlinge und die Besatzungsmacht führten auch Gedenkveranstaltungen gemeinsam durch. Die erste große Gedenkveranstaltung in Dachau am 9. November 1945 stand unter dem Zeichen der bald beginnenden Dachauer Prozesse. Dies wird daran deutlich, daß die große Trauerfeier im Dachauer Schloß als „Weltsendung" mit einem US-Leutnant als Moderator gestaltet wurde.[22] Sie wurde von Radiosendern in ganz Deutschland, Europa und den USA übertragen. Im Gegensatz zu Feiern in anderen deutschen Städten, wo die Militärregierung fast demonstrativ fernblieb, nahmen hohe US-Offiziere daran teil. Ein Vertreter des Internationalen Häftlingskomitees (Arthur Haulot) war anwesend, wie auch viele Mitglieder der Münchner und bayerischen politischen Prominenz.

Unter dem noch wachsamen Auge der Besatzungsmacht beteiligte sich die Stadt Dachau aktiv an jeder Gedenkfeier. 1946 hielt Bürgermeister Schwalber Ansprachen auf Gedenkveranstaltungen am 10. März,[23] 28. April,[24] 14. September[25] und 9. November.[26] Bei letzterer konnte er stolz darauf verweisen, daß „um die Verbundenheit der Dachauer Bevölkerung mit den Häftlingen (auszudrücken) und insbesondere das Andenken an den gemeinsamen Freiheitskampf wach zu halten", der Stadtrat am 5. November die Benennung von Straßen nach Dachauer Widerstandskämpfern beschlossen hatte.[27]

Schon in diesem Jahr etablierten sich die drei Anlässe, zu denen Gedenkfeiern in den folgenden Jahrzehnten (z. T. bis heute) in Dachau veranstaltet wurden: der Befreiungstag, der „Tag der Opfer des Nationalsozialismus" (2. Sonntag im September) und der 9. November.

---

21 So beschrieb Martin Niemöller das Schild in einer Radiosendung über einen Besuch in Dachau im Herbst 1945, siehe Norddeutsche Hefte 1 (1946), S. 58 f. Nach Niemöller lautete die Aufschrift: „Hier wurden/in den Jahren 1933 bis 1945/238.756 Menschen verbrannt". Bis 1967 hat niemand Niemöller korrigiert, siehe Das freie Wort, Düsseldorf, 16. 6. 1967. Vor allem die „Deutsche Nationalzeitung" hat diese falsche Zahl angefochten und dazu benutzt, die „Gaskammerlüge" zu propagieren. Siehe Ausgabe v. 3. 3. 1961: „Die Wahrheit über das KZ Dachau/Wurden in Dachau 238756 Menschen ermordet oder gab es im ganzen Altreich keine Gaskammern?".

22 Nachlaß Josef Schwalber, Kapsel 25. Siehe auch SZ, 16. 11. 1945, Schwäbische Landeszeitung, 13. 11. 1945 und Dachauer Amtsblatt, 17. 11. 1945.

23 Siehe HSta, Nachlaß Josef Schwalber 01, Redemanuskript v. 10. 3. 1946.

24 SZ, 19. 4. 1946. Diese Gedenkfeier wurde von der KZ-Betreuungsstelle durchgeführt. Dabei wurde ein Denkmal von dem ehemaligen Häftling Hermann Riemer auf dem Waldfriedhof eingeweiht. Siehe Nachlaß Josef Schwalber 02, Schreiben v. 24. 5. 1950, und Kapsel 01, Redemanuskript.

25 SZ, 20. 9. 1946.

26 Nachlaß Josef Schwalber 01, Redemanuskript zum 9. 11. 1946.

27 Der Platz an der Stadtlinde wurde nach diesem Beschluß „Widerstandsplatz" benannt. Zum Verschwinden des Namensschildes vom Platz (vermutlich in den 1950er Jahren) und aus dem kollektiven Gedächtnis sowie zu seiner Wiederentdeckung Anfang der 1980er Jahre, siehe SZ, 15. 1. 1981.

II.

Bereits Anfang des Jahres 1948 machte sich der Landtag Gedanken über die weitere Verwendung des ehemaligen Konzentrationslagers in Dachau. Auf Antrag des sozialpolitischen Ausschusses wurde am 16. Januar 1948 von allen Parteien einstimmig beschlossen, daß die Staatsregierung zu beauftragen sei,

„mit der Militärregierung umgehend Verhandlungen aufzunehmen, um auf dem schnellsten Wege Lagerobjekte freizubekommen (Dachau) zur Errichtung von Arbeitslagern für asoziale Elemente. ... [Die] Bedeutung der Arbeitslager als Stätten der Umerziehung von arbeitsscheuen Elementen zu willig arbeitenden Menschen" sei hervorzuheben.[28]

Bis in die Formulierung hinein macht dieses Vorhaben deutlich, daß der Symbolwert des ehemaligen KZs Dachau in der bayerischen Öffentlichkeit ein völlig anderer war als in der Weltöffentlichkeit, die das Lager als einen Ort des Massenmordes ansah. Die bayerische Bevölkerung betrachtete es dagegen keineswegs als eine durch das Blut der Opfer „geheiligte" Stätte (wie das Schild der US-Amerikaner am Krematorium bekundet hatte), sondern als einen Ort, dessen schändliche Geschichte durch neue Nutzungen verdeckt werden könnte. In den 1950er Jahren gibt es mehrere Beispiele für das behördliche Bemühen um Vergessen.

Zur Einrichtung eines Arbeitslagers im ehemaligen Konzentrationslager Dachau ist es nicht gekommen. Da mit der Verschärfung des Ost-West Konflikts der Strom der Zuwanderer aus dem Osten sich verstärkte, beschloß der Bayerische Landtag am 29. April 1948, alle frei werdenden Internierungslager für die Unterbringung von Flüchtlingen zu benutzen.[29] Im Frühjahr 1948 fanden Massenentlassungen aus dem Internierungslager Dachau statt,[30] so daß die Flüchtlingsverwaltung es im September übernehmen konnte.[31] Am 22. September 1948 bewilligte der Landtag drei Millionen DM für den Umbau des ehemaligen KZs zu einem Wohnlager; am 2. Dezember kamen 2,26 Millionen DM dazu.[32]

Der Verdrängungswunsch der Behörden wird nicht nur in der Tatsache der Neuverwendung des Lagers als Wohnsiedlung sichtbar. Er fand seinen sprachlichen Niederschlag auch in den Schriftzeugnissen der bayerischen

---

28 Verhandlungen des Bayerischen Landtags, Bd. 2 (1947/48), S. 587-589.

29 Verhandlungen des Bayerischen Landtags, Bd. 2 (1947/48), S. 1346.

30 Von ca. 25000 Internierten im Jahr 1946 war die Zahl bis März 1947 auf etwa 12000 gesunken. Siehe Neue Zeitung, 10. 3. 1947. Zu den Entlassungen siehe Neue Zeitung, 12. 4. 1948 und SZ, 25. 5. 1948, sowie Stk 113953, Besprechungsauftrag zum 5. 7. 1948.

31 MArb 79/645. Dieser Akt enthält Unterlagen über einen Hungerstreik vom 3.-10. 9. 1948 im nahegelegenen „Durchgangslager" Dachau-Rothschwaige. Mit dieser von der in- und ausländischen Presse aufmerksam verfolgten Aktion setzten die dortigen Flüchtlinge die Staatsregierung massiv unter Druck. Siehe unten, Anm. 34.

32 Verhandlungen des Bayerischen Landtags, Bd. 3 (1948), S. 88 und 359.

Behörden, wo die Rede ausschließlich vom „ehemaligen Interniertenlager" ist.[33] Nur der Staatskommissar der Verfolgten Philipp Auerbach und der Flüchtlingsvertreter Egon Herrmann sprachen vom „ehemaligen Konzentrationslager".[34]

Die fortan von der Flüchtlingsverwaltung gepriesene „Wohnsiedlung Dachau-Ost"[35] wurde im Laufe des folgenden Jahrzehnts mehrfach ausgebaut. Industrieunternehmen, Geschäfte, Gaststätten, Kinos, eine Schule und ein Kindergarten wurden eingerichtet. Die Lagerstraße wurde geteert, eine Verbindungsstraße zur Stadt Dachau geschaffen, und die Wasser- und Stromversorgung erneuert. Während die Bewohner selbst unter der Leitung von Egon Herrmann ein mustergültiges gemeinnütziges Wohnbauunternehmen gründeten, um aus dem „Elendslager" herauszukommen,[36] verlegte die Flüchtlingsverwaltung noch bis 1957, als ehemalige KZ-Häftlinge einen Aufnahmestopp durchsetzten, Menschen aus anderen Lagern nach Dachau.

Das aktive Überdecken der Erinnerung an das KZ Dachau war begleitet von einem allgemeinen passiven Vergessen-Lassen. Das wird an den Vorgängen um die Massengräber auf der Leiten 1949 deutlich. Anfang September 1949 wurde bei der Gewinnung von Sand am Hang des Hügels ein Massengrab aufgedeckt. Ein ehemaliger Häftling sah die Knochen und machte die Presse darauf aufmerksam.[37] Am 9. September machte der Knochenfund Schlagzeilen in den USA,[38] und der US-Landkommissar richtete eine offizielle Anfrage an Ministerpräsident Ehard.[39]

Die genaue Lage der Massengräber, die die SS 1944/45 und die US-Armee

---

[33] Siehe MArb 79/1057, Abschrift einer Aktennote v. 8. 10. 1948 über eine Regie-Besprechung am 7. 10. 1948 „im ehem. I.- u. A.-Lager Dachau", oder ebenda, Brief des Regierungsbeauftragten Dr. Rau v. 6. 11. 1948 betr.: „Flüchtlingwohnlager Dachau (ehem. Interniertenlager)".

[34] Die Angst vor der Erinnerung an das KZ nutzte Herrmann sogar geschickt aus. Auf einer von ihm geleiteten Vollversammlung am 14. 11. 1948 wurde eine Resolution verabschiedet, in der es hieß, da alle Verhandlungen mit der Staatsregierung gescheitert seien, „soll man Gaskammern und Krematorien bauen und uns vernichten, lieber schnell und schmerzlos als langsam uns verhungern zu lassen." Dieser Satz wurde später von Staatssekretär Jaenicke mehrfach rot angestrichen.

[35] Siehe MArb 79/71, Referat über die Entstehung und Zukunft des Bauvorhabens von einem Angestellten im Staatskommissariat für das Flüchtlingswesen auf einer Pressekonferenz am 31. 1. 1949 in der „Wohnsiedlung Dachau-Ost".

[36] Zur Entstehung des Projektes siehe Dachauer Anzeiger, 28. 2. 1950, „Egon Herrmann schaltet um. 250 neue Wohnungen auf ehemaligem SS-Grund geplant." Laut Fränkischer Landeszeitung v. 24. 5. 1950 wollte der Deutsche Gewerkschaftsbund Herrmanns Modell für Siedlungsprogramme der Gewerkschaften übernehmen. Die Bundesminister Lukaschek und Wildermuth waren Ehrenmitglieder der von Herrmann gegründeten „Sozialen Baugenossenschaft Dachau-Ost".

[37] Interview mit Richard Titze, 7. 5. 1990. Laut Titze war der Finder Simon Renne.

[38] Siehe New York Times und New York Herald Tribune, 9. 9. 1949, Münchner Merkur, 12. 9. 1949 und SZ, 15. 12. 1949. Siehe auch Der Spiegel Nr. 11, 16. 3. 1950, S. 4.

[39] MM, 12. 9. 1949.

im Mai 1945 angelegt hatten, wurde durch Stichgrabungen festgestellt.[40] Im Landratsamt wurden genaue Lagepläne wiederentdeckt.[41] Die angenommene Zahl der Leichen schwankte zwischen 3000 und 20500[42] - tatsächlich waren es 6228.[43] An Ort und Stelle befanden sich nur ein Holzkreuz und ein Davidstern - keine erklärenden Hinweise.[44] Während die Stadt Dachau und die Bayerische Staatsregierung sich die Verantwortung für die Vernachlässigung der Gräber gegenseitig zuschoben, versuchte ein Untersuchungsausschuß des US-Landkommissars, Klarheit in die Angelegenheit zu bringen.[45]
Was war seit 1945 auf der Leiten geschehen?[46] Im Auftrag der Militärregierung wurde im Sommer 1945 ein Wettbewerb für ein Denkmal ausgeschrieben. Wegen heftiger Kritik an dem im Oktober von den bayerischen Behörden ausgewählten Entwurf[47] wurden die Bauarbeiten im November eingestellt.[48] Während das Kultusministerium sich um einen neuen Entwurf bemühte, ließ die Dachauer Stadtverwaltung das Holzkreuz und den Davidstern aufstellen und Blumen anpflanzen. Doch nach der Währungsreform im Juni 1948 hatte die Stadt keine Mittel für die Pflege, so daß die Anlage langsam verkam.
Die Einsendungen zu zwei weiteren Wettbewerben waren 1946/47 vom Kultusministerium verworfen worden,[49] und das Denkmalprojekt blieb schließlich in einer Behördenschublade in München liegen. Diese Vergeßlichkeit mag sogar vorsätzlich gewesen sein, denn die Behörden reagierten nicht, als überlebende Häftlinge im Frühjahr 1949 sich um die Bereitstellung von Landesmitteln für die Anpflanzung eines Ehrenhains bemühten.
Der „Fall Leitenberg" interessierte auch die französische Öffentlichkeit. Zwei Delegationen prominenter ehemaliger Dachau-Häftlinge besichtigten die

---

40 SZ, 23. 9. 1949 und 28. 9. 1949.
41 Dies wurde von dem damaligen Landrat Heinrich Junker später als Anekdote erzählt, siehe SZ, 22. 11. 1981.
42 MM, 24. 9. und 28. 9. 1949. Nach dem amtlichen Untersuchungsergebnis vom Januar 1950 waren ca. 5600 Leichen von der SS begraben worden, dazu 2100-2500 nach der Befreiung des Konzentrationslagers. Das ursprünglich aufgedeckte Sammelgrab enthielt 29 Skelette, die aus dem vorigen Jahrhundert stammten.
43 Dies wurde bei der vollständigen Exhumierung 1955-58 festgestellt, siehe SZ, 16. 5. 1959.
44 Neue Zeitung, 9. 9. 1949.
45 SZ, 24. 9. 1949 und 29. 9. 1949.
46 Sofern nicht anders angegeben, beruht die folgende Darstellung auf einem zusammenfassenden Bericht von Paul Hussarek in Dachauer Stimmen, Nr. 1, 2. 11. 1949.
47 Der Entwurf stammte von Prof. Karl Knappe, dem Schöpfer des Gefallenendenkmals vor dem Armeemuseum in München, siehe SZ, 26. 10. 1945. Knappe übergab das Denkmalsmodell 1960 dem ehemaligen Dachauer Bürgermeister Schwalber mit einer Erklärung zu seiner künstlerischen Intention, siehe SZ, 30. 7. 1960 und Nachlaß Josef Schwalber 25.
48 SZ, 13. 11. 1945.
49 HSta, Stk 113625, Vormerkung v. 7. 11. 1949 über telefonische Anfrage der Bundeskanzlei wegen offizieller franz. Anfrage betr. Dachauer Gräberanlagen.

Baggerarbeiten und die Massengräber und ergänzten den Bericht des französischen Außenministers Schuman vor der Nationalversammlung am 13. Dezember 1949.[50] Dabei verpflichtete sich Schuman, dafür zu sorgen, daß die Bundesrepublik Gräber von NS-Opfern nicht aufgeben dürfe. Die Vorschrift wurde in einer Zusatzerklärung zu den Pariser Verträgen aufgenommen, die im Mai 1955 in Kraft traten - gerade noch rechtzeitig, um die geplante Schließung des Dachauer Krematoriums zu verhindern.
Die politische Brisanz des Vorfalls für die Bayerische Staatsregierung wird u. a. an dem großen Aufwand deutlich, mit der sie die Herrichtung der Stätte mit vorläufiger Einweihung am 16. Dezember 1949 betrieb.[51] Die Konsulate Frankreichs, der USA, Großbritanniens und der Tschechoslowakei waren vertreten; Bundesflüchtlingsminister Lukaschek, Landtagsabgeordnete, Senatoren, Vertreter der Parteien und der Hättlingsorganisationen waren außerdem anwesend. Trotz solcher Bemühungen blieb die internationale Öffentlichkeit zunächst kritisch. Die Ergebnisse der Regierungsuntersuchung erschienen am 19. Januar 1950 mit Schlagzeilen wie „Kein Verschulden am Leitenberg" und „Zusammentreffen widriger Umstände"[52], aber sie wurden von maßgeblichen Kreisen nicht anerkannt. Sowohl der US-Landkommissar wie der französische Generalkonsul wie auch die „Vereinigung der Verfolgten des Naziregimes" (VVN) ließen kritische Stellungnahmen verlauten.[53]
Die VVN hatte sich schon 1948 beim Staat unbeliebt gemacht, als sie Anspruch auf die von Häftlingen geschaffene, aber nach einer alliierten Direktive dem Staat zufallende KZ-„Plantage" erhob.[54] Spätestens während des „Leiten-Skandals" wurde ihre Ausgrenzung offensichtlich. Im Zuge des sich verschärfenden Ost-West Gegensatzes verließen viele Verfolgtenorganisationen 1948/49 die VVN. In München formierten sie sich 1949 neu im „Landesrat für Freiheit und Recht". Philipp Auerbach, der als staatlicher Repräsentant der ehemals Verfolgten fungierte, trat im Mai 1949 aus der VVN aus und wurde Mitglied des Landesrats.[55] Die „Arbeitsgemeinschaft Dachau" innerhalb der VVN[56] mußte ihre für den 30. April geplante Gedenkveranstaltung vorverlegen, weil Auerbach an dem Tag eine Staatsfeier im Lager durchführen wollte, um das „Denkmal des unbekannten Häftlings"

---

50 Annales de l'Assemblée Nationale, Séance du 13. 12. 1949, S. 6797-6811.
51 SZ, 17. 12. 1949.
52 MM u. SZ, 19. 1. 1950.
53 Zur Reaktion des US-Landkommissariats siehe Neue Zeitung, 11. 3. 1950 und SZ, 28. 4. 1950 (Original des Briefes in Stk 113625); für Frankreich siehe Stk 113625, Vormerkung über Besuch des Generalkonsuls am 19. 1. 1950, und für die VVN, siehe Archiv der Gedenkstätte Dachau, Verlautbarung der VVN München zum amtlichen Untersuchungsergebnis Leitenberg, 20. 1. 1950, 2S.
54 Siehe Stk 113645.
55 SZ, 12. 5. 1949.
56 Siehe Nachlaß Oskar Müller, Protokoll der Gründungsversammlung der Arbeitsgemeinschaft Dachau am 28. 1. 1950.

vor dem Krematorium zu enthüllen.[57] Doch das Kräfteverhältnis der beiden Gruppen war noch unentschieden.

Zu den Veranstaltungen des „kommunistischen Konkurrenzunternehmens" (lt. Auerbach[58]) am 16. April 1950 auf dem Dachauer Marktplatz und auf der Leiten waren etwa 1000 ehemalige Häftlinge aus der Bundesrepublik, der DDR, Frankreich und Österreich gekommen.[59] Am 30. April war die Beteiligung an der vom Staat ausgerichteten Feier wesentlich geringer, dafür umso prominenter: anwesend waren u. a. der österreichische Bundeskanzler Figl, Justizminister Michelet aus Frankreich, US-Landkommissar Bolds, Bundesflüchtlingsminister Lukaschek und Ministerpräsident Ehard.[60]

Die Bemühungen der Bayerischen Staatsregierung waren nicht auf diese Feier beschränkt. Die 493 KZ-Begräbnisstätten in Bayern wurden zusammengelegt und neugestaltet. In zwei Tagen im Juni weihte Auerbach 35 KZ-Friedhöfe ein.[61] Das Landesentschädigungsamt zahlte in der zweiten Jahreshälfte 1950 12000 DM an das („nichtkommunistische") Internationale Häftlingskomitee aus,[62] das am 29. April von Albert Guérisse in den Räumen des Landtags neugegründet worden war.[63] Für die Neugestaltung des Leitenfriedhofs wurde die für damalige Verhältnisse enorm hohe Summe von 650000 DM veranschlagt.[64] Am „Tag der Opfer des Faschismus", dem 10. September 1950, wurde eine von Auerbachs Mitarbeiter Erich Preuss neugestaltete Ausstellung im Krematorium eröffnet und eine überarbeitete Version der Begleitpublikation der Öffentlichkeit präsentiert.[65] Eine Zufahrtsstraße vom Krematorium zur Alten Römerstraße wurde erbaut, damit Besucher das US-Militärgelände in der ehemaligen SS-Kaserne nicht mehr betreten mußten.[66]

---

57 Archiv der Gedenkstätte Dachau, Veranstaltungsprogramm zum 19.4. 1950. Am 1. September 1949 (vor Bekanntwerden des Knochenfundes) hatte Auerbach zu einer Spendensammlung für das Denkmal aufgerufen, siehe SZ, 10. 9. 1949.

58 SZ, 14. 4. 1950.

59 SZ, 17. 4. 1950. Siehe auch Stk 113625, Abschrift Brief Arbeitsgemeinschaft Dachau an Kultusministerium, 29. 3. 1950. Eine ablehnende Antwort erhielt sie am 5. 4. 1950. In Stk 113627 befindet sich ein Polizeibericht über die Veranstaltung.

60 Außerdem kamen zahlreiche Landtags- und Regierungsmitglieder, Weihbischof Neuhäusler und andere mit Rang und Namen. Die Zeremonie wurde von US-Militärmaschinen in Kreuzformation überflogen, siehe SZ, 26. 4. und 2. 5. 1950.

61 Stk 113627, Brief Auerbach an Ehard mit Programm und Bericht v. 19. 5. 1950.

62 Siehe Lea, Schreiben v. 7. 9. 1954 an Anton Karl, sowie SZ, 5. 7. 1950.

63 SZ, 2. 5. 1950 und Dachauer Anzeiger, 6. 7. 1950. Mit einigen Unterbrechungen blieb Albert Guérisse Präsident des Internationalen Dachaukomitees bis zu seinem Tod im April 1989.

64 Nachlaß Josef Schwalber 25, Besprechung über die Gestaltung des Leitenbergs am 10. 10. 1950. Die Gedenkhalle kostete schließlich 100000 DM, siehe SZ, 18. 9. 1951. Die Bauarbeiten für die Halle wurden im Mai 1951 aufgenommen, das Richtfest am 17. 9. 1951 gefeiert.

65 Stk 113626, Protokoll v. 27. 7. 1950. Zur Ausstellung siehe Mitteilungsblatt des Lea Sept./Dez. 1950, Never again! Nie wieder! Jamais plus!, sowie SZ, 5. 9. und 7. 9. 1950.

66 Stk 113627, Bericht v. 3. 2. 1951; Stk 113626, Aktennotiz v. 15. 2. 1951.

Solche ungewöhnlichen Maßnahmen dürfen nicht als Zeugnisse des hohen Ansehens der ehemals Verfolgten in der bundesdeutschen Öffentlichkeit gewertet werden. Vielmehr war Dachau ein Dorn im Auge des Staates, und sobald es nicht mehr in den ausländischen Schlagzeilen war,[67] versuchte man wieder, es aus der öffentlichen Erinnerungspflege verschwinden zu lassen. Die Pläne der Arbeitsgemeinschaft Dachau für eine Gedenkfeier im April 1951 wurden nach Möglichkeit sabotiert: ihr wurde die Vorführung eines Films zum Jahrestag der Massenverhaftungen im März 1933 verboten,[68] und ihre Gedenkfeier am 15. April wurde öffentlich als „kommunistisch" diffamiert. Anstatt eine offizielle Gedenkfeier für die KZ-Opfer zum 29. April 1951 durchzuführen, war die Staatsregierung damit beschäftigt, vom 28. April bis zum 5. Mai eine „Gedenkwoche für die deutschen Kriegsgefangenen" zu veranstalten.[69] In dieser Zeit wurden sowohl die VVN als auch die Arbeitsgemeinschaft Dachau und der „Arbeitsausschuß der Dachauer KZ-Häftlinge" von der Münchner Polizei überwacht.[70]

Im nächsten Jahr fand eine Medienkampagne gegen die Ausstellung im Krematorium statt. Ein Redakteur der „Süddeutschen Zeitung" besuchte im Januar 1952 die Gedenkstätte im Krematorium. Sein langer Bericht schloß mit den Worten: „Es muß etwas geschehen . . .". Der begleitende Kommentar ließ keinen Zweifel an der Bedeutung des „etwas": jede Erinnerung an das KZ sollte verschwinden.[71] Der Artikel wurde bundesweit vielfach nachgedruckt,[72] und der Wink der Medien wurde verstanden. Um die Ausstellung räumen zu können, mußte die Anlage jedoch aus der Zuständigkeit des verfolgtennahen Landesentschädigungsamts genommen werden.

Nach dem Skandal um die Leiten-Gräber waren die Dachauer Gedenkstät-

---

67 Wenn es auch nicht mehr Schlagzeilen machte, so war das Lager Dachau zu dieser Zeit vom Ausland keineswegs vergessen. Im Sommer 1951 besuchten täglich 400 Menschen aus 32 Ländern die Ausstellung im Krematorium (SZ, 28. 6. 1951). Im Winter 1951/52 gab es an Wochentagen ca. 20 und an Sonntagen ca. 400 Besucher (SZ, 12. 1. 1951). Es kamen also im Sommer monatlich ca. 12000 und im Winter ca. 2000 Besucher (SZ, 12. 1. 1952). Legt man der Hochrechnung die saisonalen Schwankungen ab 1954 zugrunde (als die amtliche Registrierung monatlicher Besucherzahlen begann), ergibt sich für 1951-1952 eine Zahl von jährlich ca. 110000 Besuchern. Wenn man die späteren Proportionen zurückprojeziert, kann man davon ausgehen, daß über 80% dieser Interessierten aus dem Ausland kamen.

68 SZ, 12. 3. 1951. Der Film „Krieg dem Kriege" war vom Vatikan hergestellt worden.

69 Stk 114829. Das gesamte Kabinett wurde zur Teilnahme aufgefordert, und eine Beflaggung der Innenstadt wurde neben Verkehrsstille und Glockenläuten angeordnet. Bis 1956 blieben die Kriegsgefangenenveranstaltungen Schwerpunkt der staatlichen Gedenkaktivitäten.

70 Nach Unterlagen im Münchner Stadtarchiv. Siehe Lea: Marita Krauss, Verfolgtenbetreuung und Wiedergutmachung am Beispiel von München und Oberbayern (1945-1952), unveröffentlichtes Manuskript, o. D., Anm. 241.

71 SZ, 12. 1. 1952, Bericht von J. Steinmayr und „Streiflicht".

72 Er erschien am 25. 1. 1952 in den Ruhr-Nachrichten und wurde am 15. 4. 1952 leicht gekürzt von der Hamburger Agentur Nordpress verbreitet. Siehe auch Zeit und Bild, 19. 4. 1952.

ten im Juni 1950 aus der Verantwortung der „Staatlichen Verwaltung der bayerischen Schlösser, Gärten und Seen" genommen und unter die Obhut des Landesentschädigungsamts gestellt worden.[73] Im Oktober 1950 und wiederum im Januar 1951 beschloß der Ministerrat, an dieser Regelung festzuhalten und die „Entwicklung abzuwarten".[74]

Im Herbst 1952 bekam die Schlösser- und Seenverwaltung die Anlage zurück. Bei der Gedenkfeier am 30. April 1953 beschwerten sich die ehemals Verfolgten, daß amtliche Stellen sich damals überhaupt nicht mehr beteiligten.[75] Kaum war der Protest ohne Aufsehen verhallt, trat die Schlösserverwaltung in Aktion. Bereits am 12. Mai 1953 wurde die Ausstellung im Krematorium geräumt.[76]

Die Entfernung der Ausstellung scheint dem Verlangen nach Vergessen nicht genügt zu haben. Angeblich um den Ruf Dachaus vor Propaganda über Vergasungen zu schützen, aber vermutlich eher, um den Strom der Besucher weiter einzudämmen (von Juni bis November 1954 kamen 45000 Besucher, davon über 75% aus dem Ausland), beantragte der Dachauer Landtagsabgeordnete Heinrich Junker (CSU) am 27. Juni 1955 die Schließung des Krematoriumsgeländes.[77] Ein Sturm der Entrüstung aus Kreisen der ehemals Verfolgten brach los, aber der Antrag hatte auch seine Befürworter. Der Landwirtschaftsminister und stellvertretende Ministerpräsident Baumgartner (BP) forderte Anfang August auf dem Dachauer Volksfest, daß „das Krematorium verschwinden" solle, um mit der „Diffamierung des Dachauer Landes" Schluß zu machen.[78] Wie Junker meinte er, ein stilles Denkmal auf der Leiten sei der geeignete Weg, der Nazi-Verbrechen zu gedenken.

Landrat Junker mußte jedoch am 20. September 1955 seinen Antrag zurückziehen, als bekannt wurde, daß das Zusatzabkommen zu den Pariser Verträgen die Unantastbarkeit von Grabstätten von Opfern des NS-Regimes festlegte.[79] Kurze Zeit später ließ er sämtliche Wegweiser zur Gedenkstätte entfernen,[80] wie auch die Originalbeschriftung „Brausebad" an der Gaskammer.[81]

---

73 Siehe Stk 113627, Rundbrief des Innenministeriums v. 6. 6. 1950.

74 Stk 113628, Brief Staatskanzlei an Kultusministerium v. 22. 5. 1951.

75 SZ, 1. 5. 1953.

76 Stk 113628, Abschrift eines Briefes der Bayer. Schlösserverwaltung, Dr. Kiefer, v. 12. 5. 1953 an Preuss, Brief Preuss an Finanzminister Zietsch v. 13. 5. 1953.

77 Bayer Landtagsdienst v. 27. 7. 1955. Der Antrag wurde schon eine Woche früher angekündigt. Siehe SZ, 20. 7. u. 21. 7. 1955 (Protest Landesrat Freiheit und Recht, Arbeitsgemeinschaft verfolgter Sozialdemokraten, Israelitische Kultusgemeinde), 22. 7. 1955 (Streiflicht), 26. 7. 1955 (Jüdische US-Soldaten), 13. 8. 1955 (polnischer Protest); Abendzeitung, 21. 7. 1955 (Pressekonferenz von Hoegner und Kabinett) und 5. 9. 1955 (Kommentar); Dachauer Nachrichten, 10. 9. 1955 (KZ-Priestergemeinschaft); sowie zusammenfassend Frankfurter Rundschau, 29. 7. 1955, und Fürstenfeldbrucker Tagblatt, 5. 9. 1955.

78 SZ, 11. 8. 1955.

79 SZ, 21. 9. 1955, Times (London), 22. 9. 1955.

80 Bayerisches Volksecho, 10. 10. 1955.

81 Leserbrief von Adolf Bauer in: SZ, 22. 10. 1955.

III.

Der Grundstein zur Offensive der ehemaligen Häftlinge gegen die staatlichen Beseitigungsbemühungen wurde 1953 gelegt. Am 6./7. Juni 1953 wurde eine internationale Pilgerfahrt von der Arbeitsgemeinschaft Dachau durchgeführt, an der Kameraden aus Belgien, Frankreich, den Niederlanden und Österreich teilnahmen.[82] Im Dachauer Schloß standen die Bundesdeutschen ihren ausländischen Kameraden Rede und Antwort über die Entwicklungen in ihrem Land (Remilitarisierung, Rechtsradikalismus)[83]. Für den 29. April 1955 wurde eine Zusammenkunft aller ehemaligen Dachauer Häftlinge beschlossen.[84] Das internationale Verbindungsnetz verdichtete sich in der folgenden Zeit. So trafen sich z. B. viele ehemalige Dachauer Häftlinge bei der Eröffnung eines Museums in Buchenwald im April 1954.[85] Der Kongreß der „Fédération Internationale des Résistants" im Dezember 1954 in Wien beschloß, den Kongreß zum 10. Befreiungstag 1955 in Dachau abzuhalten.
Obwohl diese Veranstaltung am 7./8. Mai ein großer organisatorischer und publizistischer Erfolg war, mußte harte Arbeit geleistet werden, bevor die Distanz zwischen den antikommunistischen und den kommunistisch orientierten ehemaligen Häftlingen überbrückt werden konnte. Der „Landesrat für Freiheit und Recht", der die Unterstützung der SPD (Hoegner), CSU (Hundhammer), FDP, der Israelitischen Kultusgemeinden und kirchlicher Kreise (Neuhäusler) hatte, lehnte die gemeinsame Veranstaltung einer Feier ab.[86] So führte er seine eigene Feier am 24./25. April mit prominenten Staatsvertretern (Ministerpräsident Hoegner, Landtagspräsident Ehard) durch.[87]
Die Dachauer Häftlingsorganisationen verbanden ihre Feier zwei Wochen später mit einer Sitzung zur Neugründung des Internationalen Häftlingskomitees (Comité International de Dachau, CID) von 1945 – diesmal auf breiter Basis, im Gegensatz zur Gründung im April 1950.[88] Die deutsche Lagergemeinschaft bemühte sich auch um die Gunst der Dachauer Bevölkerung[89] – und ihre Arbeit blieb nicht ohne Wirkung. Mit weit über 1000 Teilnehmern und sehr positiver Presseberichterstattung war die Veranstaltung ein voller Erfolg.
In mühsamer Kleinarbeit wurden in den nächsten Jahren Personen in Schlüs-

---

82 Archiv der Gedenkstätte Dachau, Plakatsammlung, Plakat zum 6./7. 6. 1953.
83 Archiv der Gedenkstätte Dachau, Dachauer Stimmen, Einzelnummer zum 6./7. 6. 1953, 20 S.
84 Ebenda, S. 18 f.
85 Wie das Folgende, Interview des Verfassers mit Otto Kohlhofer, 15. 7. 1987.
86 Archiv der Gedenkstätte Dachau, Protokoll der Sitzung der Int. Lagergemeinschaft Dachau v. 17. 2. 1955; Nachlaß Oskar Müller, gedruckter undatierter Brief der Lagergemeinschaft Dachau/Kohlhofer und Maislinger an Kameraden und Kameradinnen mit Programm des 8. 5. 1955, 1 S.; zu den Aktivitäten des Landesrates siehe Stk 112120.
87 Siehe SZ, 25. 4. 1955; Hoegners Rede befindet sich in Stk 112557.
88 Einige Unterlagen zur Vorbereitung sind im Nachlaß Otto Kohlhofer enthalten.
89 Nachlaß Oskar Müller, Postwurfsendung, Lagergemeinschaft Dachau, i. A. Otto Kohlhofer, an alle Haushaltungen in Dachau.

selpositionen für die Errichtung einer Gedenkstätte in Dachau gewonnen. Ein wichtiger Bündnispartner war Leonhard Roth, derzeit Kurat im „Wohnlager Dachau-Ost“. Roth war ein ehemaliger Dachau-Häftling, der seit der Befreiung im Lager geblieben war, zuerst als Pfleger von Typhuskranken, dann als Seelsorger für die internierten SS-Männer, und schließlich als Gemeindegeistlicher für die Neubürger aus dem Osten. Roth hatte sich von Anfang an für das Gedenken an die Opfer des Nationalsozialismus eingesetzt.[90] Sein Protestbrief gegen die Schließung des Krematoriums war der erste, der beim Ministerpräsidenten einging.[91]

Doch zunächst stand Roth fest auf der Seite des antikommunistischen Landesrats für Freiheit und Recht und lehnte alle Pläne für ein Museum ab. Als das CID im April 1956 den Abriß sämtlicher Nachkriegsbauten auf dem Appellplatz[92] forderte, schrieb Roth, der im Herbst 1945 den Bau einer Holzkirche neben dem Jourhaus durch internierte SS initiiert hatte,[93] einen offenen Protestbrief, der weite Verbreitung fand.[94] Otto Kohlhofer trat als ehemaliger Häftling an ihn heran und konnte ihn für die Sache der Gedenkstätte gewinnen.[95] Fortan nahm das Komitee Abstand vom Abriß der Kirche, und Roth wurde Vertreter der Geistlichen im Comité International de Dachau. Der Nutzen eines Bündnispartners „vor Ort“ zeigte sich im Juli 1957, als Roth den vollständigen Abriß einiger Wachtürme durch die Baubehörde verhindern konnte.[96] Weitere Personen, die Otto Kohlhofer auf der Ebene „Häftling zu Häftling“ für die Gedenkstätte gewinnen konnte, waren Landwirtschaftsminister Hundhammer und Weihbischof Neuhäusler.[97]

Dank guter Vorbereitung fand die Befreiungsfeier am 29. April 1956 ein breites Echo in der Öffentlichkeit.[98] Ansprachen wurden gehalten von Vertretern aus sechs Ländern. Vertreter der damaligen Bewohner des ehemaligen KZ-Geländes kamen zur CID-Versammlung und es wurde beschlossen, gemeinsam vorzugehen bei der Forderung nach der Räumung des Lagers. Ein Transparent wurde im Lager aufgehängt mit der Aufschrift: „Wir wollen raus

---

90 Roth hielt die Gedenkpredigt am 29. 4. 1946; siehe auch Neue Zeitung, 1. 11. 1951 zu seiner Gedenkansprache v. Allerheiligen 1951.

91 Stk 113628, Antwort auf Eingabe v. 22. 7. 1955.

92 Im November 1951 wurde eine kleine „evangelische Notkirche“ eingeweiht. Außerdem gab es eine Pförtnerloge zur Lederfabrik, Wohnbaracken, ein Heizkraftwerk und diverse andere Bauten, die auf erhaltenen Plänen und Luftaufnahmen zu sehen sind.

93 Archiv der Gedenkstätte Dachau, Abbildungen und Luftaufnahmen der Kirche. Sie wurde 1948 von der US-Armee beschlagnahmt und am 25. 11. 1957 an die Lagerkuratie übergeben, siehe SZ, 27. 11. 1957.

94 Siehe MM, 10. 4. 1956 und Abendzeitung, 11. 4. 1956.

95 Interview Otto Kohlhofer, 15. 7. 1987.

96 Siehe SZ, 25. u. 26. 7. 1957.

97 Zu Otto Kohlhofers Fähigkeit, über große Hürden hinweg Brücken zwischen Vertretern der verschiedensten politischen Richtungen zu bauen, siehe Barbara Distel, Otto Kohlhofer in memoriam, in Dachauer Hefte 5 (1989), S. 277-283, bes. 281.

98 Am ausführlichsten in Tat, 12. 5. 1956. Im Nachlaß Otto Kohlhofer befindet sich ein Programm der Feier von Kohlhofer und Maislinger.

aus den KZ-Baracken in menschenwürdige Wohnungen zu Preisen, die wir bezahlen können".[99] Die deutsche Lagergemeinschaft wurde neu gegründet, und das regelmäßige Erscheinen der „Mitteilungen" der Lagergemeinschaft begann. Ein Buch des ehemaligen Häftlings Nico Rost, „Ich war wieder in Dachau", erregte viel Aufsehen.[100] Die erste Besprechung zwischen dem CID und der Staatsregierung fand am 7. April 1956 statt.[101] Der ehemals Verfolgte Dr. Panholzer vom Finanzministerium bejahte zwar eine Verpflichtung des Staates zum Erhalt und zur Zugänglichmachung der Anlage (die sowieso in den Pariser Verträgen vorgeschrieben war), legte aber dar, daß der Staat keine finanziellen Verpflichtungen übernehmen könne. Um diese starre Position zu durchbrechen, plante das CID eine große Pilgerfahrt mit der Grundsteinlegung des künftigen Mahnmals für September 1956.[102] Als Vertreter der Staatsregierung enthüllte Panholzer den Stein, der heute unter Glas vor dem Internationalen Mahnmal steht.

Trotz aller Bemühungen trat danach eine gewisse Stagnation ein. Die von Ministerpräsident Hoegner im März 1956 versprochene Auflösung des Wohnlagers wurde nicht umgesetzt, weil der Staat sich weiterhin weigerte, finanzielle Verpflichtungen einzugehen.[103] Trotz kleiner Fortschritte (1958 wurden die 1955 entfernten Hinweisschilder wiederaufgestellt[104] und ein Aufnahmestopp für das Wohnlager verfügt) und gut besuchter Gedenkveranstaltungen[105] war es erst ein persönliches Anliegen Weihbischof Neuhäuslers, das den Stein erneut ins Rollen brachte.

Der Anstoß zu Neuhäuslers Projekt kam aus dem Ausland. Nachdem Captain Ryder Cheshire, ein Beobachter beim Bombenabwurf über Hiroshima, mit 36 englischen Priestern zum 20. Jahrestag des Kriegsbeginns am 1. September 1959 Dachau besuchte, sah Neuhäusler die Notwendigkeit einer offiziellen religiösen Gedenkanlage in Dachau.[106] Neuhäusler wollte während des 37. Eucharistischen Weltkongresses in München eine Veranstaltung im ehemaligen KZ Dachau durchführen. Für die internationalen Besucher sollte nunmehr eine Gedenkkapelle geschaffen werden.[107]

---

[99] Allgemeine Wochenzeitung der Juden in Deutschland, 12. 7. 1957.

[100] Im Nachlaß Otto Kohlhofer befinden sich Abschriften einiger Briefe, die als Reaktionen auf das Buch an Rost geschickt wurden.

[101] Stk 113629, Antwort Bayer. Finanzministerium, Panholzer v. 3. 5. 1956 auf Memorandum von Pater Roth an Ministerpräsident Hoegner v. 9. 4. 1956.

[102] Nachlaß Otto Kohlhofer, Protokoll der Sitzung v. 29. 7. 1956 in Frankfurt.

[103] Stk 114892, Briefe Vizepräsident des Dt. Bundestags Richard Jäger, Dachau, an Ministerpräsident Hoegner v. 17. 7. 1956 u. 22. 7. 1957; Brief des MdB Kahn-Ackermann an Hoegner v. 10. 9. 1956.

[104] SZ (Landkreisausgabe), 28. 2. 1958 über den Beschluß des Dachauer Stadtrates.

[105] Z. B. die CID-Pilgerfahrt v. 22. 6. 1958 mit ca. 1000 Teilnehmern aus 7 Ländern, siehe Mitteilungen, Nov. 1958.

[106] Archiv der Gedenkstätte Dachau, Keystone Foto v. 1. 9. 1959; Johannes Neuhäusler, Wie war das im KZ Dachau?, München 1964, S. 68; Welt, 24. 5. 1960. S. 1.

[107] Siehe Dietrich Mittler, Johannes Neuhäusler, in: Lebensläufe, Schicksale von Men-

Die Entstehung der Kapelle ist ein Beispiel dafür, wie groß die öffentliche Beteiligung am Ausbau der Gedenkstätte sein konnte, wenn sie von der richtigen Stelle gefordert wurde. Innerhalb kürzester Zeit gelang es Neuhäusler, einen Entwurf Josef Wiedemanns zu bekommen und eine Spendensammlung zu initiieren.[108] Obwohl die Bauarbeiten erst Ende April 1960 begannen,[109] war die Kapelle rechtzeitig für die Weihe am 5. August fertig. In größter Eile wurde eine Ausstellung im Krematorium eingerichtet, die am 30. Juli 1960 eröffnet wurde.[110] Bei der Weihe der Kapelle, die den Namen „Todesangst Christi" erhielt, waren am 5. August 1960 etwa 50000 Menschen im Lager zusammengekommen - wohl das erste und einzige Mal, das die ständige Belegung der letzten Kriegsmonate übertroffen wurde.[111]

Bei der Einweihung gab es auch einige Mißklänge, die die gegensätzlichen Meinungen zur Einrichtung einer KZ-Gedenkstätte deutlich machten. Dazu gehörten die Teilnahme des früheren Reichsbankpräsidenten Hjalmar Schacht an der Einweihung (als Ehrengast Neuhäuslers in der ersten Sitzreihe),[112] die Behauptung eines ehemaligen Wehrmachtsgenerals, die Krematoriumsöfen seien von den Amerikanern nach dem Krieg erbaut worden,[113] und Hakenkreuzschmierereien im Krematorium am 15. August.[114]

Folgenschwerer war eine mißverständliche Äußerung des Dachauer Bürger-

---

schen, die im KZ Dachau waren, Dachauer Dokumente Bd. 2, Dachau 1990, S. 77-83, hier S. 82.

108 Von den 225000 DM Baukosten kamen 7% von Spenden aus dem Stadt- und Landkreis Dachau, 7% vom Land Bayern und 15% von der Stadt München, siehe Augsburger Allgemeine, 24. 5. 1960, SZ, 18. 6. 1960 u. 23. 7. 1960. Die Bundeswehr transportierte die Isarsteine kostenlos zur Baustelle, die Bundesbahn den von der westfälischen Betonindustrie gespendeten Zement.

109 SZ, 12. 4. 1960.

110 SZ, 1. 8. 1960 u. Mitteilungen, Sept. 1960, mit Ausstellungsbeschreibung. Erst am 9. 7. 1960 hat das Finanzministerium der Einrichtung eines provisorischen Museums zugestimmt. Die Arbeit wurde nach dem Eucharistischen Weltkongreß wieder aufgenommen und dauerte mindestens bis Jahresende 1961 an. Siehe SZ, 26. 6. 1961, Abendzeitung, 21. 10. 1961 über Erweiterungsbeschluß.

111 SZ, 6. 8. 1960. Als Ergänzung wurde eine von der österreichischen Häftlingsgemeinschaft gestiftete Gedächtnisglocke am 22. 7. 1961 vor der Kapelle eingeweiht, siehe SZ, 24. 7. 1961.

112 Zu der Kritik siehe Leserbrief v. Herbert Liebmann in: SZ, 13. 8. 1960. Am 19. 8. 1960 druckte die SZ die Anti-Schacht-Stellungnahme Hundhammers sowie eine Entgegnung Schachts ab; dazu wiederum eine Entgegnung v. V. Schwan, siehe SZ, 10. 9. 1960; siehe auch Der Spiegel, 24. 8. 1960 u. 7. 9. 1960. In letzterem rechtfertigt Neuhäusler seine Einladung an Schacht.

113 Diese, im übrigen schon unmittelbar nach Kriegsende vorkommende Behauptung führte sogar zu einer Bundestagsanfrage, siehe Daily Telegraph, London, 26. 7. 1960; Verhandlungen des Deutschen Bundestags, Bd. 47, 28. 9. 1960, S. 7170f., und SZ, 22. 8. 1960 u. 29. 9. 1960.

114 SZ u. MM, 16. 8. 1960. Ein Täter wurde nie ausfindig gemacht. Martin Fiedler, der 25jährige Sohn eines ehemaligen SS-Bewachers, beleidigte um diese Zeit einen Aufseher mit neonazistischen Äußerungen, siehe SZ (Landkreisausgabe) 6. 9. 1960 zur Gerichtsverhandlung.

meisters Hans Zauner über die Gründe für die Inhaftierung im KZ,[115] die zur Zuspitzung des Konflikts zwischen Zauner und Leonhard Roth führte. Schon im November 1959, als Zauner dem Stadtrat vorschlug, Wohnungssuchende in einigen der inzwischen leer gewordenen KZ-Baracken unterzubringen, hatte Roth in einem offenen Brief heftig protestiert.[116] Daraufhin belegte ihn das erzbischöfliche Ordinariat mit strenger Schreibzensur. In einer von der bundesdeutschen Lagergemeinschaft veranstalteten öffentlichen Protestversammlung wegen Zauners Äußerung kritisierte Roth Zauner und den Dachauer Stadtpfarrer aufs schärfste.[117] Am 25. März wurde Roth zwangsbeurlaubt und zum 30. Juni seines Postens enthoben. Am 24. Juni beging er Selbstmord. Nach seinem Tod wurde die von ihm erkämpfte Zusicherung der Erhaltung der Kirchen auf dem Appellplatz rückgängig gemacht.[118]

Mit Roths Selbstmord war einer der leidenschaftlichsten Verfechter der neuen Gedenkstätte verloren, aber inzwischen war eine Organisation geschaffen worden, die die Verwirklichung unabhängig von Einzelnen machte. Für das Gedenkstättenkuratorium hatte Otto Kohlhofer im Frühjahr 1959 den ehemaligen Dachau-Häftling Alois Hundhammer gewonnen, der als langjähriges Mitglied der Bayerischen Regierung hohes Ansehen und erheblichen Einfluß genoß.[119] Mit tatkräftiger Unterstützung Hundhammers fand am 5. November 1959 die erste Sitzung statt.[120] Das Kuratorium tagte mit etwas wechselnder Besetzung unter der Federführung Kohlhofers und Hundhammers bis zur Einweihung des internationalen Mahnmals im September 1968.

Mit dem 30. Jahrestag der nationalsozialistischen Machtübernahme und dem 25. Jahrestag der Pogrome im November 1938 war das Jahr 1963 zwar ein

---

[115] Laut dem Bericht eines englischen Zeitungskorrespondenten habe Zauner impliziert, die im Konzentrationslager inhaftierten Widerstandskämpfer gegen die Hitler-Regierung seien keine Helden gewesen. Siehe Daily Express, London, 10. 1. 1960 u. Washington Daily News, 18. 1. 1960; Rückübersetzung in MM/DN, 24. 2. 1960. Siehe auch Hans-Günther Richardi, „Leonhard Roth", in: Lebensläufe, Schicksale von Menschen, die im KZ Dachau waren, Dachau 1990, S. 43.

[116] Roths Brief v. 13. 11. 1959 in DN, zum Hintergrund siehe Neue Zeit, Berlin, 10. 1. 1962; siehe auch Richardi ebenda S. 42.

[117] DN, 21. 3. 1960. Zauners schriftliche Reaktion in DN, 22. 3. 1960.

[118] Lea, Aktenvermerk v. 15. 11. 1962 über Besprechung am 9. 11. 1962.

[119] Mitteilungen, Mai 1959; Lea, Briefe Hundhammers an den Präsidenten des Lea, Troger, v. 19. 6. 1959 u. 28. 10. 1959.

[120] Anwesend waren: Hundhammer (Bayer. Staatsregierung), Hoegner, J. Müller, Panholzer (alle ehemalige oder gegenwärtige Regierungsmitglieder oder Landtagsabgeordnete), L. Linsert (Senator und Vorsitzender des DBG Bayern), H. Wimmer (Oberbürgermeister v. München), H. Pflüger (Landtag), Schwalber (Landrat Dachau), H. Zauner (Bürgermeister Dachau), Troberg (Präsident des Lea), H. Maier (Vizepräsident des Lea und Vertreter der Israelitischen Kultusgemeinde), und schließlich Otto Kohlhofer als Vertreter des Comité International de Dachau. Entschuldigt waren Staatssekretär a. D. Helmerich, Kirchenpräsident Niemöller und Präses Wilm. Nachlaß M. Niemöller, Durchschrift einer Aktennotiz von O. Kohlhofer v. 10. 11. 1959 über Sitzung v. 5. 11. 1959.

besonderes „Gedenkjahr", aber die hohe Beteiligung an den Gedenkfeiern unterschied sich nur unwesentlich von der der Jahre 1961-1965. Zum Jahrestag der Eröffnung des Konzentrationslagers am 22. März veröffentlichte Weihbischof Neuhäusler einen Spendenaufruf zum Bau eines „Sühneklosters" an der nördlichen Begrenzung des Lagers.[121] Der Grundstein zu dem vom Architekten der Todesangst- Kapelle entworfenen Gebäude wurde am 28. April 1963 im Beisein vieler prominenter Christen und Häftlingsvertreter geweiht. Wie schon beim Eucharistischen Weltkongreß brachten Sonderzüge aus München mehrere Tausend Teilnehmer direkt in das Lager und auf die Gleise, auf denen bei der Befreiung der „Todeszug" gestanden hatte.[122]

Am 31. Juli 1963 wurde auf der Leiten die italienische Kapelle „Maria Regina Pacis" zum Andenken an alle italienischen Opfer deutscher Konzentrationslager in einer großen Veranstaltung mit Italiens Staatspräsident Segni, Bundespräsident Lübke und Ministerpräsident Goppel eingeweiht.[123] Den 9. November 1963 nahm die Evangelische Kirche Deutschlands (EKD) zum Anlaß, in der kleinen „Gnadenkirche" auf dem Appellplatz zu Spenden für einen Kirchenneubau in der Gedenkstätte aufzurufen.[124] Die Predigt von Präses Wilm mit persönlichen Erlebnissen aus seiner Haftzeit im KZ[125] stand der Ansprache Neuhäuslers bei der Klostergrundsteinlegung keineswegs nach.[126] Am Abend des 9. November fand die zur Tradition gewordene Gedenkveranstaltung der Gewerkschaftsjugend und des Bayerischen Jugendrings (BJR) mit 5000 Teilnehmern statt. Die erste Gedenkveranstaltung dieser Art hatte 1956 nach einem Anstieg neonazistischer Aktivitäten stattgefunden; die Beteiligung stieg sprunghaft an von 500-2000 Jugendlichen vor 1961 auf 3000-7000 danach.[127]

Am 1. Mai 1964 weihte der „Landesverband der jüdischen Verfolgten und KZ-Invaliden" ein Denkmal auf dem Waldfriedhof ein.[128] Am 3. Mai folgte die Enthüllung eines Denkmals der Lagergemeinschaft auf der SS-Schießstätte in Herbertshausen, wo mehrere Tausend sowjetische Kriegsgefangene

---

121 SZ, 21. 3. 1963; Johannes Neuhäusler, Wie war das im KZ Dachau?, München 1964, hintere Umschlagseite.

122 SZ, 29. 4. 1963, S. 8.

123 SZ, 1. 8. 1963 und kritisch siehe Welt, 2. 8. 1963. Im September 1962 wurde ein Kreuzweg bis zur Kapelle fertiggestellt; siehe MM/DN, 3. 9. 1963. Vergleichbar mit dieser Veranstaltung in den anderen Jahren 1961-64 waren die Pilgerfahrten des CID am Ende der dritten Juniwoche.

124 Siehe SZ, 11. 11. 1963. Zum Folgenden SZ, 20. 4. 1963 u. 8. 10. 1963. Für diesen Abschnitt habe ich außerdem einige Akten des Zentralarchivs der Evangelischen Kirche Deutschlands in Westberlin ausgewertet.

125 MM/DN, 11. 11. 1963.

126 Siehe Zeitschrift für Politik, 10/1963, S. 257-262.

127 SZ, 6. 11. 1956, 11. 11. 1957, 11. 11. 1958 (Landkreisausgabe), 9. 11. 1959, 14. 11. 1960. Für die späteren Jahre siehe die Dezembernummern der Jugendnachrichten des Bayerischen Jugendrings.

128 SZ, 2. 5. 1964. Das Denkmal neben dem jüdischen Massengrab stammt von dem Kölner Künstler Dieter Aldinger.

erschossen worden waren.[129] Angesichts der damals vorherrschenden antikommunistischen Stimmung verdient die Tatsache besondere Beachtung, daß neben Martin Niemöller der sowjetische KZ-Veteran Wadim Sobka eine Ansprache vor etwa 1000 ehemaligen Häftlingen hielt.[130]

Am 22. November 1964 wurde das Kloster „Heilig Blut" in Anwesenheit vieler ehemaliger Häftlinge und vieler prominenter Politiker eingeweiht.[131] In seiner Predigt sagte Kardinal Döpfner, das stille Beten der Schwestern alleine sei nicht genug: Es geschehen auch in einer Demokratie Dinge, die dem Geist von Dachau nicht unähnlich sind. Die Schwestern sollten nicht nur Sühne leisten, sondern auch ihr Gebet in die „zuchtlose und opferscheue" Welt hinausschicken.

Im Frühjahr 1965 wurde fieberhaft an der Fertigstellung der Gedenkstätte gearbeitet. Die Belegung der „Wohnsiedlung" war seit Mitte der 1950er Jahre von über 2000 auf einige Hundert gesunken, aber die endgültige Umsiedlung aller Lagerbewohner war seit 1962 immer wieder hinausgeschoben worden.[132] Seit 1964 wurden die leergewordenen Baracken sofort nach Auszug der Bewohner abgerissen; im April 1965 wurden die letzten beiden Baracken unter dem Protest der „als sogenannte Asoziale" eingestuften Bewohner geräumt.[133] Die Zeit war inzwischen zu knapp geworden, um alle Barackenumrisse in Beton nachzugießen (10 von 32 waren bei der Einweihung fertig), aber die zwei rekonstruierten Baracken konnten rechtzeitig fertiggestellt werden.[134] Der bayerische Staat gab 4000000 DM für die Herrichtung des Schutzhaftlagergeländes aus, und 2000000 DM für das Museum im ehemaligen KZ-Wirtschaftsgebäude. Ruth Jakusch, die seit April 1963 hauptamtlich für das CID gearbeitet hatte,[135] stellte zusammen mit einer Arbeitsgruppe aus ehemaligen Häftlingen und Fachberatern die Ausstellung nach der Konzeption des CID zusammen. Sie wurde die erste Leiterin der Gedenkstätte.

---

129 SZ, 5. 5. 1964. Das schlichte Denkmal wurde von dem Münchner Bildhauer Will Elfes geschaffen und trägt die Inschrift: „Tausende Kriegsgefangene wurden hier von der SS ermordet".

130 Seine Teilnahme wurde in den Berichten der Tagespresse nicht erwähnt. Siehe z. B. SZ, 5. 5. 1964 und Mitteilungen der Lagergemeinschaft, Dez. 1964.

131 SZ, 23. 11. 1964. Anwesend waren u. a. Ministerpräsident Goppel, Landwirtschaftsminister Hundhammer, Innenminister Junker, Regierungspräsident Deinlein.

132 Nach einer Ortsbesichtigung am 28. 4. 1962 beschloß der Haushaltsausschuß des Landtags ein Sonderbauprogramm, um die nach Fertigstellung von 121 Wohnungen für 400 Bewohner verbleibenden 500 Menschen anderweitig unterbringen zu können; siehe SZ, 30. 4. 1962. Auf einer Besprechung im November 1962 versprach das Finanzministerium die Räumung bis Jahresende 1963; siehe Lea, Aktenvermerk, 12. 11. 1962; Stimmen, März 1963. Im Dezember 1963 wurde im Landtag eine Räumung bis Frühjahr 1964 angekündigt. Zu dieser Zeit waren schon 11 Baracken abgebrochen, siehe SZ, 6. 12. 1963. Im Sommer 1964 wurden vollständige Räumung und Abbruch „noch in diesem Jahr" versprochen; siehe SZ 12. 8. 1964.

133 Frankfurter Allgemeine Zeitung, 21. 4. 1965.

134 SZ, 8. 5. 1965.

135 SZ, 25. 3. 1964.

Am 1. Mai 1965 begann der Auftakt zur Gedenkstätteneinweihung mit einem „Errettungsgottesdienst" auf dem Petersberg bei Dachau[136] und anderen Veranstaltungen der KZ-Priestergemeinschaft.[137] Am 8. Mai legte Präses Scharf den Grundstein zur evangelischen Versöhnungskirche, und am 9. Mai versammelten sich 640 ehemalige Häftlinge aus 14 Ländern und mehrere Tausend Menschen auf dem Appellplatz für die Museumseröffnung.[138] Minister Hundhammer, der ehemalige Häftlingsarzt František Blaha und der Präsident des CID, Guérisse, hielten Ansprachen. Zum Schluß verlas Dr. Ernst Braun von der Lagergemeinschaft ein Manifest der ehemaligen Häftlinge, in dem unter anderem scharfe Kritik an der bevorstehenden Verjährung der Nazi-Kriegsverbrechen in der Bundesrepublik geübt wurde.
In den Monaten nach der Einweihung der katholischen Todesangst-Christi-Kapelle im August 1960 war die Errichtung einer jüdischen Synagoge und eines evangelischen Gotteshauses dem Landesverband der Israelitischen Kultusgemeinden in Bayern bzw. dem Rat der EKD vorgeschlagen worden.[139] Der Landesverband beschloß schon im März 1961, den Erbauer der Synagogen in Düsseldorf und Hannover, den Frankfurter Architekten Herrmann Guttmann, mit der Ausarbeitung eines Entwurfs zu beauftragen.[140] Gleichzeitig wurde ein Spendenaufruf an jüdische Menschen und Organisationen im In- und Ausland beschlossen, so daß im Sommer 1964 der Grundstein gelegt werden konnte.[141] Die Bauarbeiten gingen jedoch sehr langsam voran, so daß die Einweihung erst am 8. Mai 1967 stattfand.[142]
Die Evangelische Kirche hatte sich etwas schwerer getan mit der Entscheidung, einen kirchlichen Bau in Dachau zu errichten. Im Herbst 1960 ließ sie erst einmal feststellen, welche evangelischen Gedenkstätten und Ehrenmale es in der Bundesrepublik schon gab. Im Mai 1961 kam sie zu dem Ergebnis, daß der Bau einer Kapelle in Dachau „nicht in Frage" komme, u. a. weil die katholische Kapelle keine „ausgesprochen konfessionellen Merkmale" aufweise. Eine Kirche in einem ehemaligen KZ in einem überwiegend evangeli-

---

[136] Seit 1947 feierte der Landkreis Dachau Anfang Mai auf dem nahegelegenen Petersberg ein „Dankfest für die Rettung aus Kriegsnot, glückliche Heimkehr und die Wiederkehr von Friede und Ordnung". Obwohl es fast auf den Tag genau der 20. Jahrestag der Befreiung des Konzentrationslagers war und die Einweihung der heutigen Gedenkstätte nur eine Woche später stattfand, wurde auf dem Dankfest das ehemalige Konzentrationslager erst zum Schluß in den Ansprachen der auswärtigen Geistlichen, darunter ehemalige Häftlinge, erwähnt; siehe SZ, 3. 5. 1965.
[137] SZ, 30. 4. u. 3. 5. 1965.
[138] SZ, 10. 5. 1965.
[139] Lea, Abschrift Aktenvermerk v. 11. 12. 1960 betr. Synagoge im ehemaligen KZ Dachau. Otto Kohlhofer hatte deshalb am 22. 12. 1960 in Yad Vashem, Jerusalem, vorgesprochen.
[140] Lea, Brief Israelitische Kultusgemeinde/Schwarz, an Lea/Präsident Meier.
[141] SZ, 25. 6. 1964.
[142] Von den ca. 225 000 DM Kosten wurden 165 000 DM durch Spenden aufgebracht, je 30 000 DM wurden vom Bundesinnenministerium und dem Dispositionsfonds des Bayer. Ministerpräsidenten gewährt; siehe Lea, Vormerkung v. 3. 6. 1965.

schen Land (wie Bergen-Belsen/Niedersachsen) zu bauen, liege näher. Erst nachdem der niedersächsische Innenminister dem Kirchenrat im Februar 1963 mitteilte, wegen der jüdischen Auffassung von Totenruhe hätten jüdische Gruppen um die Unterlassung jeglicher Bautätigkeit in Bergen-Belsen gebeten, wurde Dachau als Standort gewählt.

Im Juli 1964 wurde der Entwurf Helmut Strifflers zur Ausführung bestimmt; im Mai 1965 fand die Grundsteinlegung statt. Während der darauffolgenden zweijährigen Bauzeit wurden harte Verhandlungen geführt, weil die Vorstellungen Weihbischof Neuhäuslers von der Gesamtheit der Gedenkanlage erheblich von denen der anderen Beteiligten (CID, EKD, Landesverband) abwichen. Neuhäusler wollte das Lagergelände als Ehrenhain mit Baumbepflanzung gestalten, während die anderen jegliche Begrünung ablehnten.[143] Da keine Einigung erzielt werden konnte, wurde schließlich auf die Einheitlichkeit der religiösen Gedenkanlage verzichtet. Die Eichen um die Todesangst-Christi-Kapelle wurden belassen, die Sträucher entfernt, und der Rasen auf ein Kreisrund reduziert.

Im Jahr 1966 waren die Gedenkveranstaltungen stärker denn je vom Rechtsradikalismus in der Bundesrepublik überschattet. Die „Deutsche National-Zeitung und Soldaten-Zeitung" machte mit einem mehrseitigen Artikel unter der Schlagzeile „Gaskammer-Schwindel aufgedeckt ... Wie war es wirklich in Dachau?"[144] Stimmung gegen die Gedenkstätte. Ende des Monats warfen Dachauer Gymnasiasten eine Gruppe von Bauhelfern der „Aktion Sühnezeichen", die in der Gedenkstätte gearbeitet hatten, vor, sie würden: „unnötig in der Vergangenheit ... wühlen".[145] Schon im Sommer 1965 hatte der ehemalige Häftling Alfred Haag in der ARD-Sendung „Monitor" den Anstieg rechtsradikaler Vorfälle in Dachau konstatiert.[146] Bei der Befreiungsfeier am 8. Mai 1966 machte der ehemalige Häftlingslagerälteste Oskar Müller die ca. 800 Teilnehmer auf eine geplante Veranstaltung des SS-Veteranenverbands „HIAG" am 21. Mai im Münchner Bürgerbräukeller aufmerksam, und der Präsident des Bayerischen Jugendrings Hermann Kumpfmüller ging auf die jüngsten Erfolge der NPD ein.[147] Vor den Landtagswahlen Mitte November wurden NPD-Plakate an der Zufahrtsstraße zur Gedenkstätte aufgehängt, und die NPD wurde in die Parlamente von Hessen und Bayern gewählt. Am Wochenende nach der Wahl wurde der jüdische Gedenkstein auf dem Waldfriedhof beschmiert.[148]

---

143 Lea, Aktenvermerk v. 18. 1. 1962.

144 Deutsche National-Zeitung und Soldaten-Zeitung, 7. 1. 1966. Siehe auch die Leserbriefe, 11. 2. 1966, S. 8. Die Serie ging weiter mit einem Beitrag über Flossenbürg am 1. 7. 1966. Am 30. 9. 1966 wurde der „Aktion Sühnezeichen" der Bau von Gaskammern in Auschwitz, Chelmno und Majdanek unterstellt.

145 SZ, 9. 2. 1966.

146 Neue Zeit (Ostberlin), 1. 8. 1965.

147 SZ, 9. 5. 1966.

148 Die Zeit, 25. 11. 1966 u. SZ, 7. 12. 1966, Leserbrief von R. Eisinger.

Das Jahr 1967 war von einem ähnlichen Gegensatz zwischen Verfolgtengedenken und Rechtsradikalismus gezeichnet wie 1960 und 1966. Einen Tag nachdem die evangelische Kirche am 1. Mai 1967 eingeweiht wurde, wurde der jüdische Gedenkstein auf der Leiten beschmiert.[149] Am 5. Mai hielt Kuratoriumsvorsitzender Minister Hundhammer eine Pressekonferenz, auf der er die Aktivitäten der NPD verurteilte.[150] In den Ansprachen bei der Einweihung der jüdischen Gedenkstätte am 7. Mai, an dem der israelische Botschafter Ascher Ben-Natan teilnahm, wurde mehrfach das Klima erwähnt, in dem „Frevler wieder versuchen können, ihr Haupt zu erheben".[151] Nach der Feier zogen die ca. 1000 Teilnehmer in einem Schweigemarsch zum Appellplatz, wo eine Urne mit der Asche eines unbekannten KZ-Häftlings beigesetzt wurde.

Auf den Tag genau zwölf Jahre waren seit der symbolischen Grundsteinlegung vergangen, bevor das Mahnmal auf dem Appellplatz im September 1968 eingeweiht werden konnte. Schon im November 1959 hatte das CID einen Entwurf des jugoslawischen Bildhauers Glid Nandor zur Ausführung bestimmt.[152] Im August 1965 wurde dieser Beschluß bestätigt und eine Sammlung begonnen, um die Kosten des Denkmals aufzubringen.[153] Bei Baubeginn im Herbst 1967 waren etwa zwei Drittel der Kosten von 1,2 Millionen DM durch Spenden gedeckt, darunter 300000 DM von der Bundesregierung.[154]

Bei der Einweihung am 8. September 1968 traten viele der 1955/56 überwundenen Differenzen innerhalb des CID zwischen den (ehemaligen) Kommunisten und den Häftlingen, die nach dem Krieg in hohe Positionen aufgestiegen waren, wieder auf. Die belgischen und französischen Nationalkomitees, die schon immer die Führung im CID innegehabt hatten, planten eine Prominentenveranstaltung mit Beteiligung von Militärformationen. Die Planungen wurden ohne das Wissen der bundesdeutschen Lagergemeinschaft gemacht, der die Vorbereitungen vor Ort oblag.[155] Da die Belgier und Franzosen drohten, sich überhaupt nicht zu beteiligen, wenn ihre Armeen nicht auftreten dürften, willigte Otto Kohlhofer als Repräsentant der Lagergemein-

---

[149] Zur Einweihung siehe SZ, 2. 5. 1967. Martin Niemöller predigte als erster in der Versöhnungskirche; die Feier wurde vom Bayerischen Rundfunk und Eurovision übertragen. Zur Schändung siehe SZ, 3. 5. 1967.

[150] SZ, 6./7. 5. 1967.

[151] SZ, 8. 5. 1967.

[152] Nachlaß Otto Kohlhofer, Bericht v. 12. 12. 1959.

[153] SZ, 17. 8. 1965.

[154] SZ, 7. 6. 1967. Siehe auch Lea, Vormerkung Kuratorium über öffentliche Sammlung für Mahnmal v. 22. 12. 1966. Demnach kamen 50000 DM von der Stadt München, 1500 DM von der Stadt Dachau, 644 DM von Mitarbeitern und Mitarbeiterinnen des Lea; dazu 20000 DM vom CID, und aus Frankreich, Belgien, den Niederlanden und den USA noch einmal 165000 DM (insgesamt 417000 DM).

[155] Nachlaß Otto Kohlhofer, Aktennotiz Otto Kohlhofer v. 8. 7. 1968 über die Besprechung im CID-Büro Brüssel am 3. 7. 1968, Durchschlag, 2 S.

schaft ein. Es scheint, daß er jedoch keinen besonderen Eifer für die entsprechenden Vorbereitungen entwickelte, denn kurz vor der Feier arbeiteten Komiteepräsident und -sekretär Guérisse und Walraeve fieberhaft, um z. B. die Ehrentribünen errichtet zu bekommen.[156]

Vor 5000 Zuschauern marschierten Ehrenkompanien der französischen, US-amerikanischen und belgischen Armeen und der britischen Luftwaffe ein. Die Veranstaltung wurde überflogen von Düsenflugzeugen der Amerikaner und Holländer. Während des Einmarsches ging eine Gruppe von 25-40 jugendlichen Demonstranten auf das Rednerpult zu. Sprechchöre prangerten die Militärbeteiligung an der Gedenkveranstaltung und den Umgang mit der außerparlamentarischen Opposition in der Bundesrepublik an. Auf einem Transparent stand mißverständlich: „Dachau grüßt Hitlers Erben" - gemeint war insbesondere der Berliner Bürgermeister Schütz, der als Vertreter des Bundespräsidenten eine Rede hielt. Ihm wurden die Übergriffe der Polizei gegen Studenten in Berlin zur Last gelegt. Obwohl der Protest einhellig als fehl am Platz bezeichnet wurde, stimmten viele ehemalige deutsche Häftlinge den Protestierenden zu: sie mißbilligten ebenfalls den „NATO-Aufmarsch" und äußerten öffentlich ihre Verbitterung über das „KZ-Erinnerungs-Establishment".[157]

Nach dieser Veranstaltung verlagerten führende Mitglieder der bundesdeutschen Lagergemeinschaft ihre Tätigkeit von der Mitarbeit an Vorhaben des CID auf die Weitervermittlung ihrer KZ-Erfahrungen an die jungen Generationen, die ein ständig steigendes Interesse an der Geschichte des Nationalsozialismus zeigten. Auch in den folgenden Jahrzehnten blieb das Verhältnis zwischen den Befürwortern der Gedenkstätte als einer Bildungseinrichtung und staatlichen Stellen weiterhin angespannt.

---

156 Ebenda, hektografierter Brief Walraeve und Guérisse an Kohlhofer und Eisinger v. 28. 9. 1968, 4 S. Siehe auch den Bericht von E. Barbel in Rappel (Luxemburg), Okt. 1968.

157 Nachlaß Otto Kohlhofer, Präsidium der Lagergemeinschaft Dachau, Zur Einweihung des Mahnmales, hektografierter Entwurf, 4 S. Die Schrift wurde an 26 Zeitungen, die dpa und den Rundfunk geschickt; Brief Walraeve und Guérisse an Kohlhofer und Eisinger v. 27. 9. 1968.

Norbert Haase

Berlin-Charlottenburg, Witzlebenstraße 4–10

Anmerkungen zur Auseinandersetzung um eine Erinnerungstafel für die Opfer des Reichskriegsgerichts

Am 30. August 1989 trafen sich in Berlin hochrangige Justizbeamte, um über ein Ärgernis besonderer Art zu Rate zu sitzen. Der Vizepräsident des Bundesgerichtshofes (BGH), ein Vertreter des Generalbundesanwalts, zwei Vertreter des Bundesjustizministeriums, der Präsident des Berliner Kammergerichts sowie Vertreter der Berliner Justizverwaltung gingen der Frage nach, wie sich die bundesdeutsche Justiz zu einer Gedenktafel zu verhalten habe, die an die Opfer des Reichskriegsgerichts erinnern sollte. Die Herren waren mehrheitlich gegen eine Erinnerungstafel am Gebäude des Kammergerichts, das vor 1918 das Reichsmilitärgericht und zwischen 1936 und 1943 das Reichskriegsgericht (RKG) beherbergt hatte, und sie wollten auf Distanz zu den Initiatoren der Erinnerung gehen - Kriegsdienstverweigerern und Pazifisten unserer Tage.
Es wurden auch praktische Fragen wie die Reinigung der Tafel nach deren Anbringung erörtert und entschieden, daß es aus haushaltstechnischen Gründen nicht möglich sei, sollte elektrischer Strom zum Bohren der Schraublöcher in die Pfosten der Tafel benötigt werden, diesen aus den Steckdosen des Kammergerichts zu liefern[1].
Im Rahmen des Evangelischen Kirchentages hatten Kriegsdienstgegner im Beisein der damaligen Vizepräsidentin des Berliner Abgeordnetenhauses, Hilde Schramm, und der Bezirksbürgermeisterin von Charlottenburg, Monika Wissel, am 8. Juni 1989 im Zusammenhang mit einer Demonstration für einen Totalverweigerer eine provisorische Gedenktafel am Kammergerichtsgebäude in der Charlottenburger Witzlebenstraße angebracht. Ein Dringlichkeitsersuchen der Fraktion der Alternativen Liste war zuvor von der Bezirksverordnetenversammlung einstimmig angenommen worden: In unmittelbarer Nähe zum Haupteingangsportal sollte an einer von der Straße aus leicht einsehbaren Stelle eine Gedenktafel angebracht werden, auf der man lesen konnte:

„Zum Gedenken. In diesem Hause Witzlebenstraße 4-10 befand sich von 1936 bis 1943 das Reichskriegsgericht. Die höchste Instanz der Wehrmachtjustiz verurteilte hier

---

[1] Vgl. Ulrich Vultejus, Um 5 Uhr 45, in: Mitteilungen der Humanistischen Union, Nr. 128, Dezember 1989, S. 71.

zahllose Kriegsdienstverweigerer und Widerstandskämpfer wegen ihrer Haltung gegen Nationalsozialismus und Krieg zum Tode und ließ sie hinrichten."

Tags darauf wurde die Erinnerungstafel auf Veranlassung des Kammerrichters Egbert Weiß von Bauarbeitern zerkleinert und auf einen Müllcontainer geworfen. Die öffentliche Empörung gegen dieses höchstrichterliche Vorgehen schlug vor allem daher hohe Wellen, weil es sich bei Richter Weiß um einen Beteiligten an dem Freispruch für den „Volksgerichtshof"-Richter Hans-Joachim Rehse handelte, den ein Berliner Schwurgericht 1968 vom Vorwurf des vollendeten und versuchten Mordes wegen seiner Beteiligung an Todesurteilen freigesprochen hatte. Begründung: Wenn auch in Ausnahmefällen bei „Feindbegünstigung" und „Wehrkraftzersetzung" Haftstrafen zulässig gewesen seien, hätten die Todesurteile des „Volksgerichtshofes" doch „noch im Bereich der vertretbaren Gesetzesauslegung" gelegen. Weiß, der in dem Prozeß als Berichterstatter des Gerichts fungiert hatte, hatte sich seinerzeit in einem Leserbrief mit dem umstrittenen Urteil identifiziert.

Der Dienstherr der Richters Egbert Weiß, Kammergerichtspräsident Dr. Diether Dehnicke, hatte am Verhalten Weiß' nichts zu beanstanden, was innerhalb der Richterschaft des Kammergerichts für Unmut sorgte. Zwar beantragte die SPD-geführte Senatsverwaltung für Justiz im Juni 1989 ein Disziplinarverfahren gegen Weiß, ein Ermittlungsverfahren aufgrund einer Strafanzeige wegen Sachbeschädigung seitens der Tafel-Initiatoren wurde von der Staatsanwaltschaft jedoch nicht eingeleitet. Der Dienstgerichtshof beim Kammergericht beschloß dann im Oktober 1989, daß im Falle Weiß' die Voraussetzungen für die Eröffnung eines förmlichen Disziplinarverfahrens nicht vorlägen.

Ironie der Geschichte: Eine Woche nach dem Eklat um die Entfernung der Gedenktafel wurde in der Berliner Staatsbibliothek die Ausstellung „Justiz und Nationalsozialismus" durch Bundesjustizminister Hans Engelhardt eröffnet[2]. Als „zentrale Fehlleistung der bundesdeutschen Justiz" bezeichnete der Minister die „Flucht vor der nationalsozialistischen Vergangenheit". Eine „demokratisch gefestigte Justiz" müsse sich mit der NS-Justiz und ihren Folgen auseinandersetzen und die Erinnerung an ihre Opfer bewahren[3]. Diese Mahnung mußte indes wie ein Lippenbekenntnis aufgefaßt werden, da keiner der Redner der Eröffnungsveranstaltung auch nur mit einem Wort auf den aktuellen Berliner Justizskandal einging, und dies, obwohl vor dem Bibliotheksgebäude eine Gruppe von Demonstranten lautstark die sofortige Entlassung des Kammerrichters Weiß gefordert hatte.

Lediglich Kammerrichter Peter Weber (Neue Richtervereinigung) besaß den

---

[2] Vgl. Im Namen des Deutschen Volkes - Justiz und Nationalsozialismus. Katalog zur Ausstellung des Bundesministeriums der Justiz, Köln 1989. In seinem Vorwort gestand der Minister einen in diesem Zusammenhang gravierenden Mangel der Ausstellung ein, daß nämlich die Wehrmachtjustiz „ausgespart" geblieben sei.

[3] Der Tagesspiegel, 16. Juni 1989, S. 2.

Mut, sich am Ende der Veranstaltung aus dem Publikum zu erheben und dieses Versäumnis zu monieren. Die Diskussion um die Erinnerungstafel bestimmte die anschließenden Gespräche unter den Teilnehmern der Eröffnungsveranstaltung, Weber erhielt später von Dehnicke einen Rüffel.
Hinter den Kulissen wurde in der Folgezeit zwischen dem Bezirksamt Charlottenburg, dem Präsidenten des Kammergerichts sowie der Senatorin für Justiz, Frau Prof. Dr. Jutta Limbach, darum gefeilscht, ob die Tafel am Gebäude oder auf öffentlichem Straßenland anzubringen sei, auch gab es inhaltliche Absprachen über den Text der Erinnerungstafel, die die ursprüngliche Vorlage des Bezirksparlaments übergingen. Nach dem Willen des Kammergerichts sollte auf eine Nennung von „über 500 Kriegsdienstverweigerern" als Opfern des Reichskriegsgerichts, wie sie in der ursprünglichen Textfassung vorgesehen waren, gänzlich verzichtet werden, der abschließende Passus „und ließ sie hinrichten" sollte ebenfalls entfallen[4].
Bereits im Frühjahr 1988 hatte es einen erfolglosen Vorstoß des Bezirks gegeben, im Rahmen des Gedenktafelprogramms eine Tafel am Kammergericht für einen Hinweis auf das Reichskriegsgericht anzubringen. Das Ansinnen war bereits damals an den Bedenken Dehnickes gescheitert, der auf den Eigentümer des Gebäudes, die Bundesfinanzbehörde verwiesen hatte, die ihrerseits empfohlen hatte, sich mit den Nutzern des Hauses, also den Juristen, ins Benehmen zu setzen. Die Angelegenheit verlief seinerzeit im Sande, da sich auch der im Kammergerichtsgebäude residierende 5. Strafsenat des Bundesgerichtshofes sowie die Generalbundesanwaltschaft den „Bedenken" anschlossen.
Der Kammergerichtspräsident begründete diese Anfang Februar 1988 gegenüber dem Bezirksbürgermeister mit der beschönigenden Umschreibung, die Tätigkeit des Reichskriegsgerichts sei „kein Ruhmesblatt der deutschen Militärjustizgeschichte" gewesen[5]. Hatte Dehnicke wahrlich angenommen, es ginge um eine Tafel für das Reichskriegsgericht?
In Unkenntnis der historischen Tatsachen und der damaligen Rechtslage äußerte der Kammergerichtspräsident in einem Leserbrief im Jahr darauf wiederum Bedenken gegen die Erwähnung von „über 500 Kriegsdienstverweigerern", mit der wenig überzeugenden Begründung, das RKG sei „nur vom 26. 8. 1939 bis zum 31. 5. 1940 für solche Verfahren zuständig" gewesen[6].

---

[4] Der Hamburger Historiker Detlef Garbe schätzt in seiner Dissertation über die Zeugen Jehovas im Dritten Reich die Zahl der vom RKG zum Tode verurteilten Eidesverweigerer allein aus dieser Glaubensgemeinschaft auf 250 bis 300. Vgl. Detlef Garbe, Zwischen Widerstand und Martyrium. Die Zeugen Jehovas im Dritten Reich. Diss. phil., Hamburg 1989, S. 490f. Eine Durchsicht der unvollständigen Hinrichtungslisten des Zuchthauses Brandenburg-Görden und der Strafanstalt Plötzensee lassen eine Schätzung von der genannten Größenordnung als gerechtfertigt erscheinen.

[5] Schreiben an den Bezirksbürgermeister von Berlin-Charlottenburg. 5. Februar 1988.

[6] Der Tagesspiegel. Demokratisches Forum. 2. Juli 1989. Dehnicke irrt, denn im Strafverfahren wegen Zersetzung der Wehrkraft nach § 5 Abs. 1, Ziff. 3 KSSVO (Kriegs-

Angesichts des äußerst zögerlichen Verhaltens der Justiz, die hier - auch wenn es wie eine Provinzposse anmutet - immerhin auf höchster Ebene über den Umgang mit ihrer Geschichte zu verhandeln hatte, drängt sich der Eindruck auf, die Erinnerung an eine Gruppe „vergessener Opfer", nämlich die Kriegsdienstverweigerer, insbesondere die religiösen Eidesverweigerer unter den Zeugen Jehovas, sei gar nicht erwünscht gewesen, erst recht nicht der Hinweis auf die Verantwortung der Richter für ihre Todesurteile. Anders ist auch der Vorschlag von Bundesrichter Hannskarl Salger auf jener eingangs erwähnten Zusammenkunft kaum zu verstehen, eine Tafel könne doch an jene erinnern, die ihrem Gewissen folgend den Tod auf sich genommen hätten. Ebenso muß der Versuch, den Zusammenhang von justizieller Aburteilung und der Strafvollstreckung durch Tötung zu unterschlagen, wohl in diesem Sinne gewertet werden.

Die Verweigerung einer Auseinandersetzung mit diesem Teil der Justizgeschichte hat vielfältige Ursachen, die jedoch in der öffentlichen Diskussion um die Gedenktafel bisher so gut wie gar nicht beachtet wurden. Sie liegen nach meiner Auffassung einerseits in der rechtlichen Kontinuität insbesondere in wehrrechtlichen Fragen, infolge derer die Judikatur des Reichskriegsgerichts nach 1945 nie ernsthaft revidiert wurde. Andererseits sind jedoch auch personelle Kontinuitäten zu beachten, die mögliche Rücksichten in bezug auf die Befassung mit dem RKG plausibel erscheinen lassen. Zum dritten zeigt sich an dem vorliegenden Beispiel erneut der zwiespältige Umgang mit der nationalsozialistischen Vergangenheit, die Unfähigkeit zur Korrektur vollzogenen Unrechts und zum kompromißlosen Bruch mit einer pervertierten Rechtstradition.

Der Bundesgerichtshof (BGH), einer der Hausherren des Berliner Kammergerichtsgebäudes, hatte in den 50er und 60er Jahren in seiner Rechtsprechung zum Wiedergutmachungsrecht mehrfach über die Rechtmäßigkeit von Urteilen des Reichskriegsgerichts zu befinden[7]. So wies er am 14. 11. 1956 die Entschädigungsansprüche der Witwe eines Zeugen Jehovas zurück, der 1943 aus Gewissensgründen den Wehrdienst verweigert hatte und deshalb wegen

---

dienstverweigerung) lag die Zuständigkeit insbesondere in bezug auf religiös motivierte Verweigerer für die Dauer des Krieges beim RKG. Vgl. Anordnung des OKW 14 n 16 WR (I/3) 1819/40 v. 18. 5. 1940, abgedruckt bei: Rudolf Absolon: Das Wehrmachtstrafrecht im 2. Weltkrieg. Sammlung der grundlegenden Gesetze, Verordnungen und Erlasse, Kornelimünster 1958, S. 233.

[7] Vgl. Norbert Haase, „... eigentlich hätte man mich erschießen müssen." Zur Geschichte der Wiedergutmachung für die Opfer der Wehrmachtjustiz nach 1945. Das Beispiel Hans Frese, in: Hans Frese, Bremsklötze am Siegeswagen der Nation. Erinnerungen eines Deserteurs an Militärgefängnisse, Zuchthäuser und Moorlager in den Jahren 1941-1945. Herausgegeben und mit ergänzenden Beiträgen von Fietje Ausländer und Norbert Haase. DIZ-Schriften, Band 1, Bremen 1989, S. 155 ff.; Detlef Garbe, Im Namen des Volkes?! Die rechtlichen Grundlagen der Militärjustiz im NS-Staat und ihre „Bewältigung" nach 1945, in: Fietje Ausländer (Hrsg.), Verräter oder Vorbilder? Deserteure und ungehorsame Soldaten im Nationalsozialismus. DIZ-Schriften, Band 2, Bremen 1990, S. 90 ff.

„Wehrkraftzersetzung" zum Tode verurteilt und hingerichtet worden war[8]. Der BGH sah in der kriegsgerichtlichen Verurteilung „keinen Verstoß gegen rechtsstaatliche Grundsätze", denn die Bestrafung von Wehrdienstverweigerern sei in den meisten Ländern gang und gäbe. Auch sei der Verurteilte nicht wegen seines Glaubens oder der Zugehörigkeit zu den Zeugen Jehovas verurteilt worden, die Verurteilung durch das Reichskriegsgericht sei einzig und allein wegen der Verweigerung des Wehrdienstes ergangen. Unter Berufung auf die Kriegssonderstrafrechtsverordnung (KSSVO) und zeitgenössische Kommentare hierzu fehlte nach Auffassung des BGH weder eine rechtliche Grundlage für die Hinrichtung, noch ließ sich die Rechtsgültigkeit der KSSVO verneinen.

Der Bundesgerichtshof stellte in einer weiteren Entscheidung zu diesem Problemkreis nicht nur die Widerständigkeit eines Kriegsdienstverweigerers in Abrede[9], sondern legitimierte im Nachhinein noch das der massenhaften Verfolgung von „Wehrkraftzersetzern" zugrundeliegende materielle (Un-)Recht, indem er ausführte:

> „Es läßt sich nicht sagen, daß diese Vorschrift sich eindeutig als Ausdruck und Ausfluß einer rechtsstaatswidrigen Ordnung kennzeichnet und sich darum – gemessen an letzten für eine Rechtsgemeinschaft verbindlichen Grundnormen – als Unrechtsnorm dargestellt habe, der ein an solchen unverrückbaren Normen orientiertes Denken und Empfinden auch zur Zeit der NS-Herrschaft die Geltung habe absprechen dürfen und müssen. Diese Folgerung würde bedeuten, daß Richter, die seinerzeit auf Grund dieser Norm Strafen verhängt haben, damit in jedem Fall nicht Recht gesprochen, sondern schlechthin Unrecht verübt hätten"[10].

Es konnte offenbar nicht sein, was nicht sein durfte. Hier hätte eine Richtergeneration sich selbst bzw. ihre Lehrer der Rechtsbeugung bezichtigen müssen. Es blieb ihr nach eigenem Selbstverständnis wohl gar nichts anderes übrig, als in wehrmachtgerichtlichen, insbesondere RKG-Verfahren eine rechtsstaatliche Judikatur zu erblicken und das Kriegssonderstrafrecht, nach dem zu Tausenden Soldaten zum Tode verurteilt worden waren, seines Unrechtscharakters zu entheben. Es gehört zu den schwersten Hypotheken der bundesdeutschen Nachkriegsjustizgeschichte, daß die Justiz, hier: der BGH, offenbar keine ethischen Probleme hatte, das kriegsgerichtliche Unrecht quasi fortzuschreiben und letzthin den Unrechtscharakter des nationalsozialistischen „Weltanschauungskrieges" in Abrede zu stellen:

---

8 Vgl. BGH, v. 14. 11. 1956 – IV ZR 147/56 (Oldenburg), in: Rechtsprechung zum Wiedergutmachungsrecht (RzW) 1957, S. 53f.

9 Es handelte sich hierbei um die in der Literatur mehrfach dargestellte Revisionsentscheidung in der Entschädigungsangelegenheit gegen den Bremer Sozialdemokraten Georg Bock, dessen Weigerung der BGH nicht als Widerstand, folglich die Verurteilung nicht als Unrecht ansehen konnte, da die Widerstandshandlung eine gewisse Aussicht bieten müsse, „in bezug auf die Übel der bestehenden Unrechtsherrschaft eine wirkliche Wende zum Besseren herbeizuführen." Vgl. BGH, 14. 7. 1961, IV ZR 71/61 (Bremen), in: RzW 1962, S. 69.

10 Vgl. BGH, 24. 6. 1964, IV ZR 236/63 (Hamburg), in: RzW 1964, S. 502.

„Es gibt sicherlich keinen Staat, der jedem Bürger das Recht zuspricht, zu entscheiden, ob der Krieg ein gerechter oder ein ungerechter ist und demgemäß seiner staatsbürgerlichen Pflicht, Wehrdienst zu leisten, zu genügen oder ihre Erfüllung zu verweigern. Würde der Staat jedem Bürger dieses Recht zubilligen, so würde er sich selbst damit aufgeben. Denn die Frage, ob der Krieg ein gerechter oder ein ungerechter ist, kann dem einzelnen Bürger nicht zur Entscheidung überlassen werden. Sie kann vielleicht nicht einmal von der zeitgenössischen historischen Wissenschaft immer mit Sicherheit beantwortet werden. Das Urteil wird sehr oft erst von der Geschichte gesprochen, und es ist keineswegs davon abhängig, ob der Krieg Erfolg gehabt hat oder nicht. Diese Erwägungen zeigen, daß eine Kriegsdienstverweigerung nicht durch ein allen Staaten gegenüber geltendes Widerstandsrecht gedeckt sein kann. Denn dieses Recht kann nicht soweit gehen, Handlungen zu rechtfertigen, die eine ernste Gefahr für jeden Staat bedeuten“[11].

Ein zweites Problem, das eine unbefangene Auseinandersetzung der bundesdeutschen Justiz mit der Geschichte der Wehrmachtjustiz, insbesondere des Reichskriegsgerichts, verhinderte, ist das einer zu konstatierenden personellen Kontinuität. Viele ehemalige Militärjuristen der Wehrmacht, darunter insbesondere auch namhafte Reichskriegsgerichtsräte, die bis in die Gegenwart in „Kameradschaften“ ihren Zusammenhalt suchten, konnten in der bundesdeutschen Justiz ihre Karrieren als Landgerichtsdirektoren oder -präsidenten, als Senatspräsidenten und auch als Bundesrichter zuendeführen. Kein einziger ehemaliger Kriegsrichter wurde in der Bundesrepublik nach 1945 rechtskräftig verurteilt, im Gegenteil, vielerorts bildete ihre Zunft das Rückgrat der Nachkriegsjustiz. Das Eingeständnis der Beteiligung dieser Richter an verbrecherischen Urteilen erforderte eine kaum zu leistende Trauerarbeit seitens der heutigen Justiz in der Bundesrepublik. Es scheint unmöglich, dem Postulat des Bundesjustizministers in vollem Umfange zu entsprechen.
Die Justiz ist immer noch weit von einer Aufarbeitung ihrer gesamten Geschichte während des Dritten Reiches entfernt. Insbesondere die Wehrmachtjustiz ist bei einer kritischen Aufarbeitung der Justizgeschichte übergangen worden. Dies kann insofern nicht verwundern, als die ehemaligen Kriegsrichter einen erheblichen Einfluß auf das Geschichtsbild ihres eigenen Wirkens hatten. In der Öffentlichkeit wußten sie ein Bild von der Wehrmachtjustiz als der einzigen Institution zu zeichnen, die während des Dritten Reiches dem herrschenden Zeitgeist nicht erlegen und ein Hort der Rechtsstaatlichkeit geblieben sei[12]. Für Hans Karl Filbinger war seine Tätigkeit als Marinerichter die „aristokratische Form der Emigration“[13]. Im übrigen

---

[11] Ebenda, S. 504.

[12] Dieser Legende ist sogar ein der Apologetik absolut unverdächtiger Autor wie Jörg Friedrich noch 1983 aufgesessen, der die Wehrmachtjustiz als „antinazistische Enklave“ bezeichnete, die „in zähem, hinhaltendem Widerstand“ Hitlers Zugriff auf ihre Spruchpraxis abgewehrt hätte und ihre „schützende Hand über Delinquenten“ hielt, die „nach dem Willen des Despoten dem Zorn des Volkes ausgeliefert werden sollten.“ Vgl. Jörg Friedrich, Freispruch für die Nazijustiz. Die Urteile gegen NS-Richter seit 1948. Eine Dokumentation, Reinbek 1983, S. 134.

[13] Vgl. Hans Karl Filbinger, Die geschmähte Generation, München 1987, S. 58.

wurde ein Vorhang des Schweigens über die Geschichte der NS-Militärjustiz gebreitet, Spuren bisweilen bewußt verwischt.
Ihre zweifelhafte Traditionspflege bemäntelte diese Richterschaft mit der Berufung auf ehemalige Militärjuristen, die zum Widerstand fanden und selbst Opfer nationalsozialistischen Terrors wurden, um damit gleichsam die gesamte Kriegsrichterschaft von der Verstrickung in NS-Verbrechen reinzuwaschen, so insbesondere den Chef der Heeresrechtsabteilung von 1942-1944 und ehemaligen Reichskriegsgerichtsrat Dr. Karl Sack, in dem der Historiker Gerhard Ritter „eine der edelsten und tapfersten Gestalten der Widerstandsbewegung" sah und an den seit 1984 eine Tafel am Berliner Kammergericht erinnert. Er wurde im April 1945 im KZ Flossenbürg wegen seiner Verbindung zum 20. Juli zusammen mit Oster und Canaris hingerichtet[14].
Die Verweigerung eines Erinnerns an die Opfer des RKG korrespondierte freilich mit den politischen Weichenstellungen in der Bundesrepublik Deutschland der 50er Jahre und dem damaligen geistigen Klima. Im Zuge der Wiederbewaffnung Westdeutschlands konnten Kriegsdienstverweigerer, religiöse Einzelgänger zumal - auch rückblickend, wie die BGH-Rechtsprechung zeigt - auf wenig Verständnis für ihre Gewissenstreue hoffen. Es entsprach einem seinerzeit vorherrschenden antikommunistischen bzw. antisowjetischen Reflex, daß Gruppierungen des Widerstandes jenseits des 20. Juli 1944 pauschal verurteilt wurden. So erfuhren die Mitglieder der Harnack/ Schultze-Boysen-Widerstandsorganisation („Rote Kapelle") eine Diffamierung mit dem Vorwurf des Landesverrats[15]. Auch vom RKG 1944 „in Abwesenheit" zum Tode verurteilte Mitglieder des Nationalkomitees „Freies Deutschland" mußten in der Bundesrepublik mit diesem Vorwurf leben.
Es war ein ehemaliger Kriegsrichter, Bundesrichter a. D. Otto Peter Schweling, der im Rahmen des ehrgeizigen wissenschaftlichen Forschungsprojekts

---

[14] Vgl. Gerhard Ritter, Carl Goerdeler und die deutsche Widerstandsbewegung, Stuttgart 1956, S. 364. Zu Sacks Rolle im Widerstand vgl. Hermann Bösch, Heeresrichter Dr. Karl Sack im Widerstand. Eine historisch-politische Studie, München 1967. Der Freiburger Militärhistoriker Manfred Messerschmidt hat in einem Vortrag über das RKG im Zusammenhang mit der Berliner Diskussion sowie in seiner mit Fritz Wüllner verfaßten Streitschrift Sack als Chef der Heeresjustiz einer kritischen Würdigung unterzogen, da dieser in der Diktion der NS-Ideologie, in der Nähe eines biologisch-sozialdarwinistischen Denkens unter anderem für den „Endsieg im Lebenskampf unseres Volkes" plädiert hatte. Vgl. Manfred Messerschmidt, Reichskriegsgericht. Vortragsveranstaltung am 11. Dezember 1989 im Logenhaus Berlin, veranstaltet vom Deutschen Richterbund Berlin und Berliner Anwaltsverein mit Unterstützung der Senatsverwaltung für Justiz Berlin (Protokoll eines Tonbandmitschnitts im Besitz des Verfassers); Manfred Messerschmidt/Fritz Wüllner, Die Wehrmachtjustiz im Dienste des Nationalsozialismus. Zerstörung einer Legende, Baden-Baden 1987.

[15] Paradigmatisch für diese Haltung steht neben den Erinnerungen des RKG-Präsidenten Bastian die von Manfred Roeder 1952 veröffentlichte Broschüre: Die Rote Kapelle. Europäische Spionage. Aufzeichnungen des Generalrichters Dr. Manfred Roeder, Hamburg 1952.

des Instituts für Zeitgeschichte über die Justiz im Nationalsozialismus, mit der Erarbeitung des Bandes zur Wehrmachtjustiz betraut wurde. Auf einem „Kameradschaftstreffen" wurden auch 1965 die Leitlinien für diesen mit Mitteln der Deutschen Forschungsgemeinschaft geförderten Band festgelegt. Die im darauffolgenden Jahr vorgelegte apologetische Ausarbeitung wurde nach einem längeren Gutachterstreit von den Auftraggebern abgelehnt[16]. Mit Erich Schwinge besorgte nach dem Tode Schwelings einer der herausragendsten Militärjuristen der NS-Zeit die Bearbeitung und Edition des Buches „Die deutsche Militärjustiz in der Zeit des Nationalsozialismus" (Marburg 1977), das lange Jahre das Bild von der Wehrmachtjustiz prägen konnte[17].
Schweling/Schwinge verließen sich in ihrer Darstellung des Reichskriegsgerichts und seiner Richterschaft ganz auf die Erinnerungen des ehemaligen zwischen 1939 und 1944 amtierenden RKG-Präsidenten Admiral Bastian. Dieser hatte in seinen unveröffentlichten Nachkriegsaufzeichnungen Mitte der 50er Jahre den Eindruck vermittelt, die Judikatur des RKG sei grundsätzlich von „Behutsamkeit", „Rücksicht" und „Verantwortung" geprägt gewesen, der § 5 KSSVO sei mit „weitestgehendem Verständnis" angewandt worden, das RKG hätte „niemals Abschreckungsurteile" ausgesprochen[18].
So kamen auch Schweling/Schwinge zu dem Ergebnis, nationalsozialistische Einflüsse hätten von der Judikatur des RKG ferngehalten werden können, was sie durch den „Geist" vieler Urteile und die oftmals nicht vorhandene NS-Parteizugehörigkeit der RKG-Richter zu untermauern suchten[19]. Unter Berufung auf den BGH wurde der Charakter der Rechtsstaatlichkeit der KSSVO, insbesondere der Zersetzungsartikel unterstrichen und durch inter-

---

16 Vgl. Karl Dietrich Erdmann, Zeitgeschichte, Militärjustiz und Völkerrecht. Zu einer aktuellen Kontroverse, in: Geschichte in Wissenschaft und Unterricht, 30. Jg. (1979), Heft 3, S. 129–139.

17 Bei Erich Schwinge handelt es sich um den „Chefideologen" einer rigorosen Abschreckungsjustiz, der sich als Verfasser des maßgeblichen Kommentars zum Militärstrafrecht in der NS-Zeit einen Namen machte. In einer hervorragenden Studie hat Detlef Garbe die Biographie des Marburger Juraprofessors insbesondere unter dem Aspekt der Kontinuität deutscher Rechtsentwicklung vor und nach 1945 nachgezeichnet. Vgl. Detlef Garbe, In jedem Einzelfall ... bis zur Todesstrafe. Der Militärstrafrechtler Erich Schwinge. Ein deutsches Juristenleben, Hamburg 1989.

18 Lebenserinnerungen 1. 9. 1939–20. 10. 1945. Aufzeichnungen des Admirals a. D. Max Bastian, BA(MA)-N 192/1. Derartige Beteuerungen erscheinen nicht gerade glaubwürdig, mißt man sie an der fragmentarischen Überlieferung. In einem Todesurteil des 3. Senats des RKG vom 3. Mai 1940 heißt es: „... die Kriegsnotwendigkeiten gehen in der gegenwärtigen Lage Deutschlands allen anderen Erwägungen vor. Diese erfordern aber, daß ein Deutscher, der in einem Augenblick schwerster Not für Volk und Reich die Wehrdienstleistung, gleichgültig, aus welchen Gründen, abgelehnt und bei dieser Ablehnung trotz eindringlichster Belehrung verbleibt, keine Milde findet. Nur die Todesstrafe vermag die erforderliche abschreckende Wirkung auszuüben. Sie ist in dem Abwehrkampf Deutschlands ein Gebot der Notwehr." Zit. nach: Entscheidungen des Reichskriegsgerichts. Herausgegeben als Kameradschaftsarbeit von Angehörigen des Reichskriegsgerichts. Band II, 1. Heft, Berlin 1940, S. 64.

19 Vgl. Schweling/Schwinge, S. 165 ff.

nationale Vergleiche relativiert. Der Darstellung Bastians folgend behaupteten sie, die RKG-Senate hätten sich stets für eine humanere Lösung bei den Zeugen Jehovas eingesetzt und den Versuch unternommen „der Fälle menschlich Herr zu werden“. Durch die Annahme „minder schwerer Fälle“ sei häufig die Todesstrafe umgangen worden - Behauptungen, die durch die wenigen erhalten gebliebenen Urteile nicht gerade erhärtet werden. Unter Berufung auf Aussagen ehemaliger Beschuldigter in RKG-Verfahren wurde zudem die vorbildliche Verhandlungsführung und Wahrung juristischer Formen hervorgehoben. Alles in allem war das Reichskriegsgericht nach Auffassung der Autoren, die quasi eine ganze Generation von Juristen repräsentierten, ein Hort der Rechtsstaatlichkeit gewesen.

Die Geschichte des Reichskriegsgerichts und der Kriegsdienstverweigerung im Zweiten Weltkrieg harrt bis heute einer systematischen Aufarbeitung. Es scheiterte bisher an der völlig unbefriedigenden Quellenlage, der Apologetik Schweling/Schwinges ein differenziertes Bild entgegenzusetzen[20]. Fest steht jedoch, daß sich das RKG mit seinen Urteilen gegen Ernste Bibelforscher an der seit Jahren betriebenen Verfolgung der Zeugen Jehovas durch Sondergerichte und Gestapo beteiligt hat[21]. Durch seine Zuständigkeit für politische Strafsachen in der Wehrmacht war es Teil des nationalsozialistischen Terror-Systems, dem nicht zuletzt durch die Judikatur des höchsten deutschen Militärgerichts hunderte aufrechter Menschen im Kampf gegen das nationalsozialistische Unrechtsregime zum Opfer fielen.

Im Jahre 1941 hatte sich Oberreichskriegsanwalt Dr. Rehdans genötigt gesehen, „im Hinblick auf den gemeinsamen Kampf *aller* Organe der Justiz“ (Hervorhebung im Original) über die Tätigkeit des RKG Rechenschaft abzulegen. Er hatte dabei auch die „ausgezeichnete Zusammenarbeit“ mit dem „Volksgerichtshof“ gelobt[22]. Aufschlußreich für die Frage einer Rechtsstaatlichkeit des RKG sind seine Ausführungen:

---

[20] Die Kriegsdienstverweigerung im „Dritten Reich“ ist eines der augenfälligsten Forschungsdesiderate der Widerstandshistoriographie. Neben Einzelbiographien über religiös motivierte Kriegsdienstverweigerer gibt bislang nur eine Magisterarbeit zu diesem Thema Auskunft: Albrecht und Heidi Hartmann, Kriegsdienstverweigerung im „Dritten Reich“, Frankfurt a. M. 1986. Wesentliche Informationen zu religiösen Eid- bzw. Kriegsdienstverweigerern enthält auch: Garbe, Zeugen Jehovas (s. Anm. 4). Vgl. außerdem: Ernst T. Mader/Jakob Knab, Das Lächeln des Esels. Das Leben und die Hinrichtung des Allgäuer Bauernsohnes Michael Lerpscher (1905-1940), Blöcktach 1987; Eberhard Röhm, Sterben für den Frieden. Spurensicherung: Hermann Stöhr (1898-1940) und die ökumenische Friedensbewegung, Stuttgart 1985; Herbert Steiner, Gestorben für Österreich. Widerstand gegen Hitler. Eine Dokumentation, Wien 1968; Friedrich Vogl, Widerstand im Waffenrock. Österreichische Freiheitskämpfer in der Deutschen Wehrmacht 1938-1945, Wien 1977. Erna Putz, Franz Jägerstätter. „. . . besser die Hände als der Wille gefesselt . . .“, Linz 1985; sowie dies., Franz Jägerstätter: Gefängnisbriefe und Aufzeichnungen, Linz 1987.

[21] Vgl. Messerschmidt/Wüllner, S. 109.

[22] Oberreichskriegsanwalt Dr. Rehdans, Das Reichskriegsgericht im Kriege, in: Zeitschrift der Akademie für Deutsches Recht, 8. Jahrgang, 1941, S. 85 ff.

„Richtschnur muß sein: In den *Förmlichkeiten* (!) des Verfahrens ist in höherem Sinne nicht immer die Entscheidung gerecht, die peinlichst die Rechte des Beschuldigten beobachtet. Vor dieser relativen Gerechtigkeit gegenüber dem Individuum steht die absolute gegenüber der Gesamtheit, gegen Volk und Staat, was sich bei uns mit dem Ausdruck ‚militärisches Bedürfnis' deckt. Gerechtigkeit hat zuerst die Gesamtheit für diesen ihren Anspruch zu verlangen, in dem auch der auf Beschleunigung des Verfahrens eingeschlossen ist. Nationalsozialistisch ausgedrückt heißt das: Recht ist, was dem Volke frommt." (Hervorhebung im Original)[23]

Man sollte meinen, daß eine derartige Selbsteinschätzung mit den Vorstellungen der Opposition wohl kaum korrespondierte. Die Frage nach der Systemkonformität der Richterschaft des RKG und der seiner Judikatur erscheint für deren Analyse letzthin jedoch unerheblich. Mögen nicht wenige Militärjuristen im Dissens zur nationalsozialistischen Ideologie gestanden haben, so sorgten sie dennoch für die Funktionstüchtigkeit der Streitkräfte in einem verbrecherischen Angriffskrieg und richteten ihre Judikatur vielfach nicht nach Recht und Gerechtigkeit aus, sondern nach „militärischen Bedürfnissen" und sogenannten „Kriegsnotwendigkeiten". Sie agierten so vielfach - ob nationalkonservativ oder nationalsozialistisch - im Sinne des NS-Staates[24].

Der Historiker Detlef Garbe hat die provokante aber nicht weniger stichhaltige These aufgestellt, daß die Verweigerung einer Auseinandersetzung mit den Justizverbrechen der deutschen Kriegsgerichte möglicherweise eng mit der Frage nach der Verantwortung nichtnationalsozialistischer Juristen für eine grausame Rechtsprechung und nach der Funktionalisierbarkeit herkömmlicher Rechtsdogmatik verbunden ist, wodurch automatisch die Rechtsentwicklung im Nachkriegsdeutschland in den Blick gerät. Und hier kommt Garbe zu einem bestürzenden Ergebnis: Die ehemaligen Kriegsrichter, die mit der Verfassung des bundesdeutschen Wehrstrafgesetzes betraut wurden, versäumten es, einen Trennungsstrich zur unseligen militärjuristischen Vergangenheit zu ziehen, da sie die Literatur zum alten Militärstrafrecht und reichskriegsgerichtliche Entscheidungen für eine „auch heute noch unentbehrliche Rechtsprechung" befanden und stets auf eine Wiedereinführung einer Militärgerichtsbarkeit in der Bundesrepublik Deutschland drängten[25].

---

[23] Ebenda, S. 59.

[24] Vgl. Messerschmidt/Wüllner, S. 47.

[25] Garbe zitiert den mit Wehrstrafsachen betrauten Staatsanwalt Dr. Rudolf Müller, Oberfeldrichter a. D. (1960). Auch Bundesrichter Dr. Herbert Arndt bezog sich in seinem „Grundriß des Wehrstrafrechts" 1966 auf die Rechtsgutsdefinition eines Erich Schwinge, indem er die „Aufrechterhaltung der Manneszucht" als Zielsetzung des bundesdeutschen Wehrstrafgesetzes definierte. Bemerkenswerterweise stammte das Gesetz selbst aus der Feder eines Wehrmachtjuristen. Martin Rittau, neben Schwinge wichtigster Gesetzeskommentator in Sachen Kriegsstrafrecht, war zu Beginn der 50er Jahre vom Amt Blank mit dessen Ausfertigung beauftragt worden. Vgl. Garbe, Im Namen des Volkes?! S. 122 ff. Das Grundgesetz bietet seit 1956 in dem Ergänzungsartikel Art. 96 a GG die Möglichkeit zur Einrichtung von Wehrstrafgerichten für den „Ver-

Stein des Anstoßes, über diese beunruhigenden Kontinuitäten nachzudenken, könnte die Erinnerungstafel zum Gedenken an die verurteilten Kriegsdienstverweigerer und Widerstandskämpfer vor dem Eingangsportal des Berliner Kammergerichts sein. Weithin sichtbar auf dem Bürgersteig, aus Metall und an Stahlpfosten befestigt, wurde sie symbolträchtig in den frühen Morgenstunden des 1. September 1989 enthüllt. Der Strom für die Installierung kam von der gegenüberliegenden Straßenseite - aus einer Steckdose der dortigen Volksschule.

teidigungsfall". Daß in diesem Zusammenhang bereits illegal Übungen für eine Wehrgerichtsbarkeit abgehalten wurden und in den Schubladen des Bundesjustizministeriums „Referentenentwürfe" für die vorgesehenen Gesetze lagen, ist durch den Hildesheimer Amtsrichter Ulrich Vultejus 1984 der Öffentlichkeit bekannt geworden. Vgl. Ulrich Vultejus, Kampfanzug unter der Robe. Kriegsgerichtsbarkeit des Zweiten und Dritten Weltkrieges, Hamburg 1984.

Frauke Meyer-Gosau

Anhaltende Verstörung

Literarische Auseinandersetzung mit dem Nationalsozialismus Christoph Meckel, Christa Wolf, Uwe Johnson, Ingeborg Bachmann

1

Ein Mann sucht seine Schwester. In der Villa, die sie mit ihrem Ehemann, dem Psychologieprofessor Jordan, bewohnt hat, findet er in einem Schreibtisch allerlei mysteriöse Aufzeichnungen – Briefe der Schwester, die ihn um Rettung anflehen, die andeuten, daß an ihr ein Verbrechen geschieht, aber auch stenographische Notate des Professors über den Geisteszustand seiner Frau.
Professor Jordan ist berühmt für seine Forschungen über Spätschäden bei Überlebenden deutscher Konzentrationslager; seine Frau, Franza, war an seinem Standardwerk zu diesem Thema beteiligt – ihr Name aber wird in dem Buch nirgends erwähnt.
Die Aufzeichnungen legen den Verdacht nahe, daß der Professor an Franza psychologische Experimente vorgenommen hat, in deren Folge sie Symptome zeigt, die denen der KZ-Überlebenden auffallend ähneln. Als sie ein Kind von ihrem Peiniger erwartet, läßt sie in einer Klinik eine Abtreibung vornehmen und flieht dann aus Wien.
Der Bruder findet sie in einer kleinen Hütte in den Bergen, die die Geschwister gemeinsam geerbt haben. Von hier aus beginnt eine lange Reise, hier beginnt auch der Kampf um, der Kampf gegen die Erinnerung – er endet tödlich, mit einem weiteren, einem letzten Verbrechen an Franza[1].

Eine Frau versucht, sich zu erinnern. Schreibend nähert sie sich ihrer Vergangenheit, der Vergangenheit ihrer Generation, die ihre Kindheit und Jugend im Nationalsozialismus erlebte. Sie studiert alte Zeitungen und Dokumente, mit Mann, Tochter und Bruder reist sie in ihre Heimatstadt, die nun nicht mehr deutsch, sondern polnisch ist.
Sie registriert den faschistischen Terror in Chile, die Materialschlachten der Amerikaner gegen die Vietnamesen, sie arbeitet, im Spannungsfeld zwischen Vergangenheit und Zukunft, an der Wiederentdeckung des Kindes, das sie

---

[1] Ingeborg Bachmann, Der Fall Franza. In: Ingeborg Bachmann, Werke. Hg. Christine Koschel, Inge von Weidenbaum, Clemens Münster, München 1978. Bd. 3, S. 339–482.

einmal war, dessen frühe Erfahrungen auch die Erwachsene noch prägen - eine Erwachsene, deren Biographie vom deutschen Faschismus in den deutschen Sozialismus geführt hat. Ein Kampf gegen die zählebigen Mechanismen der Verdrängung, mit unentschiedenem Ausgang: Am Ende stehen neue Wahrheiten, neue Hoffnung sogar, aber die Erinnerung verweigert sich nun auf anderen Feldern. So bleiben denn auch die Hoffnungen letztlich ungesichert[2].

Eine Frau erzählt ihrer elfjährigen Tochter ihre Kindheit und Jugend, das hat das Kind von ihr verlangt. Nun bespricht die Mutter, zumeist des Nachts, Tonbänder und entwirft dabei ein Bild deutscher Geschichte, das vom Ende des Ersten Weltkriegs bis in die sechziger Jahre reicht - eine Geschichte des Unglücks, des Wahnsinns und der Einsamkeit. Eine Geschichte aber auch, die von einem zweifachen politischen Trauma belastet ist, der Erfahrung des Nationalsozialismus und derjenigen des DDR-Sozialismus.
Bringt sich die Mutter der Erzählerin Gesine Cresspahl unter dem Eindruck der Pogromnacht 1938 um, so verwaist das Kind unter den neuen sozialistischen Herren schließlich vollständig, denn der Vater - während der Nazi-Herrschaft Agent der Briten - wird von den Russen in ein Lager verschleppt, das er, nur noch ein Schatten seiner selbst, erst Jahre später verlassen darf.
Zur Zeit des Erzählens leben Mutter und Tochter in New York, aber die Glücksmöglichkeiten sind auch im Leben auf dem anderen Kontinent begrenzt. Der Mann, den Marie sich als Vater ausgesucht hat, stürzt auf einer geheimen Mission mit dem Flugzeug ab - er arbeitete als Wissenschaftler an der Entwicklung eines Frühwarnsystems für die NATO -, die Mutter wird von der Bank, für die sie arbeitet, in den „Prager Frühling" entsandt, just am Tag des Einmarsches der Warschauer-Pakt-Truppen kommt sie dort an.
Eine Geschichte der Gewalt ohne Ende, der grausigen Wiederholungen, die Kinder als deren Opfer: Marie, die ihren Vater nicht kennengelernt hat, verliert außer dem Wunsch-Vater am Ende auch die Mutter. Gesine verschwindet in einem Gefängnis in der ČSSR, allein zurück bleibt das Kind, das später seinerseits beginnen wird, die Orte der Familien-Erinnerung zu bereisen[3].

Ein Schriftsteller sichtet nach dem Tod seines Vaters dessen Papiere. Diesen erzählten Erinnerungen aus den Jahren des Nationalsozialismus, seiner angeblichen Rolle darin, hat der Sohn nie wirklich getraut, sich aber, ersatz-

---

2 Christa Wolf, Kindheitsmuster, Berlin und Weimar 1976; im folgenden zitiert nach der Ausgabe des Luchterhand-Verlags, Darmstadt und Neuwied 1977.

3 Uwe Johnson, Jahrestage. Aus dem Leben von Gesine Cresspahl. Band 1 Frankfurt a. M. 1970, Band 2 Frankfurt a. M. 1971, Band 3 Frankfurt a. M. 1973, Band 4 Frankfurt a. M. 1983; im folgenden zitiert nach der Gesamtausgabe, Frankfurt a. M. 1983. Die „Verlängerung" der Geschichte von Marie und Gesine Cresspahl ist zu entnehmen aus dem Text „Interview mit Marie H. Cresspahl 2.-3. Januar 1972"; in: Michael Bengel (Hg.), Johnsons „Jahrestage", Frankfurt a. M. 1985, S. 73-88.

weise, an das eigene Bild vom Vater gehalten: an die guten, erwärmenden Erfahrungen der frühen Kindheit, aber auch an die spätere Auseinandersetzung mit dem despotischen, unberechenbar gewordenen Kriegsversehrten. Nun stößt er auf das Kriegstagebuch des damals jungen, durchaus erfolgreichen Autors, und nichts ist mehr, wie es war - wie es schien. Über die private Erinnerung legt sich die historisch-politische Erfahrung einer Generation, das von den Vätern wie den Söhnen Verdrängte kehrt sich hervor.

So macht der Sohn sich an die Erinnerungsarbeit, gestützt auf das eigene Gedächtnis sowie die Veröffentlichungen und privaten Aufzeichnungen des Vaters. Mit dessen Geschichte erzählt er - zu einem geringen Teil - auch seine eigene, die Zeiten der behüteten Kindheit, des Räuber- und Bandenlebens der Nachkriegszeit, die Schuljahre, die Anfänge endlich als Dichter, der vom Vater zunächst neidisch beargwöhnt, dann identifikatorisch bewundert wird.

Das Sterben des Vaters schließt das Erzählen nicht ab. Am Ende steht ein märchenhafter Traum, in dem der Vater, auf Kindesgröße verkleinert und in einem Matrosenanzug mit Knöpfstiefelchen steckend, „die ganze Welt" in die Gondel eines Ballons packt und davonsegelt - die ganze Geschichte dieser Erde, klein und handhabbar geworden, hebt mit dem Vater sich so davon[4].

2

Vier Autoren derselben Generation - Ingeborg Bachmann wurde 1926 geboren, Christa Wolf 1929, Uwe Johnson 1934 und Christoph Meckel 1935 - nehmen sich in den sechziger und siebziger Jahren denselben Themenkomplex vor: die jüngste deutsche Geschichte und deren bis in die Gegenwart hineinreichende Folgen für die Persönlichkeit des einzelnen. Einen ihnen gemeinsamen Anlaß für diese Entscheidung - Ingeborg Bachmann beginnt Anfang der sechziger Jahre mit der Arbeit an dem Fragment gebliebenen Roman "Der Fall Franza", Johnson, Wolf und Meckel nehmen ihre Projekte zwischen 1967 und 1978 auf - kann es indes kaum gegeben haben, lebten die Autoren doch zu dieser Zeit an höchst unterschiedlichen Orten, in unterschiedlichen Gesellschaftsformationen: Bachmann in Rom, Wolf in Ost-Berlin, Meckel in West-Berlin und Johnson in New York. Womöglich aber gibt Uwe Johnson in einer Äußerung über die Erinnerungs-Motivation seiner 35jährigen Hauptfigur Gesine Cresspahl eine Erklärung, die psychologisierend auf einen diesen Autoren gemeinsamen, biologisch-biographischen Anlaß zum Schreiben verweist:

---

[4] Christoph Meckel, Suchbild. Über meinen Vater. Düsseldorf 1980.

„Wie es Leuten in ihrem Alter überhaupt zustoßen kann, war sie angelangt in einem psychischen Zustand, für den die Wissenschaften noch keinen genauen Namen nennen. Grob umrissen, war das ein Mangel an Vorfreude auf die Zukunft. (...) Vielleicht war es die Lebensmitte, der Beginn der biologischen Rückbildung, die ihr das Bewußtsein des Lebenslaufes umkehrte in Richtung der Vergangenheit, in den Versuch zu finden, wie die jeweils vorgegangenen Zustände ihres Lebens noch durch etwas anderers verbunden waren als ihr Nacheinander“[5].

Ein so begründetes Schreiben wäre demnach bestimmt als ein Versuch der Selbst-Vergewisserung, als prüfende und fragende Unternehmung, als Versuch, den „Ort“ des Individuums in der Geschichte zu bestimmen - Projekte also, denen Krisen vorausgegangen sind, die Fragen nach Entwicklung und Verbleib des eigenen Ich ausgelöst haben. Diese Erkundung wird von Mekkel ganz unumwunden autobiographisch angelegt:

„Ich hatte nicht die Absicht, mich mit meinem Vater zu beschäftigen. Über ihn zu schreiben, schien mir nicht nötig. Der Fall, ein Privatfall, war abgeschlossen. (...) Neun Jahre nach seinem Tod kommt er wieder zurück und zeigt sein Profil“[6].

Zugleich aber erhebt der Autor Anspruch auf eine allgemeine Geltung, auf die gesellschaftliche Notwendigkeit dieser Recherche über seinen Vater:

„Seit ich seine Kriegstagebücher las, kann ich den Fall nicht auf sich beruhen lassen; er ist nicht länger privat. Ich entdeckte die Notizen eines Menschens, den ich nicht kannte. Diesen Menschen zu kennen, war nicht möglich, ihn für möglich zu halten - unzumutbar“[7].

Während für Meckel der Vater sich in einen Unbekannten verwandelt hat, dessen Kennenlernen das Schreibprojekt gewidmet ist, versucht Christa Wolf das ihr fremd gewordene „Kind, das in mir verkrochen war“[8] wieder zum Leben zu erwecken, den Anschluß des erwachsenen Menschen an seine Kindheit durch Erinnerung und Rekonstruktion wiederherzustellen. Auch sie geht dabei davon aus, daß diese persönliche Arbeit von allgemeiner Bedeutung ist:

„Es ist ein großes Thema, den Reifeprozeß dieser meiner Generation zu verfolgen“[9].

Scheinbar viel distanzierter, jedenfalls „literarischer“, demgegenüber Johnson und Bachmann. Unverkennbar hat zwar Johnson - nicht anders als Bachmann - eigene biographische Erfahrung zur Folie seines großen Romanprojekts gemacht, decken sich eigene Lebensstationen mit denen der von ihm erfundenen Gesine Cresspahl. Eine Identität zwischen Romanfigur und Autor jedoch lehnt er ausdrücklich ab:

---

[5] Uwe Johnson, Begleitumstände. Frankfurter Vorlesungen, Frankfurt a. M. 1980, S. 414f.

[6] Suchbild, S. 63.

[7] Ebenda, S. 64.

[8] Kindheitsmuster, S. 476.

[9] Ebenda, Umschlagtext.

„Und was nun die Jahrestage angeht, so ist da kaum eine persönliche Erfahrung von mir benutzt worden. Das einzige, was ich der Gesine Cresspahl nachfühlen kann, das sind ihre Zustände von Wohlbehagen an der Stadtlandschaft von New York oder auch am Riverside Park. (...) Das kann ich nachempfinden, aber der Rest, das sind ganz und gar ihre Sachen"[10].

Entschieden besteht Johnson auf dem Kunstcharakter des Geschriebenen, dessen Wirkungen er nicht vorwegnehmen oder auch nur beeinflussen will:

„Ich habe schließlich nur eine Geschichte zu erzählen, und ich möchte sehr gern, daß der Leser bis zum Schluß seine Unabhängigkeit gegenüber dem Buch behält, daß er aus der Geschichte seine eigenen Schlußfolgerungen zieht"[11].

Ganz entgegengesetzt dazu erklärt Ingeborg Bachmann 1971 in einem Gespräch über ihren soeben veröffentlichten Roman „Malina" literarische Projekte, die Geschichte datengetreu wiederherstellen und den Leser zur Meinungsbildung veranlassen wollen, als für ihre Zwecke untauglich:

„Man könnte sich fragen: Wo kommt denn hier zum Beispiel der Vietnamkrieg vor, wo ist das Weltgeschehen? Aber das Weltgeschehen ist eine Pflichtübung. Ich schreibe keine Programmusik. Man kann die Zeit entweder dokumentieren, das ist aber nicht meine Sache, oder man muß diesen ganzen Müll wegwerfen"[12].

Bachmann geht es um die „inneren Auseinandersetzungen", die für sie „die authentischen"[13] sind. Diese freilich sieht sie durchaus nicht unbeeinflußt von historischen Entwicklungen, betrachtet sie vielmehr als deren eigentlichen Ursprungs- und Austragungsort.

„Ich habe schon vorher darüber nachgedacht, wo fängt der Faschismus an. Er fängt nicht an mit den ersten Bomben, die geworfen werden, er fängt nicht an mit dem Terror, über den man schreiben kann, in jeder Zeitung. Er fängt an in Beziehungen zwischen Menschen. Der Faschismus ist das erste in der Beziehung zwischen einem Mann und einer Frau"[14].

Daß scheinbar sträflich generalisierende, enthistorisierende Setzungen dieser Art dabei keineswegs losgelöst von der historisch konkreten Erscheinung des Nationalsozialismus zu sehen sind, hat die aus Klagenfurt gebürtige Autorin selbst nachdrücklich deutlich gemacht:

„Es hat einen bestimmten Moment gegeben, der hat meine Kindheit zertrümmert. Der Einmarsch von Hitlers Truppen in Klagenfurt. Es war etwas so Entsetzliches, daß mit diesem Tag meine Erinnerung anfängt: durch einen zu frühen Schmerz, wie ich ihn in dieser Stärke vielleicht später überhaupt nie mehr hatte. Natürlich habe ich das alles

---

10 Michael Bengel: Gespräch mit Uwe Johnson 19. Mai 1983, in: Michael Bengel (Hg.), Johnsons „Jahrestage" ..., S. 127.

11 Äußerung Johnsons bei der Diskussion nach einer Lesung in Köln am 1. 3. 1974; zitiert in: Michael Bengel, Johnsons „Jahrestage" und einige ihrer Voraussetzungen. In: ders. (Hg.), Johnsons „Jahrestage" ..., S. 309.

12 Ingeborg Bachmann im Gespräch mit Toni Kienlechner, in: Ingeborg Bachmann: Wir müssen wahre Sätze finden. Gespräche und Interviews. Herausgegeben von Christine Koschel und Inge von Weidenbaum, München 1983, S. 99.

13 Ebenda „Juni 1973", S. 144.

14 Ebenda.

nicht verstanden in dem Sinn, in dem es ein Erwachsener verstehen würde. Aber diese ungeheure Brutalität, die spürbar war, dieses Brüllen, Singen und Marschieren – das Aufkommen meiner ersten Todesangst“[15].

Damit dürfte, in wesentlicher inhaltlicher Ergänzung zu Johnsons biographisch-biologischer Erklärung für die literarische Erinnerungsarbeit, zugleich eine Wolf, Johnson und Bachmann letztlich wieder verbindende Begründung dafür gegeben sein, weswegen diese Autoren zentral die Erfahrung des Nationalsozialismus thematisieren: Die Jahre von 1933 bis 1945 bedeuteten für sie nicht einfach nur „Kindheit“, vielmehr sind hier ihre frühesten Erlebnisse mit Angst und Schmerz durchsetzt worden, die, schon für die Kinder erkennbar, „gesellschaftlichen“, politischen Ursprungs waren. Zusammengeprallt nämlich sind in dieser Zeit der Wunsch des einzelnen (und der Familie, in der er aufwuchs) nach einem beruhigten, friedlichen Leben einerseits und eine zunehmend gewaltförmige Politik, eine kriegerisch nach innen wie nach außen sich formierende Gesellschaft auf der anderen Seite. Zwischen die Mahlsteine derart unbegreiflich konträrer Ansprüche und Bedürfnisse sind diese Kinder in ihren frühen Jahren geraten.
An genau diesem Punkt treffen sich dann Bachmanns, Wolfs und Johnsons Schreibunternehmungen auch wieder mit Meckels Vorhaben, das diesen Zusammenstoß von Individuum und „Geschichte“ in seiner Vätergeneration beobachtet: die Zerstörung individueller Lebenspläne und -hoffnungen, aber auch die schleichend zunehmende Zustimmung zu, auch die Mitwirkung dieses einzelnen an der allgemeinen Verheerung.

3

Vier Autoren, vier im Grundsatz ähnliche Vorhaben – vier so unterschiedliche Ausführungen, die entsprechend verschiedenartige Wege repräsentieren, sich in und durch Literatur mit dem Phänomen Nationalsozialismus auseinanderzusetzen.
Persönlich dabei am wenigsten unmittelbar beteiligt, freiwillig reduziert auf die Rolle des Biographen, erscheint Meckel – am radikalsten in ihrem literarischen wie intellektuellen Ansatz hingegen Bachmann. Bei ihr ist schließlich auch die individuelle, intime Realität zum Alptraum geworden, der gesellschaftlich-strukturelle Faschismus der Phase zwischen 1933 und 1945 hat endgültig „übergegriffen“ auf die Persönlichkeitsstrukturen.
Die vier Autoren rücken sehr unterschiedliche „Untersuchungsobjekte“ ins

---

15 Ingeborg Bachmann im Gespräch mit Gerda Bödefeld, in: Ingeborg Bachmann: Wir müssen wahre Sätze finden ..., S. 111. Siehe in diesem Zusammenhang auch die Erzählung „Jugend in einer österreichischen Stadt“, in: Ingeborg Bachmann, Werke (s. Anm. 1), Band 2, Erzählungen, S. 84–93. Hier macht die Autorin die zitierte Kindheitserinnerung zum Gegenstand eines offenkundig autobiographisch-literarischen Prosatexts.

Zentrum ihrer Erzählwerke. Bei Christoph Meckel ist es die Verwandlung eines mäßig wohlhabenden deutschen Bildungsbürgers und Schöngeistes in einen „deutschen Offizier", dessen gesellschaftliche Funktion schrittweise seine moralischen und politischen Wertvorstellungen überformt:

„Zum Vorschein kam der Chauvinismus des gehobenen Untertans. Er hatte vergessen, wer er am Anfang war, er gewann einen Wettbewerb für Soldatenlyrik. (...) Er lebte, in Lodz, im Haus deportierter Juden. Das hätte ihm früher etwas ausgemacht (...). Der Offizier war dagegen immun. Der deutsche Offizier lebte rechtmäßig dort, das war keine Frage"[16].

Die Nachwirkungen dieser „Karriere" der Bewußtseinsveränderung zeigen sich dann im Nachkriegsleben des ehedem hoffnungsvollen Schriftstellers. Nun transformiert er sich in ein rechenhaftes, absurd-despotisches Wesen, das sich anscheinend zufrieden mit seiner Position als künstlerische Lokalgröße in einer kleinen Stadt im Süddeutschen bescheidet. Die wesensverändernde Zwischenzeit hingegen scheint gelöscht.

Zwei Lebensbrüche also werden so markiert und können in ihren Konsequenzen deutlich gemacht werden. Es bleibt indes im wesentlichen beim personenbezogenen Bericht, bei der Feststellung einer lähmenden Durchschnittlichkeit dieses Vaters in allem, die ihn zur Lust an soldatischer „Pflichterfüllung" prädestiniert haben mag. Dies jedoch wird nicht zum Gegenstand womöglich generalisierender Überlegungen.

So bleibt das „Suchbild" ein Versuch ehrlicher Rechenschaft über ein Einzelleben, das letztlich doch „für sich" steht und als *gesellschaftliche Erscheinung* in seinen Konsequenzen für die nachfolgende Generation nicht eigentlich zur Diskussion steht.

„Durchschnittlichkeit", ja, kleinbürgerlicher Bieder- und Harmonie-Sinn kennzeichnen durchaus auch Christa Wolfs Kindheits- und Familienbilder von der Vorkriegs- bis in die Nachkriegszeit hinein. Doch werden hier ganz andere Dimensionen eröffnet.

Geht es doch um das schwierige Unterfangen, die persönliche Beteiligung erst des Kindes, dann der Jugendlichen „Nelly" am Herrschaftssystem des Nationalsozialismus festzustellen und damit - ein Problem, das bei Meckel meist nur wortlos anwesend ist - um die Verdrängungs-„Leistung" des Gedächtnisses, um persönliche „Schuld" schließlich und deren Anerkennung.

Die Mechanismen des vom Kind unbewußt und ahnungslos erlernten Zusammenhangs von „Gehorchen und Geliebtwerden"[17] werden bei Christa Wolf mit Akribie bis hinein in nur scheinbar alltäglich-belanglose Erfahrungen verfolgt. Auf mehreren unterschiedlichen Erzählebenen nähert sich die Erzählerin dem „schauerlichen Geheimnis der Menschen dieses Jahrhunderts": „wie man zugleich anwesend und nicht dabeigewesen sein kann"[18].

---

16 Suchbild, S. 73 f.

17 Kindheitsmuster, S. 23.

18 Ebenda, S. 51.

Damit wird eine Problematik berührt, die bis in die unmittelbare Gegenwart hineinreicht, die letztlich auch die zeitgenössische DDR-Gesellschaft erheblichem Zweifel aussetzte: Welchen Grund nämlich gäbe es anzunehmen, die persönlichkeitsprägenden faschistischen Strukturen, die die Autorin in ihrer Geschichte und Wirkung in sich selbst aufdeckt, hätten bei ihren Mitbürgern diese Wirkung verfehlt? Beispiele aus dem Schulalltag der Tochter Lenka im Roman deuten denn auch auf eine ungebrochene, jetzt lediglich anders begründete Fortexistenz des zentralen Herrschaftszusammenhangs von „Gehorchen" und „Geliebtwerden" hin.
Hoffnung auf eine „Heilung" des durch die NS-Geschichte versehrten Individuums in einer veränderten, zu verändernden gesellschaftlichen Realität zieht die Autorin dennoch aus zwei Elementen. Zum einen ist sie das Resultat der schmerzhaften Durcharbeitung des Vergangenen-Nichtvergangenen für das erzählende Ich selbst, das mit der Selbstgewißheit auch so etwas wie seine Ich-Utopie wiederfindet. Dieser individuell erarbeiteten Hoffnung indes korrespondiert die größere, gesellschaftlich viel weiter reichende auf die nächste Generation, die die Frage nach der Veränderbarkeit des Menschen - und deren Bedingungen - nicht auf sich beruhen lassen[19], deren beharrlicher Eigen-Sinn etwas gesellschaftlich Neues hervorbringen wird. Und doch bleiben auch in diesem insistenten, oft angestrengten und überaus komplexen Erzählen zwei „blinde Flecke", die Anlaß geben, das hoffnungsvolle, die Perspektive nach vorn wieder öffnende Ende des Romans mit Zweifel zu durchsetzen. Denn letztlich steht die dargestellte Familiensphäre im kleinbürgerlichen Haushalt der Jordans der sie umgebenden, sich „faschisierenden" Gesellschaft doch unverbunden gegenüber. Wie nämlich auch diese „aufgeräumten", stets zu allerhand ulkig-harmlosen Sprüchen aufgelegten Familienmitglieder das *System* des Nationalsozialismus erst möglich gemacht, dann mitgetragen haben, wird nur in Ansätzen kenntlich.
Ein viel tieferer, von einer spezifischen Blockierung des Gedächtnisses auferlegter Schnitt indes findet statt angesichts des Phänomens Stalinismus, der Fortsetzung der Gewaltgeschichte unter anderem Namen.
Nur in einem Traum der Autorin kann Stalin gleichsam als Untoter figurieren, und ihr selbst ist dabei durchaus klar, daß die Tabuisierung der unmittelbar eigenen Vergangenheit auch die Erkenntnisse der Durcharbeitung der „Vorvergangenheit" letztlich stillegen muß:

„Wann, fragst du H., dem du den Traum zum erstenmal erzählst, werden wir auch darüber zu reden beginnen? Das Gefühl loswerden, bis dahin sei alles, was wir sagen, vorläufig und dann erst werde wirklich gesprochen werden"[20]?

Die in „Kindheitsmuster" artikulierten Hoffnungen auf eine Überwindung der Vergangenheit bleiben so, ohne daß der Anschluß an das Kontinuum

[19] Ebenda, S. 442.
[20] Ebenda, S. 287f.

der (DDR-)Geschichte hergestellt wird, ohne Boden - außerhalb der Realität.
Demgegenüber gehört für Uwe Johnson der Stalinismus in der DDR biographisch wie politisch in die Kontinuität des deutschen Faschismus, als dessen historische „Ablösung" nämlich in einer in letzter Instanz gleichförmigen Geschichte der Vernichtung individueller Potenzen und Hoffnungen der Menschen.
Dementsprechend legt sich in den „Jahrestagen" immer dort, wo bei Christa Wolf zunehmende Erkenntnis des Vergangenen, Verdrängten die Rückkehr zur Utopie zu rechtfertigen scheint, wachsende Verzweiflung über das Erzählte: Unglück der persönlichen wie der historisch-gesellschaftlichen Art kann durch die Rückbesinnung auf die Vergangenheit, deren Schrecken und Defizite, hier nicht aufgehalten werden, vielmehr: der Schrecken scheint sich zu vervielfachen, da im Gegenzug die imaginierte Gegenwart der Gesine Cresspahl, schließlich auch ihre Zukunft, in ein immer umfassenderes Desaster gestürzt wird.
Etwas Rettendes, etwas worauf zu hoffen und zu bauen wäre, gibt es bei Johnson nicht: Geschichte ist hier die Wiederholung des unaufhaltsam Furchtbaren, Vernichtenden. Wo immer sich für das Individuum Residuen beruhigten, „glückenden" Lebens zu bilden beginnen, fährt „Politik" über sie hinweg, macht sie zunichte.

„Beim Gehen an der See gerieten wir ins Wasser. Rasselnde Kiesel um die Knöchel. Wir hielten einander an den Händen: ein Kind; ein Mann, unterwegs an den Ort, wo die Toten sind; und sie, das Kind, das ich war"[21].

Gefangene sind letztlich - das Schlußbild des Romans faßt dies nur noch einmal metaphorisch dicht zusammen - alle positiven Figuren bei Johnson. Auch die, die weiter leben werden, sind doch immer unterwegs an Orte, an denen wieder nur Tote, Todgeweihte sind. Der Grund: sie entrinnen der „Geschichte" nicht, der gegenwärtigen so wenig wie der vergangenen. Sie bleiben deren Opfer, selbst und besonders, wenn sie „Täter" einer anderen Politik zu werden versuchen. Wer sich „berühren", wer sich angreifen läßt von Realgeschichte, dies ist offenbar Johnsons persönliche Geschichtserfahrung, wer Stellung bezieht und sich dem vorgesehenen Geschichtsverlauf womöglich entgegenzustellen versucht, kommt um. Eine Erfahrung, ein Geschichtsbild, die sich, daran läßt Johnson keinen Zweifel, aus der unmittelbaren Abfolge von Nationalsozialismus und Stalinismus ergeben haben; aus denen jedoch auch die amerikanische Demokratie, zu deren politischer Praxis spektakuläre Morde ebenso wie die Korruption gehören, für den Autor keinen Ausweg weist.
Solch abgründiger Pessimismus - dem Christa Wolfs Hoffnungs-Credo angesichts der „Aussparungen" in ihren Zeitbildern nur recht schwach antworten

---

21 Jahrestage, Bd. 4, S. 1891.

kann - findet sich auch, nur noch einmal anders gewendet, in Ingeborg Bachmanns Romanfragment „Der Fall Franza“. Hier geht es von vornherein - was in den übrigen hier behandelten Erzählwerken einerseits gleichsam als Allgemeinwissen vorausgesetzt, zum anderen aber erst nach und nach aufgedeckt wird - um ein „Verbrechen“, um die neuzeitliche Fortführung des Tatbestands „Mord“, für den man bis 1945 „ausgezeichnet“, „mit Orden bedacht“, der „unterstützt“ wurde und „verlangt“ war[22].

Bachmann geht es um das „Denken, das zum Verbrechen führt“, wie, komplementär dazu, um dasjenige, „das zum Sterben führt“[23]. Der Schauplatz ist nun nicht mehr jene hauchdünne Schnitt- und Reibungsfläche, an der das Individuum in Berührung mit der Geschichte kommt und beide sich auf einander auszudehnen beginnen - der Schauplatz ist vielmehr das Innere der Menschen selbst.

Zwei Verbrechen, zu verschiedenen Zeiten an verschiedenen Orten an ihr begangen, fällt die Protagonistin Franza zum Opfer. Das erste, von ihrem Ehemann an ihr verübt, das zu einer fast vollkommenen Verheerung ihrer Persönlichkeit, aber auch ihrer physischen Gesundheit geführt hat, setzt jenes Denken in ihr in Gang, das „zum Sterben führt“. Das zweite hingegen exekutiert es gleichsam, in einer letzten Vergewaltigung.

Danach tötet Franza sich selbst.

Zwischen diesen beiden Eckdaten des Erzählers wird in Erinnerungen die Geschichte der Kolonisierung eines weiblichen Individuums erhoben, eine Geschichte des gegenwärtigen „alltäglichen Faschismus“, wie Bachmann ihn verstand.

Selbst in der postfaschistischen Gesellschaft Österreichs ist im „Fall Franza“ noch ein zentraler Mechanismus des „traditionellen“ Faschismus in Kraft, das Einvernehmen nämlich zwischen dem die herrschende aggressive Ideologie repräsentierenden Täter und der Mehrheit der - wie immer stumm bleibenden - Gesellschaft. Die Andersdenkenden, an die das Opfer sich wenden, bei denen es Verständnis und Hilfe finden könnte, scheinen nicht zu existieren.

In diesem Wissen, dieser ausweglosen Erkenntnis, beginnt das Opfer sich einer „niedrige(n) Rasse“[24] zugehörig zu fühlen - identifiziert sich Franza mit „den Schwarzen“ gegen „die Weißen“, mit den australischen Ureinwohnern wie den Angehörigen anderer, im Vorgang der Kolonisierung nahezu ausgelöschter Völker.

So scheint sich bei Bachmann der von den drei anderen Autoren historisch präzise zugeordnete Begriff des Faschismus aufzulösen in eine fast genetisch verankerte Determinante insbesondere männlichen Verhaltens in den modernen „weißen“ Gesellschaften. Nicht anders als im Nationalsozialismus gilt

---

22 Vorrede zu „Der Fall Franza“ (Entwurf), in: Der Fall Franza, S. 341.
23 Ebenda, S. 342.
24 Ebenda, S. 413.

der Haß allerdings auch hier nicht primär der individuellen Erscheinung: „Nicht ich", sondern „das andere in mir"[25] soll zerstört werden. Als Frau also, nicht als das Individuum Franza, verfällt die Heldin des Romans dem Vernichtungswillen, schließlich aber dem Wunsch nach Selbstzerstörung.

Daß jedoch, was hier wie eine anthropologische Konstante menschlichen, männlichen Verhaltens anmuten muß, im Hinblick auf Franza seinen historisch konkreten Bezugspunkt im deutschen Faschismus hat, bleibt bis zum Schluß gegenwärtig.

Dort nämlich trägt sie ihren Wunsch nach Auslöschung einem ehemaligen „SS-Hauptsturmführer Dr. Kurt Körner"[26] aus Wien vor, dessen Name, dessen Mitwirkung am Euthanasieprogramm ihr aus dem Aktenstudium für das Buch ihres Mannes bekannt sind. Der jedoch lehnt ab, was ihm nun wie ein Ansinnen erscheint:

> „Franza dachte, ich bitte ihn um etwas, was er früher freiwillig getan hat und ohne darum gebeten worden zu sein, und jetzt kommt jemand und darf nicht einmal betteln darum und zahlen dafür. Was ist das für eine Welt"[27]?

So tötet sie sich selbst - wohl nicht von ungefähr gerade durch die Zertrümmerung ihres Kopfes, in dem die Geschichte der „Ausmerzung" des „Anderen" sich so irreversibel verdichtet hat.

Was bei Bachmann in diesem mörderischen, tödlichen Prozeß als „Wiederholung" und „Stellvertretung"[28] gekennzeichnet wird, ist dabei immer zweierlei: die Geschichte der Versuche an weiblichen KZ-Häftlingen holt Franza in ihrer eigenen Person ebenso ein wie die allgemeinere Geschichte der Kolonisierung der Frau. So scheint die historisch-politisch konkrete Entwicklung des deutschen Faschismus schließlich eingebettet in eine viel weiter reichende: die umgreifende Macht-, Ausgrenzungs- und Vernichtungsgeschichte „der Weißen".

Mit dieser die Dimensionen der historischen Problematik enorm ausweitenden Bearbeitung ist Ingeborg Bachmann mithin noch einmal weiter gegangen als beispielsweise Uwe Johnson, der den Nationalsozialismus als ein Phänomen organisierter politischer Gewalt gegen den „abweichenden" einzelnen in einen Zusammenhang mit vergleichbaren Praktiken des Stalinismus, immerhin aber auch mit innerhalb demokratischer Staatswesen operierenden Tötungskommandos gesetzt hatte. Bachmann, aus ihrer gleichsam prä-feministischen Sicht, liefert für diesen Zusammenhang die Motive, den begründenden Kontext. Der Wunsch nach der Vernichtung des Andersartigen erscheint bei ihr als eine in den modernen europäischen Gesellschaften in extremen, dabei zugleich wieder generalisierenden Verfolgungsformen und

---

25 Ebenda, S. 400.
26 Ebenda, S. 457.
27 Ebenda, S. 461 f.
28 Ebenda, S. 467.

-objekten auf die Spitze getriebene, perfektionierte und gesellschaftlich sanktionierte Deformation - diejenige der „weißen“ Männer[29].

Damit legt sie unter den hier behandelten Autoren in einem weiteren Sinn sowohl die persönlichste - die vielfältigen biographischen Bezüge sind unverkennbar -, aber auch die am stärksten verallgemeinernde Fassung des Projekts „Wirkungen des Nationalsozialismus auf das Individuum“ vor.

Indes: das Fragment hat zum „Roman“, zur abgeschlossenen Form nicht werden können und ist entsprechend zu Bachmanns Lebzeiten nicht publiziert worden[30].

4

Eine abschließende Bemerkung daher zur Form, die die Vergangenheits-Bearbeitungen von Meckel, Wolf, Johnson und Bachmann angenommen haben.

Ebenso auffallend nämlich wie die Tatsache, daß die literarischen Erkundungen - seien es reale, seien es imaginierte - Familienzusammenhänge ins Zentrum stellen und damit also im engsten, unmittelbaren Erfahrungsbereich des Individuums angesiedelt sind, ist auch das Faktum, daß alle vier Erzählwerke in ihrer Form unfertig, ja, unbefriedigend wirken. Es liegt wohl nahe, hier einen Zusammenhang zu vermuten.

Während nämlich Meckels biographischer Vater-Bericht durch das willkürlich erscheinende Abbrechen der Perspektive auf die Generation der „Söhne“, zusätzlich aber durch die eine Harmonie nur noch künstlich herstellende Schlußpassage einen eklatanten Erzählbruch aufweist, ist Christa Wolfs umfangreiches Buch letztlich doch in die verschiedenen Ebenen des Erzählens zerfallen. Johnson hingegen ist ein Opfer seines Erzählprogramms geworden und hat offenkundig, nach zehnjähriger Schreibpause zwischen dem dritten und dem vierten Band der „Jahrestage“, mehr mühselig als inspiriert die Handlung zu einem - zutiefst depressiven - Ende gedrängt. Bachmann endlich hat ihr Projekt „Der Fall Franza“, das ursprünglich den ersten Teil einer Roman-Trilogie unter dem Titel „Todesarten“ abgeben sollte, nach längerer Arbeit Mitte der sechziger Jahre beiseite gelegt und sich statt dessen

---

29 Eine Einsicht, der Christa Wolf in ihrer Erzählung „Kassandra“ gut zwanzig Jahre später eine gesellschaftspolitische Argumentation unterlegt hat, indem sie das kriegerisch-aggressive und ausgrenzende Männerverhalten in einen Zusammenhang mit der jeweiligen gesellschaftlichen Position und Funktion, sowie der Verfaßtheit der Gesellschaftsformation insgesamt setzt. S. Christa Wolf, Kassandra. Darmstadt und Neuwied 1983.

30 Dies gilt abgesehen von einer Lesereise, die Ingeborg Bachmann im März 1966 in der Bundesrepublik gemacht hat; bei dieser Gelegenheit entstand auch eine Hörfunkaufnahme des ersten und dritten Kapitels.

dem - ebenfalls der Trilogie zuzurechnenden - Roman „Malina" zugewandt.

Geschichte wie Erscheinungsform dieser so unterschiedlichen Prosaarbeiten zum selben Gegenstand sind so vom Stigma des „Nicht-Vollendeten" - in allen Bedeutungen des Wortes - gezeichnet, und es ist anzunehmen, daß dies aufs Engste mit der ganz persönlichen Verwicklung der Autoren in ihre Thematik zu tun hat: zu dicht mag ihnen allen diese Bearbeitung eigener Lebensgeschichte, in welcher literarischen Verhüllung sie auch immer daherkommt, auch das Empfinden eigener Verstrickung, auf dem Leib gesessen haben, als daß es ihnen möglich geworden wäre, diese durch literarische *Formierung* wirklich zu distanzieren und also in eine „stimmige", den Leser erfolgreich illusionierende Form zu bringen. Was statt dessen zu Tage tritt, sind Brüche, Zwangsmaßnahmen - offene Wunden.

Gerade dies aber könnte, angesichts des Gegenstands, der da so verhandelt - und eben nicht „verhandelt" - wird, schließlich durchaus als ein Vorzug angesehen werden. Nicht nur als eine - wenngleich unfreiwillig hinterlassene - Aufgabe an den Leser, selbst „weiterzuschreiben", wo die Texte abbrechen und zu schweigen beginnen, sondern als eine - wiederum unfreiwillig eröffnete - Möglichkeit, Einblick zu nehmen in die Tiefe und Reichweite der Verheerung, die der deutsche Faschismus in dieser Generation der Gerade-noch-Mitwirkenden und Gerade-noch-nicht-schuldig-Gewordenen angerichtet hat.

Ein Blick wäre das damit in die Hilflosigkeit gegenüber eigener, als schuldhaft und beklemmend erfahrener Zeitgenossenschaft. In der „mißlungenen" Form selbst liegt so, noch einmal ganz jenseits der expliziten Inhalte dieser Werke, eine dringliche Aufforderung zur bewußten Wahrnehmung der eigenen Lebenszeit wie zu einer das Ich nicht vorsätzlich schonenden Ausweitung der so viel berufenen „Grenzen des Sagbaren".

James E. Young

Holocaust-Gedenkstätten in den USA

Ein Überblick

Je weiter wir uns zeitlich vom Zweiten Weltkrieg entfernen, desto bedeutsamer werden die Gedenkstätten, die an ihn erinnern. Die Tagebücher und Erinnerungen der Überlebenden, die Filme und Romane ihrer Kinder schildern die Jahre der Shoah, der Vernichtung der europäischen Juden, und das öffentliche Bewußtsein von jener Zeit wird durch immer zahlreichere bildlich und räumlich gestaltete Mahnmale bestimmt. Je nachdem wo und durch wen diese Mahnmale errichtet werden, orientieren sie sich an einer Reihe von nationalen Mythen, Idealen und politischen Notwendigkeiten. Einige erinnern an die Toten des Krieges, andere an die Menschen, die Widerstand geleistet haben, wieder andere an die organisierte Massenvernichtung, und jedes von ihnen spiegelt sowohl die Erfahrungen der Vergangenheit als auch das gegenwärtige Leben der jeweiligen Gemeinschaft sowie das Verhältnis des Staates zur Vergangenheit wider.

Wie in Europa und Israel, wo sich die Gestaltung der Gedenkstätten notwendigerweise nach politischen, ästhetischen und religiösen Vorgaben richten muß, orientieren sich die Mahnmale auch in den Vereinigten Staaten an den amerikanischen Idealen und den Erfahrungen jener Zeit. Im Gegensatz zu den europäischen Mahnmalen, die oft an den Orten der Vernichtung errichtet wurden, müssen die amerikanischen jedoch an Stellen stehen, die keinen Bezug zur „Topographie des Terrors" haben. Während sich die in situ erbauten Stätten in Deutschland und Polen rhetorisch als materielle Manifestation der Geschehnisse präsentieren, an die sie erinnern wollen, müssen sich die amerikanischen auf abstrakte Gesten beschränken, die auf die Ereignisse jenseits des Ozeans verweisen. Die Mahnmale, die an den Orten der Vernichtung errichtet wurden, verleiten den Besucher dazu, sie mit den Vorgängen zu verwechseln, die sie in Erinnerung rufen sollen; jene in Amerika hingegen lenken die Aufmerksamkeit unvermeidlich auf die Entfernung zwischen sich und der Geschichte. Infolge der abstrakten Entrückung dieser Mahnmale ist ihre „Bedeutung" nicht so offensichtlich sinnfällig wie bei jenen, die man dort findet, wo sich Konzentrationslager und Stätten der Deportation oder Synagogen befanden. In Amerika sind sie, so scheint es, nicht so sehr in der Geschichte verankert als vielmehr in den Idealen, auf die sie sich gründen.

Die Motive für die Erinnerung an die Shoah sind in den USA so vielfältig und verschiedenartig wie die Bevölkerung selbst – sie können erhaben oder auch zynisch sein. Manche Gemeinden errichten Mahnmale, um ermordeter Brüder zu gedenken, andere dagegen, um das Bewußtsein der eigenen Gemeinschaft wachzuhalten. Für manche ist die Gedenkstätte das Zentrum der Gemeinschaft, für andere ist es eine Touristenattraktion. Für manche Überlebende orientiert sich die Erinnerung streng an einem religiösen Rahmen, während bei anderen die politischen Wurzeln ihres Widerstandes den Vorrang haben. Noch immer errichten landsmannschaftliche Organisationen auf den jüdischen Friedhöfen in und um New York Hunderte von Gedenksteinen in Erinnerung an ermordete Lehrer, Gemeinden und Familien. Veteranenvereinigungen stiften Denkmäler, um an ihre Rolle als Befreier der Insassen von Konzentrationslagern zu erinnern. Kongreßabgeordnete setzen sich für die Errichtung von Mahnmalen ein, um sich die Stimmen der jüdischen Wählerschaft zu sichern.

Die Motive verändern sich auch mit jeder neuen Generation. Während sich die Überlebenden an ihr Leiden und an geliebte Menschen erinnern, die sie verloren haben, erbauen ihre Kinder Denkmäler, um an eine Welt zu erinnern, die sie nie kennengelernt haben – dies ist beinahe ein Akt der Wiederentdeckung, eine Ortsbestimmung innerhalb eines geschichtlichen Kontinuums. Alex Krieger, Sohn von Überlebenden und Professor für Architektur, der an der Gestaltung eines geplanten Mahnmals in Boston beteiligt ist, sagt dazu:

„Ich tue das nicht für meine Eltern ... Dieses Mahnmal ist für mich. Ich war nicht dort, ich habe nicht gelitten, und darum habe ich auch keine Erinnerung daran. Deshalb ist es unerläßlich, daß ich an diese Dinge erinnert werde. Dieses Mahnmal ist für meine halbjährige Tochter, die noch stärker erinnert werden muß. Es ist für ihre Kinder, deren Erinnerung noch einmal mehr wird wachgehalten werden müssen. Wir müssen ein solches Mahnmal für die künftigen Generationen errichten, weil sie es, wegen des zeitlichen Abstands von den Ereignissen und Menschen, brauchen werden, um das alles nicht zu vergessen[1]."

Das heißt, daß das Mahnmal für die nach dem Holocaust geborenen Generationen zu einer Ersatzerfahrung werden wird, zu etwas, das sich zwar von den Erinnerungen der Überlebenden unterscheidet, jedoch dazu dient, unsere eigene Erinnerung zu leiten.

Zum erstenmal trat die Shoah in das Bewußtsein der amerikanischen Öffentlichkeit, als Zeitungen 1943 über die Massenvernichtung berichteten. Obwohl diese Berichte oft zugunsten von Reportagen über dramatische militärische Operationen zurücktraten, traumatisierten sie sowohl die jüdischen Flüchtlinge, die Mitte der dreißiger Jahre nach Amerika gekommen waren, als auch jüdische Amerikaner der zweiten Generation, die noch Verwandte in Europa hatten. Zu dieser indirekten Anteilnahme kamen dann die persönlichen

---

1 Aus Alex Kriegers Rede beim Stiftungsessen des „New England Holocaust Memorial Committee", gehalten am 29. November 1989 in Boston.

Erfahrungen und Erinnerungen der gerade erst befreiten Überlebenden der Lager. Gleich nach dem Krieg fand das Gedenken der amerikanischen Juden seinen Ausdruck in traditionellen, rituellen Formen: An hohen Feiertagen erinnerte man in *Gedenk-Gottesdiensten* (Jizchor) an die Toten, man betrauerte die Katastrophe am *neunten Tag des Monats Av* (jüdischer Kalender), man ließ im Kreis der Familie Plätze am Tisch frei, um derer, die man verloren hatte, zu gedenken. Wer das genaue Datum des Todes von Verwandten und Freunden wußte, entzündete *Jahrzeit-Kerzen*, und diejenigen, die das Datum nicht kannten, warteten auf die *Entscheidung des Rabbinats*, durch die der zehnte Tag des Monats *Teveth* (jüdischer Kalender) zum Gedenktag bestimmt wurde.

Eigentlich fand die erste öffentliche Gedenkfeier in Amerika nicht erst nach dem Krieg, sondern bereits am 19. April 1944, dem ersten Jahrestag des Aufstandes im Warschauer Ghetto statt. Über dreißigtausend Juden versammelten sich auf den Stufen des New Yorker Rathauses, um Reden von Bürgermeister Fiorello LaGuardia und prominenten Mitgliedern der jüdischen Gemeinde zu hören, die der bei der Niederschlagung des Aufstandes gefallenen Kämpfer und Märtyrer gedachten. Daraus wurde nach dem Krieg, angeregt durch Überlebende des Ghetto-Aufstandes, die sich später für die Errichtung des ersten Holocaust-Mahnmals in Amerika einsetzten, eine regelmäßig jedes Jahr wiederholte Feier. In einer großen öffentlichen Zeremonie bestimmte LaGuardias Nachfolger William O'Dwyer im Oktober 1947 eine Stelle im Riverside Park, zwischen der dreiundachtzigsten und vierundachtzigsten Straße, als den Ort, wo das Mahnmal stehen sollte, und enthüllte eine Tafel, auf der stand: „An dieser Stelle wird das amerikanische Denkmal für die Helden des Kampfes im Warschauer Ghetto vom April und Mai 1943 und die sechs Millionen europäischen Juden stehen, die ihr Leben für die Freiheit des Menschen gaben.“ Diese Tafel steht noch heute dort, das Denkmal aber ist nie errichtet worden. Wie so oft regt die Geschichte dieses nie zustandegekommenen Mahnmals ebensosehr zum Nachdenken an, wie es das fertige Mahnmal getan hätte.

Nach mehreren vergeblichen Anläufen, darunter eine Grundsteinlegung für mehrere gewaltige, fünfundzwanzig Meter hohe Gedenktafeln im Jahre 1952, legte die Organisation der Warschauer Ghetto Kämpfer 1964 der städtischen Kulturbehörde zwei Entwürfe von Nathan Rapoport vor. Bei dem ersten handelte es sich um die „Brennende Schriftrolle“ (dieses Denkmal wurde später von B'nai B'rith in Israel errichtet), der zweite stellte den von Flammen eingeschlossenen Artur Zygelboim dar, der im Begriff war, sich in die Tiefe zu stürzen - das bezog sich auf die Tatsache, daß er im Jahr 1943 in London Selbstmord verübt hatte, um gegen die Gleichgültigkeit der Weltöffentlichkeit gegenüber dem Leiden der Juden in Polen zu protestieren. Nachdem sie den Zygelboim-Entwurf als zu tragisch für einen Erholungspark, als für Kinder zu bedrückend, abgelehnt hatte, wandte sich Eleanor Platt, Bildhauerin und Beauftragte der Kulturbehörde, dem Entwurf für die „Brennende Schriftrolle" zu. „Das eingereichte Werk erscheint übermäßig und unnötig groß", schrieb sie. „Selbst wenn es kleiner und künstlerisch geschmackvoller wäre, glaube ich, daß wir mit der Genehmigung dieses Denkmals oder der Zygelboim-Skulptur einen Präzedenzfall schaffen würden, der höchst bedauerliche Auswirkungen hätte[2]."

Für Rapoport und seine Unterstützer war der Kern von Platts Entscheidung ihr abschließender Satz, der die jüdische Gemeinde empörte: „Was sollten wir anderen gesellschaftlichen Randgruppen sagen, die sich in ähnlicher Weise auf städtischem Grund darstellen wollen?" fragte sie. Aufgebracht über ihre Bemerkung über „gesellschaftliche Randgruppen", waren die Geldgeber außerdem befremdet über die von dem Beauftragten für öffentliche Parks geäußerte Meinung, daß „Denkmäler in den Parks sich ausschließlich auf Ereignisse in der amerikanischen Geschichte beziehen sollten". Wenn sie sich nämlich umsahen, entdeckten sie vom Central Park bis zum Washington Square zahlreiche Beispiele dafür, daß andere Einwanderergruppen ihre Nationalhelden in Bronze und Stein verewigt hatten. Schließlich wurde die Skulptur „Brennende Schriftrolle" in Israel errichtet, wo das nationale Bewußtsein der Vergangenheit von Anfang an durch das der Juden in aller Welt bestimmt war - durch ein grenzüberschreitendes Kontinuum des Bewußtseins von Generationen.

Diese Überlebenden des Warschauer Ghettos, die nun Amerikaner waren, mögen sich gefragt haben, worin der Unterschied zwischen „Ereignissen in der amerikanischen Geschichte" und „Ereignissen der Geschichte der Amerikaner" bestand. Wie bei vielen Amerikanern bezog sich ihr Geschichtsbewußtsein nämlich sowohl auf die Alte als auch auf die Neue Welt. Eine erzwungene Unterscheidung zwischen der amerikanischen und ihrer eigenen Geschichte schien diese Immigranten nicht nur auszugrenzen, sondern auch eine Trennlinie zwischen ihrer Vergangenheit und der amerikanischen Geschichte zu ziehen. Gleichzeitig begünstigte dies, so schien es, eine gewisse Vergeßlichkeit, die der Meinung Vorschub leistet, die amerikanische Geschichte beginne an den Grenzen Amerikas, und die Erinnerung der Einwanderer verdrängt. Konnten sie sich überhaupt noch als Teil der Öffentlichkeit begreifen, wenn ihre Geschichte nicht Bestandteil des kollektiven Bewußtseins war?

Diese Überlebenden konnten mit Recht erwarten, daß man sogenannte „fremde" Erfahrungen in einer Kultur, die von Einwanderern geschaffen worden war, auch als amerikanisch begriff, denn als Teil der Vergangenheit dieser Amerikaner waren europäische Ereignisse wie die Massenvernichtung zu einem Teil der amerikanischen Geschichte geworden. In ihren Augen ist die amerikanische Geschichte nicht bloß die Summe der Ereignisse, die auf

---

[2] Zitat aus „City Rejects Park Memorials for Slain Jews", New York Times vom 11. Februar 1965, S. 1, und aus „Two Jewish Monuments Barred from Park", New York World Telegram and Sun vom 10. Februar 1965, S. 1.

dem amerikanischen Kontinent stattgefunden haben, ebensowenig wie Israel die vergangenen tausend Jahre jüdischen Lebens in Europa ignorieren kann. Als Einwandererland ist Amerika auch ein Land der Vergangenheit dieser Einwanderer, der Erinnerungen an vergangene Geschehnisse, die nur insofern „fremd" sind, als sie sich in anderen Ländern ereignet haben, andererseits aber insofern amerikanisch sind, als sie die treibende Kraft dafür waren, daß diese Menschen Amerikaner werden wollten.

Trotz unvollkommener Koordination entstanden überall in Amerika Mahnmale - unauffällige Tafeln an Synagogenwänden oder kleine Gärten in den Innenhöfen von Vorortsynagogen. Hier und da hielt der Rabbi seine Predigt von einer Kanzel, die man aus den Überresten einer deutschen, tschechischen oder polnischen Synagoge gerettet hatte. Als schließlich das Selbstbewußtsein der Gemeinden zunahm, wurden kleine Gedenkstätten eingeweiht, die man an Stellen errichtet hatte, welche eigentlich für nationale Denkmäler reserviert gewesen waren. Gelegentlich gab es öffentliche Ausschreibungen, aber häufiger bestimmte der Stifter die Art und Form des Mahnmals und gab es in Auftrag. Meist bat ein „Holocaust Memorial Committee" einen am Ort lebenden Künstler um Entwürfe und wählte dann einen davon aus. Vom ästhetischen Standpunkt kann man das Ergebnis bestenfalls als unausgeglichen bezeichnen. Die Standorte sind privat oder öffentlich, und wichtiger als ein bleibender künstlerischer Eindruck ist die Tatsache, daß diese Mahnmale existieren. Selbst wenn es die Gemeinde ist, die ein solches Mahnmal in Auftrag gibt, findet es nur selten breite Zustimmung: Ist es zu figürlich, dann sperren sich die religiösen Führer, mit der Begründung, es sei nicht jüdisch genug; ist es zu abstrakt, dann fühlen sich die Überlebenden mit ihren nur allzu konkreten Erinnerungen verraten.

Heute gibt es in fast jeder größeren amerikanischen Stadt mindestens eine, meist jedoch mehrere Gedenkstätten, die an den Holocaust erinnern. Auf welchen Aspekt sie sich dabei beziehen, hängt vom Stifter, vom finanziellen Rahmen und von den Umständen ab. So beschloß beispielsweise, kurz nachdem *Jewgeni Jewtuschenkos* Gedicht „Babi Yar"[3] in Amerika erschienen war, der Stadtrat von Denver, es sei „nötig, an die Tragödie von Babi Yar zu erinnern und ein Zeichen gegen den Antisemitismus in der Sowjetunion zu setzen". Man wies ein zehn Hektar großes Stück städtischen Brachlandes für ein Babi-Yar-Mahnmal aus; die Wahl war auf dieses Stück Land gefallen, weil es große Ähnlichkeit mit dem Ort des schrecklichen Massakers von Babi Yar hatte: Ein zehn Meter tiefer Entwässerungsgraben erinnerte an den Graben von Babi Yar. Nachdem einige Jahre mit der Sammlung von Geldern vergangen waren, Elie Wiesel eine Widmungsrede gehalten und der amerikanische

[3] Babi Yar ist der Name einer Schlucht bei Kiew, in der ein Sonderkommando der SS und der Ordnungspolizei am 29. und 30.9.1941 mehr als 33771 Juden erschoß. Der Ort diente bis zum August 1943 als Hinrichtungsstätte. Der sowjetische Dichter Jewgeni Jewtuschenko widmete sein Gedicht „Babi Yar" diesen Opfern.

Kongreß das Komitee für seine Arbeit ausgezeichnet hatte, waren die Pläne für das Mahnmal fast abgeschlossen.

Als jedoch das Modell und die Gedenksteine öffentlich ausgestellt wurden, erschienen Vertreter der örtlichen ukrainischen Gemeinde, um zu protestieren. Sie wandten ein, daß das Massaker an Ukrainern, das 1942 in Babi Yar stattgefunden hatte und bei dem unter anderen der Nationaldichter Olena Teliha umgebracht worden war, nicht erwähnt werde. Nach längeren Verhandlungen zwischen der Babi-Yar-Stiftung und einem eigens gegründeten „Komitee Ukrainischer Amerikaner" willigte die Stiftung ein, die Inschrift auf den Gedenksteinen so abzuändern, daß sie auch auf die ukrainischen Opfer der Massenmorde verwies, die zwischen 1941 und 1943 in Babi Yar verübt worden waren. Als Gegenleistung stiftete die ukrainische Gemeinde 25000 Dollar für die Fertigstellung des Mahnmals. Die Babi-Yar-Gedenkstätte in Denver erinnert nun an „die zweihunderttausend Opfer, die zwischen dem 29. September 1941 und dem 6. November 1943 in Babi Yar bei Kiew in der Ukraine ermordet wurden – neben Ukrainern und anderen hauptsächlich Juden".

In Denver also hatten sich sowohl ein geeignetes Gelände als auch Geldgeber gefunden, so daß ein Babi-Yar-Mahnmal errichtet werden konnte. In anderen Fällen beherrschen die Vorstellungen der Künstler oder der Stifter die Gestaltung. Bei der Ausstattung des Holocaust-Museums in Dallas führte die Leidenschaft des Hauptgeldgebers für „authentische Stücke" zu einer kleinen Krise. Da er eine sozusagen „echte Rekonstruktion" der Ereignisse präsentieren wollte, reiste der Überlebende nach Europa, einzig und allein zu dem Zweck, einen jener Güterwagen aufzutreiben, in denen man Juden nach Osten geschafft hatte. Er fand einen in Belgien, wo die Behörden ihm versicherten, die schreckliche Authentizität dieses Waggons sei über jeden Zweifel erhaben, und so brachte er den Wagen ins Holocaust-Museum nach Texas. Dort wurde er als eine Art Vestibül in der Vorhalle aufgestellt, damit die Besucher das Gefühl haben konnten, „dabeigewesen" zu sein. Das Problem war, daß einige von denen, die tatsächlich „dabeigewesen" waren – die Überlebenden –, sich weigerten, den Waggon zu betreten – einmal hatte ihnen gereicht. Als sie sich beschwerten, daß es ihnen unmöglich gemacht wurde, ein Museum zu betreten, das ihrer Vergangenheit gewidmet war, fand sich schnell eine Lösung: Der Güterwagen blieb, wo er war, aber die Überlebenden bekamen einen eigenen Eingang: „Nur für Überlebende".

In San Francisco war das Merkmal der Gestaltung der Holocaust-Gedenkstätte die Loyalität des Künstlers zu seinem Medium. George Segal, der den Auftrag erhalten hatte, das Mahnmal auf einem Gelände mit Ausblick auf das Meer und die Golden Gate Bridge, neben dem Place of the Legion of Honor, zu errichten, entschied sich mit Bedacht für die weißen Gipsfiguren, die ihn so berühmt gemacht haben. Segal stellte eine ausgemergelte Figur (für die ihm ein israelischer Überlebender Modell gestanden hatte) hinter einen Stacheldrahtzaun. Eine Hand des Mannes ruht auf dem Draht, und sein

Blick ist auf die Weite des Ozeans gerichtet. Hinter ihm liegen aus Gips geformte Figuren - ihre Haltung verweist in ihrer Symbolik auf biblische Zitate: da ist eine Frau, deren Kopf auf den hervortretenden Rippen eines Mannes liegt; ein Vater, der gleich einem Opfer neben seinem Sohn hingestreckt ist, beide Geopferte; ein Mann mit ausgebreiteten Armen, der aussieht, als sei er gekreuzigt worden. Bis auf den halb verhungerten Überlebenden aber wirken all diese Figuren eher wie die gesunden, durchtrainierten Kalifornier, die für den Künstler Modell gestanden hatten, als wie KZ-Insassen.

Wenn die Großartigkeit von Segals früher entstandenen Gipsfiguren auf die Konzentration banaler Momente zurückzuführen ist (man denke nur an seine Fußgänger, die gerade eine Straße überqueren, oder an die Büroangestellten, die an einem Cola-Automaten stehen), so stellt sich hier die Frage, was geschieht, wenn diese Technik auf das am allerwenigsten als banal zu bezeichnende Thema angewendet wird. Trivialisiert sie das Thema oder erfährt das Spektrum des Künstlers eine Erweiterung? In den geschlossenen Räumen des Jüdischen Museums in New York spiegeln die Gipsfiguren des Modells für dieses Mahnmal in ihrer Schlichtheit eine demütige Annäherung an den Alptraum wider, den das Material so vehement leugnet; es sind nach wie vor Kunstwerke, die man dem Gesamtwerk des Künstlers zurechnen muß. In der strahlenden Sonne Kaliforniens jedoch, an einem Ort mit einem sündteuren Ausblick, scheint keine Verbindung zwischen diesen Figuren und dem Material oder dem, was sie darstellen, zu bestehen, am allerwenigsten aber eine Beziehung zwischen ihnen und dem erschütternden Augenblick der Befreiung. Tatsächlich richten viele Besucher ihre Aufmerksamkeit nicht auf die Installation, sondern folgen dem Blick des Überlebenden und genießen die großartige Aussicht über grasbewachsene Hänge, einen Golfplatz, das Meer, Segelboote und die Golden Gate Bridge.

Diese Art der Gestaltung ist nicht typisch für andere Holocaust-Gedenkstätten in Amerika, typisch aber ist das Motiv der Befreiung. Sie ist die gemeinsame Erfahrung, die die Überlebenden mit den amerikanischen Soldaten während des Krieges geteilt haben - eine Erfahrung, die sehr gut zu Amerikas ausgeprägtester Selbstidealisierung paßt. Bei den jungen amerikanischen GIs, die die Insassen von Dachau und Buchenwald befreiten, besteht jedoch keine Beziehung zwischen dem Holocaust-Erlebnis und den Lebensbedingungen im Vorkriegseuropa, der Erfahrung der gewaltsamen Trennung von Familien, der Deportationen, der Ghettos, der Lager, ja auch keine Beziehung zu den Morden selbst. Diese Soldaten waren keine Zeugen der Vernichtung; sie sahen nur ihre Auswirkungen. Da sich die „amerikanische Erfahrung" des Holocaust auf die grauenerregenden Bilder der Befreiung im Jahr 1945 beschränkte, mag es nicht verwundern, daß eines der in Amerika meistbesuchten Mahnmale für jene Zeit - es trägt den Titel „Befreiung" - im Liberty State Park, New Jersey, steht, in Sichtweite der Freiheitsstatue, der heiligsten ideologischen Ikone, die Amerika aufzuweisen hat.

In diesem Werk von Nathan Rapoport, dem Künstler, der das Mahnmal im Warschauer Ghetto geschaffen hat, schreitet ein junger, feierlich blickender GI aus. Er hat die Augen auf den Boden gerichtet und trägt - fast wie in einer Pietà - einen KZ-Häftling, dessen skelettartige Brust durch die zerrissene Häftlingskleidung zu sehen ist. Er hat die Arme ausgebreitet, und seine Augen starren blicklos in den Himmel. Er symbolisiert Hilflosigkeit. Dieses vom Bundesstaat New Jersey in Auftrag gegebene und von einer Veteranenorganisation gestiftete Mahnmal verbindet so die spezifischen Erfahrungen amerikanischer Soldaten im Krieg mit der traditionellen Selbsteinschätzung der Nation als Retterin in Kriegszeiten und als Zufluchtsort der „niedergedrückten Massen". Darum war es 1988, während des Präsidentschaftswahlkampfes, für die Kandidaten George Bush, Dan Quayle und Jesse Jackson auch obligatorisch, an dem „Mahnmal der Befreiung" einen Fototermin einzulegen.

Nach einem Besuch an diesem Mahnmal beschloß ein Bostoner Philanthrop und Überlebender der Konzentrationslager, ein ähnliches Denkmal für die amerikanischen Soldaten, die ihn aus Buchenwald befreit hatten, zu errichten. Als er sich jedoch mit der Bitte um Unterstützung an andere Überlebende wandte, stieß er auf heftigen Widerstand. „Du bist vielleicht von den Amerikanern befreit worden", sagte einer zu ihm, „aber meine Familie und ich sind nicht befreit worden. Alle meine Verwandten wurden in Auschwitz umgebracht, während über uns amerikanische Bomber flogen." Obwohl andere ihre Sympathien für die Motive ihres Freundes äußerten, fürchteten sie auch, daß durch ein solches „Befreiungs"-Denkmal nicht nur tausend Jahre jüdischer Kultur in Europa, sondern auch die Erinnerung an die ermordeten Juden auf diesen einen erniedrigenden Augenblick, den sie mit den amerikanischen Befreiern teilten, reduziert werden würde. Eingedenk dieser Einwände beschloß das „New England Holocaust Memorial Committee", eine öffentliche Ausschreibung für eine Gedenkstätte zu veranstalten, die ebenfalls auf einem der besten städtischen Grundstücke, diesmal auf dem Bostoner „Freedom Trail", stehen sollte. Ganz gleich, wie dieses Mahnmal schließlich aussehen wird - es wird sowohl räumlich als auch metaphysisch in das Kontinuum der revolutionären Geschichte Amerikas eingefügt werden. Fast dreißig Jahre nachdem die Stadt New York den Überlebenden ihren Platz in der amerikanischen Geschichte verweigerte, werden sie in den Mythos der Ursprünge der Nation einbezogen.

Freiheit und Pluralismus sind auch die zentralen Motive in den bereits existierenden und geplanten Holocaust-Museen in Amerika. Das Museum im Simon-Wiesenthal-Center in Los Angeles erhält gegenwärtig eine neue Konzeption, wird in einen riesigen Komplex im Nachbargebäude verlegt und soll dann „Das Museum für Toleranz - Beit Hashoah" heißen, um nicht nur die pädagogische Zielrichtung (Toleranz) zu unterstreichen, sondern auch ein möglichst breites Publikum anzuziehen. In New York wird das neue „Museum des jüdischen Erbes - Ein lebendiges Mahnmal des Holocausts" in der Battery in Lower Manhattan stehen, in Sichtweite der Freiheitsstatue und der Baracken der Einwanderungsbehörde auf Ellis Island. Damit wird der Holocaust irgendwo zwischen den amerikanischen Heiligtümern der Einwanderung und der Freiheit angesiedelt. Die Doppelnamen dieser Museen in Los Angeles und New York verdeutlichen das Dilemma, vor dem steht, wer bürgerliche Werte in einem gesellschaftlich abgegrenzten Bereich darstellen will, und den Versuch, dieses Dilemma zu überwinden, indem man jüdische und amerikanische Vergangenheit „ausgewogen" miteinander verknüpft.

Das größte Holocaust-Museum aber wird das „U. S. Holocaust Memorial Museum" in Washington, D. C., sein. Es wird an der National Mall stehen, in Sichtweite des Washington Monuments und des Jefferson Memorials, neben dem „National Museum of American History" und dem „Smithsonian Institute". „Welche Aufgabe hat ein Museum in einem Land wie den USA, welches weit vom Schauplatz der Massenvernichtung entfernt liegt?" hat Charles Maier gefragt. Will man die Menschen, die gelitten haben, wieder zusammenführen oder will man die Nicht-Juden belehren? Soll es als Mahnung dienen, daß ‚so etwas hier auch passieren kann'? Oder soll es verdeutlichen, daß hier besonderer Takt angebracht ist? Wie kann private Trauer gleichzeitig öffentliche Trauer sein[4]?" Bevor ein solches Museum auf der Mall in Washington, D. C., gebaut werden konnte, mußten explizit amerikanische Gründe dafür gefunden werden.

Die offizielle amerikanische Begründung für ein nationales Mahnmal in der Hauptstadt des Landes fand sich in der Rede, die der frühere Präsident Jimmy Carter bei der Gründungsversammlung des „U. S. Holocaust Memorial Council" hielt:

„Auch wenn der Holocaust in Europa stattgefunden hat, ist er für die Amerikaner aus drei Gründen von fundamentaler Bedeutung. Erstens waren es amerikanische Truppen, die die Insassen vieler Todeslager befreiten und halfen, der Welt die schreckliche Wahrheit über das zu offenbaren, was dort geschehen war. Außerdem ist Amerika für viele der Überlebenden zur Heimat geworden. Zweitens müssen wir uns dafür verantworten, daß wir vor vierzig Jahren nicht bereit waren, diese schrecklichen Verbrechen, die verübt wurden, zur Kenntnis zu nehmen, und schließlich müssen wir, die wir Menschen sind und für die Verwirklichung der Menschenrechte in allen Ländern der Erde eintreten, über die systematische Vernichtung der Juden lernen, damit wir verhindern können, daß solche unerhörten Verbrechen jemals wieder verübt werden können[5]."

Indem der Präsident im November 1978 die Holocaust-Kommission des Präsidenten schuf, fügte er die Vernichtung der europäischen Juden sehr gut in die Grundlagen der politischen Kultur Amerikas ein. Dieses Museum sollte

---

4 Charles Maier, The Unmasterable Past: History, Holocaust and German National Identity; Harvard Univ. Press; Cambridge, Mass. and London, 1988, S. 165.

5 Aus einer undatierten Pressemitteilung des U. S. Holocaust Memorial Council.

nicht nur das Leben der „neuen Amerikaner" zeigen, sondern auch Amerikas Anspruch auf die Rolle eines Zufluchtsortes der Unterdrückten aus aller Welt untermauern. Es sollte als Warnung an alle Heuchler und die antidemokratischen Kräfte dienen, die diese Katastrophe herbeigeführt hatten, und die Aufmerksamkeit darauf richten, daß alle totalitären Systeme zu solchen Verbrechen imstande sind.

Als ein nationales Monument wird das Holocaust-Museum den Holocaust notwendigerweise im Rahmen der pluralistischen Glaubenssätze der Nation definieren. Daher begann der Holocaust, um es mit den Worten des „Memorial Councils" zu sagen, „noch bevor ein einziger Schuß abgefeuert worden war, und zwar mit der Verfolgung von Juden, Oppositionellen, Zigeunern, Schwarzen und Behinderten. Die Unmenschlichkeit des Holocausts wurde noch verstärkt, als die Nazis ganzen Gesellschaftsgruppen die Menschenwürde absprach und ihnen die Freiheit nahm zu arbeiten, zu studieren, zu reisen, ihre Religion oder eine wissenschaftliche Tätigkeit auszuüben oder auf andere Weise Werte zu vermitteln. Dieses Museum wird zeigen, daß der Verlust des Lebens nur der letzte Schritt war, der auf den Verlust aller anderen Rechte folgte[6]." Der Holocaust als extreme Verletzung der Bill of Rights, der Menschenrechtserklärung der USA, und als Verfolgung verschiedener Gruppen beinhaltet all jene Gründe, aus denen Einwanderer - in Vergangenheit, Gegenwart oder Zukunft - in Amerika Zuflucht gesucht haben.

Als Kulturkritiker einwandten, daß ein solches, gleichwohl nötiges, Museum nicht zu den anderen Gebäuden an der Mall passe, erwiderte das beratende Gremium des „U. S. Holocaust Memorial Council": „Dieses Museum muß im Zentrum des amerikanischen Lebens stehen, weil Amerika als demokratischer Staat ein Feind des Rassismus und seiner letzten Konsequenz, des Völkermordes, ist. Der Holocaust war ein Ereignis von universaler Bedeutung und ist für die Amerikaner von besonderer Wichtigkeit: Die Nazis haben in Wort und Tat die tiefsten Glaubenssätze des amerikanischen Volkes verletzt." Das bedeutet, daß das Holocaust-Museum imstande ist, zu definieren, was es heißt, ein Amerikaner zu sein, indem es vorführt, was es heißt, kein Amerikaner zu sein. Es ist, wie ein Kolumnist es ausdrückte, eine Erinnerung an „die Furien vor unseren Küsten". Es definiert das Leben als Amerikaner durch den Unterschied zwischen „hier" und „dort". Durch seine Lage an der National Mall wird es nicht nur die Erinnerung an den Holocaust bewahren, sondern auch die amerikanischen Ideale glorifizieren, die im Widerspruch zu diesem Verbrechen stehen. Indem man ihnen die Verbrechen eines anderen Volkes in einem anderen Land in Erinnerung ruft, erinnert man die Amerikaner gleichzeitig an die idealisierten Gründe für die Existenz ihrer eigenen Nation.

---

[6] The Campaign for the United States Holocaust Memorial Museum, herausgegeben vom U. S. Holocaust Memorial Council, S. 4.

Autoren und Mitarbeiter

Jochen August, Historiker, ehemaliger deutscher Studienleiter der Internationalen Jugendbegegnungsstätte in Oświęcim

Robert J. Büchler, Mitarbeiter des Dokumentations- und Forschungsarchivs Hashomer Hatzair im Kibbuz Givat Chaviva, Israel

Willi Dreßen, Staatsanwalt, Stellvertretender Leiter der Zentralen Stelle der Landesjustizverwaltungen in Ludwigsburg

Kitty Fischer lebt in Rose Bay, Australien

Ralph Giordano, Schriftsteller, lebt in Köln

Baruch Graubard † war Mitglied der Israelitischen Kultusgemeinde München nach 1945, Gründer des Hebräischen Gymnasiums in München 1946

Norbert Haase, Historiker, Mitarbeiter der Gedenkstätte Deutscher Widerstand, Berlin

Ulrike Haß, Germanistin, Mitarbeiterin am Institut für deutsche Sprache in Mannheim

Otto Helwig, Historiker, ehemaliger Mitarbeiter am Haus der Bayerischen Geschichte, München

Utz Jeggle, Professor für empirische Kulturwissenschaften an der Universität Tübingen

Harold Marcuse, Historiker, University of California, Santa Barbara, USA

Frauke Meyer-Gosau, Germanistin in Berlin

Peter Steinbach, Professor für Politikwissenschaft an der Freien Universität Berlin, wissenschaftlicher Leiter der Gedenkstätte Deutscher Widerstand, Berlin

Frank Stern, Historiker, Mitarbeiter des Instituts für Deutsche Geschichte an der Universität Tel Aviv, Israel

Rita Süssmuth, Präsidentin des Deutschen Bundestages

Manfred Treml, Leitender Sammlungsdirektor am Haus der Bayerischen Geschichte, Augsburg

James E. Young, Assistant Professor for English and Judaic Studies, University of Massachusetts, Amherst, USA

Isabella Nadolny übersetzte den Bericht von Kitty Fischer aus dem Englischen
Eva Kochen (München) las die Korrektur der Fahnen und Umbruchabzüge
Redaktion: Wolfgang Benz, Zentrum für Antisemitismusforschung, Berlin, und Barbara Distel, KZ-Gedenkstätte Dachau

Dachauer Hefte

Studien und Dokumente zur Geschichte der nationalsozialistischen Konzentrationslager

Im Auftrag des Comité International de Dachau, Brüssel, herausgegeben von Wolfgang Benz und Barbara Distel

Umfang bis zu 250 Seiten. Eine Ausgabe jährlich. Im Abonnement DM 19,80 (Einzelpreis DM 22,–)

Verlag Dachauer Hefte
Alte Römerstraße 75
85221 Dachau

Jede Ausgabe ist einem Thema gewidmet oder hat einen thematischen Schwerpunkt:

Die Befreiung (1985)*
Sklavenarbeit im KZ (1986)*
Frauen – Verfolgung und Widerstand (1987)*
Medizin im NS-Staat (1988)*
Die vergessenen Lager (1989)
Erinnern oder Verweigern (1990)*
Solidarität und Widerstand (1991)
Überleben und Spätfolgen (1992)
Die Verfolgung von Kindern und Jugendlichen (1993)
Opfer und Täter (1994)
Orte der Erinnerung 1945-1995 (1995)
Das System der Konzentrationslager (1996)

*vergriffen